● 技术转移服务从业人员培训系列教材

INTRODUCTION TO TECHNOLOGY TRANSFER

技术转移导论

张晓凌　宋琪◎编著

知识产权出版社
全国百佳图书出版单位
—北京—

图书在版编目（CIP）数据

技术转移导论/张晓凌，宋琪编著.—北京：知识产权出版社，2024. 12.—ISBN 978-7-5130-9601-0

Ⅰ. F113. 2

中国国家版本馆 CIP 数据核字第 2024HJ6726 号

内容提要

本书是技术转移服务从业人员培训系列教材中的主干课程教材。分别阐述了技术转移的目标价值、价值链，技术贸易与技术服务贸易、技术转移服务体系、服务业态与规范，知识产权保护与运营，技术价值评估，技术转移数字化平台、产学研联盟等内容。

读者对象：科技管理部门、高等院校、科研院所、高新技术企业的科研管理人员和技术转移服务人员，技术经理人、技术经纪人等技术转移服务机构的技术经营人员，高校工业技术与工商管理专业的师生，创新创业企业的管理人员与技术人员。

责任编辑：程足芬　　**责任校对**：王　岩

封面设计：邵建文　　**责任印制**：刘译文

技术转移导论

张晓凌　宋　琪　编著

出版发行：	知识产权出版社有限责任公司	**网　　址**：	http://www. ipph. cn
社　　址：	北京市海淀区气象路 50 号院	**邮　　编**：	100081
责编电话：	010-82000860 转 8390	**责编邮箱**：	chengzufen@ qq. com
发行电话：	010-82000860 转 8101/8102	**发行传真**：	010-82000893/82005070/82000270
印　　刷：	天津嘉恒印务有限公司	**经　　销**：	新华书店、各大网上书店及相关专业书店
开　　本：	787mm×1092mm　1/16	**印　　张**：	22. 75
版　　次：	2024 年 12 月第 1 版	**印　　次**：	2024 年 12 月第 1 次印刷
字　　数：	526 千字	**定　　价**：	98. 00 元

ISBN 978-7-5130-9601-0

技术转移服务从业人员培训
系列教材编委会

感谢江苏省科技厅、常州大学、北京北大科技园有限公司、江苏省产业技术研究院、江苏中科智能科学技术应用研究院的大力支持。

序 言

技术转移是商品经济发展到一定阶段而产生的高端服务活动，是伴随农业、工业、服务业高度的产业集中而不断完善的系统知识的流动过程。技术进步加速了技术的换代周期，全球化的技术转移是发达国家寡头竞争驱动下的一种创新模式，同时也是规模企业扩张的一种经营竞争行为。人才培养是技术转移服务的重要业务之一。技术转移人才队伍主要有技术转移管理人员、技术经纪人、技术经理人等，还包括技术转移价值链的多方从业人员。技术转移涉及国民经济的各行各业，技术转移从业人员职业技能的教育培训目标是熟悉技术转移全过程的专业原理与方法，在理论与成功经验的指导下展开业务运营，涉及基础性研讨如技术进步的演进方向、适用技术的选择、技术转移服务价值链的构建等。

一

人类的文明进步是以工具与技术的发明使用为显著标志的。技术是人类在生产和生活过程中经验和知识的积累。技术的转移扩散推动着物质、精神文明的进步。

工欲善其事，必先利其器。每一次技术的发明与工艺难点突破都是一次技术转移的专业契机，都是一次相关技术贸易带来的产业扩散。葡萄牙、西班牙凭航海技术实现了跨洋征服，蒙古人凭马镫的发明与牛羊肉风干技术驰骋欧亚大陆，英国的蒸汽机与纺织机被视为殖民世界的资本，美国的新能源与计算机奠定了百年的政治地缘霸主地位。高新技术的最新突破领域是 IBM 成功制造出 2 纳米制程的芯片，这是一项划时代的技术进步。2 纳米工艺的芯片，意味着“指甲盖大小的芯片”将能容纳 500 亿个晶体管。上一次突破是 2017 年的 5 纳米芯片，同样大小芯片可放入 300 亿个晶体管。相对于 7 纳米芯片，2 纳米芯片意味着性能将提高 45%，而耗能将减少 75%。这将引起产业竞争的全球震荡，现有的先进设施将递降为次新技术依次向欠发达地区转移。新能源交通工具在电机性能、智能控制、蓄电管理等方面的技术日新月异。传统燃油燃气汽车生产线、加油站、维修厂，以及炼油厂、汽车研究院校等产业链将引发层层波澜，技术转移将迎来前所未有的服务机遇。我国政府曾发布优先发展集成电路、生物等先进产业技术的相关政策。其中半导体集成与交通工具的电动化也是当前的技术热点，持续的技术热点决定着数字时代技术进步的方向。

改革开放之前，以重工业机器设备为载体的技术引进、企业内部的工业技术革新和政府主导的农业技术推广是我国技术进步的三大举措。技术进步的重心主要是服务于工农两大产业的生产活动。技术革新也称技术改革，是在技术发明或已有的成熟技术的基础上，对生产技术如工艺规程、机器部件等的改进以适应新的生产需求。1954年全国总工会发布《关于在全国范围内开展技术革新运动的决定》，标志着日后持续数十年之久的工业企业群众性技术运动的开始。技术推广几乎是改革开放前中国农业技术发展的专用词汇。人民公社化后的中国农业，为确保粮食产量，普及新的种植养殖技术，政府成立了自上而下的农业技术推广机构。在全国范围内，根据不同的耕作地区先后设立了农林、土肥、种子、植保、经济作物（园艺、果茶、蔬菜等）、水务等农业技术推广站（中心），从政策法规、管理机构、技术队伍等方面形成较为完善的技术推广体系。

改革开放后，以1978年22项重大引进项目的陆续建设为标志，20世纪80年代中后期以轻工、纺织、电子等行业的外商投资热为高潮，至90年代后农畜良种与专业机械的大规模引进，我国的技术转移活动产生了由量变到质变的飞跃，开始真正步入全球化的轨道。尽管很多夕阳产业技术和重复引进项目付出了代价，但大量的项目引进还是大大缩短了国内外悬殊的技术差距。在开放政策的吸引下，发达国家新技术的输入，客观上起到了调整中国产业结构的作用，改变了中国几十年重“重工”、轻“轻工”的制造产业格局，改变了传统农业品种单调、质量低徊的消费结构。日用工业品和农产品的先进生产技术在短时期内大大地改善了人民群众的物质生活，科技队伍通过对先进技术的消化吸收提升了整体研发水平。

二

“适用技术”的转移包括非尖端先进技术的选择性输入和中国特色技术、技术产品的输出。

每个国家和地区在不同时期都有自己的产业发展政策。政策引导系列新技术的创新应用，伴随着的是经济结构的调整和技术的引进与输出。由科技体制改革催生的技术市场在20世纪80年代中期蓬勃兴起，改变了以政府计划主导的技术转移模式，推进了中国技术转移的理论研究与实践。新一轮的科技创新和技术进步中，发达国家在芯片、智能化电器、数字化机床、生物、核能等众多高端技术领域遥遥领先，农业育种、节水、绿色等节能减排增效技术则在技术贸易中占尽先机。

尖端技术转移不仅是国家贸易管控限制问题，还受企业竞争、配套资源和供应链协同矛盾等多方面因素制约，尖端技术不一定是技术转移的首选。很多常规技术的嫁接应用亦可能重创甚至淘汰一个行业，很多传统工艺如胶片照相机的淘汰、白炽灯的消失并非因为更先进技术的出现。掌握技术转移主动权的企业，当新技术出现后，次新技术便会向其他国家或地区扩散。在知识产权制度的保护下，技术所有权人不受时空因素影响，只要该技术还有最后一块市场，这项技术就绝不会让同业免费索取。

技术从发明（发现）到应用，受到消费观念、生产工艺、材料、成本等综合因素的影响。即使是成熟技术，在不同历史时期和不同地域，其应用也具有很大的局限性。曾有人组织科学家投票，结果选出的是眼镜、原子弹、阿拉伯数字等 11 项超级发明，而纺纱机、显微镜、青霉素等重大发明（发现）却不在其列，这从某种意义上印证了选取适用技术的意义。

适用技术的选择与产业政策紧密相关。绿色经济蕴藏着巨大的发展潜力与经济价值，低碳路径将引导新的消费需求，引发新的技术革命和管理创新。绿色低碳不限于新能源开发、节能减排技术推广、资源循环利用、环保设备与材料的应用等领域。绿色发展必须攻克技术瓶颈，转化转移绿色高新技术，推广普及绿色适用技术，探索适合行业、地域、企业的绿色发展特色。绿色低碳强调经济发展与生态文明的综合平衡，内涵是质量的提升与发展的可持续。

最尖端的技术不一定会有最广阔的市场，落后技术不等同于淘汰技术，西方的技术不一定完全适用于东方。我国的技术转移要体现消费观念、应用环境、性价比综合平衡下的中国特色。中国特色的技术转移要服务于政治经济发展的整体战略，服务于高新产业成长，服务于经济结构调整，技术转移首先要满足民生需求。

适用的技术就是最好的技术，这对技术输入企业启譬尤甚。

三

技术转移服务价值链基于产业链上下游协作的利益关系和专业服务平台所衍生的新增价值，技术供需方之外的第三方或更多方价值创造者依据知识产权或专有技术实现共有、共享、共赢。技术转移服务从业人员的重要使命是构建多方共赢的服务价值链。知识产权的占有、使用和转让是国际技术转移的重要内容。与西方发达国家以企业（集团公司）为创新主要载体的管理体制不同的是，中国的科技资源尤其是科研人才长期以来大多集聚于事业单位性质的科研院所和高等院校，企业自有的原创知识产权基础薄弱，无形资产（智力资本）占总资产的比例较低。由此，中国技术转移产业价值链结点更多，产学研的协同更为复杂。发达国家取得技术转移主动地位的关键一是缘于企业技术的创新动力和技术进步的需求，二是受益于完备的知识产权制度。创新技术是现代产业的发展基础，是市场竞争中最重要的资源。企业以创新技术形成高新技术产业，以产业规模控制市场，以垄断市场获取超额利润。充裕的流动资本和资本的逐利特性使大量的资本又进入技术研发循环。从反垄断法理上看，发达国家没有垄断企业存在的基础和条件，但企业所有者和实际控制者之间的刻意分离掩盖着真正的垄断产业链，凭借强大的经济实力和专享技术，跨国公司最具“反垄断”的话语权。

高新技术产品集合资源的规模令人震惊。以传统的汽车产业和高新技术的星链系统为例，卫星或汽车尤其是无人驾驶汽车的法人公司通常只有几千人的总部存在，但按产业链分解成产品子系统，会顺序找到成千上万家供应商或者连法人公司都无法计数的协作商。企业出于自身生存发展的需要和利益追求的需要，带动了技术的快速发展，政府则从国家战略的角度，支持保护企业技术创新的积极性，制定了完备的技术转移政策法规和知识产权保护制度。

知识产权保护是技术转移价值链构建的前提。技术创新是技术转移的源泉，技术贸易（许可）与技术服务是技术转移的两大实现形式。随着知识产权范畴与内涵的不断扩展，企业的无形资产占比越来越高。在技术转移供应链国际化背景和数字经济风生水起的大趋势下，高新技术的产学研协同研发、孵化、转让成为技术转移价值链的主导环节。

据欧盟发布的世界2000余家公司研发支出的统计，2022年研发费用为12497亿欧元，美国企业的研发投入全球领先，全世界研发投入最高的4家企业均是美国科技企业。同期，我国全社会研发投入首次突破了3万亿元。

巨额的研发投入成为市场需求的主要驱动力量，跨国公司通过创新技术这一特殊生产要素降低成本、提高效率、增加功能等的技术贡献，扩大了市场占有率；同时，技术创新与技术转移目标非常明确地通过定制“市场”引导消费，进而驾驭市场，从移动终端、无人机与汽车，到网络游戏、原产地标识……层出不穷的创新技术引导着人才、资本、物资在世界范围内的流动，最终将潜在的消费需求带入预先设计的消费市场。

宏观层面，技术转移作为新兴服务业态具有经济结构调整和产业转型升级的重要促进作用；微观层面，技术转移作为资源配置手段在经营绩效和竞争实力提升中是不可替代的生产力要素。国务院印发的《国家技术转移体系建设方案》要求到2025年全面建成结构合理、功能完善、体制健全、运行高效的国家技术转移体系，把壮大专业化技术转移人才队伍列入优化国家技术转移体系基础架构的重要内容。为技术转移业务提供直接服务的组织就有十几种专业分类，且行业齐全，从业人员众多，服务内容和服务模式多种多样，例如技术交易服务、技术经纪服务、孵化器组织、技术集成服务、技术经营服务等。技术转移价值链构建包括建立健全技术转移各类服务组织；包括政府及相关机构为技术转移服务制定相应的方针政策、法律法规；包括理顺间接为技术转移活动提供便利支持的社会团体之间的利益机制；包括疏通技术转移的流通渠道等。新型的高新技术企业和产学研联盟形式加速了高校和科研院所技术、人才及信息资源向重点行业和企业流动。

从书作者在国家技术转移人才培养基地的建设和运营中，面向技术转移人才的学历学位教育、继续教育、职业教育三位一体的能力培养需求，组织国内部分专家学者，计划用 2~3 年时间编著《技术转移导论》《技术转移绩效管理》《技术经理人培训教程》《技术经纪人培训教程》《技术转移价值评价》《技术转移服务与规范》等培训教材。该丛书涵盖了技术转移全过程的业务内容，将概括技术转移最新的研究成果，其中的《技术经纪人培训教程》《技术经理人培训教程》已经出版。

愿这套丛书能够在科技成果转化、技术市场与技术交易、国际技术壁垒应对等领域，继续深化技术转移的理论研究，发挥出众所期待的作用。

是为序。

前　言

研疏觚翰向灵源，首夏清和避噪喧。

术解黉门开引论，才英问业聚燕园。

这首小诗是作者在北京大学技术转移高级研修班开班致辞中所题。觚翰，木简与毫笔；灵源即师资之源，笔墨纸张是教与学的基本工具。但就教学工具的技术而言，笔墨纸张从技术发明到现代应用能够勾勒出规律性的研发、推广、扩散直至技术转移的路径。

笔（除了刻笔）与墨，二者基本是相辅相成的技术成就。3000 年前中国发明的兽毛书写笔沿用至今，罗马人发明的羽毛笔（鹅毛笔）在后来的 1000 年中成为西方主要的书写工具。19 世纪初在羽毛笔的基础上，美国人发明了钢笔，很快钢笔（包括铅笔）便代替了传统的羽毛笔而成为 20 世纪主要的书写工具。圆珠笔、中性墨水笔的发明和应用淘汰了钢笔。1984 年日本 Wacom 公司推出世界上第一款无源无线数位板，电子笔诞生。2018 年，笔墨开始走向智能化，红外智能笔、点阵数码笔、电容笔、电磁压感智能笔等进入实用阶段。

《后汉书 · 蔡伦传》记载："自古书契多编以竹简，其用缣帛者谓之为纸。缣贵而简重，并不便于人。伦乃造意，用树肤、麻头及敝布、鱼网以为纸。"其时无棉花、化纤，以敝布、鱼网乃麻制品的废旧物料，废品弃物造出的纸张以其低廉的成本，很快得到了推广应用。量变引起质变，造纸形成产业，是当今意义的产业化，蔡侯纸成为中国四大发明之一。实际上，与蔡侯纸质量相当的纸，西汉就已经出现，比东汉蔡伦发明造纸术的记载大约早 170 年。古籍多有记载，特别是 21 世纪在甘肃天水、敦煌多处遗址考古出土的西汉纸，以现存实物证实了远在东汉蔡伦发明造纸术之前就已有麻纸的存在。

低廉的成本加大了消费量，良好的质量则扩展了纸张的应用领域。技术改进的目的是用来取代甲骨、竹简、木牍、缣帛等记事的材料，纸质轻、价格低等优势达到了这一目的。东汉末年，造纸技术进一步提高，公元 2 世纪至 4 世纪，仍是竹简、缣帛和纸张并用。纸张的质量和产量不断提高，纸张的应用情况在晋代发生了根本变化。洁白平滑的规格制式纸张的大规模生产，使人们无须再使用昂贵的缣帛、笨重的简牍，逐步习惯于新型纸张，彻底淘汰了简牍。东晋的统治者明令用纸作为正式书写材料，凡朝廷奏议不得用简牍，一律以纸为之，这是典型的官方行政推广。纸张作为写字用的材料，其应用范围也越来越大，不但用纸抄写经史子集书刊及公私文件，这个时期质优价廉的纸张也助推了书画艺术的繁荣，已成为文人墨客不可缺少的书法绘画材料。晋代麻纸、皮纸、苔纸种类已经很多，尤其是皮纸的应用盛况空前，各式的笺纸时尚流行，大量书法家的应用需求促进了精美笺纸的创新。谢安曾向王羲之求讨笺纸，“王右军为会稽令，谢公（安）就乞笺纸，库中唯有九万枚，悉与之”。求纸数量之多，足见其时书法之兴盛。纸张还助长了佛教、道教的兴盛，抄经纸量一度超过全国其他用纸的总量。

中国的造纸术经历了由东亚—南亚—中美洲—欧洲的扩散路径。3 世纪初传入越南，7 世纪初传入朝鲜、日本、印度，继而传至西亚地区，造纸术早在公元 650 年就传入中亚的撒马尔罕，后及阿拉伯半岛，公元 794 年巴格达出现由中国工匠建立的造纸作坊。公元 800 年传入埃及逐渐取代莎草纸，到 10 世纪中期，完全取代了莎草纸。12 世纪初传入欧洲，由阿拉伯人在以产麻著称的西班牙萨蒂瓦建立了造纸厂，后遍及欧洲再及北美洲。

商品经济社会前的技术传播主要是技术的自行扩散与执政者的明令推广，如玉米、番薯种（栽）植技术引进中国后的自行扩散，及清朝乾隆年间朝廷在川、陕、两湖地区的强力推广。工业技术革命后加速出现的技术进步浪潮则主要是依托于商业贸易形式进行的技术转移，技术服务正在成为技术转移的重要形式。

人类的文明进步是以工具与技术的发明使用为显著标志的。技术进步的意义早已超越工具的生产力作用，技术的转移扩散推动着物质、精神文明的进步。纸张笔墨技术的创新更迭，疏通了知识文化传播渠道，打破了贵族阶层的文化垄断，平民布衣有了更多学习知识与技术的机会，技术要素构成的先进生产力加速了封建制度的消亡，技术资本推动了人类文明的发展。能够称得上革命的技术突破，一定不是单项技术的发明创造，技术产品的多样化反向扩展了技术的应用领域，制造和刺激了消费，专业化规模化才能创造更高的效益，形成资本积累。技术转移的本质是创新技术的市场应用，被替代的次新技术的递次市场传播。

工欲善其事，必先利其器。每一次技术的发明与难点突破都是一次技术转移的专业契机，都是一次相关技术贸易的产业梯度扩散。技术发明与应用的关系，是需求带动的技术发明、改进、革新成果应用，技术进步与消费应用螺旋式互促前行。

面对不同时期的技术进步，每个国家和地区都会有自己的产业发展政策。产业发展政策的制定意味着系列新技术的创新应用，伴随着的是经济结构的调整和技术的引进与输出。我国政府发布过优先发展集成电路、生物等 11 项先进产业技术。其中的半导体集成与交通工具的电动化也是近年的技术热点。这将引起产业竞争的全球震荡，现有的先进设施将递降为次新技术依次向欠发达地区转移。新能源交通工具，在电机性能、智能控制系统、电池的管理开发等方面的技术日新月异。传统燃油汽车生产线、加油站、维修厂及炼油厂等产业链条将引发层层波澜，高等院校的专业教学、科研院所的研究课题都面临调整与转向问题。技术转移将迎来前所未有的产业服务机遇。越来越短的技术换代周期，给就业者尤其是技术持有者和技术使用者带来了空前的学习压力。近年的一段时期内，主导技术趋势将是使用生成式人工智能（AI）。生成式人工智能不仅是一种技术趋势，还会形成工业技术第三次革命后的数字化信息技术的颠覆性革命，有机构研究估算，到 2030 年，人工智能可能会给全球经济带来 15.7 万亿美元的产能贡献。诸多智库机构预判，最新的科技突破主要集中在以下方面：绿色技术在推动可持续发展方面的绝对性作用；新技术将引发企业全员对数字素养的需求；网络安全技术将通过制度、策略和技术系列组合识别深度伪造技术，绕过基于声音和面部识别的访问控制；基因选择，为未出生的孩子设计基因。

由于技术转移服务专业落后，供需矛盾突出，在我国，技术转移的趋向主要以先进技术引进、技术服务与人才输出为特征，如国内名校毕业生出国比例多年来居高不下。尖端技术引进受限，低端技术因关税制裁导致产业整体被动输出而非单独的技术主动输出，如电子产品装配大量向南亚国家转移。但是，技术转移最大的瓶颈是技术转移高端服务人才短缺。技术转移领军队伍建设时不我待！应全国如火如荼的人才培训之急需，“技术转移服务从业人员培训系列教材”编委会按照科技部《国家技术转移专业人员能力等级培训大纲》（试行）组织编写了相关教材。

本书是技术转移从业人员培训系列教材的主干课程教材。全书 9 章可分为 4 个板块。第一章技术转移的目标价值和第二章技术转移价值链，是从国家技术转移体系建设的战略目标层面，阐述技术作为先进生产力资源在国民经济中的重要意义，技术转移作为一种新型、高端的服务业形态成为产业价值链的重要组成部分；通过对高新技术发展趋势的分析来确定技术市场的业务职能及服务重点。第三章技术贸易与技术服务贸易、第四章技术转移服务体系、第五章技术转移服务业态与规范和第六章知识产权保护与经营，这 4 章归属于经营管理的内容；技术贸易与技术服务贸易既是技术转移的实现形式，又是技术转移服务的管理对象；通过明了技术转移全过程（流程）、全方位、全链条（产业价值链）的服务体系和业态规范，实现科学高效的经营管理。第七章技术价值评估和第八章技术转移数字化平台，这两章归集了最新的技术转移服务工具与方法，利用定量与定性结合、硬件软件化的技术手段应对日益复杂的管理内容。第九章技术转移产学研联盟，这是最具中国特色的技术转移组织形式，本章从历史背景起，介绍了产学研联盟的组织结构和运营模式及其发展趋势。

考虑丛书教材每本的相对独立性与整体的关联性，而每个参加培训的学员不一定持有全套课本，故教材编写过程中服务职能、知识产权保护等章节会有少量的内容交叉，全面解读的读者，在学习中请从不同的阐述角度去理解体会。

目　录
CONTENTS

第一章

技术转移的目标价值

引　言

首章开宗明义，论述技术转移的源起，由产业技术的自由扩散、跨国资本的技术输出到国家技术转移的战略行为，阐明其发展过程的科技进步规律和政治经济意义。本章分 3 部分内容，分别讲述技术作为第一生产力对人类经济发展和物质消费需求日益重要的推动作用；技术输出过程，资本主观逐利在客观上缩小了国际地区间的技术势差，落后地域通过技术引进快速地提升了劳动效率，促进了新产品带来的物质财富文明，全球化的技术转移已成为各国政府竞争性发展战略；技术转移的内涵与外延日新月异，技术转移服务形成了高端产业链，以全新的路径实现生产力协同发展与技术壁垒国际竞争的价值创造。

1.1　技术与技术进步

人类上万年的繁衍生息历程就是一部循次渐进的技术演进历史。

技术是从劳动等社会实践中产生与发展的，最原始的技术应用是人类生存需要的刺激结果，以衣食与安全为基本需求。人类经过长时期的被动适应才在自然环境下得以存续，人口的增长和局部环境的恶化，以及改变自然条件使其更适于自己生存的欲望，自觉与不自觉地观察与思考，勤事日久便有了工具的创造与使用，有了经验、技巧的积累总结。更多人在工具使用中不断完善其性能，经验与技巧亦日趋娴熟。远久年代的技术就是有助于劳作的工具及其操作，以及便于更多人重复利用的经验与技巧。性能更好、效率更高的技术不断替代旧技术的过程就是技术进步。工业革命之后的技术不只是数量的迅猛增加，更是发生了质的飞跃和颠覆性的创新，核心技术的概念与内涵都具有划定时代的意义。

1.1.1　技术的沉淀与裂变

为什么古人类历百万年而进化停滞呢？生存于 5 万年前至 1 万年前的晚期智人是

如何发展成现代人的？权威的答案是钻木取火技术与劳动工具的使用。格鲁吉亚的德马尼斯发现了185万年前直立人的化石，中国和印度尼西亚爪哇岛发现的早期古人类化石可以上溯至150万年至170万年前。也有证据显示古人类活动从200万年前就开始了。

1. 技术是时代的标志

技术的进化如同人类自身的进化一样，有其非线性的发展规律，在漫长的以百万年计的历史长河中，都出现过“突飞猛进”的“异化”进展，进入以千年计的文明时期直至18世纪，进化又是相对平缓的。

单从工具与技术的角度断代历史，可把人类历史分为石器时代（史前，旧、新石器时代）、青铜器时代、铁器时代、机器时代。旧石器与新石器时代的标志性工具分别为石球（飞石索）、石斧。青铜器时代，鼎为“国之大器”，是青铜器的标志。鼎虽不是劳动工具，但当年铸鼎涉及的铜料冶炼、铸范制作等技术，其先进性无异于当下的芯片技术。青铜器劳动工具如斧、锛、刀、凿、削、镬、铲、耨、镰等类别已很齐全。如果说钻木取火技术是古人与新人的划分标识，那么青铜器技术则翻开了人类荒蛮与物质文明分界的一页，对应青铜器的社会形态是奴隶社会。铁器坚硬、韧性的特性优于青铜器劳动工具的性能，出土的最古老的冶炼铁器距今约4500年，但由于熔炉熔点和锻淬技术等难题所致，铁的冶炼技术出现在铜的千年之后。矿藏丰富，铁器时代的工具琳琅满目，熔炉为其标志。铁的冶炼技术与铁器制作技术的成熟，工具与器具制造开创了全新领域。铁器的使用推动世界范围内社会形态的转变，人类历史进入封建社会。

技术是从延展四肢的功能开始，经过几千年的积累沉淀，技术的广泛应用，劳动产品出现剩余。畜牧业和农业的分工使商品交换范围逐渐扩大，手工业和农业的分工导致了直接以交换为目的的商品生产。直至18世纪，资本主义社会生产力的飞跃发展，犹如惊蛰春雷助推人类进入现代文明。如果“劳动创造人本身”学说尚可讨论，工业（技术）革命创造了现代文明则毋庸置疑。

并不是所有的发明创造都能发展为生产生活中的实用技术，没有新的需求，一项成熟技术就没有改进的必要，也没有改造的潜力。3000年前古埃及莎草纸和2000年前的蔡侯纸，其初始技术沿用至今，现代的造纸机是为铜版纸、新闻纸等新的需求发明的。黑色火药在晚唐由炼丹士发明，用于鞭炮制作的黑色火药的配方配比1000年都未曾改变过，现代的黄色（无色）TNT、IMX-101炸药是为炸弹、为矿山爆破需求发明的。

2. 技术是人类生息繁衍的基本保障

衣食住行是生存的基本需求，其中衣食优先，温饱相权，吃饭的问题更大。温饱问题至今仍是困扰人类生存的重要问题。

人类的技术萌芽首先是从食物的择取开始。“食谷者，智慧而巧”。《古史考》记载：“古者茹毛饮血，燧人钻火，而人始裹肉而燔之，曰炮。及神农时，人方食谷，加米于烧石之上而食之。及黄帝，始有釜甑，火食之道成矣。”可见，人类文明始自以树枝工具钻木取火烤肉，钻火技术进化了连毛带血生吃猎物的野蛮时代。神农氏年代开始采集或种植谷物，掌握了用石板烙制谷米的工具与技术，到黄帝年代有了煮与蒸的炊具。从木杈竹箭的狩猎技术到刀耕火种的农业技术，从耒耜、耧、耩到施播收储的机械化，从轮作、间作的精耕细作到无人无土工厂栽培，包括化肥、农药、除草剂、转基因与太空育种，农业生产技术的进步始终受制于人口不断膨胀的衣食压力。

从远古开始，人类（古人类）大部分时间都是树叶毛皮披装。公元前5000年古埃及有了麻织布，公元前3000年古印度开始使用棉花，公元前2600年中国出现养蚕抽丝技术。直至近代，麻、棉、毛、丝四大衣饰材料和织物未见新的品类，包括衣服被装的面、里、絮、胆和辅加材料，其生产加工技术也少有改变。究其原因，一是生产力发展水平能够满足既定人口的基本需求，二是生产力水平还不足以支持相关材料、制作技术的专业突进。工业化之后，动力与交通技术的突破，规模潜力与海外市场成就了纺织技术的飞跃，化学工业尤其是石油化工的崛起，颠覆了服装材料行业，石油化工副业产品之合成化学纤维塑造了全新的纺织行业。天然纤维（棉、毛、丝、麻等）之外，以高聚合物为原料的化学生成纤维包括合成纤维和人造纤维两大类。合成纤维如聚酯纤维（涤纶）、聚酰胺纤维（锦纶）、聚丙烯腈纤维（腈纶）等，人造纤维有人造纤维素纤维和人造蛋白质纤维。化学纤维技术支撑着纺织业的家用纺织（装饰纺织）、产业纺织与服装纺织的三分结构。高度依赖石油化工的现代纺织业，供给远超“衣”的基本需求，还大大缓解了“食”的危机。天然纤维需求减少，棉、麻、桑田变粮田，谷贱退耕，花卉果业等经济作物增加了供给。

技术应用也存在马太效应，一项技术的发明可以繁衍出多项相关技术，关联技术形成的价值链就能支撑一个新的产业。

没有房屋的年代，人类栖居于洞穴树巢，以躲寒暑风雨、避毒虫猛兽。为扩大活动范围，平地上出现了树枝草缕搭建的帐篷式蜗居。新石器时代，标志性工具石斧代表了生产力的先进水平。石英石片按照不同的使用目的加工成石器，石斧及各种不同形状的器具扩大了生活与生产的应用范围，开始了房屋建造的历史。最早的房屋一种是以西安半坡遗址为代表的北方半地穴式房屋和地面房屋；另一种是以余姚河姆渡遗址为代表的南方干栏式建筑。

房屋数量增多形成村落，技术的扩散，木石土混合的各种形式的房屋大量建设形成城镇。铁器的应用在满足基本需求后，出现了精细雕凿的宫殿建筑和寺庙建筑。工业革命后房屋材料首先发生本质改变，建筑不再依赖大自然的天然材料，钢筋、混凝土、塑料等新型建材的应用，为保温隔噪、坚固耐久、工期短、成本低的摩天大楼建筑提供了可能。

代步与运输工具的技术进步普惠人类，但并不是每项技术发明都能够改变传统的生活习惯和行为方式。衣食住行之出行，牲畜及牲畜车辆的驾驭技术娴熟了数千年而未有本质的改良。自行车的发明便利了普通民众的出行，自行车发明问世200多年后的今天，被称为自行车王国的中国、丹麦等国家每天仍有数以亿计的人们在骑行自行车。

3. 商业竞争引爆工业（技术）革命

福特汽车、蒸汽机、内燃机的发明成为工业时代的标志，技术进步突破千年的徘徊，出现了爆炸性跨越。颠覆性的工业技术快速改变了人类社会的发展进程。

技术作为第一生产力对人类经济发展和物质消费需求发挥着日益重要的推动作用。

18 世纪 60 年代起，发源于英格兰中部地区的工业革命，其实质是科学技术与生产技术的革命。英国以纺织业为主的传统手工业得到迅速发展。为了提高纺纱和织布效率，发明了一系列新工具机器，这些工具器械的出现揭开了近代工业革命的序幕。

1733 年英国约翰·凯伊发明了织布飞梭，使布匹宽度和织布效率大大提高。纺纱业原本就落后于织布业，织布效率大增，棉纱供应严重不足，尖锐的供求矛盾很快被技术发明所化解，1764 年织工哈格里夫斯发明了名为“珍妮”的纺纱机，纺纱效率提高了十几倍。此后，纺纱机与织布机竞相改进，效率不断提高。工具机器的出现使动力成为纺织业的核心问题。1768 年阿克莱特成功制作水力驱动纺纱机，1771 年建立的水力纺纱厂成为近代工厂大生产的起点。1785 年卡特赖特发明了水力织布机，其他行业效仿棉纺织业迅速采用机器生产，以机器代替手工操作的工厂在英国各地的河流两岸相继大量投产。由于水力受到河流分布、季节水量和运输等多方面的限制。产能不断扩大的规模生产动力需求迫切。早在 1705 年，英国纽可门参照前人的发明制造了第一台可实用的蒸汽机，主要应用于矿井、城市供水和灌溉等方面。纽可门蒸汽机只能通过活塞直线式往复运动，效率低、耗煤多，不能作为旋转式连续做功的动力机。瓦特对蒸汽机进行系列改进，使其成为“万能动力机”。瓦特蒸汽机的出现对近代工业的影响是不可估量的，它引发纺织、采矿、钢铁、机械和交通运输等各行业技术的连锁革命，促进了资本主义在欧洲的发展。1825 年英国机械师史蒂文森设计制造出第一台蒸汽机车。铁路成为工业化时代的陆路运输动脉。

蒸汽机开创了一个全新的历史时代，在此基础上，热效率、速度、轻便、安全、远距离传输等效益追求，使蒸汽机很快就被 19 世纪下半叶出现的内燃机和电动机所取代。

1791 年伽伐尼发现电流，1831 年法拉第发现电磁感应，1865 年麦克斯韦建立电磁场理论。一众科学家在电磁学理论指导下掀起的电力革命对人类社会的影响更为深远。从机器动力角度，电力革命是蒸汽动力革命的进步，但电力革命的意义远远超出动力的应用。爱迪生设计完善的白炽灯为人类驱逐了黑暗，贝尔发明的电话缩短了人类活动的时间与空间。没有电就没有计算机，而计算机是信息时代的标志，是未来智能时代的奠基。

技术进步是无止境的，蒸汽机及油气、电力发动机的创造应用，革命性地提高了人员交通及货物运输工具的效率，航海航空运输技术奠定全球一体化的地缘格局，火箭飞船实现了人类的太空梦想。无论是以速度为评价标准还是以依赖程度为评价标准，交通运输工具无疑是最为超前的先进技术。

4. 地缘政治竞争催生信息时代

进入 20 世纪的商业竞争，垄断寡头具备了雄厚的话语权实力。

商业竞争达到一定的激烈程度，资本高度积累的寡头集团会通过极端手段转移内部矛盾和攫取超额利润。世界范围内跨国财团的强盛崛起，支撑其强大经济和军事实力的背后，都是领先技术和新技术的应用竞争。1914 年爆发第一次世界大战，1939 年爆发第二次世界大战，战争是生死博弈，人力、物力和财力的巨额消耗，战败的风险急需以非常规手段对冲。于是出现了计算机、原子弹、石油催化裂化、航空航天等非民用技术研究热潮。

第二次世界大战前夕，由情报得知原子裂变实验在德国取得成功，德国有可能制造出威力巨大的杀伤性武器。美国科学家们纷纷要求美国政府赶在德国之前尽快研制原子弹。1941 年 12 月 6 日，美国政府通过了研制原子弹的曼哈顿计划。1945 年 7 月，第一颗原子弹在美国西部沙漠试验成功，原子聚变的氢弹等技术相继成熟，曼哈顿计划的成功开创了科学技术史上的核能时代。战后，民用核能利用加入能源革命浪潮。

1943 年 6 月，美国奥伯丁武器试验场为了满足计算弹道需要，军方与宾夕法尼亚大学莫尔学院签订合同研制“电子数值积分和自动计算机”。人类历史上第一台真正意义上的电子计算机于 1946 年 2 月问世。当年重达 30 多吨、占地 170 平方米的电子管计算机在短短的几十年里脱胎换骨，成为信息时代的核心技术。

冷战期间，美国和苏联出于军备竞赛的需要竞相研究空间技术。1957 年苏联发射了第一颗人造卫星，1961 年发射了第一艘载人飞船。1961 年美国总统肯尼迪宣布实施“阿波罗”登月计划，1969 年“阿波罗”飞船第一次把人类送到月球。冷战军备竞争最直接的成果是飞船和卫星航行的完备技术，以及火箭运载技术。每一个航天工程都是一个“新技术实验室”，有成千上万的课题组和供应商在协同工作，每一个分支项目都会萌生一系列的创新技术。中国航天神舟飞船，从“神一”宇宙辐射、微重力、高真空农作物诱变育种任务开始，直到“神十”的生物、材料、物理和生命科学等领域实验，共有 400 多项航天技术成果实现了民用对接。

5. 高新技术在加速发展中

劳动、资本、技术进步是经济增长的三大动力源泉。技术的生产力作用日益凸显，缓解了社会治理落后的诸多矛盾，但是，越是先进的技术应用需要的资本支持规模越大。后工业革命时代，世界仍有寒馁堪忧的落后地区，其原因并不是劳动与资本的累积不足，而是劳动与资本没有投向技术的应用或者说技术应用的投入不足。近 300 多年，区域性的政治经济治理结构发生重大变革，技术发展到今天，其意义已远远脱离衣食住行的基本需求。技术超越了种族亲缘、宗教信仰、山河屏障的影响广泛渗入人类的生产生活，不断重塑政治、经济、文化的世界格局。正如未来学家们所料，21 世纪的信息技术浪潮汹涌澎湃，多网合一的移动互联网彻底改变了工业革命后的工作方式和生活方式。物联网、云计算、大数据、人工智能等新技术领域正在迅猛发展，新技术将助推人类社会进入一个全新的数字化时代。

从鸡鸣的早计时、梆子的夜计更，到日晷的影定时；从燃香、沙漏，弹性法条游丝摆轮的机械钟表，到液晶表、原子钟，计时技术不断满足大时空、大作业的节奏秩序需求。

任何产业和行业的技术换代都无法与能源技术的影响程度相比，能源技术的进步不仅决定着人类文明的进程，还对整个地球生态作出了无以估量的改变。从棘薪禾秸到煤炭石油，再到风电、光伏、核能等，能源技术改变和颠覆着国民经济的产业门类，甚至达到撬动地球的夸张程度。

人类社会经历了采集渔猎时代、农耕游牧时代、工业时代、信息（后工业）时代4个社会发展阶段。信息化社会，人工智能将逐步替代或淘汰人体四肢的劳动工具功能，被解放的四肢将增添更多的生活乐趣，提高文艺美术技能，创造出前所未有的新体验。信息技术、人工智能技术深化发展，人类将进入智能化的新时代。

技术对人类的影响广泛而深刻。当今，通过互联网，“秀才不出门，全知天下事”已不足论谈，就连普通民众足不出户也能办理“天下事”。乘坐游轮、飞机等交通工具，可以抵达世界各地。太空旅行已开启20余年，科学探索卫星已出离太阳系……现代社会的生产生活用品已少见百年前的器具留存，尤其是劳动手段（部分个性定制或纪念品除外）几乎都是新技术的产物。

人口的繁衍与消费欲望的膨胀加剧了资源分配危机。

技术的价值主要表现在以下几个方面：推动经济发展，技术在经济活动、生产过程中的应用能推动社会经济水平进步，提高生产效率，是经济增长的源泉；推动物质消费，技术能够提升人民物质生活消费水平，拓展消费领域，改善人民生活；推动科学进步，技术能够反作用于科学技术研发，提供良好的研发试验设施环境，引导科学研发和生产生活相结合，科学技术化，技术科学化。

1.1.2 技术的特性

技术是人类在生产生活过程中经验和知识的积累，是制造某种产品、应用某种工艺或提供某种服务的系统知识；技术有多种定义维度，其本质是系统的知识和技能，是根据自然科学原理和生产经验形成的工艺方法和技能，包括相应的生产工具，设备和管理方法，是科学系统知识在实际经济活动中的系统应用。

技术是人类在认识自然和改造自然的实践中积累的经验与知识，也泛指生产生活中的操作技巧和技术装备。“工欲善其事，必先利其器”中的“器”就是现代意义上的先进装备设施。

技术（technology）的英文一词源自古希腊文，由techne（工艺、技能）和logos（系统的论述、学问）演化而成。古代技术多指由经验积累而成的个人的制作工艺，由于没有系统规范，不易推而广之。

亚里士多德把技术定义为人类活动的技能（skill）。随着机器和工业应用占据统治地位，技能逐渐变为：制造和利用机器的过程。以至于人们认为技术的定义就是：工具、机器和设备。

马克思的理论是把技术作为劳动过程要素，归结为工具、机器和容器这些机械性的劳动资料，是将“人对自然的能动关系，人的生活的直接生产过程”作为技术定义的基本前提。即人类在利用自然、改造自然的劳动过程中所掌握的各种活动方式的总和，是人类为满足生存需求和愿望，在利用和改造自然的长期过程中积累起来的知识、经验、技巧和手段。如投入产出过程中的工艺、工具、设备、设施、标准、规范、指标、计量方法等。技术是人类生产经验或智力劳动的产物，由于它能够带来更高的劳动（服务）效率或收益，因而在商业经济活动中成为活跃的生产要素。

进入 18 世纪后，随着工业革命的深入发展，对技术的认知和定义开始超脱个人的技巧范畴，而赋予全新的含义。18 世纪末，法国哲学家狄德罗对技术的定义则是："技术是为某一目的的共同协作组成的各种工具和规则体系。"这一定义将技术的目的性（为某一目的）和技术的表现形式（一为"工具"，一为"规则"）综合在一起，一直到现在依然被认为是对"技术"一词的最为确切、权威的一种解释。

德国技术哲学家卡普认为，从简单工具到复杂机器，人类所发明的一切技术活动手段都是人体器官向外界投影而形成的结果，因此，技术包含两层含义：人的生产活动方式本身与代替人类活动的装置。

德国的另一学者经济学家贝克曼则将技术定义为：指导物质生产过程的科学或工艺知识，这种知识清楚地解释了全部操作及其原因和结果。

英国学者诺里斯和维西提出关于技术的 5 种含义，即：a. 技术包括所有工业革新进程中的科学和工程活动；b. 技术是工程的同义语；c. 技术是技巧的集合；d. 技术是工业技术的科学；e. 技术是能生产一定实际产品的投入要素的各种不同组合。

在现代，不少权威机构也从不同角度对技术相继给出了许多不尽相同的定义。

美国国家科学基金会（NSF）和斯科恩（Schon）认为：技术是"一种工具或物质设备，人们借助于它们扩展自己的能力"。

世界知识产权组织（WIPO）1967 年从技术所包含的内容或内涵角度给出的"技术"定义是："技术是指制造一种产品或提供一项服务的系统知识。这种知识可能是一项产品或工艺的发明、一项外形设计、一种实用新型、一种动植物新品种，也可能是一种设计、布局、维修和管理的专门技能。"而联合国工业发展组织（UNDIO）则认为，"技术是制造一种或多种产品及以此为目的而建立一个企业、工厂时需要的知识、经验和技能的总和"。

在中国，史籍上的"技术"一般被解释为"专门的技艺、技巧"和实际操作的本领，如"人之有技，若己有之"（《尚书・秦誓》）；有一技之长的人则被视为工匠。技术用于生产或军事，具有十分重要的作用及意义。"天有时，地有气，材有美，工有巧。合此四者，然后可以为良"（《周礼・冬官考工记》），精巧的工艺和上好的材料及天时、地利，是造出精良器物不可或缺的四大基本条件。再如《汉书・艺文志》称："技巧者，习手足，便器械，积机关，以立攻守之胜者也。"战斗技术，是攻城略地之宝。

由上海辞书出版社出版的《经济大辞典（工业经济卷）》对"技术"一词的解释是："根据生产实践经验和自然科学原理，围绕特定目的而提出的解决问题的各种操作技能，及其相应的生产工具和生产的工艺过程或作业程序、方法。"

由马洪、孙尚清主编，中国社会科学出版社出版的《经济与管理大辞典》对"技术"一词的解释为："人类在生产斗争和科学实验中认识自然和改造自然所积累起来的经验、知识、技能以及体现这些经验、知识、技能的劳动资料。它是劳动工具、劳动对象和劳动者的劳动技能的总称。”“技术一般包括自然技术和社会技术两个组成部分。自然技术是根据生产实践经验和自然科学原理而发展形成的各种工艺操作方法、技术和相应的生产工具及其他物质装备。社会技术是指组织、管理生产的技术。”

中国经济出版社出版的《现代管理技术经济大辞典》对“技术”的解释为：“技术是由人类在利用自然、改造自然和解决社会问题中所运用的知识、经验、手段和方法以及生产工具、生产工艺过程的总称。技术分为两部分：一部分是从生产实践中逐渐积累起来的各种经验和技能，即通常所说的经验形态的技术；另一部分是人的专门技能与自然物质相结合的产物，即经验形态技术的变化。”

从上述讨论中可以看到，人们对技术的定义和解释可谓众说纷纭，看问题的角度不同，对于技术的定义必然也不同。无论怎样定义，本质上技术是一种系统的知识和技能，是根据自然科学原理和生产经验而形成的一种工艺操作方法和技能，包括相应的生产工具、设备和管理办法，是科学性的或组织化的知识在实际经济、技术活动中的系统应用。在技术转移研究中所涉及的技术，通常仅指与自然科学相联系的那一类技术，包括具体的人造物品、工程方法、工艺操作方法和技能，以及相关的生产工具和物质设备。

技术作为人们制造某种产品、应用某种工艺或提供某项服务的系统知识，有着诸多内在特性。国外专家格兰特（Grant）认为，技术知识具有“可转移性、可累积性和可专用性”三大特性；Hde-lund 认为技术知识具有“内隐”和“外显”的双重特性；而 Teece 则认为技术知识具有“不确定性、路径依赖性、累积性、不可逆转性、相关关联性、内隐性、公共性”等 7 种特性。

大致而言，技术的特性主要体现在以下几方面：

①科学性与可实施性。技术是人类在社会实践中根据生产的实践经验和科学原理而发明创造或总结出来的、可以实施、能够产生经济效益的知识，技术进步可引起经济的增长和发展。

②复杂性、相互关联性与内隐性。技术的复杂性体现在两个方面：一是技术的系统性，即相互关联性，任何一项技术都不是孤立的，必然会在不同程度上同其他支持性技术和关联性技术形成某种联系；二是技术的内隐性，一项技术必然存在或多或少高度专业化和个性化、不易用文字描述的一类知识。

③可传授和可转移性。技术是知识，是可以传授和可转移的。人们可以通过教与学而掌握技术，可以通过适当的方式使技术在不同的主体之间进行转移，从而使技术得以在更大的范围内推广应用。

④可累积性。技术知识可以积累，可以融入新的知识，从而为在现有技术基础上吸收提供可能。

⑤技术生产的周期性。技术具有类似于生物体从出生、成长、成熟、衰退至消亡的生命特征现象。技术的寿命包括自然寿命和商业寿命。技术的自然寿命系技术成果从其诞生开始至被另一项新的技术取代所经历的时间。技术的商业寿命是指技术成果从其诞生开始至凝结该技术成果的产品完全退出市场的时间。技术的自然寿命和商业

寿命在时间上并不是完全重合的。

⑥专用性。技术知识是一种受专有性支配的资源，技术持有者可以通过申请专利的办法使其独占技术资源获得保护，也可以将其持有的技术作为一种商业秘密而不予公开。

⑦不可计量性和价值的不确定性。技术本身是不可计量的。技术的价值只能以其在使用领域中所产生的经济效益等指标来加以度量和确定。由于技术在使用领域到底能够创造出多大的经济效益在不同地点、场合和使用不同的计量方法会有很大的不同，因此，技术的价值是不确定的。

⑧商品性与可交易性。技术具有使用价值和价值，在一定条件下可以成为商品，可在市场上进行转让和交易。

1.1.3　技术的分类

1. 按照技术应用领域分类

在技术学和经济学中，技术可以按照不同的标识，从不同角度加以分类。国际上第一个对技术进行分类研究的是德国的经济学家贝克曼，他于 1806 年著有《技术学大纲》，成为研究技术分类和结构分类的先驱。贝克曼的技术体系结构分为 3 类：

①按物质运动的基本形式，即（或）按基础科学领域，将技术分为机械技术、物理技术、化学技术和生物技术等，这类技术属于基础层次的技术。

②按经济活动的产业行业领域，将技术分为农林牧渔业技术、采矿业技术、制造业技术、建筑业技术、电力燃气水的生产和供应技术、交通运输存储和邮政业技术等。

③按生产的劳动过程，将技术分为采掘技术、原材料生产技术、机械加工技术、建筑技术、运输技术、信息及处理技术、农耕及植物种植和动物繁育及养殖技术等。

2. 按照技术的社会功能分类

20 世纪 20—50 年代，美国科学家默顿和英国科学家贝尔纳创建“科学的社会功能”理论，启发人们按技术的社会功能对其进行分类，出现了“共性技术”、“战略技术”、“关键技术”及“公益性技术”等概念。1992 年 G. Tassey 提出用于科技政策研究的一个“技术开发模型”，将技术分为基础技术、共性技术和专有技术 3 种类别。

①基础技术（infrastructure technology）。这里所说的“基础技术”，不是指基于基础科学而形成的技术，而是泛指各种各样的技巧工具（technical tools）的集合。它包括两个方面：一是硬件系统——技术基础设施；二是软件系统——技术标准体系，包括技术产品质量标准、环保质量标准、技术测试标准和方法，以引导技术发展的方向。不同产业或企业的技术发展都基于这一技术平台。

②共性技术（generic technology）。系指一技术与其他技术组合可导致在诸多产业领域广泛应用，能对一个产业或多个产业的技术进步产生深度影响的技术。这是建立在科学基础与基础技术平台之上的，具有产业属性的一类技术；是技术产品商业化前

的技术基础，是不同企业专有技术的共同技术平台。如发动机技术可应用于汽车、摩托车、发电机等多个产业，超大规模集成电路技术可应用于计算机、通信等信息产业，等等。这一类技术的共性体现在该技术与其他技术组合可导致多个产业的大量不同应用。

③专有技术（proprietary technology）。即应用于私人物品领域，完全为企业或个人专属，拥有自主知识产权的技术。

3. 按照技术的公共福利效应分类

按照技术的受益主体或其公共福利效应将技术分为商业性技术和公益性技术两大类型。

①商业性技术。商业性技术是指属于私人物品领域，同时具备排他性和竞争性的技术，也称竞争性技术或私人专利技术。这种技术所形成的收益，只有专利拥有人或技术秘密的保有者才能够享有。

②公益性技术。公益性技术是指属于自然垄断或共有资源和公共物品领域或者不具备排他性，或者不具备竞争性，服务于全部公众或者大部分公众利益的一类技术，如自然垄断行业的部分技术成果，能源和资源节约、公共健康与安全、生态建设、环境保护与循环经济、国防等领域的技术成果等。

4. 按照技术的作用功能分类

根据联合国工业发展组织对技术所给出的定义，还可以将技术按其作用功能的表现结果分为产品技术、生产技术和管理技术 3 种。

①产品技术。即用以生产一种新产品或局部改进产品设计和性能的技术。后者如增加产品的功能、扩大产品使用范围、提高产品质量和（或）降低产品生产成本的技术等。

②生产技术。指用于产品制造过程的技术，如一项新工艺、新流程、新的测试手段、新的加工设备和方法等。

③管理技术。指对企业整个研究、开发、生产、营销、创新等活动，进行计划、组织和控制的技术。

上述 3 种技术中，产品技术和生产技术依赖自然科学知识、原理和经验，通常被称为“硬的技术”；而管理技术则构筑于自然科学与社会科学交叉学科之上，被称为“软的技术”。

技术的前述分类可用图 1-1 来加以表现。

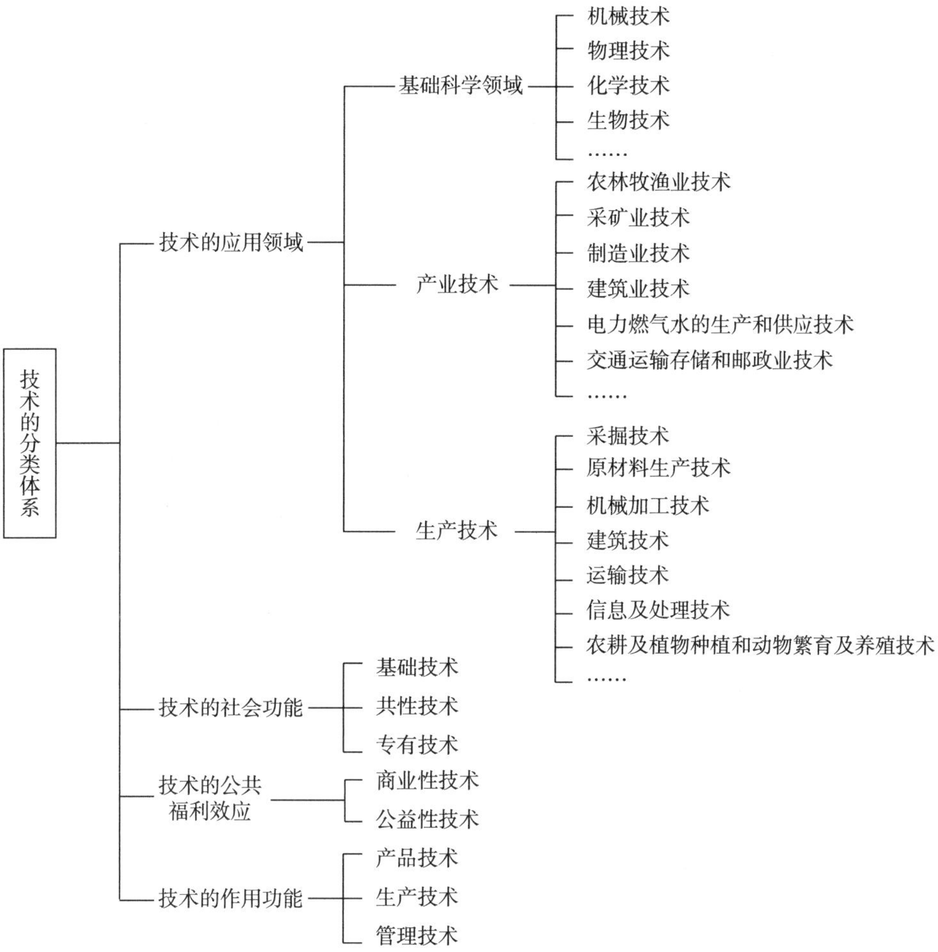

图 1-1　技术的分类体系

1.1.4　科学的技术和经验的技术

技术如果按照其来源区分，则可以将其归结为科学的技术和经验的技术。

①科学的技术。科学的技术是源于科学的理论和知识，由科学推导出来的技术。现代社会的新技术几乎都源自科学。

②经验的技术。经验的技术是来自经验和本能，并随着经验的积累而不断提高的技术。在传统文明中，经验的技术在很多时候是传统民族与世界打交道的一种尝试，不一定具有现代人所说的技术的含量。

将技术区分为“科学的”和“经验的”技术，还可以从文明的知识体系中得到说明或解释。

任何时代的任何人类文明，都必然存在这样两个知识体系，即一个形而上的解释世界的体系，用以回答解释星空、大地及其与人的关系等人类精神领域方面的问题；另一个则是形而下的联系世界的体系，解决人类衣食住行等现实方面的问题。对于现代文明而言，前一体系为科学，后一体系则是技术，即“科学的技术”；而对于传统文明来说，前一体系可能是神话、巫术、宗教，或者是古老的自然哲学。也就是通常所说的传统文化的重要组成部分，后一体系也是技术，即“经验的技术”。两个知识体系的构成及其对应关系如图 1-2 所示。

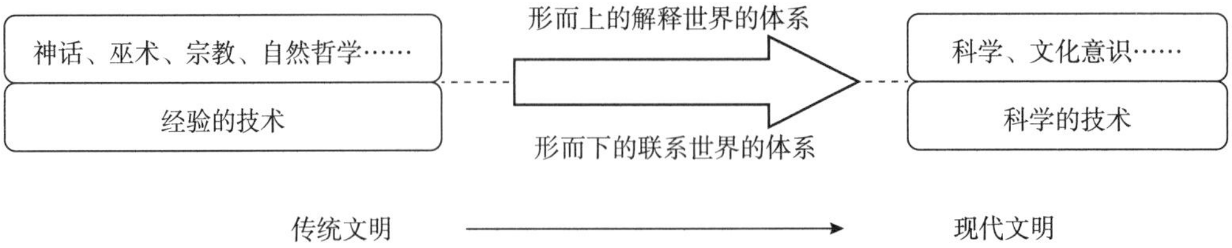

图 1-2　文明的知识体系

在这两类文明的知识体系中，传统文明中的神话、巫术、宗教的功能较之科学要宽泛得多，其中只有其自然观、宇宙观部分承担着与科学相类似的功能。一方面，在现代文明中，构成形而上体系的不仅有科学，也有文化、意识形态与经济等方面的内容，后者不只是现代的，也内含传统文化、意识形态与经济的某些内容。从形而下体系方面看，现代的新技术几乎都来自科学，属于“科学的技术”范畴，而且科学也对许多经验的技术赋予科学的解释，使之成为科学的技术的一部分；另一方面，在现代文明中，构成形而下体系的也不仅仅是只有“科学的技术”，也有源于经验和本能且科学可能还难以赋予或尚未作出解释的“经验的技术”。认识到这一点是重要的。因为在现实的世界中，无论是过去、现在还是未来，人类在与自然交往过程的形而下体系中，总有一些打交道的方式是或多或少甚至这些方式的全部都是源于经验和本能而非科学的推导或已有科学是难以解释的，这一点无论是在工业还是农业的生产过程中都是有所表现的，特别是技术中的许多工艺问题，不少就并非由科学推导出来的，而更多的是源自经验。

由此，从技术转移问题角度看，在技术转移的实施过程中，必须考虑与“经验的技术”转移相关的种种问题。

1.1.5　现代产业技术

技术作为第一生产力对人类经济发展和物质消费需求有着日益重要的推动作用。我国政府重点支持的现代产业高新技术领域具体如下：

1. 电子信息

①软件。基础软件，嵌入式软件，计算机辅助设计与辅助工程管理软件，中文及多语种处理软件，图形和图像处理软件，地理信息系统（GIS）软件，电子商务软件，电子政务软件，企业管理软件，物联网应用软件，云计算与移动互联网软件，Web 服务与集成软件。

②微电子技术。集成电路设计技术，集成电路产品设计技术，集成电路封装技术，集成电路测试技术，集成电路芯片制造工艺技术，集成光电子器件设计、制造与工艺技术。

③计算机产品及其网络应用技术。计算机及终端设计与制造技术，计算机外围设

备设计与制造技术，网络设备设计与制造技术，网络应用技术。

④通信技术。通信网络技术，光传输系统技术，有线宽带接入系统技术，移动通信系统技术，宽带无线通信系统技术，卫星通信系统技术，微波通信系统技术，物联网设备、部件及组网技术，电信网络运营支撑管理技术，电信网与互联网增值业务应用技术。

⑤广播影视技术。广播电视节目采编播系统技术，广播电视业务集成与支撑系统技术，有线传输与覆盖系统技术，无线传输与覆盖系统技术，广播电视监测监管、安全运行与维护系统技术，数字电影系统技术，数字电视终端技术，专业视频应用服务平台技术，音响、光盘技术。

⑥新型电子元器件。半导体发光技术，片式和集成无源元件，大功率半导体器件，专用特种器件，敏感元器件与传感器，中高档机电组件，平板显示器件。

⑦信息安全技术。密码技术，认证授权技术，系统与软件安全技术，网络与通信安全技术，安全保密技术，安全测评技术，安全管理技术，应用安全技术。

⑧智能交通和轨道交通技术。交通控制与管理技术，交通基础信息采集、处理技术，交通运输运营管理技术，车、船载电子设备技术，轨道交通车辆及运行保障技术，轨道交通运营管理与服务技术。

2. 生物与新医药

①医药生物技术。新型疫苗，生物治疗技术和基因工程药物，快速生物检测技术，生物大分子类药物研发技术，天然药物生物合成制备技术，生物分离介质、试剂、装置及相关检测技术。

②中药、天然药物。中药资源可持续利用与生态保护技术，创新药物研发技术，中成药二次开发技术，中药质控及有害物质检测技术。

③化学药研发技术。创新药物技术，手性药物创制技术，晶型药物创制技术，国家基本药物生产技术，国家基本药物原料药和重要中间体的技术。

④药物新剂型与制剂创制技术。创新制剂技术，新型给药制剂技术，制剂新辅料开发及生产技术，制药装备技术。

⑤医疗仪器、设备与医学专用软件。医学影像诊断技术，新型治疗、急救与康复技术，新型电生理检测和监护技术，医学检验技术及新设备，医学专用网络新型软件，医用探测及射线计量检测技术。

⑥轻工和化工生物技术。高效工业酶制备与生物催化技术，微生物发酵技术，生物反应及分离技术，天然产物有效成分的分离提取技术，食品安全生产与评价技术，食品安全检测技术。

⑦农业生物技术。农林植物优良新品种与优质高效安全生产技术，畜禽水产优良新品种与健康养殖技术，重大农林生物灾害与动物疫病防控技术，现代农业装备与信息化技术，农业面源和重金属污染农田综合防治与修复技术。

3. 航空航天

①航空技术。飞行器，飞行器动力技术，飞行器系统技术，飞行器制造与材料技

术，空中管制技术，民航及通用航空运行保障技术。

②航天技术。卫星总体技术，运载火箭技术，卫星平台技术，卫星有效载荷技术，航天测控技术，航天电子与航天材料制造技术，先进航天动力设计技术，卫星应用技术。

4. 新材料

①金属材料。精品钢材制备技术，铝、铜、镁、钛合金清洁生产与深加工技术，稀有、稀土金属精深产品制备技术，纳米及粉末冶金新材料制备与应用技术，金属及金属基复合新材料制备技术，半导体新材料制备与应用技术，电工、微电子和光电子新材料制备与应用技术，超导、高效能电池等其他新材料制备与应用技术。

②无机非金属材料。结构陶瓷及陶瓷基复合材料强化增韧技术，功能陶瓷制备技术，功能玻璃制备技术，节能与新能源用材料制备技术，环保及环境友好型材料技术。

③高分子材料。新型功能高分子材料的制备及应用技术，工程和特种工程塑料制备技术，新型橡胶的合成技术及橡胶新材料制备技术，新型纤维及复合材料制备技术，高分子材料制备及循环再利用技术，高分子材料的新型加工和应用技术。

④生物医用材料。介入治疗器具材料制备技术，心脑血管外科用新型生物材料制备技术，骨科内置物制备技术，口腔材料制备技术，组织工程用材料制备技术，新型敷料和止血材料制备技术，专用手术器械和材料制备技术，其他新型医用材料及制备技术。

⑤精细和专用化学品。新型催化剂制备及应用技术，电子化学品制备及应用技术，超细功能材料制备及应用技术，精细化学品制备及应用技术。

⑥与文化艺术产业相关的新材料。文化载体和介质新材料制备技术，艺术专用新材料制备技术，影视场景和舞台专用新材料的加工生产技术，文化产品印刷新材料制备技术，文物保护新材料制备技术。

5. 高技术服务

①研发与设计服务。

②检验检测认证与标准服务。包括检验检测认证技术、标准化服务技术。

③信息技术服务。包括云计算服务技术、数据服务技术和其他信息服务技术。

④高技术专业化服务。

⑤知识产权与成果转化服务。

⑥电子商务与现代物流技术。包括电子商务技术、物流与供应链管理技术。

⑦城市管理与社会服务。包括智慧城市服务支撑技术、互联网教育、健康管理、现代体育服务支撑技术。

⑧文化创意产业支撑技术。包括创作、设计与制作技术，以及传播与展示技术、文化遗产发现与再利用技术、运营与管理技术。

6. 新能源与节能

①可再生清洁能源。包括太阳能、风能、生物质能、地热能、海洋能及运动能。

②核能及氢能。

③新型高效能量转换与储存技术。包括高性能绿色电池（组）技术、新型动力电池（组）与储能电池技术、燃料电池技术、超级电容器与热电转换技术。

④高效节能技术。包括工业节能技术、能量回收利用技术、蓄热式燃烧技术、输配电系统优化技术、高温热泵技术、建筑节能技术，以及能源系统管理、优化与控制技术和节能监测技术。

7. 资源与环境

①水污染控制与水资源利用技术。城镇污水处理与资源化技术，工业废水处理与资源化技术，农业水污染控制技术，流域水污染治理与富营养化综合控制技术，节水与非常规水资源综合利用技术，饮用水安全保障技术。

②大气污染控制技术。煤燃烧污染防治技术，机动车排放控制技术，工业炉窑污染防治技术，工业有害废气控制技术，有限空间空气污染防治技术。

③固体废弃物处置与综合利用技术。危险固体废弃物处置技术，工业固体废弃物综合利用技术，生活垃圾处置与资源化技术，建筑垃圾处置与资源化技术，有机固体废弃物处理与资源化技术，社会源固体废弃物处置与资源化技术。

④物理性污染防治技术。噪声、振动污染防治技术，核与辐射安全防治技术。

⑤环境监测及环境事故应急处理技术。环境监测预警技术，应急环境监测技术，生态环境监测技术，非常规污染物监测技术。

⑥生态环境建设与保护技术。

⑦清洁生产技术。重污染行业生产过程中节水、减排及资源化关键技术，清洁生产关键技术，环保制造关键技术。

⑧资源勘查、高效开采与综合利用技术。资源勘查开采技术，提高矿产资源回收利用率的采矿、选矿技术，伴生有价元素的分选提取技术，低品位资源和尾矿资源综合利用技术，放射性资源勘查开发技术，放射性废弃物处理处置技术，绿色矿山建设技术。

8. 先进制造与自动化

①工业生产过程控制系统。现场总线与工业以太网技术，嵌入式系统技术，新一代工业控制计算机技术，制造执行系统（MES）技术，工业生产过程综合自动化控制系统技术。

②安全生产技术。矿山安全生产技术，危险化学品安全生产技术，其他事故防治及处置技术。

③高性能、智能化仪器仪表。新型传感器，新型自动化仪器仪表，科学分析仪器/检测仪器，精确制造中的测控仪器仪表，微机电系统技术。

④先进制造工艺与装备。高档数控装备与数控加工技术，机器人，智能装备驱动控制技术，特种加工技术，大规模集成电路制造相关技术，增材制造技术，高端装备再制造技术。

⑤新型机械。机械基础件及制造技术，通用机械装备制造技术，高端制造与专用机械装备制造技术，纺织及其他行业专用设备制造技术。

⑥电力系统与设备。发电与储能技术，输电技术，配电与用电技术，变电技术，系统仿真与自动化技术。

⑦汽车及轨道车辆相关技术。车用发动机及其相关技术，汽车关键零部件技术，节能与新能源汽车技术，机动车及发动机先进设计、制造和测试平台技术，轨道车辆及关键零部件技术。

⑧高技术船舶与海洋工程装备设计制造技术。高技术船舶设计制造技术，海洋工程装备设计制造技术。

⑨传统文化产业改造技术。乐器制造技术，印刷技术。

1.2 技术商品的使用价值与价值

技术商品指能够通过市场交换实现技术的传播扩散进而转化为生产力的技术成果和技术性劳务。其中技术成果是指利用科学技术知识、信息和经验作出的，产品、工艺、材料及其改进等技术方案。技术性劳务是指利用所掌握的知识、技术、经验和信息所提供的服务。技术商品通过技术贸易和技术服务等形式实现不同发展水平地域间的技术转移。

1.2.1 技术商品的内涵

技术商品是以转让收益为目的的技术成果。技术是人类生产经验或智力劳动的产物，由于它能够带来更高的劳动（服务）效率或收益，因而在商业经济活动中成为活跃的生产要素。这种以知识为基础的智力成果凝结着复杂的物化劳动和活劳动，其应用能够满足人们生产和生活日益增长的更多需要，具有更高的使用价值。技术作为具有价值的商品，是商品经济发展到一定规模的竞争结果。伴随社会物质文化需求的扩展及竞争的加剧，科学技术的进步明显加速。技术更高的使用价值决定了技术的交换价值，技术的供需关系决定着技术的商品地位，特别是资本主义国家建立了以专利为代表的知识产权制度之后，技术逐渐区别于普通消费商品而成为价格更为昂贵的生产力要素商品。技术商品的形成包括以下 4 个条件：

(1) 科技的快速发展

技术作为买卖标的物已有很久的历史，只是在工业革命后的商品经济时代，技术才形成商品乃至形成产业的支撑基础。技术的旺盛需求是技术商品活跃的前提，R&D（研究与开发）活动的独立化，甚至使技术商品生产与其他物质生产部门分离而成为独立的产业部门，从而奠定了技术成为商品的自然基础。在手工业生产时代，技术是融经验、技巧、创新为一体的工匠手艺，很少有脱离劳动工匠而独立存在的技术，因而也不存在脱离直接生产者的人身作为独立的商品在市场上流通的技术。随着科学技术的发展和生产中的分工日益发达，在物质生产过程中技术日益复杂，一些技术性较强的工作逐渐从其中分离出来，一些知识水平较高的人专门从事工艺的改进和产品水平的提高。

技术从物质产品生产过程中“分离”出来，成为可以独立存在、独立转移的产品，因而出现了专门从事技术研发的机构。这些机构所研制的技术往往不是为自己所用，而是为了一定的利益而转让，由此形成了技术转化为商品的重要前提条件。

（2）技术必须是实用性的技术成果

这是技术转化为商品的必要条件。不少技术成果确属创新和先进之列，但由于缺乏实用性，在使用中不能产生较高或预期的经济效益，因而难以转化为商品。作为商品的技术之所以具有实用性，一是大部分研发活动的直接目的是解决生产或经营管理上的某些或某一问题；二是技术在使用过程中通过对制成品产量、质量、成本的影响或以开发新产品为途径，保证获取技术的全部费用低于技术所能带来的经济效益，使技术受让方从中获得一定的实际收益。

（3）技术的供求双方必须是相对独立的商品生产者

如果缺乏这一条件，技术只能是无偿转移，就不能作为交易的对象。

就技术的供方而言，它必须是自负盈亏、自主经营的经济实体，这是技术商品存在的产权基础。只有这样，它才会时时关注市场，进行技术研发活动，并不失时机地通过转让技术来获取较高的利润。长期以来，我国科研体制实行的是国家科研经费的无偿划拨，这导致科研院所内无动力、外无压力，所拥有的技术往往被无偿转移。开发技术不能带来效益，因而开发技术缺乏积极性，转让技术缺乏能动性。

就技术的需求者而言，由于作为一个相对独立的经济实体出现，它就必须经常地产生对技术的强烈需求，并千方百计地获取具有垄断优势的技术去开发或改进产品。这也反过来刺激了技术研发的发展。我国的企业在计划经济体制下之所以不热衷于改善经营管理，不愿按照有偿的原则获取技术，就是因为旧体制下国家是技术的所有者，而使用者多为政府管控下的公有制企业，这就使技术只能成为无偿转让的产品，而不能成为独立的商品。

因此，只有双方都是有独立经济利益的商品生产者，它们才把技术作为商品，技术拥有者不会无偿转让，而技术需求者愿意花钱去得到所需要的技术。

（4）技术应有独占性

这是技术能成为交易对象的另一个重要条件，也是技术商品区别于一般物质商品的特有条件。技术的实用性是以其独占性为前提的。因为一旦技术扩散并为其他经济组织所占有，就不可能成为交换的对象。由于技术的关键内容是信息形态的技术知识，所以信息的可传播性迫使技术发明者采取保密措施。在商品经济产生之后相当长的时期内，技术转移是随着能工巧匠的人身迁移或师徒相传来实现的，这从一个方面也说明了正是技术保密的限制使技术转移不可能在较大范围内展开。只有在对技术的转移进行法律保护的前提下，它才可以成为真正的商品而得以交换。

同时，由于技术转让往往是技术使用权的转让，属于技术使用价值的暂时让渡。如果放弃技术的独家拥有，意味着技术发明者丧失对技术的独占地位，那么技术受让方在获得技术使用权以后，会要求或力争技术拥有者不向第三方或更多的经济组织再转让技术使用权，以确保技术供受双方各具有一定的独占性。因此，交易后的技术仍具有相对独占的特点。

显然，技术在一定条件下才可成为独立的商品。在这些条件共同发挥作用时技术才进入交易对象的行列。

1.2.2 技术商品的属性

技术作为具有价值的商品，是商品经济发展到一定规模的竞争结果。伴随社会物质文化需求的扩展及竞争的加剧，科学技术的进步明显加速。技术更高的使用价值决定了技术的交换价值，技术的供需关系决定着技术的商品地位，特别是资本主义国家建立了以专利为主的知识产权制度之后，技术逐渐区别于普通消费商品而成为价格更为昂贵的生产力要素商品。技术替代普通劳动的效率不断高涨，技术商品经济高度发达，技术商品伴随着技术研发到技术产品化、技术商品化、技术产业化的技术转移全过程。

技术商品是以知识为基础的、以转让收益为目的智力成果。技术商品凝结着复杂的物化劳动和活劳动，其应用能够满足人们生产和生活日益增长的更多需要，具有更高的使用价值。

技术商品具有商品的本质属性，也具有自身的特别属性。通过认知技术的本质和功能，了解技术商品的本质特征，从而认识技术市场的运行机制。

技术成果具有商品属性，但又不同于普通商品。劳动产品是技术的经济属性，然而，技术为什么未进入“物美价廉”的普通商品行列，还一直是热捧的特殊商品呢?答案在于技术研发的复杂性和技术经营的垄断性。在生产实践活动中，一方面技术人员加大了智力投资，知识层次大幅提升，另一方面借助计算机、人工智能等尖端技术以技术“生产”技术，技术的复杂程度非以往的难度可比；同时现代的知识产权制度给予技术持有者一定的垄断保护。技术活动不同于一般商品的生产，相当一部分研发活动的技术成果，用于保护自家产品具有竞争优势，用于满足自家企业或关联经济组织自身的需要，而不是为了获取技术的交换或转让价值。很多可多地、多次转让的专利技术能够“待价而沽”，凭依的就是制度性的垄断保障。复杂性与垄断性是能带来预期收益的技术不一定要转化为商品的主要原因。

技术商品的含义可以表述为：技术商品是用来交换的技术成果。具体地讲，它是通过在生产中应用，能够为使用者创造经济利益的、具有独占性的、用于交换的技术。

技术成果的商品属性是技术成果商品化的理论依据，也是建立技术市场的理论依据。商品是用来交换的、能满足人们某种需要的劳动产品。技术作为知识形态的商品，同样具有使用价值和价值两种属性。其使用价值是科技人员在开发技术商品时所耗费的复杂劳动，它表现为人类智力劳动的凝结，如降低成本、提高产出、增进企业的劳动生产率，满足消费者高质量的生活需要和多样化的文化需求，为国防建设解决技术难题，为生态文明带来巨大的社会效益等。其价值表现为转让应用后的超值效用，它的价值是通过交换而实现的超额利益。因此，技术成果具备完全的商品属性。

但是并不是所有科学技术成果都可以转化为商品，技术商品还有其特定的范畴：

①基础研究成果不能纳入技术商品的范畴。因为，大多数基础研究的对象是科学而不是技术，基础研究的任务是揭示自然规律的理论探索，成果预期不明确且产品化周期较长。因此，绝大多数基础研究成果在短期内不能投入生产，短期内不能形成生产资料和生活用品，即使科学转化为技术的周期大大缩短，没有产品的基础研究成果就不可能成为商品。

②对整个社会产生公共效益的技术成果也不应纳入商品范畴。例如，政府财政支出支持的关于环境保护、民生工程、国防安全、医疗卫生等方面的研究成果，一般不应通过技术市场进行推广应用，而应由政府代表社会来补偿科研耗费，进行有组织有计划的推广，否则投资与收益失衡，会造成国家和人民利益分配不公。

③预期不明了的技术成果也不能成为商品。有的技术成果只有短期的使用价值或相反的预后结果，不仅不能为使用者创造财富，还可能会损失买方的投资耗费，甚至会损害社会的公共利益。国际著名医药公司辉瑞、葛兰素史克等都因新药的不良后果被罚款数十亿美元，获奖的技术商品三聚氰胺曾作为食品添加剂公开用于提高奶粉检测浓度而造成恶劣的影响。因此，为了保证技术商品的质量，对技术商品要有严格的评估、鉴定程序。

④由正常渠道可获取的技术、可免费得到的技术，不能成为商品。例如，已过保护期的专利技术、已失去保密性的专有技术、已经广为传播的其他非专利技术等，都不能成为商品。

1.2.3　技术商品使用价值的特殊性

在技术交易过程中，技术经纪面临的首要问题是技术商品交易价格的确定。价格是技术使用价值的货币表现，也是技术的使用价值在流通中的价值显示。技术交易的前提是技术必须具有使用价值，使用价值是价值的基础，是价值存在的承载。价值是抽象的劳动量度量，是技术的社会属性，通过社会交换关系予以体现。具体的智力劳动创造出技术的使用价值，表现的是智力劳动成果的需求存在，是技术的自然属性，通过消费予以体现。

技术商品与普通商品相比，其使用价值和价值有其特殊性；技术商品的定价因素复杂多样，因而必须遵循定价原则；技术商品的复杂性亦决定了其价款支付方式的多样性。

使用价值，即有用性，必须是能满足人们的某种需要。技术商品一旦用于生产，就会创造出前所未有的效率或体验，为社会创造出巨大的财富，所以技术商品是商品中最珍贵的高价值产品。技术商品相对于一般商品的使用价值，具有以下特殊性：

（1）技术商品使用价值的垄断性

这是基于技术垄断性基础上技术商品区别于普通商品的显著特性。使用价值的垄断性包括基于知识产权权利的独占、基于行政权力的贸易壁垒、基于技术诀窍的独享和基于复杂的准入制约等。

（2）技术商品使用价值的增值性

一般物质商品只是在使用过程中被消耗，将其价值转移到新产品中去，其本身并无增值作用。而技术商品在使用过程中，会产生远远超过其自身价值的价值，从而给新产品带来高额利润或超额利润，这就是技术商品使用价值的增值性。“科学技术是第一生产力”，就是对技术这一特殊商品的巨大能量的精辟概括，在现代社会中科学技术将逐步成为创造社会财富的最重要手段。

（3）技术商品使用价值的扩展性

实物商品的使用价值是在其生产过程中即被确定的，例如某种车辆用于某种运输等。而技术商品的使用价值在生产应用中虽也有一定的目的和范围，但在使用过程中经过某种适应性改变，其使用价值可以不断扩展。比如，不同的使用者将现有技术加以系统组合，可以使其使用价值发生从量变到质变的结果，美国阿波罗宇宙飞船就是数万家供应商将多个专业的现有技术及数百万零部件加以系统组合，从而创造了超出预期的产出结果。

（4）技术商品使用价值的隐匿性

一般物质商品的使用价值是直观显示的，而技术商品使用价值的展示比较复杂，它不仅取决于技术商品本身的质量和水平，而且取决于买方对吸收该项技术所具备的环境与条件。如买方对该项技术的消化吸收能力；买方是否具备使用技术相应的人员、资金、设备、材料等；买方是否具备与新技术相适应的管理水平；是否具有良好的市场环境，利用新技术生产出来的产品是否具备竞争优势，等等。如果买方不能满足新技术所需要的这些条件，则技术商品的使用价值就难以与卖方的交易承诺相一致。所以，在技术实施过程中，卖方还要继续为买方提供技术咨询、技术服务，整个过程可能需要长时间的磨合沟通。

（5）技术商品使用价值的共享性

在实物商品交易中，一方得到意味着另一方即失去了对该商品的使用价值。而技术商品则不然，卖方将技术商品售予买方使用后，卖方仍掌握着这一技术，并可按专利法、合同法的规定，继续转让这一技术，可以有更多的人掌握、使用这一技术，这就是技术商品的共享性。共享时每一个分享者都可以获得完整的技术商品，不会因共享而减少技术商品的使用价值。但共享会加速这一技术的普及和传播，影响技术受让方的利益，同时缩短技术商品的寿命，技术贸易中的诸多矛盾由此而来。

1.2.4 技术商品价值确定的复杂性

技术商品价值的确定问题是技术转移研究中的难点之一。

技术商品的社会必要劳动时间很难确定。故其价值确定复杂，其使用价值具有的特殊性决定了考察、量化技术商品价值必须采用特别的方法与理论。

马克思的劳动价值论认为，商品的价值实体是凝结在商品中的人类抽象劳动。技术商品的价值也应该是凝结其中的人类抽象劳动。虽然由于技术人员所从事的专业和研究的课题不同，其劳动的具体形态各异，但撇开这些具体形态，它们都是知识劳动者脑力、体力的生理耗费，都可以抽象为一般的人类劳动。技术商品中脑力劳动的耗费较多，劳动复杂程度很高，困难在于对技术商品的价值量如何计算。价值量是由社会必要劳动时间决定的，社会必要劳动时间是在现有的社会正常的生产条件下，在社会平均的劳动熟练程度和劳动强度下制造某种使用价值所需要的劳动时间。技术商品是一种特殊的独创性商品，如专利技术、专有技术，一种技术商品只能由少数几家甚至一家生产，而且无须重复生产，极少有“社会平均劳动熟练程度和劳动强度”可资比较，因此生产技术商品的社会必要劳动时间就无从细化计算，技术商品的价值量也就难以确定。

技术商品价值的确定现在基本是遵循西方经济学的供求关系理论。有的学者提出有别于劳动价值论的另一种确定技术商品价值的理论，以使用这一技术商品后所节约的社会劳动总量作为社会必要劳动时间的尺度，以此衡量技术商品的价值量。这种理论的科学性在于应用新技术以后所节约的社会劳动，可以明确表现在两个方面：一是使用新技术后，投入同样的劳动可以创造更多的价值；二是使用新技术后，创造同样的价值，需要投入的劳动量减少了，两者最终都可归结为创造单位价值所耗费的劳动量降低。以此推理，应用新技术生产技术商品后所节约的社会劳动量即相当于这一技术商品的价值量。

由于技术具有复杂性，并不是使用新技术后所生产的每一单位产品所节约的劳动量，就是该技术产品的价值量。因为新技术并不是只用在一件产品上，更不是只用在一个企业，它将逐步推广，在可以应用的范围内尽可能都得到应用，以使其价值量得到充分的体现。只有在所有使用这种技术产品的生产上所节约的劳动量，即全部社会劳动节约额，才是这一技术商品的价值量。这种倒推的节约劳动量与“生产”技术商品耗费的劳动量并没有直接关系，并且这种理论研究，因其计算方法与统计方法脱节，故无法用于实践。目前在技术商品交易中，一般仍由买卖双方根据竞争背景直接议定技术商品的价格，而不是通过技术商品的社会平均劳动量来确定价值并计算价格。

当代科学技术已非常发达，生产力水平已达到空前高度，但是，当下世界范围内贫穷饥饿、流离失所等社会基本生存问题依然存在。除了战争等政治因素和水火等自然灾难，地域经济差异引起的技术扩散时滞是最主要的原因。

1.3　技术转移的理论模式

技术转移是商品经济发展到一定阶段产生的学科、业态，伴随工业、服务业高度的产业集中而不断完善的系统知识的流动，是由于发展失衡引起的系统技术引进与技术输出活动。技术转移作为一种经济社会现象，是国家、地区间技术及其知识的信息流动与扩散，技术转移更为直观地表现为技术输出方的输出活动和技术接收方的吸收过程。

最初的技术贸易是一种单纯的企业经营行为，由于发达国家高新技术的快速更新和技术服务业务的高速发展，以许可证贸易为主要内容的技术商品交易，由量变到质变逐渐成为关税之外的技术壁垒话语权，最终发展为国家竞争驱动下的一种创新模式。从技术交易到技术转移也是一种业务规模的显现，技术转移实践在多年的探索中，理论体系逐步完善。

不同发达程度的国家和地区，普通民众的生活水准差异，就是轻工业、重工业、技术服务业的行业差距。提升制造业和技术服务业竞争力是发达国家共同的发展战略，发达国家谋取超额利润，发展中国家谋取“弯道超车”，交叉融合的共同需求是带动技术转移的不竭动力。技术转移已成为国家竞争驱动下社会发展的创新模式。

1.3.1 技术转移的范畴

技术转移是指“为制造产品、应用工艺流程或提供服务而进行的系统知识的转移，但不包括货物的单纯买卖或租赁”《联合国国际技术转移行动守则》（草案）。技术转移原多指国家之间的技术流动，随着内涵的扩展，技术转移包括国家、地区、产业甚至跨国公司之间或内部技术输入与输出的过程，内容涵盖了技术引进、技术输出、技术转让、技术交易、技术推广、新产品开发，直至商业化和产业化的全过程的行为、活动和方式。

1. 技术转移的内涵

“技术转移”出自英文“technology transfer”一词，最早见于1964年第一届联合国贸易发展会议的一份支援发展中国家的报告：“发展中国家的自立发展，无疑要依赖来自发达国家的知识和技术转移，但机械式的技术转移的做法是不可取的。”在这里，技术转移是作为解决全球南北问题的一个重要战略而提出来的，并将国家间的技术输入与输出统称为技术转移。技术转移是国际上通用的一个概念，设有技术转移相关法律法规，通常指高等院校、科研机构等有公共财政资助研究部门成果的商业化。

技术转移强调科研成果的商业化、产业化，既包括产业技术的自由扩散，也包括跨国资本的技术输出和国际技术转移。具体包含但不限于以下形式：技术转让和技术引进、技术推广、技术交流、合作研发、技术设备和软件交易、创办新企业、企业并购等。

资本主观逐利在客观上缩小了国际地区间的技术势差，落后地域通过技术引进快速地提升了劳动效率，促进了新产品带来的技术进步文明，全球化的技术转移已成为各国政府竞争性发展战略。

技术不同于一般的物品。技术是人们制造某种物品、应用某种工艺或提供某项服务的一种系统知识。因此，技术转移也与一般的物权转移相区别，有其独特的个性和特点。这种个性和特点突出地表现在技术转移所体现的内容及过程等方面。

（1）技术转移所体现的是知识的移动

技术转移的实质是知识的移动，而且所移动的知识乃是基于某种技术类型、代表某种技术水平的一个知识群或知识整体。这一知识群或知识整体的移动，包括以下3个方面：

①有形知识体系的移动，即物化在产品、设备、零部件等人工物品及生产企业之中的一类知识的移动。这一类知识的移动，可称为“硬件”的转移过程。

②无形知识体系的移动，即不以物化形式而是以认识、经验等形式而存在的纯知识的移动，如专有技术、专利、技术诀窍等知识的移动。这一类知识的移动，可通过技术数据、文件、标准、技术说明书、技术许可、服务合同、维护手册等加以实现，可称为“软件”的移动过程。

③同有形知识体系和无形知识体系移动相关的信息及知识的流动。这些信息及知识，广泛存在于国家、地区、企业组织及个体之中，既有“显性”的，也包括“隐性”的，内容极其广泛，转移最为困难。其流动有的可以通过书面材料、文字等形式进行并加以实现，也可能只有通过操作实践、潜移默化途径才能加以了解和掌握。

上述三种知识的移动是一个整体，是技术转移活动的全部内容。虽然第三种知识未能存在于通常意义上的技术转让交易之中，但它的转移却是前两类知识转移的必备条件之一。

(2) 技术转移是一个由3个过程组成的有机整体

技术转移作为一个过程，可以看作由 3 个过程组成的一个有机整体。这 3 个过程是：

①通用知识的转移过程，即目标转移技术的支持性知识的转移过程。

②技术知识的转移过程，即目标转移技术的特定知识本身的转移过程。

③企业特有知识的转移过程，即特定企业伴随目标转移技术而形成的与目标转移技术密切相关的专有技术的转移过程。

通常的技术转让（技术贸易）只解决技术知识本身的转移问题，而通用知识和企业特有知识的转移往往都不通过技术转让的商业行为来加以完成，而是必须依靠技术引入企业自身的技术投入和技术积累来加以实现。问题还在于，没有通用知识和企业特有知识两个转移过程的密切配合，技术知识本身的转移过程将是难以进行且不能成功的。因此，一个完整的技术转移过程，必须是由前述 3 个过程有机结合而组成的一个整体。

这就意味着，对于技术转移而言，作为技术引入方的企业，必须具备一定的知识水平和学习的能力，能够通过自身的学习和努力过程实现通用知识的转移，从而了解所引入技术的机理；与此同时，还应该具有相应的资金及资源的配套能力，以便投入必要的力量和资源为所引入的技术营造有利的内生环境，即通常所说的消化吸收过程，以便实现和完成企业特有知识的转移过程。否则，仅仅进行技术知识本身的转移，在缺乏通用知识支持和本地化知识生长过程全程配合的情况下，技术引进从而技术转移是难以顺利实现和成功的。

(3) 技术转移是一个既复杂又影响广深的综合化过程

由于技术本身所具有的复杂性、广泛应用性和可累积与其作用的溢出效应性，因此，技术转移不只表现为技术形态在地域空间上的移动和其权利的转移，而是在发生转移的同时，还将伴随着众多有形和（或）无形因素的移动，并通过其溢出及波及效应对引入企业所在地区的经济、社会、产业、文化及至自然生态等形成极其广泛而深远的影响，表现为一个既复杂又广深的综合化过程。特别是当代大规模、快速度、多渠道的技术转移，这种既复杂又广深的综合化过程尤其突出并加速推进，不但对产业和技术本身发展的影响越来越深刻，而且还不断以空前的速度改变着人们的价值观念、文化习俗和生活及思维方式。

此后，由于科学技术进步及其成果推广应用对经济发展所凸显出来的作用日益重要，与之相关的某种技术成果从甲处（国家、地区、企业、研发机构等）转入乙处（国家、地区、企业等）等问题也日益为人们所关注，并开始进行一些有目的的考察与研究。由此，“技术转移”一词所涵盖的内容逐渐扩大到研发机构之间的技术项目转移，研发机构与企业，企业与企业之间的技术转让，以及不同经济、技术行为主体间的技术许可等各个方面，并且从早期的无意识行为、后进国家的政府行为、发达国家为打破全球南北僵局的策略工具等内涵，逐步发展成为世界范围内不同行业、企业、研发机构和政府等都高度关注并积极参与的一种战略行动。

2. 技术转移的定义诠释

关于技术转移的确切概念，一般认为是由美国学者布鲁克斯最先加以界定的。按照他的看法，所谓技术转移，就是由一些人或机构所开发的系统、合理的知识，通过人们的活动被另外一些人或机构应用于处理事物的方式过程。

之后，对于技术转移的解释和定义，由于观察问题的角度和强调的侧重点不同，给出的定义也有所不同。归纳起来，大致包括如下：

①知识扩散说。认为技术转移就是基于某种技术类型、代表某种技术水平的一个知识群的扩散过程。这种观点是目前国际上较为普遍的一种看法。

②知识诀窍转移、分配说。认为技术转移就是知识的转移和再分配。如日本的小林达就认为，“从广义上说，技术转移是技术知识的再分配”。

③技术知识应用说。将技术转移视为技术在社会范围的广泛应用。如弗兰克·普雷斯就认为，“技术转移就是研究成果的社会化，包括其在国内和向国外的推广”。

④地域、领域转移说。认为技术转移是技术在地域上和技术所属领域的转移。如美国巴·赞凯就认为，“当某一领域中产生的或使用的科学技术信息在一个不同的领域中被重新改进或被应用时，这一过程就叫技术转移”。经济合作与发展组织给出的定义也属此类，认为技术转移就是指一国作出的发明（包括新产品和新技术）转移到另一国家的过程。

⑤环节转移说。认为技术转移是技术信息经过一些阶段、一系列环节的顺序发展过程。如中国的林慧岳认为，技术转移是技术和知识及其载体在技术活动中的发明、创新和扩散 3 个环节之间的定向流动。

⑥不同主体合作说。认为技术转移就是技术要素在不同主体之间的流动过程，其特征，一是存在不同的主体；二是存在主体间的合作。

⑦技术商品流通说。认为技术转移就是技术成果作为一种商品在不同所有者之间的流通过程。

⑧消化吸收说。认为技术转移不仅是指技术知识及随同技术一起转移的机器设备

的移动，而且是技术在新的环境中被获得、吸收和掌握3个方面的有机统一的完整过程。如哈佛大学洛杉布尔姆就认为，技术转移是指“技术在与其起源完全不同的路径、环境中被获得、开发和利用的技术变动过程”。

⑨知识流动过程说。国家标准 GB/T 34670—2017《技术转移服务规范》，将技术转移定义为“制造某种产品、应用某种工艺或提供某种服务的系统知识，通过各种途径从技术供给方向技术需求方转移的过程”。

尽管对技术转移的定义可以从不同的角度和侧重点加以界定和描述，但就其一般意义而言，是指为着一定经济目的而发生的关于技术及其知识的信息流动过程，也就是某种技术及其知识从技术输出方向技术接收方的流动过程。这种流动源自技术转移双方的技术输出及技术吸收的意愿，同时受制于转移双方的技术输出能力和技术吸收能力，是技术输出方和技术接收方相互作用和对接的一个过程，直到技术接收方完全掌握该技术时为止。在这过程中，技术转移双方所在地区的相关政策、法律法规和政府的服务水平与能力等，则对技术的这种转移起着促进或阻碍的作用。

这一流动过程既可以发生在科技与生产部门之间，也可以发生在不同的生产部门之间；可以在国际，也可以在国内；可以通过市场的途径，也可以通过非市场的途径；可以表现为纯知识的形态，也可是某种实物体；可以是一种有组织、有计划的过程，也可以是自发的过程。

3. 技术转移相关概念解读

技术转移同技术转让、技术扩散、技术推广等概念既有相通之处，又有明显不同。

（1）技术转让（technology assignment）与技术转移

从词义看，英文中的 transfer 包括地点转移和权利转移两种含义，因此，technology transfer 译成汉语，既可译为“技术转移”，也可译为“技术转让”。但在汉语中，“转让”和“转移”的含义并不相同。汉语中的“转让”系指法律关系主体一方将一定财产或权利归于另一法律关系主体的行为。在西方财产法中，transfer 只用于泛指财产的转移，在专指财产所有权的转让时，则使用 assignment。

由此可见，技术转移包括技术的地点转移和权利转移；而技术转让即技术权利的转让，则是指一方将技术的使用权或所有权转让给另一方的行为过程。从这个意义上讲，技术转移的内涵更为宽泛，技术转让包括在技术转移中。技术转让的实现必须满足两个前提条件：①存在转让技术的双方当事人；②以法律关系为基础变更技术的使用权和所有权。

而技术转移则不受这两个条件的限制。一项技术只要发生了地点（含地区、行业和部门）和权利的变化，无论是二者同时发生变化，还是其中之一发生了变化，都可认定为发生了技术转移。比如，一项技术的发明人去另一个国家或地区，用自己的技术开办企业，生产某种产品，根本不存在技术转让的问题，但却发生了技术转移。但现在技术转移更多的是指权利的转移（或部分转移）。

（2）技术扩散（technology diffusion）与技术转移

按照美国经济学家斯通曼（P. Stonman）的解释，技术扩散即是“一项新技术的广泛应用和推广”。

1）由于技术扩散是技术创新扩散（technological innovation diffusion）的同义语，因此，技术创新理论的奠基人熊彼特将技术扩散定义为技术创新的大面积或大规模的“模仿”。

2）而在舒尔茨（L. Scholtz）看来，所谓技术扩散即是指“创新通过市场或非市场的渠道的传播”。

3）从技术转移和技术扩散的概念定义中，可以清楚地看到，二者都是指技术通过一定的渠道发生不同领域或地域之间的移动。二者相互区别的一面则主要有：

①技术转移主要是指一种有目的的主观经济行为，参与技术转移的双方都抱有明确的目的，虽然目的有所不同。而技术扩散则既包括有意识的技术转移，又包括无意识的技术传播，但更强调后者。

②技术转移的受让方一般只有一个，而且是明确的对象。而技术扩散的受让方一般不止一个而是多个，而且以潜在采用者为主。从供方来看，技术扩散存在一个扩散源。

③技术转移和技术扩散都既可能发生在国内范围又可能发生在国际之间。但从研究的角度看，由于技术转移最早是作为全球南北差距问题的解决办法被提出来的，所以传统上一般以国际的技术转移为研究对象居多，现在国内学者已开始将研究的视野聚集于国内。而技术扩散概念最早来自对技术传播的研究，所以传统上主要是指国内范围的技术扩散。日本经济学家斋藤优就明确指出：“通常所说的技术扩散（diffusion）往往指国内传播的情况，在国际则更多使用转移（transfer）一词。”

④技术转移和技术扩散都可以发生在不同领域之间。但由于技术转移是一种目的性很强的经济行为，同时当技术是在同一领域转移时，其经济效益比较容易预测，而在不同领域转移时则难以预测，因此从这一点讲，技术转移相较于技术扩散更偏于强调在同一领域的转移。

⑤从技术移动过程结束的标志看，技术转移以受让方掌握被转移的技术为结束标志，而技术扩散则要等到所有潜在采用者都采用该技术才停止，因而技术扩散更强调对时间维度的研究。

⑥两者研究的理论与方法有较大的不同。

1.3.2 技术转移的动因

“技术转移”更加注重“需求导向”，本质上更加强调技术知识在不同主体之间的流动，强调技术供需双方的相互作用和联络。欧洲技术转移和创新协会（TII）前主席、英国北部地区技术转移中心（RTC）执行董事 Gordon Ollivere 先生在 2006 年上海国际技术转移论坛言简意赅地指出，“技术转移是一种必须，而不是一种选择”。在经济发展快速科技化、数字化浪潮中，技术转移成为经济与企业发展一个不可或缺的内容，并且也是地缘政治竞争中重要的平衡筹码。

1. 技术转移理论研究的简要历程

国际社会对于技术转移所进行的比较全面、系统的理论及实践研究始于 19 世纪末

20世纪初。之后，一些学者相继从不同角度、不同层次对国际技术转移的机制和政策提出了一些具体的理论。虽然这些理论相互之间还缺乏有机的联系，但作为逐步形成技术转移独立理论体系的趋势则已基本形成。

1939年，斯泰莱（Eugene Staley）从世界经济发展的角度出发，倡导建立国际经济机构，进行技术转移国际开发计划。1943年，美国学者莱安（Bryce Ryan）、格鲁斯（Neal C. Gross）对美国艾奥瓦州农民传播高产玉米品种进行统计研究，发表的 *The Diffusion of Hybrid Seed Com in Two Iowa Communities*，被认为其技术转移理论是近代技术转移学的开端，成为技术转移研究传统模式和近代模式的划分标志。

进入20世纪60年代，技术转移研究逐渐成为一个独立的学科，有关技术转移的研究成果也不断丰富，并开始渗透到其他的研究领域。

1962年，罗格斯（Everett M. Rogers）发表 *Diffusion of Innovation* 一文，被称为技术转移学的经典之作。1964—1968年，罗格斯领导下的一项国际技术转移调查计划，对巴西、尼日利亚和印度3国农村的技术传播进行深入研究，发表了大量的研究报告，在开创技术转移研究的国际合作新局面方面作出了重要贡献。

20世纪60年代后期，由于国家间技术转移的快速发展，有关技术转移研究也已不再局限于一个国家内部的技术转移，而是同时开始了对国家间技术转移的重视，技术转移研究出现国际化的新趋势。为切实把握技术转移新的规律及其理论，从20世纪70年代开始，联合国贸易和发展会议（UNCTAD）、联合国经济及社会理事会（ECOSOC）、联合国教育科学及文化组织（UNESCO）、经济合作与发展组织（OECD）、世界银行（WB）等国际机构投入大量资金对国际技术转移情况进行专门调查，在探索技术转移规律及其理论研究方面取得了不少的重要成果。

至此，技术转移作为一门成熟、系统、理论与实践紧密结合的科学学科越来越受到众多国家的关注，关于技术转移的理论不断丰富，并得到越来越普遍、广泛的应用。

2. 技术转移学说的理论基础

技术转移理论学说是建立在主流经济学和主流管理学基础上的管理学交叉学科分支。经济学脱胎于政治经济学，管理学分流于经济学。国家发展战略研究角度的技术转移学说属于经济学范畴，从服务机构绩效角度来看，技术转移服务学说属于管理学范畴。

古典经济学又称古典政治经济学。马克思主义政治经济学是基于对资产阶级古典经济学的批判和大卫·李嘉图“有意识地把阶级利益的对立、工资和利润的对立、利润和地租的对立”的继承。当今经济学中能为大众普遍接受的观点认为古典经济学是指从亚当·斯密《国民财富的性质和原因的研究》出版到马歇尔《经济学原理》出版前这段时期的主流经济学理论，包括以大卫·李嘉图、马尔萨斯、西斯蒙第、穆勒、萨伊等人的学说为代表，以宏观研究、总量分析、劳动价值、假定条件单一等为学术方法特征形成的经典经济学体系。20世纪后，经济学历经张伯伦、凯恩斯和理性预期等革命性变革，形成包括微观经济学和宏观经济学的基本构架，被称为新古典经济学。新古典经济学研究方法证伪普遍化、假定条件多样化、分析工具数理化，放弃了劳动价值理论而采用效用价值研究，进而形成宏观微观融合的均衡价值理论。新古典经济学与古典经济学的区别在于，研究角度从宏观分析的分配、流通进入生产领域，经济行为分析、资源配置和市场动态的综合架构不同，其另一重要区分是分析方法的进步。古典经济学受数学方法所限，主要采用总量分析，随着应用数学的发展，一批工程学者将数学应用于经济活动研究，分析方法从古典经济学时期的总量分析转向边际分析。

技术转移理论依据的是新古典经济学说，包括以下主要内容：

①理性选择，假设决策过程中的行为是理性的，理性的决策者作出决策寻求最大化自己的效用，作出个人与其偏好和可用信息一致的选择。

②利润最大化，企业作出决策以实现其利润最大化。效用是新古典经济学的核心概念，代表个人从消费商品和服务中获得的满足感或利益。

③边际分析，边际效用指多消费一单位商品所获得的额外满足感；边际成本指多生产一单位商品而产生的额外成本。优化决策是根据边际效用和边际成本作出的优化结果。

④供求关系，供需假设当供给量等于需求量时，市场达到均衡。

⑤市场机制分析，需求曲线表示商品价格与需求量之间的关系；供给曲线表示商品的价格与供应量之间的关系；市场均衡，供给和需求曲线的交点，决定市场价格和数量。

⑥价格确定，解释市场上的价格如何通过供需相互作用决定；资源分配，分析如何在竞争市场中有效配置资源。

⑦短缺，承认稀缺性的存在，这意味着相对于个人和社会的无限需求，资源是有限的；竞争，假设存在竞争性市场，众多买家和卖家互动。竞争被视为确保有效资源配置的机制，帮助企业了解市场竞争并制定相应的策略。

⑧市场结构包括完全竞争，即买家和卖家众多、产品同质化、自由进入和退出的市场结构；垄断，即由单一卖方控制市场的市场结构；寡头垄断，即少数卖家主导市场的市场结构；垄断竞争，许多卖家提供差异化产品的市场结构；平衡，在均衡假设下运作，即市场趋于稳定，不会与现行价格和数量发生重大偏差。

依据不同学说提供的不同策略和工具方法如下：

①数学建模，使用数学方程和函数模拟经济行为和市场动态；优化技术，应用优化技术来解决最大效用或利润问题。

②实证分析，数据采集有关价格、数量和其他相关变量的数据。

③统计方法，使用统计方法分析数据和测试经济理论。

④比较静力学，静态分析比较不同的平衡状态以了解外生变量变化的影响。比较经济系统的不同平衡位置之间的联系，探索经济系统从一个平衡点到另一个平衡点时变量的变化，研究系统中某个变量或参数的变化对另外变量或参数的影响；分析政策变化对市场的影响。

⑤博弈论，研究竞争环境中个人与企业之间的战略互动；纳什均衡，确定没有参与者有动机偏离自己的均衡结果。

产业经济形态不断变化，新古典经济学演绎的新经济学（现代经济学）学说纷呈，出现管理经济学等众多部门与行业类经济学分支。基于对经济活动行为本质的重新认识，从新的视角来理解人的经济行为，新经济学重新分析和定义人的经济行为，将人类的经济行为区分为旨在实现现有资源优化配置的适应性经济行为和面向未来的创造性经济行为，以创新管理构建新经济学范式，认为创造、创新和企业家精神是经济体系动态演化的动力源泉。

管理学启蒙于第一次工业革命时期。20 世纪初，弗雷德里克·泰勒和亨利·福尔德等人通过研究工作流程和制定标准化的作业方法，以提高劳动效率的实践，提出了科学管理的概念，《科学管理原理》的出版标志着管理学学科的建立。20 世纪初至中期，行为科学管理理论兴起。埃尔顿·梅奥等研究者关注组织中的人际关系和员工的行为，认识到员工的动机和满意度对组织绩效的影响，强调人力资源在管理中的重要作用。20 世纪中叶，管理学开始出现多种学说流派，其中彼得·德鲁克提出了管理的实践和原则，强调管理者的角色和责任；亨利·明茨伯格提出了双因素理论，关注员工对工作内容和工作环境的需求；系统理论、决策理论、控制理论等得到了广泛的研究和应用。20 世纪后半叶，赫伯特·西蒙基于数学动态规划原理的决策模型提出了组织管理决策。20 世纪后期至 21 世纪初，现代管理理论兴起。基于新古典经济学资源配置理论引入管理学，战略管理理论从资源的重要性角度关注管理的长期规划和竞争优势。学习型组织理论、知识管理、创新管理等成为管理学研究的重要内容。21 世纪，全球化和可持续发展成为管理学面临的重要挑战。全球化更加复杂和多元化的竞争环境，对企业和管理者提出了跨文化、跨国界的管理问题。可持续发展的要求使管理学越来越关注企业的社会责任、生态环境保护和人文开放意识。

创新管理成为管理学的重要领域，技术转移服务借鉴创新理论、数字化和人工智能等管理学方法，推动科研组织创新、技术创新、管理创新，提出全过程服务及应对创新风险。同时，数字化技术的快速发展也为组织管理带来了巨大的变革，如数据分析、人工智能、区块链等技术的应用，对决策、组织运作和市场开拓等产生了重要影响。创新管理探索如何在经济增长和营商环境之间取得平衡，探索可持续发展的产业政策选择。

管理学的发展趋势逐渐向跨学科和实践导向转变。管理学与心理学、社会学、经济学、工程学等跨学科交叉融合，技术转移借鉴不同领域的理论和方法，奠定了学科的体系结构。程序化、大产业、高新技术社会，作为单体的人，其作用日渐弱化。团队化、软件化的技术转移服务的管理实践成为管理学研究的新内容，意识形态、制度体系、价值理念等非市场要素对管理绩效仍有滞重影响。

生产要素投入，收益增长是一个先高速后放缓的过程，增长率递减达到某个临界点便会出现负值。从世界经济增长的整体看，生产要素的投入一直推动经济的快速增长，长时期内整体并没有出现负增长的现象。诠释这种现象的观点学说纷纭繁杂。

以知识经济为研究主导的"新经济学"认为，长期增长率是由内生因素决定的，即人力资本和技术进步对经济增长起到促进作用。在劳动投入过程中包含着因正规教育、培训、在职学习等而形成的人力资本，在物质资本积累过程中包含着因研究与开发、发明、创新等活动而形成的技术进步，这些存在要素收益会持续递增，能够保持增长率长期为正。自亚当·斯密以来，经济学界围绕着驱动经济增长的因素论争久远，最终形成的观点比较一致，即一个相当长的时期里，一个国家的经济增长主要取决于下列 3 个要素：一是生产性资源的积累；二是在技术知识既定的情况下，资源存量的使用效率；三是技术进步。

罗默模型、卢卡斯模型和格鲁斯曼-赫普曼模型试图说明企业如何积累知识。知识广义地包括人力资本和技术变化，这种知识的积累表示为增加人力资本、生产新产品和提高产品质量。这些模型表明企业是经济增长的最终推动力，知识和积累过程会出现外部性或知识外溢效应，需要政府政策的干预；各种政策的制定主要是扶持研究与开发、革新、人力资本，并形成关键性产业部门。

技术内生论理论通过获取新"知识"（包括革新、技术进步、人力资本积累等），刺激新知识运用于生产（市场条件、产权、政治稳定及宏观经济稳定），提供运用新知识的资源（人力、资本、进口产品等）阐述了经济增长的原因。

2018年，美国经济学家威廉·诺德豪斯（William D. Nordhaus）和保罗·罗默（Paul Romer）获得诺贝尔经济学奖的理由是："他们找到办法解决我们这个时代最基本、最紧迫的问题：全球经济的长期可持续增长和世界人口的福祉。"瑞典皇家科学院表示："经济学的核心是配置稀缺资源。自然要素成为经济增长的主要约束条件，而我们的知识将决定我们如何解决这些约束问题。两位获奖者通过解释市场经济与自然和知识的互相联动，拓宽了经济学分析的范围。"

保罗·罗默的理论对于经济政策的巨大影响体现在以下3个方面：一是技术进步是经济增长最主要的动力，因此投资教育和提高研究开发的人力资本存量等促进技术进步的政策措施十分必要。二是垄断竞争是必要的。只有在产权确定并受到保护时，市场才能充分发挥其作为分配机制的作用。如果没有专利权、著作权、商标等这些保护知识产权的制度，人们就会任意模仿，创新的激励减小，经济增长放慢。三是开放的意义重大。有些对增长有利的因素，如学术性杂志、电视、互联网等可以自由利用，另一些因素则只有通过对外国的直接投资或对外国人的开放才能获得。由于这些因素具有很强的外部干预，因此自由放任不再是最佳的政策，一国政府的战略性干预能保证本国有更多的知识产生。

3. 技术转移源起的机理

技术转移作为一种政治、经济社会现象，有其发生与发展的内在原因及机理。按照日本经济学家斋藤优的解释，需求（N，needs）与满足需求所必需的储备与资源（R，resources，包括人才、资本、设备、信息等）间的相互作用促进技术的开发与应用，而一国的N·R关系与另一国的N·R关系的互补互动，则推动技术转移的实现。如果一国的R不足，即形成瓶颈并促进技术创新；如果一国在技术创新上认为与其进行自主技术开发，不如从外部引进技术，那么该国的N·R关系即成为技术引进的N·R关系，而对方的N·R关系则成为技术转移的N·R关系。

国际技术转移从可能变为现实的前提条件主要表现在以下5个方面：

①结合条件，即两国的N·R关系能够相互协调地结合在一起。

②同意条件，能够同时满足双方在技术供求中的预期收益，即技术引进收益（Na）和技术提供收益（Nb）。

③资源供给条件，即两国的技术转移资源不仅可以结合，而且能较好地满足技术

转移的需要（Ra+Rb 大于或等于 R）。

④无对立条件，主要是指相互间的技术转移手段与对方需求的关系上不存在矛盾。

⑤技术落地条件，指为了使引进的技术在接受国（a 国）落地应用，要求接受国在技术吸收上投入相应的人财物力。

这种两国间 N・R 关系的互补互动关系，包括需求与资源转移、信息交流、多样化的技术转移渠道、技术转移体制与技术转移基础设施（包括专利制度、技术教育、培训等制度性因素，以及交通、通信设施、研究开发机构、大学等硬件因素）等。N・R 关系的国际展开越广泛、越活跃，技术转移也就越容易。但是，这种 N・R 关系结构所具有的动力机制究竟能在多大程度上发挥作用，则取决于影响技术转移的以下 4 种速度因素：

①最初试消费一种新产品的速度或需求时滞。

②在新产品引入国内市场后，在消费者中间的扩散速度。

③一国从国外获取生产技术的速度或模仿时滞。

④一旦生产技术从国外进入后，国内生产者采用新技术的速度。

综合上述讨论，技术转移之所以发生，归根结底是由技术转移双方的利益期望所决定的。从技术供方看，其直接动力一是源于获取超额利润和潜在市场的欲望；二是来自其本身的适应市场竞争而必须不断更新其技术的需求，这一技术更新需求所形成的压力，同时也成为技术输出的一种动力。而从技术需方（受让方）来看，其直接动力则是寄希望于在获得某种新技术后开发出新产品，进而获取更大的利润，以便取得市场竞争的优势地位，使企业得以持续和发展。

由此可见，技术转移的诱因在于技术供需双方的经济利益，而推动技术转移的实质性因素或者说主导因素，即是技术供需双方为追求其经济利益而形成的一种原动力。

4. 技术转移的实现模式

技术转移的实现形式与方法多种多样，可以依据不同标识从不同角度加以区分。

1）从技术转移的内容是否完整角度看，实现技术转移的形式与方法可以区分为移植型和嫁接型两种模式。

①移植型技术转移模式。将技术的全部内容，包括机器设备、工艺程序、设计安装、图文资料、技术培训等通过一次性的整体搬迁而实现的技术转移。这种模式的优点是：对技术吸纳主体原有技术系统的依赖性极小，因此技术转移的成功率较高，是“追赶型”国家或地区实现跨越式发展的捷径。缺点是技术转移支付的成本较高。

②嫁接型技术转移模式。通过转出技术的一部分内容如某一单元的技术或关键的工艺、设备等实现的技术转移。这种模式的技术转移，以技术吸纳方的原有技术体系为母本，同外来的先进技术相嫁接、融合，从而引起原有技术系统功能与效率的更新和提高。其特点为：对技术受让方原有技术水平的依赖性较强，所要求的匹配条件较为苛刻，技术转移支付的成本较低，但嫁接环节上发生风险的频率较高。一般为技术实力较为均衡的国家、地区及企业间所采用。

2）从技术转移是否通过市场交易的途径实现来看，技术转移的实现形式与方法可区分为非商业型和商业型两种模式。

①非商业型技术转移模式。这是一种无须支付任何交易费用的无偿性技术转移。具体途径及方式包括：a. 通过人员交流，如互派人员访问、考察、学习或工作等使技术知识随着这种人员的交流而实现转移；b. 通过学术会议、技术交流、合作研发、科技期刊、书籍、宣传资料或大众媒介等方式而实现的转移；c. 以技术帮助、援助等方式实现的技术转移。

②商业型技术转移模式。即需要通过技术市场并支付一定费用的有偿性技术转移。具体的途径及方式主要包括：a. 技术贸易，包括技术许可贸易和含有技术的货物贸易等；b. 直接投资，包括创办新企业和企业并购；c. 技术咨询与服务；d. 交钥匙工程和工程服务，等等。

3）从技术转移凭借的技术载体角度区分，可将技术转移划分为实物型、知识型和人力型 3 种模式。

①实物型技术转移模式。即通过实物（如机器设备等）流转而实现的技术转移。

②知识型技术转移模式。系指由一定的专门理论、技能、经验和方法等非物品范畴的知识传播与流动所实现的技术转移。目前的专利技术、技术诀窍、工艺配方、信息情报等知识形态的技术交易，基本上都是凭借这一技术转移方式加以实现的。

③人力型技术转移模式。即通过科技人员流动而实现的技术转移。

上述 3 种技术转移模式，由前到后，依次呈现出由有形技术向无形技术、由固化技术向活化技术转移的特点。从技术转移的难易程度看，一般来说，是前者的转移难度相对小于后者。但从技术转移的有效性上看，则往往是后者大于前者，人才的转移是最富成效的一种技术转移。

5. 技术转移的路径

技术转移的简单流程如图 1-3 所示。

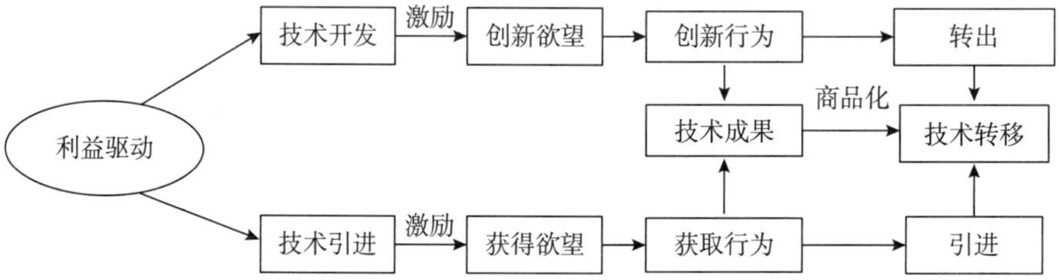

图 1-3 技术转移的简单流程

当代大规模、快速度、多渠道的技术转移，不但对经济与产业、技术本身发展与进步的影响越来越重要，而且不断以空前的速度改变着人们的价值观念、文化习俗、生活及思维方式。

技术交易是技术权益转让与受让的一种买卖行为，是技术作为一种特殊商品，其使用权（有时包括所有权）由占有方向需求方的过渡；从广义技术转移的角度，技术交易是技术成果转化为生产力的一个商业化流转环节，是区域产业调整过程中的技术引进和输出的贸易手段。技术交易可定义为通过技术贸易和技术服务形式而实现的技术商品买卖活动，也是技术拥有者以排他性控制获得经济利益的技术让渡过程。知识经济时代的技术交易在经济发展中发挥着越来越重要的动力作用。

技术贸易与技术服务是技术交易的两大实现形式。技术转移通过技术贸易和技术服务两大形式实现技术转让与技术扩散。技术由经济发达区域向次发达区域流动，呈现由点到面的定向性渗透、逐渐扩散。经济与技术相辅相成，技术转移同时也是经济欠发达地区采用先进技术改造和淘汰落后技术的过程。

技术贸易和技术服务主要包括科技成果转让、知识产权许可、专有技术转让、技术企业产权转让、技术成果入股或转债、技术委托集成、技术咨询、技术服务合约、孵化器，以及其他合法的与交易技术权益相关的金融、财务、税务附属等众多细化内容。

人们对于技术转移的解释和定义，也因为观察问题的角度和所强调的侧重点不同而不同。技术转移不同于一般的物品及物权转移，有其独特的个性和特点。技术转移可以通过多种渠道、方法及方式进行并实现。在当代经济社会条件下，技术转移正日益向着转移主体多元化、转移客体高端化、实施形式多样化方向发展。

技术转移的内涵与外延日新月异，技术转移服务形成了高端产业链，以全新的路径实现生产力协同发展与技术壁垒国际竞争的价值创造，技术转移的理论研究落后于发展实践。

技术进步是波段式推进的，每一个高潮周期，一旦落后，繁荣的轮回将遥遥无期。

与科技成果转化不同，技术转移更注重“需求”导向。科技成果转化是指为提高生产力水平而对科技成果所进行的后续试验、开发、应用、推广，直至形成新技术、新工艺、新材料、新产品，发展新产业等活动。科技成果转化带有计划经济色彩，类似于纵向的技术转移，过分强调“供给导向”，预设性地认为科技创新按照线性模式进行，即基础研究—应用研究—小试—中试—产品化—商业化—产业化。

技术转移的路径多种多样，较为常见的技术转移机制包括以下几种：一是技术转让，即通过技术市场把技术从发明者或拥有者手中转移给接收者，对出售者来说称为技术转让。二是技术引进，即引进国外成套设备、流水线或单项成熟技术。技术引进是对接受技术一方而言，对输出技术一方来说则是技术转让。三是技术推广，即以示范性的活动把某项先进技术传播出去，这种技术推广通常由政府出面组织。四是技术交流，即通过现场、会议或新闻媒介交流技术方面的经验、技能，或进行样品、样机的展示。五是科技出版，即科技方面的理论、知识、经验等，通过报纸、杂志、书籍、音像资料等形式广为传播。

国际技术转移主要包括五种方式：一是专项贸易，表现为补偿贸易、来料加工和组装出口等方式，这种贸易为工艺技术的转移提供了更多的机会。二是合作生产，主要表现为当地企业以国外企业提供的工艺和文献为基础生产零部件或最终产品，外方也经常参与本地企业的经营管理。三是咨询、技术服务和许可证贸易，主要是指当地已有一定技术基础的产业，通过此种方式获得所缺少的工艺和专业技能。四是交钥匙工程，后发国家以此获得物化在某一工厂中的国外先进技术，其含义是指技术供给方提供产品的全部工艺，包括工厂设计、工程图纸，设备与机械，建筑监控、启动调试和培训人员等，直到当地人员能够接管为止。五是国外直接投资，包括独资和合资两种形式，这是一种有效的技术转移机制，外方的参与程度最高。

技术转移可以通过多种渠道、方法及方式进行。较为重要的路径包括：

（1）技术转让与技术引进

即通过技术市场使目标技术从发明者或拥有者手中转移到接受者手中。这一过程，对技术的出让者而言即为技术转让，而对于技术接收方（引入方）来说则可视为技术引进。

技术转让的具体方式多种多样，但以许可证方式居多，其他方式包括技术咨询和服务、合作生产、招标和承包、交钥匙工程等。

通过技术转让途径及方式实现技术转移的优点是：按市场规律进行技术交易，易为技术转移双方所接受，特别是有利于调动技术供方的积极性，能够在转出技术的同时，提供与之相关联的其他各种服务，从而有利于技术转移的顺利进行并获得成功。缺点是：市场失灵现象时有发生，当出现市场失灵现象时，技术转移将陷入困境。

（2）技术推广与技术配套服务

技术推广是指通过示范性活动使目标技术传播出去得到广泛应用的过程；而技术配套服务则是指技术研发单位通过派员、解决技术问题、提供解决方案等途径为技术承接方提供技术服务，从而达到技术转移目的。

通过技术推广、技术配套服务途径及方式实现技术转移的优点是：政府提供财政支持，社会的受益面较大，企业获取技术和服务的成本低。缺点是：发展管理较为困难，技术供方的积极性、主动性可能受到某种程度的影响，技术传播、转移的实际效果往往与预期目标相差较大。

（3）技术信息获取与传播交流

以文献、数据库等信息传播的方式，促使技术的传播、转移或获取所需技术，包括：①通过现场、会议或新闻媒介，交流技术方面的经验、技能，或进行样品、样机的展示；②通过报纸、杂志、书籍、音像资料等形式传播、转移或获取技术方面的理论与经验等。技术信息交流途径及方式的优点是：简单易行，成本低，取得技术知识的速度快。缺点是：无法获得系统、完整的技术知识，特别是难以获得技术诀窍，要求引入技术的企业自身必须具有较强的技术学习模仿能力。

（4）人员交流及流动

通过国家、地区和企业间及研发机构与企业间的人员交流及流动，推动和促进知识、技术在不同地域和企业间的传播应用，促进创新转移或获得所需技术。这一途径及其方式的优点是：技术转移的方式直接，转移过程中的问题易于解决，成功的概率较高，成本较低。缺点是：有可能影响人员流出单位内部正在进行的技术活动，或造成信息和技术诀窍的外泄与转移，以致形成知识产权纠纷等。

（5）合作研究与开发

合作研究与开发是指研发单位与企业之间和企业与企业、研发单位与研发单位之间的合作研究和合作开发，是技术转移中效果较好、最具前景的一种途径及方式。其优点是：可以充分利用合作伙伴的知识技能和资源，在弥补自己不足的同时，充分发挥自己的优势及长处，有助于迅速获取技术创新成果，并最大限度地降低研发成本费用及其风险。缺点是：组织之间的目标不同，有时难以形成良好的合作关系，研发及管理过程和利益分配有时可能会出现一些难以协调与有效处理的各种矛盾。

（6）设备和软件交易

通过设备和软件的交易来转移或获取目标技术，是最常见、易行的一种技术转移途径及其方式。其优点为：设备和软件交易的买方能够以最快的速度获取其所需要的技术，投产获利快、风险小；卖方可以很快地将其技术转移出去，形成收入，同时可以很方便地开展一些配套性的服务经营业务，开辟新的收入渠道，增加盈利的来源。缺点是：被交易的设备可能不适应买方企业的现有环境，为此，买方需要在组织上进行变革和创新，加上设备及软件本身的转让费用，因此，技术转移的成本较高，不利于买方企业从根本上提高其技术能力，而且随着技术的变化需要不断地购买新的设备和软件。

（7）创办新企业

由技术研发机构或技术拥有人（单位或个人）创办企业。其优点是：技术转移直接、转化速度快，转化过程中的问题易于解决，转移的成功率高；与此同时，技术拥有人有可能获取更大的收益。缺点是：技术转化所需资金可能难以筹措，转化过程中的生产管理、市场营销问题可能不易解决，不利于规模经济的有效、快速形成。

（8）企业并购

通过企业并购实现技术的有效转移，从而使买方获取其所需要的技术。企业并购的目标意图主要包括：①解决成熟企业的生产能力过剩问题；②促进与竞争对手的有效联合，以便解决行业的过度分散问题；③开发新产品，开拓新市场；④以兼并来代替技术研发工作；⑤利用不断削弱的行业界限创建新的企业。其中第四种意图“以兼并来代替技术研发工作”即是实现技术转移的一种新的途径和方式。

通过企业并购实现技术转移的优点是：企业生产经营活动的基础包括资产设备、市场顾客、员工队伍等业已形成，买方可以最短的时间获取所需技术，并进入正常的经营过程形成收益。缺点是：卖方可能隐瞒卖掉企业的真实目的和企业面临的一些实际问题，买方买入企业实际经营后可能面临一些难以处理的棘手问题，因此，具有投入费用大、风险高的特性。

1.3.3　技术需求视角的技术转移理论

从接受方考察的代表性理论，技术转移主要有需求资源关系论、中间技术论和外贸自乘效益论。

1. 需求资源（N·R）关系论

需求资源关系论的提出以日本斋藤优于 1979 年出版的专著《技术转移论》为标志。他提出的“N·R 关系假说”，认为一个国家、地区或企业，其经济发展和对外活动受两个方面因素的约束：一是国民需求和其国内资源关系的制约；二是经济、技术交往国家的需求与资源的制约，即该国、地区或企业的需要，以及该国、地区或企业的资源，这种约束关系被称作“N · R 关系”。该理论从需求与资源的关系方面，探讨了国际技术转移发生的机制，并且认为 N · R 关系的不相适应，既是技术创新的动力，也是产生国际技术转移的原因。即国际技术转移产生于对技术这一特殊资源的需求。在国与国之间，有对技术资源的需求，才会有满足这种需求的技术资源的转移。由于新技术具有节约资本、劳动，降低消耗，或者发现新能源、新材料等特征，从而能够弥补资源的不足，更好地适应需要。N · R 关系的不适应，促进技术的革新和再创造，原有的技术可以转移到其他仍然需要该技术的国家、地区或企业。同时使 N · R 关系得到改善和协调，促进技术创新以及国家、地区或企业间的技术转移。

2. 中间技术论

中间技术论是英国经济学家舒马赫（E. F. Schumacher）在 1973 年提出的。中间技术论是从发展中国家的角度，针对发展中国家经济技术落后及其与发达国家间的经济技术差距日益扩大的现状，为有效解决其社会和经济问题而提出的一种理论。中间技术论是从发展中国家的观点来看待国际技术转移的。

舒马赫指出，对于发展中国家来说，经济发展主要是一个完成更多工作的问题，是一个充分利用现有劳动力，使之充分就业的问题。为了做到这一点，需要有 4 个基本条件：一是动力；二是技术知识；三是资金；四是出路，即额外的产量需要有额外的市场。在这 4 个基本条件中，任何一个处于像印度这样地位的国家必须采取的一个最大的集体决策就是作出技术选择。由此，舒马赫特别强调指出，技术选择是一切选择中最重要的选择。

舒马赫认为，发展中国家应该优先选择劳动密集型工业。贫穷地区的经济发展，只有立足于中间技术才能获得成果。中间技术最终将是劳动密集的，适合小型企业采用。这种中间技术与本地技术相比，生产率高得多；与现代工业资本高度密集的高级技术相比，又便宜得多。按这样一种投资水平，在很短时期内即可建立大量的工作场所。

3. 外贸自乘效益论

自乘效益论，由庄崚在其专著《外贸自乘效益论》中首次阐述并提出。

“自乘”源自马克思《资本论》中提出的一个科学概念。自乘即由于技术进步而引起的劳动生产率的提高，是通过技术创新成果应用于生产过程而实现的。在生产力的发展中，除了直接需要科学技术这一决定性要素，其他各个要素也都离不开科学技术，都是同一定的科学技术结合才能发挥作用的。科技进步及其成果的有效应用，最终将引起社会劳动生产率的倍加和自乘。

外贸自乘效益是指一国通过对外贸易所引进吸收的，包括知识产权、专利技术和非专利技术、装备技术、技术信息等各种形态的技术成果，以使本国的劳动生产率得以倍加和自乘，国民劳动生产力和综合国力跃升得到宏观经济利益。取得外贸自乘效益的根本的标志是劳动生产率的提高，因此自乘效益的实现并不是直接的，而是需要经历一个时间上的过程。即对于引进的技术成果，还必须经历一个消化、吸收的过程，并应用于生产过程和融入自身的工作素质之中，把引进的技术成果转化为现实的生产力后，才能取得自乘效益。

外贸自乘效益论所指的外贸自乘效益，实际上是专指一国通过国际技术贸易引进技术所产生部分。而对于一个国家来说，其综合自乘效益包括对技术的自主研究与开发和技术引进等两大主体及其他组成部分。因此，外贸自乘效益只是综合自乘效益的一个有机组成部分。

1.3.4　技术供给视角的技术转移理论

1. 技术决定论

美国经济学家凡勃仑（Thorstein B. Veblen）在其著作《工程师与价格系统》中首次提出“技术决定论”概念。代表人物有法国哲学家雅克·埃吕尔及麦克卢汉、温纳等。雅克·埃吕尔在《技术的社会》中阐述了技术自主论到技术决定论的逻辑关系。按照技术决定论的观点，技术已经成为一种自主的技术，不受人的支配与控制，技术是第一位的，技术变迁导致社会变迁。技术包含了某些它本来意义上的后果，表现出某种特定的结构和要求，技术循其自身的踪迹走向特定的方向。“技术构成了一种新的文化体系，这种文化体系又构建了整个社会”。技术决定论有两种意识表现，技术乐观主义者相信技术能够解决发展中的根本性问题，技术决定着人类的未来，生产力进步不以人的主观愿望为转移；而技术悲观主义者则认为技术在本质上具有非人道的价值取向，智能化的高新技术会给人类社会及其文化带来不可预想的灾难。

世界范围的技术转移快速兴起并蓬勃发展，技术转移成为世界经济、社会发展中的热点课题。美国学者莱安以实践的方式证实了技术转移理论是近代技术转移学的开端，成为技术转移研究传统模式和近代模式的划分标志。

罗格斯创新扩散曲线如图 1-4 所示。1964—1968 年，罗格斯领导下的一项国际技术转移调查计划，对巴西、尼日利亚和印度三国农村的技术传播进行深入研究，提出开展技术转移研究的国际合作；20 世纪 60 年代后期，技术转移研究出现国际化的新趋势。20 世纪 70 年代开始，国际机构投入大量资金对国际技术转移情况进行专门调查，在探索技术转移规律及其理论研究方面取得了不少的重要成果。

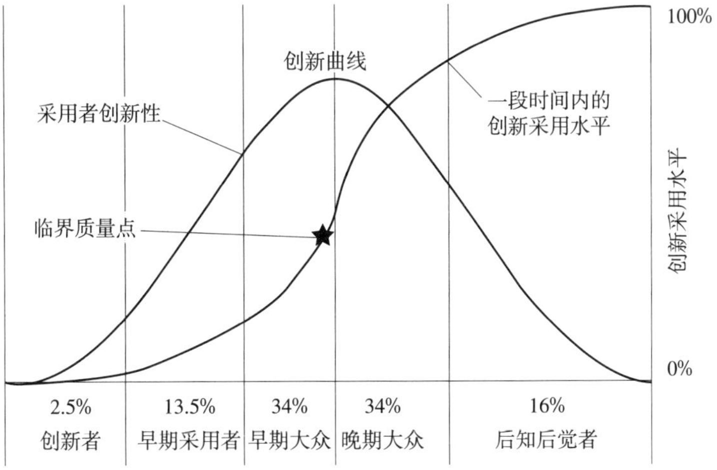

图 1-4　罗格斯的创新扩散曲线

2. 新增长理论

美国经济学家罗默和卢卡斯的新增长理论，是指用规模收益递增和内生技术进步来说明一国长期经济增长和各国增长率差异而展开的研究成果的总称。新增长理论最重要的突破是将知识、人力资本等内生技术变化因素引入经济增长模式中，提出要素收益递增假定，其结果是资本收益率可以不变或增长，人均产出可以无限增长，并且增长在长期内可以单独递增。新增长理论认为，专业化的知识和人力资本的积累可以产生递增的收益并使其他投入要素的收益递增，从而总的规模收益递增。

罗默和卢卡斯在新古典生产函数中加入了人力资本因素，从而确立了人力资本在经济增长中的重要地位。罗默把技术进步内生化，认为特殊的知识和专业化的人力资本是促进经济增长的重要因素，它们具有收益递增的特性，同时还能提高物质资本的使用效率，从而也产生递增收益，促进经济增长。1988 年，卢卡斯用人力资本解释了经济的持续增长，使人力资本内在化；证明了人力资本增长率与人力资本投入-产出率成正比，与社会平均人力资本和私人人力资本在最终产品上的边际产出率成正比，与时间贴现率成反比。

新增长理论证明了垄断竞争经济中均衡的存在。因为对新技术的垄断及由此带来的超额利润提供了投资和技术研究的动力，以及由于知识和人力资本有外溢效应，高人力资本的发达国家资本利用率高，从而这些国家的物质资本收益率与人力资本收益率也较高，因此，当生产要素可以在各国自由流动时，资本和人才可能会从发展中国家流向发达国家。此外，国际贸易可以使发展中国家利用国际上的先进技术，从而促进发展中国家的技术进步和经济增长，也可能使发展中国家专业化于技术含量低的传统产品部门，从而对发展中国家的经济增长产生不利影响，等等。

新增长理论认为，市场力量的作用不足以利用社会可能达到的最大创新潜力，一部分创新潜力被浪费了。政府有责任、有理由进行干预，这样做的结果是提高了经济增长率。该理论认为支撑经济周期的是探索发现与创新过程，政府应着力于能促进发展新技术的各种政策，如支持教育、刺激对物质资本的投资、保护知识产权、支持研究与开发工作、实行有利于新思想形成并在世界范围内传递的国际贸易政策。

早在 1644 年，英国古典政治经济学家威廉·配第就提出了教育经济价值的问题。亚当·斯密把劳动者后天获得的有用能力看成是资本的组成部分，并且明确提出，劳动者学到有用的知识，这本身就是财富，应当列入固定资本的范围。马歇尔在考察生产要素时，除了考察土地、劳动、资本三要素，还提出了人的健康程度、专业训练问题，把人的能力因素同人的健康程度及产业训练问题联系起来。1935 年，美国经济学家沃尔什在《人力资本论》中，从个人教育费用与个人收益相比较的角度，第一次正式提出了“人力资本”概念。

1958 年舒尔茨在其论文中，提出并论述了完整的人力资本概念。舒尔茨认为，资本有两种存在形式：一是物质资本；二是人力资本。舒尔茨创立的人力资本理论的内容可归纳为以下几个主要方面：

第一，人力资源是一切资源中最主要的资源，人力资本理论是经济学的核心问题。

舒尔茨一直强调要把人力资本理论作为经济学的核心问题来研究。

第二，在经济增长中，人力资本的作用大于物质资本的作用。

第三，人力资本的核心是提高人口质量，教育投资是人力资本投资的主要部分。

第四，教育投资应当以市场供求关系为依据，以人力价格的浮动为衡量符号。

贝克尔在《人力资本》中把经济学的分析方法引入教育领域，用来解释人力资本的形成过程。贝克尔在分析人力资本的形成时，特别强调在职培训的作用。与投资于机器、设备、厂房相比，只要投资于人力资本能取得更高的收益，在职培训对企业来说就是有利的。

贝克尔将在职培训划分为一般培训与特殊培训。所谓一般培训，是指职工接受培训所获得的知识和技能，不但对本企业有用，而且对其他企业或其他行业也是有用的。特殊培训又称专门培训，它可以大幅提高本企业的生产率，但对其他企业的影响很小。贝克尔认为，一般培训的受益者是职工，培训的费用应该由职工个人支付。特殊培训的好处为企业获得，企业应该为此类培训支付成本。因此，单位有效劳动生产率的提高，既有来自实物资本增长的因素，也有来自人力资本增长的因素，二者不可偏废。人力资本作用的发挥与人力资本的收入份额直接相关。如何承认并保持人力资本的合理价值需要进一步落实。人力资本价值的提高，需要加大对科技和教育的支持力度。

3. 技术差距论

美国经济学家波斯纳在《国际贸易和技术变化》一文中首次用技术差距论来解释国际贸易发生的原因，提出了国际贸易的技术差距模型。技术差距论认为技术具有一定的技术势，技术实际上是一种生产要素，并且实际的科技水准一直在提高，各国的发展水准不一样，这种技术上的差距可以使技术领先的国家具有技术上的比较优势，从而出口技术密集型产品。随着技术被进口国的模仿，这种比较优势消失，由此引起的贸易也就结束了。

国家、地区间科学技术发展的不平衡，导致国家之间、地区之间的技术势存在差异。已经完成技术创新的国家，不仅取得了技术上的优势，而且凭借其技术上的优势可在一定时期内，利用与其他国家间的技术差距，实现该技术产品的国际贸易。随着该技术产品国际贸易的扩大，为进一步追求特殊利润，技术创新国家可能会通过多种途径和方式进行技术转移。其他国家亦会因该项技术在经济增长中的示范效应，研究与开发同样的或类似的产品，两国间该产品的国际贸易终止，技术差距最终消失。技术差距无论是在发达国家或地区之间，还是在发达国家或地区与发展中国家或地区之间都存在，技术差距是普遍存在的事实。

技术差距论认为，技术差距不仅是国家、地区和企业之间进行技术转移的前提，而且认定世界上不但在经济上存在一种“二元结构”，技术上也存在“二元结构”，技术总是从其“中心”（技术发达国家）向其“边缘”（发展中国家）转移。同时，“中心”控制和支配着“边缘”。技术差距论的主要缺陷是没能具体分析技术差距的种种形态，只能说明国际垂直的技术转移，而无法说明在技术水平上大体处于相同阶段的国家之间也会发生水平技术转移的问题。

随着对技术差距研究的逐步深入，美国学者鲁格曼提出了一般均衡条件下的商品周期贸易模式，成为保持技术差距的依据。该理论把资源配置、世界收入分配和技术综合起来考察，认为技术在发达国家不断创新，新技术首先在发达国家以创新产品的形式生产出来，然后与发展中国家形成技术差距。由于发达国家在技术创新和开发新产品上具有绝对优势，决定了发达国家与发展中国家的贸易类型。发达国家出口创新产品，发展中国家出口模仿产品，模仿意味着特定的生产技术变成了共同的财富。技术的变化影响发达国家和发展中国家的经济与贸易。影响的大小、受益程度的高低，取决于各自技术创新和技术扩散的增长速度。

克拉维斯在《可获得性以及影响贸易商品构成的其他因素》中认为，一国能够出口技术先进产品的关键因素，是该国与其贸易伙伴相比具有技术上的优势。

技术差距论是把技术作为独立于劳动和资本的第三种生产要素，探讨技术差距或技术变动对国际贸易影响的理论。该理论认为，工业化国家之间的工业品贸易，有很大一部分实际上是以技术差距的存在为基础进行的。通过引入模仿时滞的概念来解释国家之间发生贸易的可能性。在创新国和模仿国的两国模型中，创新国一种新产品成功后，在模仿国掌握这种技术之前具有技术领先优势，可以向模仿国出口这种技术领先的产品。为进一步追求特殊利润，技术创新国家可能会通过多种途径和方式进行技术转移。其他国家也因新技术在经济增长中的示范效应，研究与开发同样的或类似的产品，两国间产品的国际贸易终止，技术差距消失。

技术差距论对技术转移成因的诠释如图 1-5 所示。

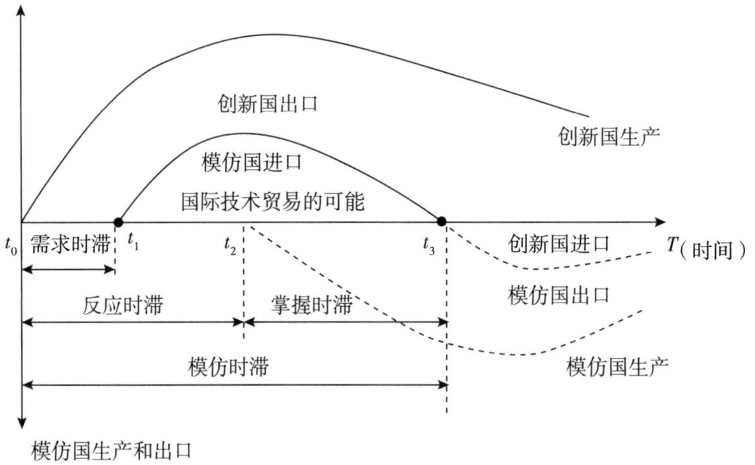

图 1-5　技术差距论对技术转移成因的诠释

其中：

①需求时滞：从创新国开始生产新产品到模仿国开始进口这种新产品的时间间隔。

②反应时滞：从创新国开始生产新产品，到模仿国开始模仿其技术生产这种新产品的时间间隔。

③掌握时滞：模仿国开始生产创新国创新的新产品，到生产能满足国内需求，并

开始出口这种新产品的时间间隔。

④模仿时滞：技术差距产生到技术差距引起的国际贸易终止的时间差距。

技术差距论诠释技术转移，是基于最初的技术进步必须建立在某国经济中的一系列制度性内生变量的基础之上的。所谓制度性内生变量是指一国同他国相比能够引发技术进步的诸多他国所不具备的因素。在一定时期内，能率先完成某项技术创新的国家，即技术创新国，能较为稳定地保有技术创新带来的技术差距比较优势。其原因如下：

a. 由于技术成果本身是获得巨额利润的源泉，因此在完成某项技术创新以后，技术创新国必然采取技术垄断和技术封锁等多种措施充分地享受该项技术创新的创利效益，直到该项技术创新从某种意义上来说已经成为一种相对成熟的技术以后，技术创新国才有可能考虑该项技术成果的转让问题。

b. 技术成果本身是耗费巨大的资源投入（包括人力、物力和财力）的产物，而且，技术创新投资从本质意义上看是一种高风险投资。技术转移的过程，技术成果作为一种特殊的商品，也体现着使用价值与价值的统一。其使用价值表现为一项技术成果创造利润的能力，其价值表现为研究完成该项技术成果的过程全部投入和所承担风险的价值总和，以及该项技术创利能力的价值表现。因此，技术成果的价格既要包括研制过程中的全部现实投入和风险投资及其回报，又要包括该项技术成果转让后在剩余的使用年限内继续为其所有者创造利润能力的一定比例。所以，以“专利转让费”或“生产特许权转让费”的形式出现的技术成果的转让价格一般相对昂贵。这同时也制约着技术成果的转移转让。

c. 非技术创新国家或组织也可能试图通过自身的研究与开发取得某项技术成果，实现技术成果的转移转化。但会受到该国、该组织自身的诸多制度性内生变量的制约，遇到多方面的困难和障碍，使其在短期内难以实现掌握某项技术成果，并将之用于现实生产的目的。

随着专利权的转让、技术合作、对外投资或国际贸易的发展，创新国的领先技术流传到国外，模仿国开始利用自己的低劳动成本优势，自行生产这种商品并减少进口。创新国逐渐失去该产品的出口市场，因技术差距而产生的国际贸易量逐渐缩小，最终技术被模仿国掌握，技术差距消失，以技术差距为基础的贸易也随之消失。

道格拉斯（Gordon Douglas）运用模仿时滞的概念，解释了美国电影业的出口模式。即一旦某个国家在给定产品上处于技术领先的优势，该国将在相关产品上继续保持这种技术领先的优势。胡佛鲍尔（G. C. Hufbauer）利用模仿时滞的概念，解释了合成材料产业的贸易模式。即一个国家在合成材料出口市场的份额，可以用该国的模仿时滞和市场规模来解释。当他按照各国的模仿时滞对国家进行排序时发现，模仿时滞短的国家最新引进新合成材料技术，并开始生产并向模仿时滞长的国家出口，随着技术的传播，模仿时滞长的国家也逐步开始生产这种合成材料，并逐步取代模仿时滞短的国家的出口地位。对技术差距理论的经验研究，验证了技术差距论的观点，即技术是解释国家贸易模式的最重要的因素。

4. 技术周期论

技术周期论的代表人物是美国的雷蒙德·费农（R. G. Vernon）。技术选择周期论是把技术的出口转让与技术的寿命周期密切联系。费农在《产品周期中的国际投资与国际贸易》中提出了独具特色的产品生命周期理论，后来经过威尔斯（Louis T. Wells）和赫希哲（Hirsch）等人的发展而逐步完善。

产品寿命周期即技术寿命周期，是指技术同一切有机体一样，也有一个产生、发展、衰退和消亡的全过程，这一过程称为技术寿命周期。技术寿命周期通过产品生命周期加以体现，因为技术的优势、技术创新的成果最终都要体现在产品上，体现在产品的工业化生产上，体现在技术实施的经济效果上。

技术选择周期论的核心思想是将技术创新产品比较优势的动态过程和产品的盛衰期紧密地结合在一起来加以考虑的。从国际贸易角度看，技术创新产品在一国问世并占领国内市场，到产品出口、出口增长，出口竞争、出口衰退直至开始在本国市场上进口该产品的这一过程，一般可分为以下几个阶段：新产品垄断阶段、出口增长阶段、出口竞争阶段和出口衰退阶段。按照技术选择周期论和“技术生命周期假说”，占有新技术的国家必然首先运用该技术在国内生产新产品；随着该技术的成熟、发展和推广，新产品在国内的销量减少；其他国家的市场对该产品需求提高，于是，占有新技术的国家就将在其他国家进行直接投资，以便利用其他国家的廉价劳动力，谋求最高利润。

技术的生命周期在不同的技术水平的国家里，发生的时间和过程不一样，其间存在一个较大的差距和时差，正是这一时差，表现为不同国家在技术上的差距，它反映了同一产品在不同国家市场上的竞争地位的差异，从而决定了国际贸易和国际投资的变化，进而决定了跨国公司的发展。产品生命周期、企业生产区位、技术和市场的联系见表1-1。

表1-1　产品生命周期、企业生产区位、技术和市场的联系

产品生命周期	企业生产区位	技术特点	市场特点
产品创新阶段（国内生产阶段）	创新国家国内生产	技术垄断，但不稳定	国内市场为主，产品的价格需求弹性较低。国外市场采取出口的形式
产品成熟阶段（海外发达国家生产）	其他发达国家	生产技术趋于成熟，仿制品出现	竞争开始转向生产成本，力求提高市场占有率
产品标准化阶段（发展中国家设厂）	发展中国家	产业的各项技术标准化，技术垄断优势消失	竞争的基础是价格，创新国转为进口国

费农把世界分为创新、发达、发展中三类国家。创新国家即最发达国家，最先进行技术创新，发明、生产并消费世界上最先进的产品。发达国家开始没有掌握创新国的技术，不生产、不消费，早期开始从创新国进口消费，中期掌握生产技术自己生产、消费，并减少从创新国进口，后期出口到创新国和部分发展中国家，最后自己不生产，从发展中国家进口。发展中国家，开始和早期不消费、不生产，中期、后期开始从创

新国家、发达国家进口，最后生产并出口到发达国家，直至产品衰亡。

产品生命周期理论将比较优势理论动态化。在产品生命周期中，产品随着技术的变化，从产生到衰弱，完成一次循环。在产品周期的不同阶段，各种投入在成本中的重要性也会发生变化。由于各国在各种投入上的相对优势不同，因此，各国在该产品不同阶段是否拥有比较优势取决于各种投入在成本中的相对重要性。产品生命周期的变化不仅会影响国际贸易的流向，而且会影响产品生产地的选择；而产品生产地的选择通常是与对外直接投资联系在一起的。

产品创新国由出口到进口，产品模仿国由进口到出口，新技术和新产品如同波浪般地在传递和扩散中向前发展和推进，如图 1-6 所示。

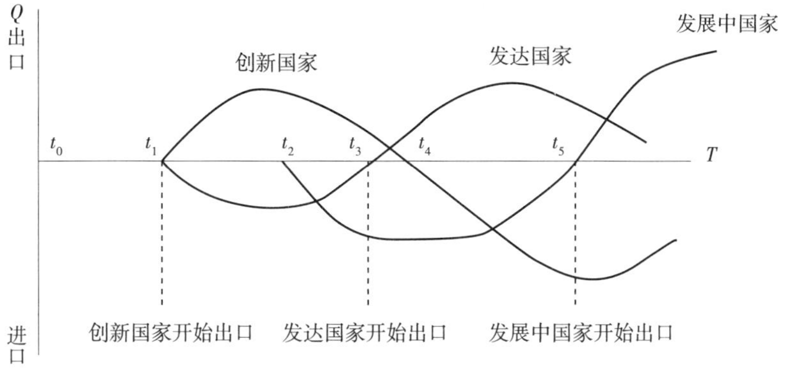

图 1-6　产品生命周期中技术贸易态势

t_0 为创新国家新产品开始生产的时间；

t_1 为创新国家开始出口和发达国家开始进口时间；

t_2 为发展中国家开始进口时间；

t_3 为发达国家开始出口时间；

t_4 为创新国家开始进口时间；

t_5 为发展中国家开始出口时间。

5. 技术转移选择论

技术转移选择论的代表人物包括美国经济学家邓宁、凯夫斯（R. E. Caves）和日本学者斋藤优。

邓宁将国际直接投资、国际贸易、技术转移有机地结合在一起，通过建立国际生产选择模型分析国际技术转移发生的机制。他认为，企业在国外既拥有区位优势，又能控制技术专利权在国外进行生产的条件下，一般选择外国直接投资；企业在区位因素吸引力不大的情况下，倾向于选择出口贸易；企业在内部交易市场不具备一定规模，区位优势又不明显时，才选择技术转移（许可贸易）。

凯夫斯在上述选择理论的基础上认为决定跨国公司在国际直接投资（FDI）和技术转移之间作出选择的因素主要来自以下两个方面：

①选择技术转移的因素。FDI 存在障碍，如市场容量小、缺乏规模经济等；缺乏 FDI 的基本条件，如知识存量不足、对国外市场不了解、投资成本高等；技术创新的周期太短；风险考虑。技术转移不用在国外周转大量固定资产，从而避免政治风险。但

是，当技术转移可能使技术泄露给竞争对手时，又会妨碍技术转移，在互惠回授条件下，即供方把技术转移给需方后，双方将改进技术回授给对方。

②不选择技术转移的因素。技术转移交易成本过高，如谈判时讨价还价、因商品质量影响声誉、可能泄密等。跨国公司内部的技术转移成本大大低于企业之间的转移，一般不鼓励技术转移。选择论的技术转移论与周期论关系密切。邓宁的理论就是受产品周期论的启迪演化形成的。

日本学者斋藤优从技术寿命周期和谋取最大利益的角度，把跨国公司在国际生产经营中的战略归纳为三种形式：一是运用创新技术在本国生产产品并对外出口；二是FDI，在国外运用创新技术进行生产并就地销售；三是直接进行技术转移。进一步分析认为，从表面上看，这三者是相互独立，互不相关的，但实质上却存在着内在联系，并按一定的规律周期循环。

6. 雁行形态发展论

日本学者研究"二战"后东亚地区经济及产业结构变迁，借喻大雁飞行队列，认为东亚经济呈雁行经济发展型态：以日本为头雁，其次为亚洲"四小龙"（韩国、中国台湾、中国香港、新加坡），其后是中国大陆与东盟各国。即日本发展某一产业，当技术（产品）成熟到一定阶段，产品在日本的竞争力转弱，"四小龙"先行接转日本的技术或产业，日本产业结构升级到另一个新的层次。同样地，当"四小龙"在该产业成熟后，其产品又转移到相对更落后的地区生产。"四小龙"的产业结构也相应升级，呈现先后有序的排行。雁行形态论对技术转移原因及其发生、发展机制的分析，是将一国产品的进出口发展全过程同其技术的引进、消化吸收、应用、开发、积累、转移过程有机地统一，并将整个过程分为 5 个阶段加以描述，这 5 个阶段分别是进口导入期、国内生产进口替代期、出口增长期、成熟期、再进口期。

①进口导入期。新商品的进口达到技术引进的同时，国内需求也会扩大。这一阶段，进口国会开始进行模仿生产，并且根据技术引进试图达到国产化，但在品质及成本方面，进口产品有优势。因此，引进国不会向其他国进行技术转移。

②国内生产进口替代期。这一阶段，进口产品的国内生产增加，从而形成进口替代化。生产技术达到标准化，可进入大量生产阶段，这一时期是技术积累和技术转移的准备阶段。

③出口增长期。这一阶段，国内需求的增加速度会减慢，海外需求扩大，出口会增加，产品的技术也同时转移。这一阶段内销市场的需求增加，生产规模扩大，出现对进口商品的模仿，技术得到进步，经验获得积累。国内生产超过国内需求，出现产品剩余，出口会逐渐增加。

④成熟期。国内需求的显著减少导致对国内投资的下降，因大量生产而成本下降，只有通过出口产品的增加来持续减少成本，这一阶段发展中国家也开始生产，技术转移全面展开。

⑤再进口期。技术转移到后发国，后发国也以低成本进行生产，因此会再进口，这一时期称为再进口期。随着出口和国内生产的减少，国内需求的减少率小于国内生

产的减少率，因此再进口其不足部分。

7. **技术转移内部化论**

技术转移内部化论的主要代表人物是美国学者巴克利（P. J. Buchley）、卡逊（M. Casson）和拉格曼（A. M. Rugman）。

技术转移内部化论认为技术的所有权属性决定了其在市场上不可能像商品一样自由竞争。技术市场的不完全性，必然导致技术转移的内部化倾向。认为国际技术市场存在着买、卖双方的双向垄断，是一个发育不完善的市场。在一个发育不完善的市场中进行技术交易，不利于公司追求利润的最大化。由于技术本身是一种在一定时期内、具有专有性质的特殊的商品，已是企业中最为重要的一种核心资源。因此，对于跨国公司来说，为了保持公司在生产技术、管理技术和销售技术等方面的垄断优势，强化其国际竞争能力，防止技术的扩散和流失，产生强有力的技术转移内部化倾向；而现行不健全、不完善的专利制度和技术转移的风险，以及对利润最大化的追求等因素的作用，进一步加剧了技术转移内部化的进程。

技术转移内部化论是从维护发达国家和跨国公司的利益的角度出发的，从某种角度来讲是不利于国际技术转移正常发展的。对于发展中国家来说，研究这一理论和公司内的贸易行为，是为了突破跨国公司在经济上、技术上的控制，选择正确的技术引进战略和有利的合作方式，引进跨国公司的资金、技术、管理经验和营销技术，以发展本国的经济、加快工业化的进程。

1.4　技术转移的战略目标

技术转移价值的实现最基本的体现是技术贸易带来的技术扩散结果。

技术转移全链条的价值实现是从技术研发的导向到满足技术商品、生产生活消费品的需求，技术输出过程、资本主观逐利在客观上缩小了国际地区间的技术势差，落后地域通过技术引进快速地提升了劳动效率，促进了新产品带来的技术进步文明，再到新兴产业的形成带来的全社会精神与物质文明（地区间技术势差—提升劳动效率—技术进步文明—国家发展战略）。全球化的技术转移已成为各国政府的竞争性发展战略。

1.4.1　技术转移的绩效价值

技术转移之所以成为一种必须而非一种选择，即技术转移的必要性，归根到底是由于技术进步及其成果推广应用在社会发展进程中日益重要的作用所决定的。作为纯粹的生产工具技术，已经能够取代哪怕是最熟练的技术工人，智能技术的进步及其成果应用，在不久的将来，会在生活服务、文化娱乐，到生态修复、太空探索中得到全面体现。技术转移在社会发展中的主导作用主要表现在以下方面：

1. **纾解企业困境的工具手段**

近年来，企业尤其是数量众多的中小微企业经营陷入困境，减税免税、缓缴租费等各种纾解权宜之计无法帮助企业解决实质问题。

技术转移以企业供应链韧性和竞争力为标杆，实现成熟技术的输出和适用技术的引进，通过创新强链、优势固链、区域补链，重塑企业数字化基础，精准定位企业在产业链上的关键环节，提升企业价值链档级。以高新技术配置价值链的龙头企业，扩展价值链核心企业群体，带动占比 90% 处于价值链末端的中小微企业，为产业聚集区营建具有虹吸效应的生态环境。

2. 提升企业的核心竞争力

产品更新换代是企业市场竞争的核心能力的基础保障。技术转移成为保证企业保持技术优势的重要手段。大型跨国企业为保持竞争优势，在技术研发上投入大量资源。技术投资保证了领先地位，也需要在全球范围内进行技术转移和转让以保证研发投入得以回收并获利。技术转移保证了技术开发过程的良性循环。

技术转移成为企业实现财富的重要途径。新技术不断涌现，技术领先于其他生产要素而得到迅猛发展，已成为企业最主要的财富来源之一。企业收益既依靠于高附加值产品，更有赖于技术的转移。

技术转移是企业节约资源、增强竞争力的重要方法。技术转移的核心是对技术的利用。通过技术转移过程对各类信息的甄别筛选，能保证企业资源在优势领域的投入，从而提高企业的竞争力。技术转移推动科技创新，引导科技创新和生产实践相结合。

3. 推进市场主体的技术进步

技术转移作用于市场主体的效应，包括生产与产品效应、市场效应、收益效应、技术效应等，能够有效加快企业技术发展进步的步伐，从而使整个国民经济的增长与发展建立在一个更加坚实、高效的微观基础之上。

4. 改变和加强技术转移相关各方技术及资源的比较优势

技术作为一种生产要素，技术的有效转移不仅可以改变一个国家、地区、企业的技术比较优势，而且能够创造出新的比较优势，在一定程度上改变一个国家、地区、企业的自然禀赋比较优势。因为技术作为一种资源的知识特性，决定了对其他资源的替代关系和在经济发展中的重要地位及作用。以知识为基础的技术由于能够减少经济、技术活动对原料、劳动力、时间、土地和资本的消耗和占用，因此，技术的有效转移既有助于技术引入方迅速改变其在技术及经济活动中所处的相对劣势地位，也能够对技术转出方的经济及技术发展起到加速、强化的作用，使技术转移相关各方的比较优势在一个新的框架上发展变化。

1.4.2 技术转移的产业布局价值

技术转移是后发国家实现经济赶超的最有效途径，技术转移在产业升级转型的过程中具有引领效应，并且其影响力日渐深远。技术转移有助于提高技术水平，有利于科技实现全面发展，对全球化的经济协同增长产生巨大影响。

1. 高质量经济发展的必然要求

技术转移是实施科技创新发展战略的重要举措和实施创新驱动发展的必然要求：

抢占产业发展制高点，保持技术优势地位，实施技术立国战略和技术转移战略，出台有效政策措施，加强科技创新，提高科技成果转化率。

经济的高质量发展，受制于生产力的发展水平，技术转移与经济高质量发展密不可分。而生产效率的广泛提高有助于实现先进技术的引进与转移。技术的引进与转移是经济发展的有效途径，各国间的技术转移和交流对于促进世界各国的经济发展具有重要意义。后发国家依靠国外先进技术的扩散与传播作为推动本国技术发展的突破口。

技术转移已成为国家、地区竞争力的重要体现，是当今国际贸易的重要形式。技术转移和转让在世界贸易总额中占比过半。国际技术转移带动了发展中国家企业的更新改造，提高其国际竞争力，也加深了国际分工和协作，促进全球生产分工体系的完善。

2. 产业升级与结构调整

技术在国内的转移和利用会影响其产业的发展和竞争力；而技术在国际的转移和利用，则会影响国际的生产分工体系和各国的综合竞争力。技术转移是产业升级、结构转型的动力源泉。

经济发展的速度快慢及其质量的高低，取决于产业发展的水平与质量。提高产业发展的整体水平，必须有效解决 3 个方面的问题：一是把握主导产业、优势产业发展的主动权；二是以产业发展的转向带动转型；三是从地区、国家战略层面和全球竞争层面把握产业升级、结构转型的主动权。通过对主导产业、优势产业技术的优先转移，积极打造具有竞争力的产业集群和聚集区，即可实现产业升级、结构转型，极大地提高产业整体发展的水平及其质量，有效促进经济的可持续增长与发展。

地区间的技术转移能够促进经济结构调整，通过技术转移促进先进技术在地区产业中的应用，推动产业结构升级进步，进一步调整优化经济结构；而技术转移也是区域协同创新系统的组成部分，区域间技术转移的协同进步，也能促进区域经济发展。

3. 牵引经济增长的主动力

作为重要的生产力要素，高科技成果的转移和利用，让越来越多的发达国家完全转移了传统产业，发展中国家也在各行各业广泛普及数字技术。生物工程、新能源等新产业技术快速向商业化应用转移，经济结构、产业结构和人力资源结构调整的结果是劳动效率和生态恢复呈现指数级改观。研究结果表明，近 10 年来发达国家新增的国民生产总值中，70% 与高科技成果的转移有关。知识产权保护制度的设立，使技术贸易结构发生重大改变，发达国家以专利、许可、品牌、设计图纸、工艺文件、科技情报等无形资产技术作为出口贸易的重要内容，跨国公司则通过知识产权壁垒扩大对国际市场的垄断。新兴工业国家和发展中国家越来越依赖技术转移专业机构引进产业转型技术，以迎合本国经济转型的发展需要。经济发展越来越依赖技术进步的推动，当代国家间、地区间和企业间经济发展上的巨大差异，从根本上说即是由于科技发展水平上的悬殊差别所造成的。技术在新的国际分工格局中的有效转移，是推动科技从而推动经济均衡增长的最主要动力，无论是技术的供方还是需方均能从该过程中获取巨大的经济效益。通过技术转移推动技术进步，最终实现经济高质量快速发展。

1.4.3 技术转移目标价值实现

实践中，技术供给与技术需求两相兴旺，技术交易总量屡创新高。但是，另一个现实是科技成果向现实生产力转化率低，技术供给与技术需求聚焦对接偏差大。公认的问题是科技成果转化和技术转移的体系不健全，创新链与产业链衔接脱节，技术转移管理体制机制仍待完善。为从宏观层面解决久困积弱的体系弊端，早在 2017 年，国务院印发了《国家技术转移体系建设方案》，提出技术转移体系是促进科技成果持续产生，推动科技成果扩散、流动、共享、应用并实现经济与社会价值的生态系统，强调遵循技术转移规律，从战略层面加强国家技术转移体系建设。这是技术转移转化规律多年探索的经验提炼和认识深化。

1. 技术转移仍然存在诸多瓶颈问题

各级政府不断出台激励技术转移的各类政策决定和实施细则，科技成果转化的宏观环境得到显著改善。“十四五”规划的开局年之后，面对复杂多变的国内外政治经济形势，中国对于科技创新和过剩产能输出的需求比以往任何时候都更为迫切。但如何在国际高新技术垄断制裁、外商竞相撤资的背景下探索更好的技术转移模式，如何在疫情等自然灾害导致开工不足、国内消费乏力的前提下提升科技成果转化效率是技术转移产业链需要共同破解的难题。价值链衔接中还存在如下问题：

（1）科学技术研究方向与实际应用脱节

与科研人员沟通后可知，除了少数偏应用类的工科院校的研究人员，其大部分研究课题的开发方向与产业化应用存在很大的差距，甚至有部分课题只是迎合新概念噱头而没有应用前景。多年难以解决的难点缘由与现行的考核机制、政府研发项目导向等有关。

（2）企业自主研发基础薄弱，技术引进依赖性大

很多企业热衷于“拿来主义”的山寨制作而忽略其不可持续及可能的严重后果，只关注“即插即用”的技术。急功近利先拿市场、“跑马圈地”，成为企业经营的主要策略。成熟技术舍不得转让，新技术又难以消化吸收。高增长出现的浮躁导致企业缺乏耐心从底层做自主的研发。对于距离产业化有一定距离需要进一步培育的技术往往积极性不高，技术转移供需两端存在着沟通障碍。

（3）技术转移从业人员和中介机构专业能力有待提高

我国在技术转移专业化服务团队层面和发达国家有较大的差距，例如我国高校和科研院所拥有的专利数量约是美国高校的 30 倍，但相应从事技术转移转化管理的人员数量仅为美国的 1/10，且美国从事技术转移的人员多是拥有博士学位、MBA 学位的复合型人才。同时，在科技成果转化的第三方服务机构和提供平台建设方面，缺少大而强的高水平服务机构。现有服务机构大多仅是提供简单的信息交换和交易对接，很少有机构能够全方位地提供专业化的无形资产评估（尤其是专利评估）、质量管理、市场分析、商业推广、交易估值、商务谈判支持等系列服务，难以实现技术转移服务的良

性循环，难以促进人才、技术、资本和市场资源的实质整合。

2. 技术转移服务业迎来重大机遇

经历了高速增长的中国经济将进入一个新的调整期。中国的创新环境在过去的几十年间，一直处于高仿创新、集成创新、整合创新阶段，原发创新和基础科技创新很少。任何经济调整期都是技术更新换代的预备期，结束了 3 年的新冠疫情困滞，我国比以往任何时候都需要自主科技创新实现产业更替，技术转移上升为国家战略，技术转移将迎来重大的历史机遇。

（1）中国技术存量市场已形成规模

2023 年，中国国内生产总值达 126 万亿元，经济的存量规模巨大。总量的增长追求，已致投入的边际效益趋向于零。从经济内部结构看，升级与调整的力度不可谓不大，但多年的效率提升和存量优化仍面临很多效率瓶颈问题，而这些瓶颈需要科技创新推动政策实现存量经济的效率释放。世界知识产权组织（WIPO）于 2022 年 11 月发布的《世界知识产权指标》报告显示，2021 年全球专利、商标和外观设计的知识产权申请量均创历史新高。其中，中国提交的专利申请数量最多，接近全球专利申请量的一半。共受理 159 万件专利申请，这一数量与排名第 2~13 名的 12 个主管局的总和相近。

截至 2021 年，全球有效专利数量约为 1650 万件，其中中国有效专利数量达 360 万件，超过美国成为 2021 年有效专利数量最多的国家。

中国现在具备了足够的科技创新消费市场，有很大的基数去完成科技创新的实践和突破。

（2）中国正在面临产业升级的迫切需求

中国与美欧等发达地区间的贸易壁垒、新冠病毒疫情及系列的衍生灾难影响，使中国进入了一个竞争激烈的行进岔口。中国迫切需要通过技术转移来装备高新技术产业，输出成熟的制造业技术以驱动产业的更替发展。过去 30 多年的跟随型战略，目前已经不再适用于中国的发展，尤其是存量的低端制造业或者来料加工产业、微笑曲线型的中下游产业，跟随战略的弊端和技术瓶颈已经显现。2018 年中国的进口芯片总值就达到了 3000 亿美元，每年增速仍在 15% 以上，中国购买了全球 2/3 的芯片，中国电子产业高速发展，下游需求量巨大。但凡具备一定规模的企业，所依附的产业链必定是全球化或跨区域性的，技术体系不可能是自有化的，但如果不突破上游的关键核心技术，将会重复出现“中兴”“华为”这样的“卡脖子”事件。新一轮产业转型升级，由于多年的人才与技术积累，不用再像改革开放初期那样完全靠市场换技术，以形成产业链中某个关键的环节优势，现在最需要做的是实现整体产业链关键环节的突破，为占据下一轮科技革命的核心制高点踏实地打下基础。

（3）已具备自主创新的技术设施条件

经过 30 多年持续的投入和积累，中国在人才和研发储备上打下了良好的基础。中国累计三本以上的大学生数量已超过 1 亿，就业率将倒逼技术转移服务效能。同时全社会的科技创新配套制度、基础研发条件、配套的创新创业投融资条件等均已具备，这是中国科技创新的基础利好。

“十四五”规划开年以来，各层面的专门规划实施都对从业人员的专业化队伍建设提出了培训要求。大力度的职业教育培训反映了技术转移专业化、高素质人才的短缺需求，专业化服务人才的短缺是制约产业发展的瓶颈。科技成果转化并不是简单地由技术中介机构完成的，资源匹配的过程中，价值链多方不断地发挥专业作用，技术中介的精准对接才是技术落地的关键。因此，不断地汲取国外科技成果转化行业的先进经验，探索适宜我国国情和文化的科技成果转化之路，是技术转移服务行业未来的发展方向，也是包括技术经纪人、技术经理人等一众专业人才不断探索和努力的方向。

3. 技术转移的战略目标

《国家技术转移体系建设方案》部署了战略重点，优化了国家技术转移体系基础架构，推动形成了紧密互动的技术转移网络；拓宽了技术转移通道，放大了技术转移体系的辐射和扩散功能；完善了政策环境和支撑保障，保障体系高效运行，顶层设计的宏观绩效已经显现。

自《国家技术转移体系建设方案》实施以来，技术转移成效日新月异，下面几组数据是政府政策扶持重点和统计分类的解读导向，从中可看出技术转移服务从业人员业务职能的绩效动态。

2024 年上半年，技术市场发展活跃，技术交易额保持稳定增长。据“全国技术合同管理与服务系统”数据统计，截至 2024 年 6 月 30 日，全国共签订技术合同 37. 1 万项，成交额 2. 71 万亿元，比上年同期增长 7. 3%。

按技术合同类型统计，技术服务合同成交额居五类合同之首，成交额 16418. 7 亿元，同比增长 11. 1%；技术开发合同成交额 7778. 4 亿元，位居第二，同比增长 2. 5%；技术许可合同成交额增幅较大，达到 1372. 5 亿元，同比增长 64. 1%。

按技术领域统计，先进制造技术合同成交额居前，合同成交 6. 4 万项，成交额为 4912. 4 亿元，占全国技术合同成交额 18. 3%；农业、航空航天、新能源与高效节能、生物医药和医疗器械等较上年同期均有不同程度的增长。

按照知识产权统计，技术交易知识产权含量稳步提升，占技术合同总成交额超过 1/3，生物医药新品种、集成电路布图设计专有权、设计著作权的技术合同有较大规模增长，其中生物医药新品种技术合同成交 2888 项，成交额 261. 97 亿元，同比增长 62. 27%；集成电路布图设计专有权技术合同成交 290 项，成交额 29. 49 亿元，同比增长 45. 85%。

技术转移是实现科技创新的重要环节，是促进科技成果持续产生，推动科技成果扩散、流动、共享、应用并实现经济与社会价值的生态系统。国家对技术转移的支持贯穿技术转移的全过程、全链条、全要素，着重从基础架构、转移通道、支撑保障 3 个方面进行系统布局，按照“市场主导，政府推动；改革牵引，创新机制；问题导向，聚焦关键；纵横联动，强化协同”的基本原则，构建符合科技创新规律、技术转移规律和产业发展规律的国家技术转移体系，全面提升科技供给与转移扩散能力，推动科技成果加快转化为经济社会发展的现实动力。

第二章

技术转移价值链

引 言

技术转移价值链是指技术转移全过程关联方的相互依存关系，以及多赢共享的权益协同模式。技术的使用价值在转移过程中作为价值链的增值载体为价值链所有节点上的供需端带来业务增值，是技术转移主干业务的全过程运营服务。新型的技术转移高端服务已从技术贸易环节扩展到科学技术成果化、技术成果产品化、批量产品商品化、规模商品产业化的全过程，技术转移服务从业人员已从技术经纪人的中介服务扩展到价值链全方位的技术经理人营运服务。本章内容是技术转移主干业务的全过程运营服务。

技术转移的过程是价值增值的过程，伴随成果、产品、商品和产业化，实现了从低端向高端增值，各环节均有价值的增值。

技术转移从业者应当结合自身职业优势，为技术转移价值链提供更细化、更有针对性的服务。

2.1 技术转移价值链生态

技术转移全过程，科技成果转化、技术贸易、产业转移等各环节的业务延伸，会逐步形成比较稳定的相互关联、相互依存的合作关系，形成资源与权益再配置的时空渠道。这种基于网络和数字化信息关联方相互依存的动态关系，同时也是一种多赢共享的权益协同模式。技术转移价值链就是产业专业分工和密切联系的价值实现过程。

技术转移价值链生态是指在一个产业（行业）领域，各种技术经营活动、技术贸易标的物和技术转移服务之间，所依赖的一种系统运行环境。

价值链生态是一个包含众多产业和行业的生态系统，其中每个环节都相互关联、相互依存。就技术转移而言，价值链生态的建立对于技术的推广和商业化利用具有重要意义。

价值链生态包括技术转移信息采集、技术集成、供需适配、交易服务、后续更新等整个服务流程。每个环节都有其独特的作用和价值。从价值链整体的角度来分析研究技术转移环节，更便于获取宏观的产业效能。

2.1.1 技术价值的产业要素组合

技术转移的实质是技术价值，技术价值依托于其价值链的生产与服务基础，即产业的要素组合实现转移与应用。技术价值链生态涉及各个产业和行业，涵盖从应用研发到市场拓展的整个生产（服务）流程关联的研发组织、生产（服务）企业、服务机构和消费者个体等多方的参与者。技术价值的产业要素组合对于技术转移的成功落地和商业化有效应用而言，就是产业链的意义所在。

1. 科技产业要素

技术价值的产业要素是指支撑技术转移价值链各环节的产业基础设施硬件和技术资源中的软实力，有经济类、技术类、生态类之分，包括新型原材料、创新技术、知识人才、金融资本、信息数据和市场经济制度等。产业要素是技术转移服务也是所有行业流程的运营条件，是价值链的技术转移与应用载体。

①新型原材料供给是价值链生态中的首要环节，其研发与推广应用也可构成相对独立的价值链体系，在后续的生产过程和最终消费市场中，是质量和数量的双重保障。在价值链的产业要素中，新型原材料是国家产业政策支持的重点内容之一。新型原材料的扩展内容还包括实验室试剂材料等研究手段。

②创新技术是价值链中的驱动环节，在产品生命周期各个阶段的应用都能实现产品品种和品质的领先竞争力。流程自动控制、人工智能、数字化信息技术等创新领域，已经发起新一轮的技术革命。在价值链的产业要素中，创新技术不但对既有产品质量、效率产生重要影响，还能创造发明新产品，引导和开创全新的消费需求。现代产业链中，技术和设备的发展和更新速度越来越快，创新技术依赖健全的技术创新体系和技术转移机制，企业需要不断引进创新技术和设备，采取产学研合作、引进高端人才等多种手段促进技术创新和转移。

③知识人才包括技术人才和技术经营人才，是价值链的核心环节，是提升企业竞争力和技术转移价值链整体水准的关键要素。人才的水平和素质直接影响技术转移的效率和效益。一个完整的价值链需要各类专业技术人才的支持，高素质、专业化的人才队伍和人才储备、人才培养，是价值链产业要素配置的根本保障。根据有关规划，全国共开办国家级技术转移人才培养基地 36 家，累计培养各类技术转移人才 10 万余人。

④金融资本是价值链生态中的重要支撑，对于推动产业转移和引领消费至关重要。金融资本不同于企业生产过程的资金资本，技术研发与技术贸易自身风险较大且需要巨额的配套资金。对大型技术项目的引进、技术资产的重组兼并等，往往需要投融资的金融资本支持，于技术转移而言，研发、改造、开拓新兴市场等各个环节都需要常规企业数倍、数十倍的资金支出。解决之道是繁荣金融资本市场，提升资本的流动性，采用创投基金、股权资产化等创新办法以适应新的融资需求。发展风险投资是金融资

本服务的新型内容，涉及复杂的制度设计，是科技金融服务改革的重点方向。

⑤信息数据在价值链中发挥着越来越重要的基础作用。随着信息技术和通信技术的发展，数据的采集、存储、处理和传输能力大幅提高，依托新能源开发的新算力奠定了大数据在价值链中的全新地位。产品设计和研发阶段，通过对消费者需求和市场趋势的分析，企业可以收集积累大量的市场数据，将这些数据与产品研发过程的技术数据进行整合，来确定消费需求定位和产品的投放市场。数据在生产和制造阶段可以帮助企业实现生产过程的自动化和智能化。通过对设备传感器、生产工艺参数等数据的采集和分析，企业可以实现对生产过程的实时监控和调节，提高生产效率和产品质量。数据在物流和供应链管理中可以帮助企业实现全程可视化和智能化，通过对供应链数据的分析，企业能够均衡整个供应链的运作，并根据数据预测供应链风险和需求变化，管理完善供应链。科学应用数据分析技术和工具，能够帮助企业精准布局营销和管理客户关系，提高市场容量和客户满意度。

⑥制度是产业的重要生态要素，重点是市场经济制度。它涵盖了经济、法律、产业政策、规章制度等多个方面，是技术转移生态系统和营商环境的运行保障。适配的制度生态可以提供稳定和公平的市场环境，激励技术创新和技术梯级转移，提高技术资源配置效率和产业良性竞争。健全的法律、政策和监管体系是技术转移的重要推动力。

技术价值实现的产业要素对产业链中的完善和创新作用相辅相成，科学合理地协调和整合能为企业在产业链中的地位提供稳健持续的支撑。

2. 产业链与价值链

技术转移产业链和价值链是紧密相关的两个不同概念，二者相互对应，共同构成一个完整的产业体系。

产业链是技术产品从研发到规模生产上下游各环节间的资源配置与应用协同体系，是技术供方、配套原材料供方、软硬件设备设施制造商、后续技术服务商等多环节共同构成的完整的产业生态系统；是一个技术产品（服务）从创意、研发设计、转化交易、试验生产到转移完成的生产与消费过程，体现的是技术使用价值的生产、消费流程关系。

价值链则是技术转移市场化关联企业的产学研交互活动和价值创造过程，是围绕产业链构建的专业化业态集群，业务延展至科技研发、认证检测、技术交易、技术推广、投资融资、财务税收、咨询审计、产权保护、技术升级等服务节点；体现的是技术价值实现的权益多赢共享关系。

产业链和价值链之间的关系可以用一个简单的模型来解释：企业通过自身的内部活动形成技术或服务的附加值，而这个技术或服务项目则通过产业链传递到最终需求方企业。技术持有方内部的科技研发、技术扩散等活动形成了技术或服务的初级附加值，这些技术或服务通过熟化、集成、产品、批量化等环节不断地增值，形成了终极需求者支付的总附加值。

产业链和价值链是一个相辅相成、相互依存的关系，产业链的发展需要价值链的支撑，而价值链的升级也需要产业链的调整。例如，电动车产业链中，零部件供应商延长供应链采购石墨烯创新技术产品或通过优化生产流程、提高电池质量，为整个电动车产业链提供了更好的技术产品支持；而电动车制造商则通过电池碎片化铺设布局等创新，增加了电池的装载量，延长了使用寿命，为整个电动车产业链创造了更大的附加产值，将价值链和产业链有机融合，实现了技术产品的产业化。

在大数据经济时代，数据在产业链和价值链中的作用越来越重要。数据已经成为新的生产要素，为企业创造新的价值，形成新的竞争优势。数据可以帮助企业更好地了解技术需求、优化供应链和产业流程、提高产品品质和服务质量。同时，数据还可以促进产业链上下游企业便捷地合作和扩大协同范围，推动产业生态系统的协同创新。在数字化时代，将数据广泛纳入价值链和产业链各环节的应用，是产业化、规模化的捷径之一。制造业的价值链最为直观，可借用于技术转移范畴。价值链每个环节都有其独特的价值创造路径和价值转移方式。研发环节涉及新产品的设计和技术创新，创新技术可以转化为产品优势和市场竞争力；采购环节通过谈判和采购策略降低材料和零部件成本，并为制造环节提供必需的供给支持。制造包括生产、装配、测试和质量控制等核心环节，这些环节需要高度自动化和规范化的流程来确保生产效率和产品质量。交易和服务是制造企业获取市场份额和提高客户满意度的实现环节。供应商可以提供制造环节所需的物料和零部件；物流和运输企业提供仓储和运输服务；金融和保险公司提供金融和保险服务等。制造企业需要从其他企业和行业获取必要的产品、技术和服务，关联企业和行业从制造企业的需求中来获取市场和收益。

产业链和价值链描述了产品或服务从原创技术到最终产品的市场消费过程所涉及的不同环节和参与者。产业链是一系列相互关联的企业和机构，在创意到市场过程共同完成一种产品或服务的供应链周期循环。它包括供给方、需求方及相关的多类服务提供方等。而价值链则是指企业内部生产和分销过程所涉及的不同活动，它们分别为产品或服务增加了价值。

产业链是由一系列的价值链所支持的，企业通过价值链与产业链产生协同作用，最终提供能被消费者认可的产品或服务。在产业链研发、交易、扩散、产业化的框架下，企业内部的价值链节点，涉及的活动包括委托设计、代加工、生产管理、流程测试、认证检测、借贷理财、仓储物流、营销代理、金融保险、会计税务、社会责任、环境保护、培训教育、知识产权保护等，整体价值链涉及的关联方成千上万。大型技术工程如登月飞船，价值链关联方可达数万家。企业通过内部的价值链与外部的产业链协同，最终生产出有市场竞争力的产品。产业链是一段时期相对固化的概念，而价值链随着企业战略的调整而随时发生变动。在实践中，所有企业都需要通过不断优化各自内部的价值链节点与外部产业链的协同，来稳定自身的价值链环节位置和产业链市场地位。

3. 产业链和创新链

产业链和创新链是现代企业中不可或缺的软实力存在，它们的协同作用可以实现企业的高效运作和持续发展。

产业链中的各个环节都是相互依存、相互联系的，如果某一个环节出现问题，就会影响整个产业链的正常运转。在产业链中，供应环节是一个重要组成部分，从环环相扣的流水线角度，所有的产业链就是一条抽象的供应链，是从供应商到最终客户的所有活动的集合体，包括原材料采购、生产、物流、销售等环节。各个环节都紧密相连，协同作用可以有效地降低生产（服务）成本、提高产品（服务）质量和缩短交货期。

创新链和产业链的协同作用可以促进企业的技术创新和提高企业的差异化竞争。创新链是由基础研究、应用研究、开发设计、制造和市场推广等环节组成的，是企业实现技术创新和产品创新的重要途径。而产业链则是将创新链中的成果转化为实际生产力的过程。产业链和创新链的协同作用可以提高企业的技术水平和产品质量，增强企业整体的创新能力和竞争优势，从而带动行业领先发展。

产业链与创新链的协同作用可以促进产业结构升级和经济发展的转型升级。随着经济的累积发展和技术的快速进步，产业结构也在不断调整变化。对于企业来说，只有不断升级和改进产业链和创新链，才能适应和引导市场需求，提高生产效率，进而推动经济转型升级。

产业链和创新链的协同作用是现代企业不可或缺的软实力组成部分，二者的协同发展能够实现企业的高效运作和持续运行。

4. 技术转移产业链与价值链、创新链的生态融合

产业链、价值链和创新链是现代产业发展的 3 个重要链条，它们相互关联、相互影响，共同构成了一个完整的经营服务体系，依存于共同的生态环境。

产业链是一个完整的产业生态系统，产业链的不同环节涉及不同的企业和组织，它们通过相互协作来完成整个生产（服务）过程，从而实现价值的创造和传递。

创新链是某项创新的核心主体，以市场需求为导向，以知识与技术创新连接相关的参与主体，通过整合创新资源实现价值创造与价值增值目标的链接结构模式，体现企业在技术研发、新产品研发和新市场开发等方面的协作关系。创新链的目标是为企业提供技术和产品的创新动力，开拓配套技术体系，推动企业不断地发掘新的商业机会和市场需求。价值链的研发团队、市场团队和客户服务团队间建立紧密的合作关系，共同推动新产品的研发、测试、上市和服务；创新链则在这两者之间提供了技术和产品创新的动力和支持，以使整个价值链的效率和效益得以不断提高。

产业链和创新链之间的协同可以帮助企业提高效率、降低成本、创造更大的价值，延伸新的价值链。生态融合的作用可以表现在：

①优化生产（服务）流程。提高生产流程的效率和效益。通过技术创新和相应资源配套，更好地协调和优化产业链环节，避免传统生产过程配套缺失导致的瓶颈和延迟，维持各类资源均衡供给与利用。

②引领新产品（服务）开发。产业链与创新链间的协同助力企业新产品的研发及其配套体制机制的创新。创新链的整体作用，能够联结产品设计、原材料采购、工艺流程和市场规划等各个业务环节，让企业少走弯路、轻易进入新产品开发和推广的创

新体系。

③促进商誉和品牌建设。产业链和创新链之间的协同帮助企业快速进行商誉和品牌建设。通过整合产业链中的各种资源和信息，企业可以更好地了解市场需求和消费者的心理，更加精准地定位目标客户群体，实施相应的运营策略，树立技术品牌形象。

④加强企业风险管理。产业链和创新链之间的协同有其科学的技术路径，能够帮助企业应对各种风险。利用产业链和创新链明确的信息和资源，企业可以准确地预测和应对各种风险，包括市场风险、技术风险等。

产业链和创新链之间的协同作用推动产业的转型升级和技术的创新。通过创新链的引领，可以不断推进技术的进步和产业的升级延伸，从而实现产业链的高质量发展。同时，产业链中的实际应用需求也可以促进创新链的节点延展，形成产业和技术的良性循环。

产业链和创新链的协同实现了资源优化配置、效率提高。随着新技术和新模式的不断涌现，产业链和创新链之间的关系也将愈加密切和紧密，为现代经济的发展和转型升级提供有力支撑。在实践中，一个完整的产业链通常由多个环节构成，而每个环节的连接端都可以是一个创新环节。

以育种产业为例，农林畜牧业育种技术就是一个不断创新、不断提高效率并形成产业的过程。每一种育种技术都是创新链端发点，育种创新链包括驯化和人工选育、诱变育种和杂交育种、分子标记辅助育种、转基因育种、分子聚合精准育种等不同的创新技术，创新技术各有其应用场景。不同的育种技术本质上都是通过改变基因的组成来获取优良性状。区别是，非分子剪辑技术通过品种间杂交来实现基因重组，特点是在生物种内个体上实现基因改变；分子聚合精准育种通过基因定向转移，不受生物体间亲缘关系的限制，可打破不同物种间天然杂交的障碍，拓宽可利用生物基因的来源。利用分子自由剪辑育种技术，实现基因的直接选择和有效聚裂，不但能够大幅提高育种效率，缩短育种年限，还能突破目前转基因技术抗虫抗草的应用局限。分子自由编辑育种技术的突破有可能颠覆其他育种创新技术，随着基因组学、生物信息学、合成生物学等的发展，育种从“经验育种”到“精准育种”的转变将形成新的价值链。提纯复壮从混杂退化的良种中选择典型的株穗，其传统流程与方法仍有培育出突变式的创新品种出现；杂交育种，种内不同品种间的杂交育种，杂交技术因不同物种特点而异，即使有更新的转基因育种技术出现，仍会有重大创新品种的突破，中国的杂交水稻就是例证。

动植物的遗传改良一直是提高农业生产力的核心支柱。在这样的产业链中，创新环节是驱动整个产业链向前发展的关键，能够提供新的技术、产品或服务，从而创造更多的附加值和市场机会。供应环节是将原材料转化为最终产品的重要途径，可以帮助企业优化生产和流程，提高生产效率和降低成本。创新链的效率和可靠性对于整个产业链的运作具有决定性的影响，有助于提升产业环节的竞争力和整体市场占有率。创新环节可以通过与供应链上下游的企业合作，实现技术和知识的共享，提高整个产业链的效率和创新能力。

产业链和创新环节之间是相互依存、相互支撑的关系，协同推动实现产业升级和可持续发展。

5. **基于价值链的产业链和创新链生态**

产业链是指以特定产品或服务为核心，涉及其设计、研发、三试、转让、落地、推广、服务等各个环节的一系列有机结合的产业链条。它是一个完整的价值链，从原材料采购到最终产品销售，包括了设计、生产、流通、销售、服务等所有环节。产业链中的每个环节都需要专业化的企业和专业化的供应商进行支持。产业链的建立可以促进资源的合理配置，提高生产效率和产业集聚效应，形成规模化经济，提高整个产业的竞争力。产业链是由一系列的产业环节组成，每个环节都有一定的附加值和利润，这些环节依次连接起来，形成了产业链。产业链的核心是价值链，即价值的逐步增加。

创新链是指以创新为核心，涉及研发、设计、生产和市场等各个环节的一系列有机结合的链条。创新链的主要目的是促进从研发、试验到商业化应用的一整套过程的技术创新和产品创新，从而提高企业的竞争力和市场份额。创新链中的每个环节都需要高效的技术转移和信息传递，以保证技术和产品的快速更新和应用。

技术转移服务将两个链条有机地结合在一起，形成"两位一体"的价值链，可以建立起完整的产业生态系统。在这个系统中，产业链提供产品或服务的基础，而创新链提供技术和产品的更新和升级。技术转移价值链可以促进企业在产业链上的战略升级，加速优化创新链的效率和质量。企业在产业链的市场空白，需要开发新产品来填补，研发就是推进创新链的发展。

2.1.2 技术转移产业链的价值关联

我国的技术转移产业链，因概念、定义少有统一规范，而暂无标准的、完整的理论界定。国际上早在 1964 年就作为国家战略提出了技术转移的概念并制定了系列的法律法规。一些具有代表性的机构、公司或组织以最早的技术贸易许可起始形成了相对完整的技术转移产业链，包括专业技术转移机构、创业加速器和科技园区等，如美国大学技术经理人协会（AUTM）、英国普雷塞斯技术转移中心（PraxisUnico）等。这些机构致力于促进技术转移和技术商业化，提供技术转移咨询、评估、许可和知识产权管理等服务，服务领域明确，业务绩效显著。此外，大部分跨国公司都在技术转移领域构建了完整的产业链，例如微软、英特尔、IBM、戴尔等公司都设立了专业的技术转移部门，在技术转移产业链的业务风生水起。许多专业的技术转移服务机构，在技术转移产业链中都发挥着重要的节点作用。

1. **技术转移产业链的关键节点**

技术转移产业链关联所有的行业，行业内关联的机构和组织很多，包括研究机构、大学、企业、知识产权服务机构、律师事务所、技术转移服务机构、产业孵化器、风险投资基金、科技企业和服务提供商等。这些机构和组织在技术转移产业链中各司其职，发挥各自的作用，通过技术开发、技术集成、知识产权管理、技术转移、技术改进和商业化市场开拓等专业职能，联系起不同环节，形成了相对稳定的技术转移产业链。完整的技术转移产业链对于技术的商业化利用和产业化发展具有重要意义。

技术转移产业链将相关服务职能纳入产业体系，实现技术的商业化和产业化，技术转移产业链的每一种服务职能通常就是一个环节的节点。技术转移产业链主干有以下环节，围绕主干环节的服务业态有成百上千个。

技术研发：从技术创新开始，包括基础研究、应用研究、技术开发等，但是，基于转化转移目的的科技研发，绝大多数成果都是应用类创新技术及基于技术更新和技术改造的成熟技术革新。基于机构内部应用的技术研发不属于技术转移范畴。

技术转化：将技术成果转化为应用技术和技术产业化的过程，包括产品设计和开发等。

样品样机制造：将技术转化为实际产品的制造过程，包括原材料选择、加工试验、质量控制等。

技术贸易：将产品定位于特定市场，包括市场设计、渠道开拓、配套服务等。从许可证贸易到技术工程、大型设备等引进与输出等。

技术服务：提供软件技术、流程控制、项目技术支持和售后技术服务等过程，包括技术培训、技术咨询直至产业化服务等。技术服务作为技术转移的两大实现形式之一，大有超越技术贸易之趋势，部分发达国家技术服务总量已然超过技术贸易。

技术转移产业链每个环节都需要紧密协作，才能够保证技术转移的落地应用。技术研发需要与技术转化紧密结合，技术转化需要与引进条件配套，要确保技术研发的成果能够转化为实际应用；生产制造需要与产品市场和技术服务紧密结合，确保产品的质量和后续服务能够满足市场需求。

技术转移价值链在技术转移的全过程中关联的各个环节和活动都要有增值空间，典型的技术转移可以简化为技术开发、技术转让、技术扩散、技术应用等环节，这些环节和活动都会为技术转移的最终应用创造价值。

2. 关键节点的任务活动

(1) 技术开发阶段

技术开发阶段涉及科研机构和企业的技术研发活动，目的是通过研究和开发，创造新的技术和知识产权。这个阶段需要投入大量的研发资源和资金，节点有技术验证、产品设计、商业计划和知识产权保护等，主要工作是确保技术的商业化利用和市场竞争力。

①技术验证。对研发的技术进行验证和测试，以评估技术的可行性和可靠性。

②产品设计。在技术验证的基础上，进行产品设计和开发，以满足市场需求和用户需求，包括产品规格的确定、产品原型的制作和测试等。

③商业计划。在产品设计的基础上，制订商业计划和市场开拓策略，以确定产品定位、市场目标和推广计划，包括市场调研、竞争分析和市场渠道的建立等。

④知识产权保护。技术开发阶段初始，要充分考虑技术的可行性和商业化利用的需求，进行产品设计和商业计划制订的同时，需要确认知识产权的权属，以确保技术的商业化利用的可行性。技术开发的过程需要对研发进程的技术成果进行知识产权保护，以确保技术的独占性和商业化转让的可行性，包括专利申请、商标注册和版权保

护等。

（2）技术转让阶段

这个阶段涉及技术持有者和技术受让方之间的协商沟通和交易活动，技术持有方或技术所有者将技术的使用权或所有权让渡给技术需求方，目的是将技术转让给技术需求者以实现技术的产品化和技术产品的商业化。

（3）技术扩散阶段

这个阶段涉及技术受让方的技术推广和应用活动，目的是通过扩大技术应用范围，实现技术的价值或使用价值最大化。技术扩散有政府行为、企业行为和非营利组织等多种途径，其性质也有商业性、公益性和强制性等不同目的之分。

（4）技术应用阶段

这个阶段涉及技术受让方的技术实用活动，目的是通过技术应用，获取经济效益和社会效益。技术应用分以下不同的阶段：

①技术适应。技术受让方需要原有设施与技术水平进行适配调整。

②技术集成。技术集成阶段需要考虑技术之间的兼容性和协同性，将新技术与原有技术进行集成，以应对新的环境。

③技术改进。随时关注市场需求和技术发展的趋势及不断变化的政策环境，相应地对技术进行改进和优化，或根据自身的特殊需求和订单要求进行技术改造。

④技术推广。技术改进后，将技术扩散到更宽泛的市场和不受协议限定的区域，实现技术价值的最大化。

⑤技术应用。投入相应的资源和管理，对技术进行适应、集成、改进和推广，目的是实现技术效益的最大化。同时，技术受让方还要与技术转让方保持密切的合作和沟通，以接受改进和技术升级服务。

⑥商业化竞争。根据市场的需求容量和竞争环境，以及不同国家和地区的文化和法律制定相应的商业化策略。

技术转移产业链，技术开发阶段是万事开头难的重要环节。技术开发阶段，技术验证和测试可确保其可行性和可靠性。不同技术集成在一起，形成一个完整的产品或解决方案。技术改进是对技术不断优化和改造，商业化是将技术转化为商业产品或服务并形成规模。

技术转移价值链环节和活动会对技术的整体价值产生叠加影响，技术转移供需双方需要在不同的技术转移价值链的每个环节进行沟通合作，把负面影响限制到最小，以实现技术转移的最大价值。

3. 技术转移产业链协同

产业链协同是指在布局产业链的过程中，企业需要与产业链上的其他企业进行配套协同，形成完整的产业链，实现资源优化和规模经济。

产业链协同是产业链上各个环节间的合作与协调，通过加强环节间的联系和协同作用，实现产业链整体效益的提升。在一个产业链中，每个环节都是相互依存的，通过相互协同可以实现产业链中各环节的优化和优势互补，从而提高整个产业链的效率和竞争力。

产业链协同通常有以下 3 个层面：

①产业链链端协同。产业链上下游的各个环节之间的合作和协调，包括上游原材料生产商、中游加工制造商和下游销售服务商之间的协同。例如在汽车制造产业中，整车厂商和零部件供应商之间的合作就是产业链链端协同的一种形式。

②产业链纵向协同。产业链之外的各个领域之间的合作和协调，例如产业链的支撑领域包括金融、人力资源、技术研发、信息通信等领域，这些领域之间也需要协同合作。

③产业链横向协同。不同产业链之间的合作和协调，例如汽车产业链和电子产业链之间的合作就是一种产业链间协同的形式，这种协同可以通过互联互通、技术交流等方式实现。

产业链的协同一是促进资源共享，通过协同合作，不同企业之间可以共享资源，如人力、技术、信息等，从而提高整个产业链的效率和生产效益。二是增强市场竞争优势，通过协同合作，不同企业之间可以充分利用各自的优势，提高产品质量和市场竞争力，同时也可以共同应对市场变化和风险。三是推动产业链创新，产业链协同可以促进创新，不同企业之间可以共同研发新产品和技术，从而推动整个产业链的发展。四是提高效率和降低成本，通过协同合作，企业可以优化资源配置和生产流程，提高效率和降低成本，从而提高产业链整体的效益。

产业链协同是提高产业链效率和竞争优势的重要手段，对于产业链的发展和升级具有重要作用。

2.1.3 产业链的扩张能力

产业链和创新链存在连带关系，一个有效的创新链部署可以帮助企业在产业链中获取更多的利益和竞争优势。约瑟夫·熊彼特认为，所谓创新就是要建立一种新的生产函数，即生产要素的重新组合，把一种从来没有的关于生产要素和生产条件的“新组合”引进生产体系，而这种“新组合”的目的是获得潜在的利润。

1. 围绕产业链部署创新链的路径

技术转移是技术从创意到市场的最直接手段，也是产业链、创新链和价值链中不可或缺的环节。技术转移可以提高企业自身的技术水平，调整战略决策，进一步拓展市场份额和提高盈利能力。技术转移可加快促进产业链、创新链和价值链的协调发展，实现共赢局面。

①创新链的部署需要从产业链的瓶颈环节入手，确定创新的突破口。企业需要对产业链的各个环节进行短板分析，找到需要改进的环节和优化的方向。如果一个企业的生产环节存在瓶颈，可以通过引入先进的生产技术或者自主研发新的生产工艺进行优化，提高生产效率和质量。

②创新链的部署强调开放和协同的创新生态。企业可以与供应商、客户、科研机

构等不同参与方进行合作，共同开展研发、创新和应用，构建一个协同创新的生态系统。汽车制造商可以跨专业与电池生产商、智能设备厂商等隔界企业合作开发新能源自动驾驶电动车，建立一个开放的创新生态，实现共赢并超前发展。

③创新链的部署，旨在创新成果的转化和消费应用，实现创新价值的最大化。将研发成果转化为实际的产品或服务需求，将技术优势转化为商业优势。如曾是胶片龙头企业的柯达公司，是世界上最早研制数码相机的跨国公司之一，其决策无疑是正确且超前的。数码相机终结了一个百年企业的品牌产品，而数码相机又未能及时占领新兴市场，柯达公司的教训耐人寻味。研发过程完成后企业就应该充分做好研发成果转化为实际应用的开拓准备，并迅速将技术产品投放到设计好的目标市场。

在技术创新阶段，技术经理人为科技创新提供资源支持，促进技术的发展。在技术开发和应用阶段，技术经理人为企业提供技术服务，帮助企业将技术应用到生产和业务中，提高企业的盈利能力。在技术推广和市场化阶段，技术经理人协助企业进行市场调研和推广，帮助企业开拓市场和扩大销售，实现技术的最大化价值。

2. 围绕产业链部署创新链的方法

①明确产业链的颓势和需求。通过深入了解产业链各环节的现状，明晰产业链的颓势和需求，为创新链的部署提供指导。对于传统汽车产业链，可以关注新能源汽车的动力环节，了解颠覆性主要环节的颓势和需求，以确定创新链的方向和重点。

②建立战略合作关系。产业链各环节间存在相互依赖和协作关系，根据数字经济、人工智能等前瞻技术优势，在关键环节建立合作伙伴关系非常重要。通过与产业链标杆企业建立深度合作，可以有效地集合资源，获取领先技术，共同推进创新链的区划。

③聚焦关键技术领域。部署创新链需聚焦产业链的关键技术领域。对关键技术领域的研究引进或投资兼并，可以有效地激发产业链的活力。

④打造创新平台。创新链部署需要良好的创新平台支撑。创新平台为各个环节提供技术支持和资源共享。可以建立行业创新中心，为各个环节提供技术支持和资源共享。建立一个高效的行业技术转移平台，以凝聚产业链内不同企业间的技术共享和合作。平台的技术信息数据库、专业技术服务机构等，能为产业链内的企业提供专业技术支持和服务，助力企业事半功倍地实现技术创新和技术转移。

⑤监管部门和行业协会是产业链内的重要角色，发挥着桥梁和协调作用，为产业链内的企业提供政策支持和行业指导，推动产业链的创新和升级。

围绕产业链部署创新链能够优化产业生态，促进产业链各环节间的紧密联系和合作，使政府和行业协会的支持和协调通过市场发挥作用。企业作为主体才能够创造出非行政干预的、良好的技术创新环境，才能推动产业链的不断升级。企业持续的技术研发和创新需要有一支高素质的技术团队和创新人才队伍。企业的人才培养和引进，需建立一套科学有效的人才培养机制，鼓励员工创新和实践，倡导创新文化，鼓励员工发挥自身的创造性和创新精神。企业可以通过技术共享、技术转移等方式来推动技术创新，企业也可以通过与其他行业的企业合作，进行跨界创新，从不同的行业中获取新的创新思路和灵感，开拓新的市场和业务领域。

3. 创新链领跑产业链

一个成功的产业链包括硬件制造、软件开发、电子商务、互联网金融等完整的链条环节，产业链各环节间紧密联系和合作，形成了技术共享和创新的良好环境。

(1) 全环节创新

通过创新链的部署在产业链中获得重要的竞争优势。创新链部署集中体现在以下方面：

①设计环节。注重用户体验，引入理念创新，如多点触控屏幕、语音助手、人脸识别等，产品具有更高的使用价值和品牌价值。

②制造环节。采用自有的生产线和供应体系，严格把控生产过程，保证产品质量和效率。通过自主研发的芯片，实现更好的产品性能和绿色节能效果。

③消费环节。采用独特的零售模式和线上虚拟策略，以零售店、官网、App 等多种渠道，实现与用户的直接互动和品牌形象提升。同时还通过与运营商和零售商的合作，扩展销售渠道，提升市场占有率。

通过创新链的部署，企业能在产业链获得重要的竞争优势。从设计到制造再到市场的完整的价值链，每个环节都有严格的把控和标准化的管理，才能实现产品的高品质、高性能和高用户体验。

围绕产业链部署创新链包括建立完整的产业生态系统、重视人才培养和创新文化建设、积极开展技术创新合作和跨界创新合作等。

(2) 创新链活力决定产业链扩张能力

产业链的扩张能力是指产业链中各个环节和参与者的业务扩展和发展形成的产业壮大优势。产业链的扩张能力要根据技术进步、市场需求、政策支持等外部因素进行相应的调整和规划。

技术转移产业链涉及技术研发、技术集成和商业化等环节。技术研发方面投入了大量的资金和人力，通过技术集成将其商业化。这一过程还依赖多个产业和行业，如电子技术行业、信息技术行业等。在技术进步方面，关注技术的新趋势和发展方向，并进行相应的技术研发和应用。创新链价值通过技术转移产业链实现。

产业链的扩张能力，通过需求扩大、不断地扩张，将业务范围扩大到多个领域，如智能手机、电脑、智能穿戴设备等原本不相关的行业，以创新链形成了自己的技术转移产业链，技术转移产业链开拓了无线终端产品市场。通过技术研发、产品设计、生产制造等多个环节的完美衔接，推陈出新，引领甚至制造市场的需求和趋势，并开发适合市场的产品和服务，拓展了新市场空间。

在政策支持方面，需要了解各国和地区的政策环境和法规。在不同国家和地区不断针对当地的市场需求和政策环境进行相应的调整和规划。

价值链生态、价值链的产业要素、技术转移产业链和产业链的扩张能力是技术转移领域中重要的认知概念和应用框架。

2.2 技术从创意到市场的价值效应

从技术转移的角度来看，技术创意的实现并不意味着就能够创造出产品（服务）的使用价值，创意的价值离价值的实现还很远。只有通过技术转移产业链的环环相扣，将技术应用到生产和生活中，通过技术产品的实际消费才能创造真正的价值。技术经理人在这个过程中发挥着重要作用，他们可以帮助企业对技术进行评估和选择，提供技术咨询和支持，帮助企业寻找技术合作伙伴和市场机会，促进技术的推广和应用，最终实现技术的商业化和产业化。

技术从创意到市场的价值效应是连续的，技术转移发挥的作用也是连续的。技术转移机构通过提供技术支持和服务，直到企业实现技术的商业化和产业化，从而带动产业链、创新链和价值链的发展，为技术创新和商业化转化创造和寻找机遇。

2.2.1 技术从创意到市场的价值递增

技术从创意到市场的价值效应是一个叠加的过程。创意阶段的技术可能只是一个初步的想法或原型，需通过技术转移逐步完善和验证。技术转移过程，技术会被优化、改进、扩展，甚至产生全新的应用。技术的增值随着技术转移的跟进而逐步增加。

技术的成熟度、市场需求、产业链的配套能力等因素影响技术转移的应用价值。技术转移过程通过知识产权的保护，以保证技术的独特性和竞争地位。通过技术转移，技术的应用范围得到扩展，技术的成熟度也得到提高，从而增加了技术的价值。

技术转移成功与否，不仅取决于技术本身的创新能力和市场需求，还与技术转移的策略、管理、实施等因素密切相关。技术转移需要建立一个完整的技术创新生态系统，包括技术创新、技术转移、市场开发等各个环节，以确保技术从创意到市场的价值最大化。因此，技术转移需要考虑产业链、创新链和价值链等因素，协同各方面资源，提高技术的应用效果和经济效益。

技术转移创造的价值体现在技术的应用领域、市场份额、利润变动等多个方面。通过技术转移，一些创新技术得以应用到新的领域，实现了技术的价值扩展；一些创新技术也通过技术转移得以在市场中应用，提升了市场价值；技术转移通过提高企业的技术壁垒和竞争保护，实现了企业的利润增长。

在技术转移的过程中，需要将技术的发明、研究、开发、应用和商业化等环节紧密衔接起来，实现技术的有效流通和传播，进而推动技术的快速落地和商业化，为产业升级和经济转型注入强大的动力。技术转移也需要充分发挥政府的引导作用，通过制定相关政策和提供资金支持，鼓励技术创新和转移，通过技术成果的商业化推动经济的可持续发展。

技术从创意到市场的价值递增主要包括创新能力的提升、生产效率的提高、品质和可靠性的提升、成本的降低、市场份额的扩大、增强品牌效应、拓展新市场及知识产权的有效保护等价值效应内容。

1. 创新能力的提升

科技的快速发展使得市场变化莫测，企业开始将创新链作为优化和升级传统产业链的重要手段。围绕创新链布局产业链，以获得更多的商业机会。

围绕创新链布局产业链需要企业具备一定的技术创新能力基础。创新能力基于一定的技术研发实力和研发能力。企业可以通过自主研发、技术合作、并购等方式获得创新资源，提升自身的技术水平，强化创新能力。

围绕创新链布局产业链需要企业具备大市场洞察力。企业需要了解既有市场、特定市场和全球市场的需求和趋势，在提升技术创新能力的同时，能够在目标市场奠定优势。企业通过市场专业调研、行业趋势分析等手段获取大数据信息，针对大市场进行技术研发和产品设计。

围绕创新链布局产业链需要企业具备配套资源整合能力。创新产品与服务需要动用新的人财物资源，需要整合各种新的资源，形成协同效应实现创新价值最大化。企业可以通过技术转移、行业联盟、产学研合作等方式重新整合内外部资源，共同开发新技术和新产品。

围绕创新链布局产业链需要企业具备相应的管理创新能力。需要建立创新链管理体系，实现技术、人才、资本等方面的协同管理，建立创新链的顺畅运转机制。企业可以通过建立项目管理、知识管理、风险管理等系统，完善企业的创新管理体系，提高管理效率和决策水平。

2. 生产效率的提高

技术从创意到市场的价值递增是一个连锁效应过程，创新提高生产效率，从而将创新转化为产品或服务。提高生产效率的路径很多，传统的技术转移是通过引进先进的生产线、生产工艺、自动化设备和管理经验等方式来实现的。技术创新带来的生产效率提高，需要配套的优化生产流程、创新管理水平等来实现。优秀的管理团队采用精益生产和全面质量管理等先进管理方法，可以减少生产过程的消耗和不必要的环节，能够为企业带来更高的生产效率和更好的经营绩效。

技术创新的市场化过程需要的基本配套包括优化生产流程、自动化生产、全员参与的质量控制、精益生产和智能化生产等很多内容。

①流程再造。流程再造是通过重新设计生产流程，优化流程中的环节和组织方式，以实现效率的提高和成本的降低。关注的重点是流程本身的结构和优化。

②自动化生产。自动化生产可以通过引入各种先进的自动化设备和控制系统来实现，可以大幅减轻人力资源的应用强度，提高生产效率和品质，降低成本和风险等。

③全员参与的质量控制。这是非常有效的管理方法，通过提升员工质量意识和创新精神，提高员工的工作热情和对质量的关注度，从而提高生产效率和产品质量。

④精益生产。精益生产是一种以消除一切冗余为核心的生产方式，通过精益化的流程设计、质量管理、库存控制等措施来实现生产效率的倍增。

⑤智能化生产。智能化生产是通过使用各种智能化的技术手段，如物联网、大数据、人工智能等，实现生产（服务）过程的自动化、信息化和数字化，形成倍增的生

产效率和品质。

通过优化生产流程可以实现生产效率的倍增，进而带动技术从创意到市场的价值递增。

技术创新的目标是将技术转化为产品或服务，实现市场价值，而生产效率的提高是实现这一目标的主要因素之一，相应的组织结构也呈现网络化。

创新网络是企业或组织在创新过程中与其他企业、组织等网络合作集成，通过共享资源、协同研发和共同推广等方式来推动创新。集成的创新网络的建立可以助力企业获得更多的创新资源、更强的创新能力和更高的创新质量。

创新网络集成通常由以下几类组织构成：

①产业链上下游企业。通过与产业链上下游企业的合作，企业可以获得更多的行业信息和资源，拓展市场，增加协同的附加值。

②研究机构。研究机构在创新过程中可以提供技术支持和技术服务，助力企业提高创新能力和创新效率，降低研发成本。

③投资机构。提供包括风险资本在内的各类投融资资金支持，助力企业实现技术转移和市场拓展。

④产业管理部门。产业管理部门通过政策支持和资源调配，促进创新资源的合理配置和创新环境的优化。

集成的创新网络的建立和发展需要企业在创新过程中注重合作与开放，充分发挥合作伙伴的优势，形成协同创新的合力。

3. 性价比的均衡优势

技术从创意到市场的过程，品质可靠性的提升和成本的降低是一对反比互动的重要指标。对于企业来说具有显著的商业价值，产品的品质和可靠性不断提高，能够提高企业的市场竞争力，增加企业的品牌知名度和用户口碑。通常，创新技术应用成本增加的幅度会远远低于收益增长的幅度，这种价值效应是技术创新的前提，是技术研发立项可行性研究报告首先要遵守的原则。

高新技术的应用，使生产制造的自动化和智能化程度越来越高，这些技术的应用使得生产过程中出现的人为失误和偏差大大降低，从而使得产品的品质和可靠性得到提升。产品的品质和可靠性的提高是以成本提高为代价的。消费者对产品的品质和可靠性要求越来越高，高品质、高可靠性的产品能够占据高利润市场，增强消费者对产品的信任和忠诚度。相对来说，品质和可靠性的提升能够比成本的提升带来更高的价值。

品质和可靠性的提升可以增加品牌的知名度和美誉度，从而吸引更多的潜在消费者。高品质、高可靠性的产品可以满足高端消费者的需求，增强消费者的购买意愿，可以建立消费者对品牌的信任和忠诚度。技术创新也可以帮助企业打造差异化的产品，使其在市场竞争中脱颖而出，进而增强品牌效应。通过技术创新，企业可以不断开发新产品、新技术，为消费者提供更多元化、更个性化的产品选择，从而形成品牌效应，这是长期竞争优势的基础。

高品质、高可靠性的产品具有更长的使用寿命和更少的故障率，可以减少售后服务和维修成本，提高企业的利润率。产品品质和可靠性的提高可以降低用户的使用成本，如减少维修和更换的次数，从而提升用户的消费体验。

技术从创意到市场的过程，品质的可靠性的提升是一个重要的价值效应，能够带来更高的市场竞争力、品牌知名度和用户满意度。

4. 成本的降低

成本降低意味着更多的商业利润价值，降低成本是技术转移的重要动因。

技术创新和技术转移带来更加先进的生产技术和管理方法，实现更高的生产效率、更低的生产成本和更好的质量控制。

成本降低可以增加产品的竞争力，从而创造更高的价值。成本降低的方法包括生产效率的提高、采用更优化的生产工艺、原材料的成本控制、能源的节约等，还可以采用物流配送、采购策略的优化等供应链管理方法来实现成本的降低，实现技术价值递增。

技术从创意到市场逐步实现价值递增，成本的降低是一个重要的因素。产业规模的扩大可以带来成本的降低，大规模生产可以降低单位成本，也能够摊薄固定成本。通过技术创新还可以实现原材料的优化和替代，提高产品的性能和降低生产成本。例如在汽车行业，使用高强度钢、铝合金等材料可以降低车辆重量，提高燃油效率，同时减少原材料和生产成本。原材料、人力资源等成本降低因素对价值递增有着重要的影响。

5. 拓展新市场

技术从创意到市场的价值递增表示，拓展新市场是一个重要的价值效应。技术的不断升级和创新可以满足新的市场需求和开拓新的市场空间。各种增值效应互为影响，实现良性循环，拓展新市场可以带来更多的销售收入和利润，同时也可以增加企业的影响力和品牌知名度。实现拓展新市场的价值效应，企业可利用市场机会创新产品，关注市场需求和消费者的反馈，以调整产品的定位和市场营销策略。企业还需要同步开拓新的销售渠道和合作伙伴，加强市场策划和推广，进一步提升产品的知名度和市场份额。

拓展新市场需要企业积极调研市场，了解市场的需求和竞争状况。根据市场调研结果，企业可以针对不同的市场制定相应的产品策略和市场营销策略，以满足不同市场的需求和竞争状况。同时，企业还可以通过不断创新和研发来开拓新市场，推出符合市场需求的新产品和服务，提高企业的市场占有率和竞争力。

当企业的技术创新成功转化为新产品或服务时，通过拓展新市场可以进一步提升技术的价值效应。拓展新市场可以带来新的增长点，增加企业的业务多样性和市场覆盖面，针对不同市场特点进行相应的产品定位，选择相关的供应链和价值链配置及合适的市场定位和渠道。

技术从创意到市场的价值递增表现为新市场为企业带来更多的销售机会和收入，从而增加企业的利润和市值；新市场的开拓又可以促进企业的创新能力提升，进一步提高企业的技术水平。

新市场拓展，技术转移起到了关键的作用。企业还需要通过技术转移，获取本土市场的技术和经验，并在新市场进行适应性创新和改进，以适应新市场的需求和特点。通过开发新的应用程序、服务或功能，拓展其现有产品线，吸引更多的消费者，为企业带来更多的商机和利润。技术创新也可以帮助企业开拓新的市场，如新兴产业、新兴市场等。通过技术创新，企业可以在这些新市场中建立领先地位。

拓展新市场是指在原有的市场之外开辟新的市场，从而扩大产品的销售规模和市场份额，增加企业的收益和利润。技术创新是拓展新市场的重要推动力，技术创新可以帮助企业推出新产品、新服务和新业务模式，创造全新的市场，扩大企业的市场份额，也可以帮助企业提高产品的性能和品质，满足市场对高品质产品的需求。例如，汽车制造商通过技术创新，不断推出更加环保、节能的车型，以满足消费者对环保和节能的需求；智能手机制造商通过技术创新，不断推出更加智能化、高性能的终端设备，以满足消费者对高品质无线终端的综合需求。

2.2.2　技术转移过程的价值传导

技术转移过程中的价值传导是指将技术创新的价值从一个实体（研究机构、高等院校或企业）转移到另一个实体（企业或政府机构）的过程，以实现技术的最大化利用和商业化价值的最大化。技术转移过程只有通过有效的价值传递，才能实现技术的商业化和产业化。价值的传递通常包括技术信息传递、技术转化和定制、技术实现、技术推广和技术经营、技术支持和服务等方面。

1. 技术信息传递

技术转移的第一步是技术信息的传递，即将技术的相关信息传递给技术接收方，包括技术的性质、用途、性能、优点和缺点等。技术信息传递是技术转移全过程的重要内容，它将技术从一个实体传递到另一个实体，使硬件与软件之间互联互通，实现价值的递增。技术信息传递主要包括技术的概念、原理、规格、设计、开发、测试等方面的信息传递，以及操作系统、嵌入式软硬件信息系统的安装导入。在技术转移中，技术信息的传递需要遵循一定的规则和标准，以确保传递的技术信息的准确性和完整性。

技术信息传递的过程中，技术转移机构或技术供应商需要准确地传达技术信息，需要对技术进行透彻的分析和解读，需要将技术信息以易于理解和接受的方式呈现给技术接收方，并能远程反馈给对方，以确保技术信息传递和理解的准确性。技术信息的传递要求技术供应商清楚地说明技术的应用领域、优势、局限性、成本和收益等方面的信息，以便技术接受方作出明智的应用决策。

技术信息传递还需要考虑技术接受方的知识背景、技术能力和需求基础等因素，以确保成功传递和理解技术信息。因此，技术供应商需要与技术接收方定期进行沟通和反馈，以确保技术信息传递和理解的准确性和完整性，包括技术的特性、功能、使用范围、实现方法、实施流程等方面的信息传递。技术接收方能够了解和掌握技术的相关知识和信息，为技术转移后的进一步定制化和实现奠定基础。信息的传递可以通过技术报告、技术手册、培训课程、专家咨询、技术论坛等多种途径进行。

技术转移的受让方对技术信息传递更为敏感。受让方充分了解技术的特点和应用条件，可以更好地把握技术的应用前景，更好地实现技术的转移落地。技术信息传递有助于受让方了解技术的局限性，必要时进行技术改进和再创新。技术信息传递的供给方应负的责任是准确、全面、及时传递信息，既要根据受让方的配套技术能力和实际水平，避免出现信息不匹配或者因信息过于复杂出现误解，还要对敏感或机密的技术信息进行适当的保密和保护。

技术信息的传递是伴随技术转移的有偿服务，信息的准确性、完整性和及时性是基本要求，技术转移的成功依赖于准确的技术信息传递。技术信息的传递通过技术合同、技术文档、技术指导、技术培训、技术报告、技术文献、技术研究论文、技术会议、专利文献和技术交流会等形式进行。技术信息的传递沟通中，技术转移专家需要了解不同实体之间的技术语言和专业术语，了解不同实体的文化背景和传统，避免信息传递过程因文化差异带来误读误解。

技术信息传递涉及技术的基本参数和性能，依赖于清晰和准确的技术文档和标准，使用指南、安装说明、测试报告、用户手册等文件描述了技术的规格和特点，还需要关注技术的适用范围、优势与短板、未来发展方向等。全面了解技术信息，技术转移专家也能更好地评估技术的商业化潜力，为技术的商业化价值提供最大化支持。

技术信息传递要确保技术信息不被未授权的第三方获取和使用，保密协议、专利申请、商标注册等系列措施可资参考。技术信息传递从来都不是单向的，技术转移的受让方需要向提供方及时反馈和更新技术信息，以保持技术的更新和改进。技术信息在双向流动中实现增值。

2. 技术转化和定制

技术转移的技术价值传导是转让方技术价值和服务价值的获取，是受让方的前期投资和预期回报的实施。

技术转化和定制涉及将技术从一个实体转移到另一个实体并进行“量身定制”，以适应目标市场和潜在的市场需求，将技术从原持有者的理想形态转化为新的使用者的理想状态需要进行定制“消化”，这个过程离商业化又近了一步，价值传导是将技术转化为符合受让方需求的理想形态，以及对技术进行定制要求的调整修改。

技术转化包括对技术进行重新设计、优化或调整，以满足目标市场和客户的需求。这可能涉及对技术的体量结构、功能、性能等方面的修改。此外，技术转化还涉及将技术与其他技术或产品进行组合，以形成新的产品或服务，以满足客户的衍生需求。

定制是在原技术功能基础上为适应客户衍生需求对技术进行适应性修改的过程，包括对技术的设计、开发、制造、测试和维护等方面进行修改。客户定制可以得到更适合需求的技术解决方案。根据技术的可行性、商业化潜力和市场需求，将技术转化为符合市场需求的产品和服务。技术定制也可根据客户的具体需求进行开发，这是提高客户的满意度和忠诚度的新型服务。

技术转化和定制需要跨越技术和商业化两个阶段，需要技术和商业化两方面的人才密切合作。技术人员需要理解商业化需求，并根据潜在的商业化需求进行技术开发和改进；商业化人员则需要理解技术的基础和应用，以确定技术产品的商业化价值和市场目标。

技术转化和定制化也需要考虑技术的可持续性，即技术转化和定制化过程需要考虑环保、可持续发展等方面的问题。企业需要考虑技术产品的生命周期，从设计、生产、销售到废弃处理的整个过程，技术转化和定制往往需要进行多次迭代和改进，以确保技术产品与市场需求的匹配程度。技术转化和定制化需要不断地进行反馈和调整，以提高技术的商业化价值。

技术转化和定制的一个重要的因素是技术的可转移性。不同的技术具有不同的可转移性，某些技术很容易被转移到不同的应用场景或行业中，而某些技术需要进行更多的技术转化和定制才能在不同的环境中实现转移，这是技术的商业化可行性，意味着技术不仅需要在技术上进行转化和定制，还需要进行商业上的转化和定制，以确保技术可以被市场所接受并有利可图。商业化主要有市场研究、商业计划、商业模式设计、商标注册等业务。

技术转化和定制需要进行团队协作和跨部门合作，不同的部门和机构进行技术、市场、法律和商业等方面的协调合作，各自的贡献就是技术转移价值传导的节点。

3. 技术实现

技术实现是技术的设计和开发被转化为实际的产品或解决方案，包括将技术转化为产品或服务，以及进行产品或服务的测试和实施。技术实现是实现技术商业化的关键环节，是将技术转化为消费可行的产品或服务，满足市场需求以创造商业价值。

技术实现过程与其他技术转移环节紧密配合，包括技术开发、制造、测试、质量控制、生产管理等环节，是技术可靠性、稳定性和可重复性不断地调试优化的过程，产品或服务的高品质和高性能影响成本效益和生产效率，性价比的均衡点决定技术商业化的可持续性。

技术实现是双方的共同任务，前期以技术供给方为主要担当，后期以技术需求方为主持，互相配合，各负其责，确保产品的质量和生产效率，最终获得市场认可。技术实现包括以下环节：

①市场需求的分析和产品设计。技术实现之前，供给方对市场需求进行充分的分析，了解客户的需求和竞争对手的市场分布，产品或解决方案需得到受让方的高度认可，双方应有各自的市场调研和用户反馈分析。

②技术开发和制造。技术开发和制造需建立有效的研发和生产流程，包括研发团队的组建、技术开发过程的规范化和标准化、产品生产的流程管理和质量控制等。

③技术测试和验证。进行技术测试和验证以确保产品或解决方案的质量和性能达到预期，需要进行系统测试、认证和验证，产品要符合规格要求，具有可靠性和稳定性。

④制造监控和管理。对制造过程进行监控和管理，确保产品的质量和生产效率。

建立有效的制造管理系统，实施质量控制和过程改进，重在生产过程的规范化和标准化。

⑤产品发布并进入市场。将产品或解决方案发布于市场，按市场推广策略和营销规划，启动推广和营销活动，为客户提供优质的售后服务和支持，树立品牌形象和声誉。

技术转移价值的提升一定程度上依赖受让方实体的能力，技术实现的成功与否取决于生产过程的可靠性和质量控制，这是生产效率和成本效益的保证；技术的标准化和规范化，可以确保技术的互操作性和兼容性；技术培训和支持，是消化、吸收、本土化落地的保障；技术的维护和升级，可以确保技术的持续性和可持续发展。

技术转移价值传递需要一系列的技术和管理措施，通过不断改进和优化的工艺和流程，为受让方带来预期的效率和效益。技术实现是将技术转化为实际可行的产品或服务的技术转移初步目标的实现，并确保产品或服务的高品质、高性能和可持续性商业化的价值传递，在与后续其他技术转移环节紧密协调和配合下，才能实现技术价值的最大化。

4. 技术推广和技术经营

技术推广和技术经营是技术转移不可或缺的两个环节，二者相互关联、相互促进，构成技术转移价值链的重要组成部分。企业应注重技术推广和技术经营的协调和配合，充分发挥技术在经营过程中的作用，推动技术转移和产业升级的发展。技术推广是将技术应用于实际生产和服务中，促进技术转移的过程。技术经营是以技术为核心，实现企业经营目标的过程。

①技术推广是技术经营的内容。技术推广多指政府出于公益性或其他目的，通过试验、示范、培训、指导以及咨询服务等手段，普及和传播技术的活动。在我国，技术推广主要指基本农业技术的示范普及。中国是一个农业大国，政府高度重视农业尤其是粮食种植业的发展，建立了全国自上而下的农业技术推广体系。《农业技术推广法》把农业技术推广定义为："农业技术推广，是指通过试验、示范、培训、指导以及咨询服务等，把农业技术普及应用于农业产前、产中、产后全过程的活动。"技术推广不仅有政府的职能与作用，也有民间和社会其他组织在市场机制下的自发、主动的作用，已突破农业范畴成为技术转移的经营活动。技术经营是将创新的技术和产品商业化，通过技术研发、技术转化、技术推广等活动，旨在提升企业的技术实力和市场竞争优势来获取超额利润。

技术只有应用才能为企业带来收益，必须在市场上得到应用推广才能实现经营价值。技术推广的场景是应用市场和客户需求，目的是为企业带来商业价值。

②技术经营促进技术推广的成效。技术经营的目标是通过对技术交易的营运和技术应用的管理，实现企业经营战略和利润最优化。技术经营从技术价值、技术与产品（服务）的匹配度及技术的可持续性角度组织技术推广业务，优化技术应用的资源组合，提高技术应用的效果和收益，提升技术推广的效果。

③技术推广和技术经营同为技术转移价值链节点。技术经营作为企业的营运体系

利用技术推广业务手段共同推进技术转移价值链的优化。技术推广基于技术经营的策略和目标，通过技术扩散实现技术应用的效果和收益。技术经营以技术价值预期推动技术的应用和创新。技术推广和技术经营目标一致的经营举措，共同推动技术转移。将技术创新成果向潜在用户推广普及，其微观价值与宏观意义将通过经济效益与社会效益体现出来。技术经营通过市场定位、商业模式设计、商业合作伙伴的选择为技术推广奠定目标基础，通过技术推广业务为企业创造商业利润和市场份额，组织优质技术产品和服务落地。

技术推广和技术经营的业务活动主要是针对目标市场，精准定位技术需求企业群体，了解他们的需求和偏好；设计商业模式，优化服务业态；提供优质的技术支持和服务。技术推广和技术经营同为技术转移的增值节点，规划实施可加速技术的商业化。

5. 技术支持和服务

技术支持和服务是技术转移的收官之举，包括技术维护、更新和改进，以及技术支持和服务延展。

技术转移的后续技术支持和服务是不可或缺的业务活动，基本程序是根据客户的反馈和实际情况，对技术服务的需求进行梳理和定义，明确提供的技术服务范围和具体的服务内容。

需求确认和协商明确技术服务内容后，技术供给方或第三方技术服务提供商与客户确认服务内容和服务标准等的一致性和可行性。

确认客户需求和服务内容后，第三方技术服务提供商与客户签订服务协议，明确双方的责任、服务标准、服务时间、服务费用等方面的具体细节，保证服务的质量和效果，避免后期不必要的纠纷和风险。

基于客户的需求，第三方技术服务提供商提供建议和解决方案，这可能包括指导客户选择适当的技术工具和资源，以及提供专业知识和建议，支持客户最大化利用其技术投资资产。

在技术服务过程中，客户通常需要接受培训和教育，以保障有效使用新的技术工具和资源的权益。技术供给方或第三方技术服务提供商提供专业的培训和指导服务，进行改进后的技术指导和培训。

技术供给方和第三方技术服务提供商提供技术支持和维护服务，以确保客户的技术工具和资源保持在最佳状态。这可能包括定期检查和维护、紧急问题解决和其他相关支持服务。

客户需求的获取和分析使技术服务团队可以进一步规划和实施技术支持和服务的具体措施，包括技术咨询、远程支持、现场支持、培训和知识分享等服务。在这个过程，技术服务提供商需要与客户进行充分的沟通和了解，分析客户需求、制订解决方案、与客户进行沟通和确认，找到解决方案，进而实施解决方案，在解决问题的同时不断提高客户的满意度。

服务人员必须具备专业的技术知识和技能，能够诊断和解决各种技术问题，包括软件和硬件方面的问题。同时，服务人员需要具备良好的沟通能力和服务态度，能够与客户建立良好的关系，有效地沟通并解决问题。

服务机构需要建立健全的服务管理体系，包括服务流程、服务标准、服务评价等，以提高服务质量和客户满意度。同时，服务机构还需要通过培训和知识共享等方式，提高服务人员的专业技能和服务水平。

2.2.3 技术转移价值链内核

技术转移价值链的内核是产业链上下游的居中位移，是科技研发成果化到技术商品产业化全程的技术产品商业化环节，也是技术使用价值的商业价值实现。技术转移价值链的三大环节是技术开发、技术贸易和技术产品的市场化（商业化），技术开发形成科技成果，技术贸易实现技术产权的让渡，获得技术产权（使用权或所有权）后生产的产品能够被市场所接受是终端目标，技术转移价值链的核心是技术产品（服务）的商业化。中国特色的技术转移尤其强调技术产品商业化的重要性。

技术转移的全过程中，商业化是至关重要的一环。技术商业化是指将技术或创新成果转化为商业产品或服务的过程，通过市场营销和销售实现盈利。技术转移的最终目标是将技术或创新成果商业化，通过产业化实现价值最大化。在技术转移价值链的重构中，技术商业化（市场化）受到充分重视。

技术商业化的重要性体现在以下方面：

①将技术商业化作为价值链的核心环节。技术商业化是技术实现商业价值的关键环节，也是价值链的最终目标。在价值链的设计中，将技术商业化作为核心环节，使技术转移的每个环节都与商业化有紧密联系。

②对技术商业化进行全过程管理。技术商业化的实现需要从技术创新开始，直到最终的市场推广和商业应用。在技术转移价值链的重构中，应建立全过程的技术商业化管理体系，有机衔接技术创新、技术转移、市场推广等环节，实现技术与相关服务的商业化利用。

③对商业化需求进行引导和创新。技术商业化的实现是市场需求的支撑。新技术转移推广，很多是没有市场消费体验的，市场也存在创新，消费也是可以引导甚至创新的。在市场研究和需求了解的基础上，创造了很多前所未有的消费体验。例如新能源行业、医疗健康行业、玩具行业等，全新的消费行为比比皆是。市场需求热点就是技术转移的方向和重点，不管是自发的市场热点还是新技术催生的消费热点，抑或调研预期的潜力热点，都是引导技术创新和转移方向的商业化前提条件。

④对商业模式创新和优化。商业模式是实现技术商业化的关键因素之一。技术转移价值链节点分布受制于商业模式的创新和优化，商业模式塑造行业业态，新型业态决定服务方式。不同的技术和市场需求，适合不同的商业模式设计。

⑤构建风险投资和融资体系。技术转移需要大量的资金支持，需要建立完善的风险投资和融资体系为高新技术应用及次新技术溢出寻求金融资本支持，同时也为过剩的产业资本安排出路。除了产业基金，技术转移更需要风险投资、股权投资等资本的多种投融资方式的支持，以及技术转移的税收政策、财政补贴等支持。

2.3 技术转移价值链的重构

技术转移价值链的重构是指重新定义技术转移服务的规则与流程，优化资源配置并重新设计相关各方均衡的营利模式，以提高整个价值链的品质和效率。技术转移价值链的重构与技术商业化有着不可分离的密切关系。实现商业利润和社会价值的技术商业化过程，需要迎合不断变化的市场需求，修订商业化方案，变更商业化计划，开发新的商业化产品或服务。新产品与服务推出后，就应确定商业化定价策略，建立有效的商业化策略和管理体系。技术商业化进入新一轮技术研发、技术转化和定制、技术实现、技术推广和市场经营、技术支持和服务等相互衔接的环节，形成重构的技术转移完整价值链。

2.3.1 技术转移价值链重构的方式

技术转移价值链的重构需要从传统的线性转移方式转变为生态化、数字化、服务化和定制化的转移方式，通过整合各个节点环节，实现协同合作和优化资源配置，最终提高技术转移效率和效果。

技术转移价值链的重点在于将研究机构或高校院所中的科技成果转移至企业中进行开发和生产。随着市场和技术的变化，尤其是科技管理体制的改革深化，绩效的压力倒逼企业开始注重技术的商业化，并开始将其纳入技术转移价值链的重构中。这种重构重点将从科技成果的开发转向商业化和市场化的活动，包括市场调研、产品设计、营销策略、渠道建设等方面。

技术商业化需要深入调研市场需求，并基于调研结果设计出符合市场需求的产品或服务。需要创新商业模式，为客户提供独特的价值，从而建立品牌、增加市场份额、提高利润等。技术商业化需要不断地试错和改进，需要产品和服务的不断创新，以适应市场需求的变化。

在技术转移价值链的重构中，技术商业化与技术转化和定制、技术实现、技术推广和市场经营、技术支持和服务等环节相互衔接，共同构成完整的技术转移价值链。技术商业化是技术、市场、商业等多因素的综合，有效的商业化策略和管理体系，将技术转化为商业产品或服务，实现技术价值的最大化。针对价值链的设计，将技术商业化作为核心环节，联结技术转移的上下游节点。

技术转移价值链的重构要建立全过程的技术商业化管理体系，将技术创新、技术转移、产业化等环节有机结合起来。技术商业化需要有市场的引导和培育。市场的黏性与热点预期就是技术转移的方向和重点。

商业模式是实现技术商业化的关键因素之一。商业模式的创新和优化是技术转移价值链重构的重要内容，技术商业化需要各服务端的协同支持，针对不同的技术和市场需求，设计适配的商业模式。技术转移价值链的重构过程是建立产业联盟，整合技术、市场、资金等资源，实现技术创新和商业化的协同创新的过程。

技术商业化过程包括技术市场分析、商业模式设计、商业计划书的制订、营销策略的制定和实施等环节。技术市场分析可以帮助企业确定市场定位和潜在的消费群体，为制订商业计划提供依据。商业模式的实质是赢利模式，商业模式设计可以帮助企业确定利用技术创造商业价值的增长点，包括主业收入、成本结构和利润模式等筹划。企业还需要建立稳定、齐全的配套合作关系，包括与供应商、服务商、销售渠道商和投资者等的合作。技术的专利布局和知识产权保护伴随技术商业化的全过程。

技术转移价值链是技术转化为商业实践的过程，以技术创新为起点，以产业衰落收官。

2.3.2 技术转移价值链重构的要求

传统的技术贸易，技术通常是单立独行的，生产企业通过供不应求的市场观测，引进、转让相关生产技术，技术研发者主要依据生产、生活用品短缺需求开发机器设备的量产技术，新技术主要以扩大产品规模为绩效考核的重要标准，技术换代周期长，商业化价值实现风险较小。智能技术时代，少有独立于产业链之外的技术，技术转移价值链重构使技术的商业化过程完全被整合于技术转移的过程中，多变的市场在不断筛选最能应变的技术，技术与市场的结合空前紧密。技术转移价值链重构是从技术到市场的价值链整合。

①环节与流程整合。许可证贸易时代的技术转移价值链，各个环节之间通常相对独立，协同合作要求较低，突出的问题是效率低下和成本过高。以软件技术为主导的高新技术转移价值链需整合从研发、生产、服务到消费等各个环节的投入产出，分工细化，协同严密，程序化管理、智能化控制实现协同合作，提高了效率，降低了成本。

②生态化整合。技术转移价值链的重构将技术转移各项业务置于一个功能配套的生态系统中，将业务增长点的各个参与方纳入其中，形成开放的绿色循环体系，以利益机制导向的平台多方实现协作。通过企业与环节间的线上对接，以及环节间流程的线下协同，扩大了技术转移产业链的规模和影响力，促进了价值链的升级。

③联盟式技术转移。网络化经济早期，技术转移通常是单向的，技术由发达国家向发展中国家转移，人才由发展中国家向发达国家流动；技术供给方向技术需求方提供技术，技术贸易协议执行终结，技术转移业务即告完成。技术转移价值链的重构，使技术转移转化为协作式的长期过程。产业联盟和技术转移产学研联盟作为常态形成的技术转移价值链，技术需求方、技术供给方和技术转移中介服务成为利益共同体，实现技术转移的共享共赢。

④全球化技术转移。尽管地缘政治干扰下会出现经济的逆全球化，但在网络化数字化技术普及的全球化背景下，技术转移跨越国界的壁垒终会逐步弱化，尤其跨国公司集团内部的技术经营战略和国内差级悬殊的区域经济，在增速放缓甚至停滞的时期，会刺激技术转移业务形成新一轮高潮。每一项新技术的出现都会影响全球范围内的技术资源共享和优化配置，全球化的技术转移网络是价值链重构的基础。国际技术合作和协作，将形成新的技术转移形式，推动全球技术资源的优化配置和共同开发。

⑤数据驱动的技术转移。数据化和数字化是技术转移价值链重构的重要手段。异构数据融合、数据清洗、可视化监控、任务调度等核心功能，通过数据处理提供可视

化、表结构转换、高级可编程等众多组件选择，能够精细管理和控制技术转移过程的各个环节，提高效率和减少误差。数据清洗是数据化和数字化的基础工作，通过对技术转移信息数据进行重新审查和校验，删除重复信息、纠正存在的错误，检查数据一致性，处理无效值和缺失值等。在数据时代，数据已经成为技术转移的重要资产，通过数据驱动的技术转移来实现商业价值。价值链重构的重要任务是数据的管理和利用，建立数据驱动的技术转移平台，通过数据的分析和挖掘，实现技术转移效率和质量的提升。

2.3.3 技术转移价值链重构的策略

技术转移价值链的重构需要整合技术和商业能力、建立合适的合作模式、引入风险投资、对数据资产确权以及制定适配的政策法规，实现技术的最大化利用和商业价值的最大化。

①技术研发和创新。这个环节的重心将由高等院校、科研院所转向企业集团，转向产业联盟和技术转移产学研联盟，高等院校和科研院所的技术研发力量将以合同承接机构和股权持有者身份主导面向目标市场的技术研发和创新。基础性研究投入会持续增长，成为技术转移价值链前端的潜在环节。技术转移需要各个领域的专业人才，因此企业需要注重人才的培养和引进。除了技术能力，人才还需要具备协作、沟通、管理等方面的能力。

②用户需求获取和分析。这个环节是围绕最终的消费品市场，各节点用户为各自下游的业务承接用户，企业主要通过公共平台主动获取并分析用户的供给需求，各环节业务扩大就能在价值链上创造更多的价值。以用户为中心，不断优化和改进供给的技术和服务。技术转移的最终目的是通过满足产业链最终消费用户的需求来实现价值链各用户的利益最大化。因此，整体价值链上，用户始终是关注的焦点。

③技术转化和定制。这个环节将出现大型的技术转移专业服务机构，技术持有者将技术转化为实际的产品或解决方案，会采用内部委托、外协承包、产权入股等多种形式，专业服务机构可采用一揽子承包技术成果转化的后期运作，分解外协，并根据用户的需求进行定制服务。

④技术交流和合作。通过产业联盟信息系统和专业技术信息系统，技术交流和合作能够在公共服务平台汇集，通过平台上的技术交流和合作，能够方便地获取更多的技术信息和资源，获取更多的市场机会和关联用户。在技术研发节点，可以依据平台推介，与业内的合作伙伴、学术机构和科研团队进行合作；在技术推广和技术经营节点加强与渠道商和代理商的协作；开放合作是价值链的内在要求，产学研深度融合越来越成为促进科技成果转化、加速技术更新迭代、扩大技术推广应用的有效路径。

⑤技术推广和技术经营。技术推广主要通过政府多年建设的系统渠道和行业技术转移渠道进行；技术经营主要依靠技术经纪人、技术经理人等技术转移从业人员的职业服务完成。

⑥技术支持和服务。优质的技术支持和服务依赖新技术和工具的支撑。技术与服务人才的经历、经验已大不如前，技术支持与服务越来越依赖创新技术的不断进步。

新的管理技术和服务工具不断涌现，硬件软体化、智能嵌入式控制系统的普及应用，使得管理和优化技术转移价值链进入软体机器时代。人工智能、大数据、区块链等技术可以帮助企业低成本高质量地完成工作任务。

⑦相应的政策法规。《国家技术转移体系建设方案》等相关政策法规有明确的指导性制度安排。政策贯彻，举措落实，规划策略已见成效。价值链重构的宏观策略包括以下方面：

加快智能制造业技术创新体系建设，集中资源扬长补短，促进服务业生态协同发展，提升中小企业在产业链供应链上的配套能力。促进大中企业在价值链协同扩容，推动创新链与产业链的深度融合。推动制造业技术创新体系建设和完善，强化基础零部件、基础元器件、基础材料、基础软件等工业基础，开展制造业数字化转型，改造提升传统产业，实施产业基础再造工程和重大技术装备攻关工程，巩固提升优势产业，不断开拓重点领域新的应用场景，壮大新兴产业。

2.4 技术转移价值链新型业态

价值链业态是针对技术转移全过程不同阶段的不同服务职能而言的。技术转移产业链，技术研发是起点，产业化是终点，产业全过程包括技术评估、技术开发、技术转让、技术贸易、技术项目落地、技术推广和技术支持等众多价值链环节。技术和市场快速变化，技术转移价值链相应拓展了众多增值节点，从量变到质变，技术转移全过程服务形成新型业态。新型业态按技术产权形态和技术产品形态分为 4 个阶段 4 个类型，即技术研发成果化、技术成果产品化、技术产品商业化、技术商品产业化。每一种服务业态都有相应的组织机构提供对应的服务职能，这些服务职能有时是双向交叉甚至是多向交叉的。

2.4.1 技术创新与技术研发成果化

技术创新和技术研发成果化业态，研发机构和技术课题持有者及各类服务组织是技术转移价值链的前端节点，也是技术转移价值链的起点。技术创新和技术研发成果化对技术转移和商业化起到决定性的作用。在技术转移和商业化之前，需要对技术进行评估和开发，预评技术的商业价值和市场需求，进而进行技术实现、技术推广和技术支持等环节，最终实现技术的产业化。

传统的技术转移价值链中，技术转移和商业化是价值链的终点，但随着技术的快速发展和市场的变化，技术转移价值链在向上下游两端延展，价值链原有的节点不断扩展出新兴业务。技术创新和技术研发成果化应贯穿整个技术转移价值链，以适应技术和市场的变化。技术转移价值链业态强调技术的可持续性和创新性，并确保技术转移和商业化的成功。技术创新和技术研发成果化阶段，技术转移价值链的众多节点为之提供服务。在技术转移和商业化之前，需要对技术进行评估和开发，确定技术的商业价值和市场需求，进而进行技术实现、推广和支持等环节。

技术创新是通过引入新的理念、方法、技术和管理方式推动技术的进步。技术研发则是在技术创新的基础上，通过研究和开发新产品、新工艺、新材料等业务，将技术创新转化为实际的产出。

技术转移价值链业态的典型案例如英特尔公司的技术创新和研发。技术转移价值链的节点主要集中于技术研发，将自身的技术优势转化为市场优势，推动技术的成果化和商业化，进而推动整个产业的进步。

英特尔公司在芯片制造、处理器设计、物联网等领域持续不断地进行技术研发和创新，英特尔酷睿处理器系列具备强大的性能，还具有较低的功耗和高度的可靠性，技术研发和创新重点在强化研发成果转化为实际的产品和解决方案，不仅生产出芯片和处理器等硬件产品，还提供完整的解决方案，包括软件、驱动程序和支持服务等，为客户提供全方位的技术支持和服务。通过技术研发的成果化将技术转移价值链的技术实现和技术推广紧密结合，不断推动技术升级。在技术转移价值链中的业态定位和合作伙伴的选择上与各个产业链环节的企业建立紧密的合作关系。供应链方面与芯片原材料供应商、制造商和代工厂等合作；产品营销方面，与计算机制造商、设备制造商、软件开发商等建立紧密的合作关系。

移动互联网和物联网的崛起，使英特尔市场份额逐渐下降。为重整旗鼓，英特尔公司进行了技术转移和价值链调整。通过战略收购和技术许可等方式获取了新兴领域的关键技术。价值链重构提高了产品的附加值，通过不断优化设计和增加功能满足用户需求，并开展了智能制造和智能化技术的研发和应用。英特尔公司还加强了与客户和合作伙伴的沟通和协作，确保技术研发和产品设计符合市场需求，还积极参与行业标准制定和推广，加强了技术标准化，促进技术的普及。英特尔公司重构技术转移价值链，成功应对市场变化，将技术优势转化为市场优势。

1. 持续的技术创新和研发，推出创新产品和技术

英特尔公司在处理器技术上进行了不断的创新和改进，推出了一系列代表性的产品，如奔腾、赛扬、酷睿等。此外，英特尔公司还在人工智能、物联网、5G 等领域开展研究和开发，推出了多个创新产品，如神经网络处理器、5G 基带芯片等，成功地将该产品推广至全球市场并获得了极高的市场份额。

2. 加强对供应链的控制，提高生产效率和产品质量

英特尔公司通过与供应链和用户合作，实现了技术的快速传播和商业化。在与苹果公司的合作中，英特尔公司为苹果公司提供了领先的芯片技术，帮助苹果公司改进了产品性能，同时扩大了英特尔公司的市场份额。英特尔公司还与亚马逊等客户合作，为其提供定制化的芯片解决方案，进一步加强了公司的技术转移和商业化能力。

3. 加入产业联盟，与其他企业共同推动产业的发展

英特尔公司与 IBM、Global Foundries 和 SAMSUNG 共同成立研究开发公司，致力于新一代半导体技术研发。研发公司采用开放创新的模式，通过共享研发成果和知识产权，促进了技术创新和技术转移。与各种企业和机构建立合作关系，共同开发新产品和技术，技术的最大化利用和商业化价值的最大化为英特尔公司的发展带来了巨大的商业机会和竞争优势。

4. 扩展企业自身的技术生态系统

技术创新和技术研发的目的是将其研究成果转化为实际产品和服务。英特尔公司的技术转移包括建立研发中心和实验室，与其他公司和大学合作进行联合研究，实施专利申请和技术交易等。技术转移价值链重构通过开放创新的模式和产业联盟的合作，实现技术创新和商业化之间的衔接过渡。

2.4.2 中试孵化与技术成果产品化

中试孵化与技术成果产品化业态，智能制造等经营实体和各类服务组织是技术转移价值链的中端节点。技术成果产品化和中试孵化是将科技成果转化为实用性产品或技术的过程，是从科技成果到市场的重要环节，是技术转移的基础目标。技术转移价值链各个环节不同的业态服务，使技术转移更加高效和顺畅。

中试孵化和技术成果产品化都是技术转移价值链的重要环节。中试孵化将科技成果转化为实用性产品或技术，是实现技术转移的关键一步。通过中试孵化，可以对科技成果进行测试、优化和改进，中试孵化为后续的技术成果产品化奠定基础。

技术成果产品化是将技术成果转化为消费性实用产品的过程。技术成果产品化首先是技术的可行性。只有将技术成果产品化，才能实现技术转移后期的商业价值。

中试孵化和技术成果产品化业态服务形成产业升级的连环节点。技术转移价值链只有在技术创新和研发成果被有效地转化为产品，后期通过合作关系建立起供应链和营销渠道，才能实现技术价值。

中试孵化与技术成果产品化包括以下几个环节：

①中试。将研究成果在实验室内进行小规模试验，以验证技术的可行性和稳定性。

②试点。将技术应用于实际的生产环境中，进行中等规模的试验，以验证技术在实际应用中的效果和可行性。

③小批量生产。通过小规模的生产制造，验证生产过程和产品质量的可控性和稳定性。

④工艺改进。根据试验和生产的结果，对技术进行优化和改进，以提高产品的质量和生产效率。

⑤商业化前的技术成果产品化。根据市场需求和技术特点，设计和制造贴近市场需求的产品。

中试孵化和技术成果产品化价值链的重构，重要的是建立信息交流平台和合作机制，促进实验室和工业界的协同合作，实现技术成果从实验室到企业的无缝对接。

以中国航空工业集团有限公司（简称中航工业）无人机为例，中航工业作为国内军工龙头企业，在无人机技术领域推进技术创新和成果化，不断将新技术转化为实用产品。中试孵化和技术成果产品化业态职能实现了从技术研发到产品推广的全过程掌控。

中航工业依托自身技术专业优势与国内外高等院校、科研机构和企业合作，推动无人机相关技术的转移。与中国科学院合作研发的“双星”高空无人机，是国内首款成功试飞的高空大型无人机，其技术被应用于农业、气象、环境监测等领域，实现了技术的价值转化和应用推广。在中试孵化方面，通过搭建产业链上下游合作联盟，为技术创新和成果转化提供了平台支持。与浙江省湖州市合作建设了无人机应用示范区，在农业、林业、水利、城市管理等领域的应用，促进了技术与产业的结合。技术产品化方面，积极探索多种商业化模式，实现技术成果的商业价值最大化。中航工业与中国人民财产保险股份有限公司合作，开发了无人机应急救援服务平台，为保险公司提供又快又准的安全救援服务，技术和服务的有效结合实现了商业价值。中航工业无人机在技术转移、中试孵化和技术产品化方面的成功经验，彰显了技术转移价值链重构的价值。

中试场地对无人机技术进行实地测试，积累经验和数据，不断优化技术方案，提高技术成熟度，这一过程是技术转移价值链中技术转化和定制化阶段的一部分，即将技术从实验室转化为实用产品和解决方案。

客户需求的对接和定制，无人机技术产品化过程，为客户提供定制化的解决方案，实现了技术产品化落地。该无人机技术开发完成后，中航工业探索中试孵化技术转移价值提升的途径，在实验室环境中验证技术的可行性和效果，通过中试得出相关数据，进行技术改进和优化，以实现技术的成果化。中试孵化的过程包括对无人机的各项技术指标的测试和改进，以及在不同场景和不同环境下的自主避障、定位、导航能力的实验验证及优化等。

在中试孵化的基础上，技术转移进入了产品化的阶段。无人机技术的产品化确定了产品设计和功能的各项技术指标，与图像处理、物联网、云计算等技术进行整合，以实现更广泛的应用场景和商业价值。同时采取多种措施，如通过与合作伙伴建立合资公司、与客户合作开展联合研发、参与政府采购等方式推动产品化。在这个过程中，中航工业通过建立“四梁八柱”重大专项资助机制，即依托国家重大科技专项，结合企业自主研发，引入社会资本，建立创新券、梯度资助、股权投资等多种资助模式，支持企业的技术中试和孵化，降低创新成本。

2.4.3 技术交易与技术产品商业化

技术交易与技术产品商业化业态，技术交易市场（交易所、平台）、技术贸易商、渠道商、经营商和各类服务组织是技术转移价值链的中端节点。技术交易是将技术产权从技术供给方转移给技术受让方的过程，而技术产品商业化则是将技术转化为具有市场价值的产品或服务的过程，也是技术创新实现商业价值的手段。

1. 技术交易和技术产品商业化业态职能的重要性

技术交易和技术产品商业化是技术转移的重要阶段。技术供给方通过技术交易将自己的技术成果转让给技术受让方，实现技术转移的价值传递。技术受让方通过技术产品商业化将技术转化为具有市场价值的产品或服务，实现技术创新的商业化，获得经济效益。

以云南白药集团股份有限公司（简称云南白药）为例，其拥有多项中药制剂技术，包括化合物制剂、中药注射剂、中药颗粒剂、中药口服液等。通过技术交易，云南白药将自己的技术成果转移给其他企业，实现技术转移的价值传递。同时，云南白药还将自己的技术转化为具有市场价值的产品，如“云南白药膏”“云南白药牙膏”等。

技术交易和技术产品商业化居技术研发创新和产业化的中位。技术创新是技术交易和技术产品商业化的原动力，产业化则为技术交易和技术产品商业化提供了更大的市场天地。

技术交易是在技术转移过程中买卖双方以商业合作的形式进行的技术交换。技术交易在技术转移价值链的业态作用是完成技术的跨领域、跨地域转移，通过不同形式的合作，包括技术许可、技术合作、技术转让等，推动技术的商业化和市场化，实现技术的共享或分享。技术供给方向需求方提供技术和知识产权许可，以获取财务和非财务收益需求方则通过获取技术来提高自己的竞争力和创新能力。技术交易是技术转移的纽带。

技术交易过程，技术转让方将技术转移给受让方并获得相应的报酬，双方需要就技术价值、技术费用、技术使用范围、知识产权等方面进行谈判和协商。

技术产品商业化则是将技术转化为商业产品或服务，实现市场需求和技术成果之间的对接。技术交易是技术产品商业化的重要环节与手段，技术产品的商业化进一步提高了技术交易业态的收益和价值。

以石墨烯技术的商业化为例，石墨烯是由碳原子组成的单层二维晶体材料，具有非常优异的电学、光学、热学等性能，然而石墨烯的商业化却非易事。这种具有巨大潜力新型材料的商业开发一直由技术转移价值链的节点职能发挥着重要作用。

2. 技术商业化过程中技术转移价值链的业态职能

石墨烯自 2004 年被康斯坦丁·诺沃肖洛夫与导师安德烈·海姆成功地从石墨中分离后，直到 2010 年两人因发现石墨烯获得 2010 年诺贝尔物理学奖，石墨烯技术信息才真正地在全球得到传播，研究机构和企业迅速将研发成果产品化并进入商业开发，将研究成果有效地传递给下游的生产和应用企业。

研究机构和企业将石墨烯技术转化为实际的产品或解决方案，生产制造需要高精度的设备和技术，需进行精细化控制，以保证石墨烯的质量和稳定性。石墨烯技术实现即将石墨烯材料应用于各种领域和产品。石墨烯材料的制备和应用是石墨烯技术实现的核心。在石墨烯技术实现过程，需要先确定具体的应用领域和产品，然后再根据产品的需求和特性进行石墨烯材料的制备和应用方案的设计。石墨烯材料的制备通常包括机械剥离法、化学气相沉积法、化学还原法等多种方法，不同的方法适用于不同的应用场景和产品要求。而石墨烯材料的应用则涵盖了电子、光电、能源、生物医药等多个领域和产品类型，如柔性电子、太阳能电池、锂离子电池、生物传感器等，涵盖从原材料采购、制备工艺、生产工艺到成品质量检测等多个方面的控制和管理。

石墨烯技术转化的首要环节是对不同应用领域的技术需求进行评估，确定技术的商业化潜力和发展前景。石墨烯技术的市场潜力大，目标市场的选择要根据石墨烯技术产品的特点和优势，制定适合的商业化策略，进而设计商业模式，石墨烯技术在不同领域的应用需求有所不同，需要根据客户的具体需求，对技术进行定制化改进和优化。

石墨烯技术的商业化探索，很快拓展了新应用领域。在材料领域，石墨烯技术可以应用于电池、超级电容器、防腐材料、复合材料等方面。对于电池领域的客户，需要将石墨烯技术应用于电池的制造和改进，以提高电池的性能和寿命；对于热导材料领域的客户，将石墨烯技术应用于热导材料的制造和改进，以提高材料的导热性能。石墨烯技术商业化的成功离不开技术推广和技术经营，技术的优势和应用价值传达给潜在客户，石墨烯增强树脂、石墨烯涂料、石墨烯超级电容器等应用拓展，为石墨烯技术的商业化奠定了基础。

石墨烯技术商业化的成功，不仅得益于技术本身的优秀特性，更得益于技术转移价值链业态职能。石墨烯技术商业化的成功，也为其他技术的商业化提供了宝贵的经验和借鉴。

3. 技术转移价值链新型业态是循序渐进的

技术转移价值链的业态功能需要从技术研发、中试孵化、技术产品化、技术交易和技术商业化等多个环节来完善。

技术交易和技术商业化业态，需要技术交易和商业化相应的服务职能，实现石墨烯技术的市场应用和商业化价值。需要积极寻找市场机会和商业合作伙伴，建立合适的技术交易平台和商业模式。

从石墨烯技术商业化案例可以看到，技术转移价值链的业态服务是一个渐进的过程，需要在多个阶段和环节进行探索和实践，不断优化和完善技术转移价值链的各个环节，以保障价值链的有序延展。

2.4.4　技术转移与技术商品产业化

技术转移与技术商品产业化业态，产业联盟、产学研联盟、园区管理机构等，以及各类服务组织是技术转移价值链的后端节点。技术商品的产业化则是将技术成果转化为商品并进入规模化市场的过程。技术转移后能够进入产业化阶段说明技术成果的研发经过实践的检验，不但选题正确，其技术转移各个阶段的策划管理都是非常成功的。

技术转移进入产业化阶段，微观的经营管理已退居次要地位，产业化的进一步发展进入宏观规划视野。此阶段的价值链与产业链业态趋向一致。

技术商品产业化除了具备足量的市场需求和顺畅的技术转移机制，还需要技术商品产业化的人才储备、外部环境优化及资本运作等太多的产业运作手段。归集大类技术转移价值链的业态增值空间主要受以下 3 个管控因素的影响：一是营造良好的营商环境生态；二是配套新质资源的集聚；三是完善知识产权保护体系。营商生态错综复杂；配套资源的集聚，关键是各类产业化专业人才的集聚；知识产权的保护贯穿于技术转移全过程。这 3 方面因素对技术转移价值链业态的影响将不再赘述。技术商品产业化阶段，科技成果转化为应用价值，实现了技术商品的规模化生产。技术商品产业化是一种质的飞跃，使技术成果真正实现其价值。高技术只有实现产业化，才能产生巨大的经济效益和社会效益。

技术商品只有被市场广泛认可才能形成产业技术，成果技术向产品技术转变最终形成产业技术，技术成熟度不断提高。如何通过技术转移将技术价值不断放大，如何通过技术扩散建立产业基础，是技术商品产业化业态服务体系研究的重点。产业化是形成规模的产品商业化。在商品化满足市场需求的基础上，产业化强调行业规模、结构优势，强调技术转移价值链整体价值。

技术商品产业化业态，更多需要关注行业在社会经济发展中的影响和位置，如人文环境、生态环境、社会政策、伦理；产业化阶段从经济角度来看，更需要关注市场前景，把握产业更迭的机遇。

技术成果产业化有两种实现途径：一是通过技术研发和技术创新快速形成量产能力，满足具有强劲消费趋势的市场需求，引导消费需求，以垄断技术控制市场，形成全新产业；二是通过技术引进或技术合作优化经济结构，实现产业升级与调整。

产业政策是营商生态重要的影响要素。科学的产业政策是技术商品产业化业态形成的重要条件。产业政策是政府为了实现经济和社会目标，对产业发展进行干预的各种政策总和，发挥引导产业方向、推动产业结构升级、协调国家产业结构、促进经济健康可持续发展的作用。产业政策通过国民经济计划、产业结构调整计划、产业扶持计划、财政投融资、货币手段、项目审批等工具手段实施。

产业政策由布局政策、组织政策、技术政策和结构政策等构成：产业布局政策主要基于产业优势，影响产业分布和分工；产业组织政策是对资源进行统筹与配置，营造技术转移外部环境；产业技术政策是对科技创新技术进行引导，为产业提供技术支撑；产业结构政策主要是优化提升产业结构。

技术转移的产业政策围绕产业的布局、组织、技术和结构上的优化升级，促进技术转移各主体要素的有效衔接，推动各要素共生互通与协同发展。协助降低科技成果转化各主体要素的转化风险，主要通过建立风险补偿基金、企业税收减免、信贷支持、资金风险补贴、支持技术转移平台等形式实现。

产业政策主要通过制定科学合理的产业技术路线与产业创新规划，明确相关科技奖励和科技策略等措施，依据产业政策规划开展技术转移工作，提升技术转移效率。技术转移价值链新型业态服务重点是关注技术商品的市场适应性，例如技术商品是否具备市场的潜在价值、市场接受度如何，技术转移是否具备人才、技术、资本等方面的强力支撑。

业态服务职能推动技术商品产业化，需要符合产业政策方向，抓住政策机遇。

第三章

技术贸易与技术服务贸易

引　言

技术贸易与技术服务贸易是技术转移的两大实现形式。

广义的技术贸易包括技术产品、技术资本（产权）和技术服务 3 大类技术与服务的转让交易。鉴于技术服务贸易的比重大幅增长且重要性日益凸显，把技术贸易与技术服务贸易进行管理分类，分为技术贸易与技术服务贸易两大类。把技术产品交易和技术资本（产权）转让归类于技术贸易；把技术贸易中机器设备等硬件交易的配套（增值）服务，与新兴的技术咨询、独立于硬件设备的软件服务等技术服务业态归类于技术服务贸易。技术转移服务业务日益专业和细分，渐成行业门类，部分技术转移服务业务与技术服务交叉重叠。

技术贸易与技术服务贸易主要包括高新设备设施产品输出、科技成果转让、知识产权许可、专有技术转让、技术企业产权转让、技术委托集成、技术咨询、技术服务合约、孵化器等技术贸易，以及其他合规的与交易技术权益相关的金融、财务、税务附属等众多细化内容，如技术合同登记、技术成果入股或转债、技术交易中介等技术转移服务。

国外的技术转移概念是指国家之间的技术流动，技术转移的实现形式是技术贸易，技术转移流动的路径形式被称为技术输出与技术引进，技术贸易传统的内涵等同于国际技术贸易。本书把技术转移过程前溯到技术研发、后延至技术商品的产业化，国内不同地区、不同企业之间的技术转让都纳入技术转移的范畴，技术贸易的内涵亦随之改变。为照应多年来我国严格的内外贸区分的因循惯例，本书仍沿用国际贸易学科中的名词术语，内涵已包括了国内的“交易”“转让”。

3.1　技术贸易

传统的技术贸易主要有专利许可、商标许可、专有技术许可 3 种方式，这 3 种许可方式一般与机器设备的引进和输出密不可分，但也可以是独立于载体的单纯许可贸易。随着西方国家知识技术概念不断更新，产权保护范围不断扩展，技术壁垒问题日益复杂，技术许可亦涵盖了知识产权的全部类别，其变化可谓日新月异。技术许可不仅包括了著作权（版权）的全部内容，还包括了工业产权中的服务标识、厂商名称、原产地名称、制止不正当竞争、集成电路布图设计专有权等新的内容。传统的专利许可也延伸出“专利池”等复杂内涵，骤增大量专利申请权许可业务等。

3.1.1 技术贸易的形式

技术贸易通常指国际上遵循一定商业规则进行的技术引进和输出活动，是技术转移最主要的实现形式，也是重要手段。技术贸易主要以技术许可方式，即通过许可协议（合同）实现技术使用权或技术所有权由供方向需方的转让与流动。

技术贸易是跨国或跨地区之间，以技术为主要交易内容的贸易活动。技术贸易的内涵是技术商品交易和技术资本（产权）的让渡。技术的商品交易是技术产品的买卖，技术资本（产权）的让渡包括技术的使用权许可和技术资本所有权的转让。

技术贸易是以技术为核心的商品和服务跨国界的交易和流动，通过跨国界的技术转移，实现技术的跨国流动和交易，以达到增加经济效益、提升企业竞争力和技术进步的目的。

国内的技术贸易和技术服务主要是针对本国市场需求，进行技术的交易和服务活动。国际的技术贸易和技术服务则是指跨国或地区之间的技术转移和技术交流与合作，为各国或地区的经济发展提供技术支持。在国际范围内，技术贸易和技术服务通常分为技术输出和技术引进。引进型技术贸易和技术服务是指从国外进口技术来支持本国的社会发展；输出型技术贸易和技术服务则是指将本国较为先进的技术或过剩产能技术向国外推广以获取超额利润和扩大市场份额。全球经济的一体化使这种单边的技术流动倾向逐步缓解。

广义的技术贸易包括技术商品、技术资本（产权）和技术服务 3 大类使用权或所有权的有偿让渡。技术贸易的形式随技术的快速进步渐次多样化。

1. 技术许可

技术许可是合法拥有技术的权利人，将现有特定的专利、技术秘密（诀窍）的相关权利许可他人实施、使用的贸易形式。技术许可是常见的技术贸易形式，技术许可通常以技术许可协议方式实施权利转让，所以，很多情况下技术许可与技术许可证、技术许可协议、技术许可合同概念通用。技术许可的作用、模式、类型视实施条件因时因地而宜。技术许可证贸易也是一种重要的技术转移方式，技术许可协议按其标的可分为专利许可协议和专有技术许可协议两类；按其许可范围主要分为普通许可协议、排他许可协议、独占许可协议 3 种。技术许可协议有规范的版本，双方的权益和责任明确，以保证技术许可的成功实施和双方的共同利益。

技术许可的最基本形式是技术使用权的授权，授权技术的持有者（许可人）将其技术权利让渡给他人（被许可人），即技术所有者将其专利、商标、著作权及专有技术中的全部或部分转移给他人，使其成为技术新的持有者，并约定使用条件和权利范围，以获取报酬。可以授权使用方在专有技术的基础上进行技术改进，改进后的技术权益归属于所有者。

技术许可协议涉及技术许可、技术信息和技术服务等方面的内容。技术许可是指许可人授权被许可人使用其专利、专有技术或商业秘密等知识产权。技术信息的提供则是指许可人向被许可人提供相关技术的详细信息，如技术方案、工艺流程等。技术服务则是指许可人在技术许可期限内向被许可人提供技术咨询、技术指导等服务。

技术许可方式也可以有所有权的转让，其选择取决于许可人和被许可人之间的商业目标和交易谈判结果。

2. 技术转让

技术转让是技术贸易的一种泛用术语，并不特指某种贸易形式。技术转让概念既不同于国际贸易中的技术贸易，又有别于俗称的技术买卖，是将持有的技术或各种形式的技术成果通过交易或许可等形式，转移给买方或被许可方，或以公益扩散的形式使受让方具备相应技术能力的过程和运营行为。所转让的技术包括获得专利权的技术、商标，以及非专利技术，如专有技术、传统技艺、生物品种、管理方法等。

技术转让与技术许可有很多区别，技术许可是许可他人在一定期限、地区内以一定方式实施其所拥有的知识产权而非转让所有权，并收取使用费用。技术转让的成果形式多种多样，也没有使用权和所有权的法定局限，技术转让可以分为国际技术转让和国内技术转让两种形式。国际技术转让是指在国际流动的技术转让，包括跨国公司之间的技术转让、国际贸易中的技术转让和技术援助中的技术转让等。国内技术转让是指在国内流动的技术转让，包括企业内部的技术转让、区域间的技术转让和政府科技部门的技术转让等。

技术转让的方式主要以技术引进（输出）、技术转移、技术服务、技术许可、技术援助等形式实现。

3. 技术并购

技术并购是企业以获取目标方技术优势为目的的兼并或收购活动，根据发展战略，并购方通过获取目标方的所有权，完全控制目标方包括技术人才在内的全部技术资源。通过技术并购将竞争市场的技术优势转化为企业的技术资源，这是技术转移的最彻底整合形式。技术并购是企业实现规模效应的重要手段，是提高创新能力、优化资源配置、降低有形资产成本、提高企业竞争优势的最有效途径。

并购包含两个要素，一是兼并，二是收购。企业兼并是以购买为手段得到对方企业产权的行为；收购则是资产或股权在两企业之间的转移，可能是部分也可能是全部，是通过现金、股票或债券等交易形式实现的。跨国并购则是国内企业并购的延伸，涉及多个国家的不同企业、多个市场，受所涉政府控制和多个法律制度限制等。每一次科技革命带动的产业变革都会重塑竞争格局，通过并购促使新技术不断流入资源呆滞企业，资本的流动与集中不断淘汰落后产能，推动高附加值产业替代低附加值产业，新经济企业不断涌现，最终实现结构的调整优化并推动经济转向高质量发展。

全球新一轮科技革命和产业变革从蓄势待发到群体迸发的关键时期，数字经济的繁荣将成为国家综合实力的重要标志，电子信息产业的并购重组将会持续活跃。并购发生的动因源于科学技术的发展、环境变化和企业内部技术需求。并购是企业技术产权资本经营的一种重要形式，是企业增加技术积累和强化创新能力的重要措施。技术并购的根本动机是企业逐利的本性和迫于竞争压力而采取的主动行动，是企业对外扩张、获取稀缺资源的有效途径，通过并购资源的优化配置以提高企业竞争能力。并购让企业获取短缺资源，借以提高企业价值创造能力，通过并购取得机制、组织、品牌、标准、流程、信息系统、研发体系资源、数据库等各种资源。

科技人员的创新能力是具有稀缺性的资源，通过并购获得的稀缺能力资源要与企业自身的优势资源进行整合才能充分体现出并购价值，并购资源的整合与配置是增强企业本身资源优势和产生新的创新能力的关键。通过技术人员交流，引进核心生产设备，消化吸收专利技术，实现技术转移和知识融合，这样的单项技术转移风险较小，企业通过技术并购获取技术资源的目的就是通过快捷路径实现整体实力的提升。但如果并购后技术整合不力，尤其是被并购方的技术人才不能与并购企业的既有优势有机整合，并购失败的风险更大。

4. 技术合作

技术合作是不同国家（地区）的企业或技术研发机构跨地域合作实现技术共享的一种协约性技术贸易形式，通常是指合作双方共同研发、生产、营销或运用技术组合优势进行国际化运营的行为。技术合作可以促进技术转移，增强企业的技术能力。

合作双方提供技术联合研究，共同研发某一技术或产品，共享研发成果和知识产权，可以使合作双方共享研发成本和分散风险，同时也能够加快研发进度，提高技术创新能力，拓展跨地域市场和提高经济利益。

技术合作可以是技术研发机构的纯技术合作，也可以是在引进新的工艺设备基础上的深度合作。引进新的技术后，为了设备的维护和技术改造，除了通过技术贸易的配套服务满足需要，企业之间还可采用新的形式进行技术合作，共同开展研发和创新，共同推动技术的进步和产业发展。双方可以在合作协议中明确合作目标、责任分工、技术开发进度等细节，获取该领域的专业知识和技术能力，共同开展技术研究和开发。技术合作首先是在建立技术比较优势前提下的合作机制，确保技术合作的技术资源互补与共享和成果共享。双方企业通过技术合作贸易获得更多的市场机会。

5. 国际工程承包

国际工程承包多指采用国际上流行的 BOT（build-operate-transfer，建设—经营—转让）建设方式和交钥匙（一揽子）工程的技术贸易方式，是通过国际的招标、投标、议标、评标、定标等程序，由具有法人地位的承包方与发包方按一定的条件签订技术转让合同，承包方使用新的工艺和技术，并采购所在国或地区的部分材料、设备，提供技术、管理等组织工程项目的实施，并按时、按质、按量完成建设，经验收合格后交付发包方的大型工程项目。工程承包多涉及操作人员的技术培训、生产运行中的技术指导，以及专利和专有技术的转让。

BOT 即“建设—经营—转让”，一般称其为“特许权”经营，由设施项目的所有人与企业（项目公司）签订特许权协议，授予承包方企业承担项目的投资、融资、建设、经营与维护，在协议规定的特许期限内，企业向设施使用者收取适当的费用来回收项目的投融资，建造、经营和维护成本，并获取合理回报；政府部门则拥有设施项目的监督权、调控权。BOT项目的主导思想是所有权与经营权分离。项目特点是前期工作准备复杂，运营管理简单；一次吸收利用外资，投入逐年回收；发包方引进技术、管理经验，不承担债务责任。

BOOT（build-own-operate-transfer）：建设—拥有—经营—转让。这种方式明确了BOT方式的所有权，项目公司在特许期内既有经营权又有所有权。

BOO（build-own-operate）：建设—拥有—经营。开发方按照授予的特许权，建设并经营设施项目，但无须交回。

BOOST（build-own-operate-subsidy-transfer）：建设—拥有—经营—补贴—转让。

BLT（build-lease-transfer）：建设—租赁—转让。即发包方出让项目建设权，项目运营期内成为项目的租赁人，在租赁期结束后交回所有资产。

BT（build-transfer）：建设—转让。项目建成即转让，可按项目的收购价格分期付款。

BTO（build-transfer-operate）：建设—转让—经营。

IOT（investment-operate-transfer）：投资—经营—转让。收购现有的设施，然后再根据特许权协议运营，最后转让给发包方。

ROO（rehabilitate-operate-own）：转让—经营—拥有。

此外，还有BRT、DBOT、DBOM、ROMT、SLT、MOT等，虽提法不同，具体运作各有差异，但结构与BOT无实质区分，故将这些方式统称为BOT。

6. 特许经营

特许经营是指特许权拥有者以协议的形式，允许被特许者有偿使用其商号、商标、专有技术、服务标志、产品、企业组织形式、工作程序和标准的综合性许可协定。国际特许经营是将一家已经取得成功经营业绩的企业特定经营权转让给另一家跨境企业的非高新技术贸易形式，后者向前者支付特许费。国际特许经营权转让通常用于进入市场宽泛但专业领域狭窄的市场参与。特许是一种快速而易行的技术转移方式，发展中国家应用特许的关键是提高技术选择和识别的能力。

7. 补偿贸易

补偿贸易是指买方在信贷的基础上，从国外厂商进口机器、设备、技术及某些原材料，约定在一定期限内，用产品或劳务等偿还的一种贸易方式。这是针对发展中国家缺乏技术和外汇前提下的常见贸易方式，交易的一方在对方提供信用的基础上进口先进技术和设备，以该设备技术所生产的产品分期抵付买进设备技术的价款及利息。

早期的补偿贸易主要是引进采矿、化工等技术设备用于兴建大型工业企业，以相关工业产品返销抵偿进口技术设备的投入。20世纪80年代以后，补偿贸易趋向多样化。我国曾广泛采用补偿贸易和加工贸易方式引进国外中小型项目的技术设备。加工贸易多为小型项目，常与补偿贸易相结合被称为“三来一补”项目。

补偿贸易与一般贸易方式相比，前提条件是补偿贸易中技术设备输出方提供信贷担保，必备条件是技术设备输出方必须同时承诺回购设备引进方的产品或劳务。

8. **直接投资**

直接投资亦即外商直接投资（foreign direct investment，FDI），指投资者直接在海外开设分公司从事经营，或者投资购买外资企业相当数量的股份，并对该企业具有经营控制权的技术贸易形式。直接投资的主要特征是投资者对另一经济体的企业拥有永久权益，能对企业经营管理施加重大影响。

直接投资包括对现金、厂房、机械设备、交通通信、土地或土地使用权等各种有形资产的投资和对专利、商标、咨询服务等无形资产的投资。

2023 年，中国对外全行业直接投资达 10418. 5 亿元，较 2022 年增长 5. 7%。《2023 年世界投资报告》显示，2022 年中国吸引的外国直接投资额达到创纪录的 1891 亿美元，同比增加 5%。

传统产业的技术贸易大多是以硬件成套设备为载体进行交易，如 30 万吨乙烯工程、乘用车组装生产线、钢铁连轧设备等。技术引进企业没有能力对先进设备中的技术进行分解剖析和消化吸收，而只能将引进设备在技术输出方技术指导下安装操作后用于产品生产，虽然能够实现规模经济并提高产品质量、降低生产成本，但谈不上提高本土企业的技术能力和管理能力，因为成套设备很少有通过技术改造复制成功的案例，并且生产效率很高，在限定产品销售区域的转移前提下，最终只能成为生产加工型企业。

高新技术产业技术主要以专有技术、专利、软件等无形资产的形式进行贸易。技术密集型产业对技术引进国的相关技术水平、人力资源素质、科技基础设施的要求很高，因为高技术产业技术生命周期较短、技术更新速度较快、研发费用投入巨大，所以发达国家对此类技术的知识产权保护非常严密，严格控制其对外贸易。内部化交易是高技术产业国际技术转移的重要特征之一，通过内部化的技术转移，发达国家可以节省交易费用、降低交易风险，更重要的是可以长期保持对发展中国家的技术领先优势和市场垄断地位，利用垄断价格实现世界范围内的垄断利润的最大化。发达国家的跨国公司普遍通过国际技术贸易绕开关税和非关税壁垒以打开或扩大他国市场。

跨国公司高度关注技术引进国企业自身是否在国内拥有较大的市场份额和较高的品牌知名度，以解决技术输出方进入技术引进国市场营销渠道问题。如果跨国公司能并购市场占有率领先和高知名度品牌的技术引进国企业，就可以轻易获得这些企业的营销网络优势和品牌优势，并且可以减少或避免建立独资企业将要面临的与国内优秀企业之间的激烈竞争，从而为占领技术引进国市场奠定基础。跨国公司越来越重视技术整合以实现自身整体技术的领先优势，最大限度地实现技术转移后的技术融合及技术协同创新。

技术输入国企业在跨国并购中可以获得跨国公司的先进技术和管理经验，其本意是实现引进技术后的自我吸收、掌握和改进，使其真正成为适应本国市场需求特点的自主技术，摆脱“引进技术—技术淘汰—再引进技术”的依赖性循环，进而增强自身的技术实力，缩短与世界先进技术水平的差距。但是，技术引进方与技术输出方之间存在博弈，技术引进方常常处于被动地位。

技术贸易的拓展内容还包括以下几种形式：

高科技设备采购与租赁；拍卖转让，技术提供方将技术全部所有权以拍卖的方式交付给受让方；许可分成，将转让技术的部分权利有偿转让；交叉许可，拥有互补性的专利技术，形成专利结盟，互惠使用对方专利技术；集团技术贸易，一个集团对另一个集团的技术转让，包括互免专利费等；跨国托拉斯内部法人企业之间的技术贸易；Free 模式，由第三方付费的技术贸易；数据使用许可；软件授权许可；商标及衍生许可等。

3.1.2 技术贸易的特性

1. 技术贸易的发展趋向

技术贸易作为一种高度专业化、高风险性、规范化和依托性较高的贸易形式，需要双方在技术评估、产权保护、合同规范等方面进行严格的管理。技术贸易的特性决定了技术贸易的发展趋向，技术贸易发展的趋向体现了技术贸易的特性。

(1) 高度的专业化、知识化

技术贸易是信息化、知识化高度融合的行业，需要相关领域的专业技术人员和经营管理人员知识与经验的交流融合。技术贸易内容涉及工程、电子、生物医学、信息技术等所有行业领域的制造技术、工艺技术、软件开发服务等，依赖全过程的参与和支持力量。技术贸易的参与门槛越来越高，需要经过系统的学习和实践才能保障技术贸易参与各方利益的最大化。

技术贸易需要专业人才的参与。高度专业化的技术内容，需要相关领域的专业人才具备深厚的专业知识、技能和经验，拥有专门领域的专业背景和专业资格。人力资源是技术贸易人才优势的根本所在。

(2) 技术贸易垄断性增强、竞争性弱化

传统的技术贸易的垄断性受反垄断法的制约及竞争对手的正面竞争挤压，大企业的垄断性削弱，垄断利润下降。跨国公司大量设立之后，挟持金融资本的介入，高新技术日新月异。技术贸易除机器设备、专利、商标外还有大量的专有技术或核心技术信息需高度保密，技术的横向转让仅靠知识产权法和签署保密协议已很难避免技术秘密的泄露或被授权人私用。

技术垄断的诱因催化了跨国公司技术内部化贸易的广泛实施和第三方技术供给的蓬勃兴起。跨国公司的核心技术通过内部组织体系以较低成本和内部互利价格，在内部转移技术，为谋求整体利润的最大化，将中间产品特别是知识产品、技术产品在企业内部转让。

第三方专业技术供应是专业化社会分工的体现，但同时也是高新技术贸易中技术风险分割和权责利分配的另类形式。技术贸易中第三方专业研发型技术企业的介入，原本由技术贸易供方直接提供的技术，外包给第三方专业化的研发和设计企业承担。

价格竞争等初级手段转向服务优势的协同合作。

技术贸易受各种因素的影响，公司无法控制全部因素。技术交易的市场内部化，即把市场建立在公司内部，通过内部转移价格实现交易成本最小化；市场内部化可以合理配置资源，提高效率和效益，强调跨国公司管理能力和经验优势的作用意义。

实际上，技术贸易内部化的真正动因是技术的垄断性能够带来超额利润，跨国公司通过高新技术贸易的纵向一体化避开了同业的正面竞争和反垄断法规的制约，通过在世界各地设立分支机构的办法直接进行技术经营，直接提供技术消费品和技术服务。同质化减少，正面竞争也减少，竞争性弱化。

（3）并购成为技术贸易的重要形式

科学技术推陈出新，在技术取得突破后技术持有者需要将其快速、有效地转化为市场需求。但是，高新技术研发伴随着高风险，如对核能、生物疫苗等新开发的技术需经历严格的评估和监管，安全事故、环境污染和法律的合规性等风险在技术贸易前后的短期内难以甄别；技术并购的根本动机是企业逐利的本性和迫于竞争压力而采取的主动行动，是企业对外扩张、获取稀缺资源的有效途径，通过并购资源的优化配置兼并运营中的潜力企业能够有效规避风险。当技术更迭加快，并购则给此类企业提供了通过外延方式快速获取技术、整合资源、高效占领市场的机会。

技术并购由野蛮无序时代的企业吞并竞争，分阶段走向互惠互利的技术竞争，不再以传统“丛林法则”致同行对手破产为单一手段代价，采取了“强强联合”的对等兼并方式，不以规模化扩张为目的而是为壮大技术实力突出产品市场优势为目标。兼并弱势企业通常不能得到先进技术，强强联合既有规模强势的联合更指技术强势的联合，大企业的对外兼并对象中不乏持有专有技术和核心技术的中小企业。并购是直接获取国外先进技术的特殊贸易方式。

（4）价值链的高度依托性

专有技术或核心技术在市场上具有垄断优势和独特性，技术需方对供方也有很高的依托性，买方如不具备自主开发的能力或需要更快速地获取技术，只有完全依托技术供方才能真正获取这些技术。技术供方为确保技术的市场稳定性和相对先进性也需依托技术需方的技术消费。

①技术支持依托。除了技术本身，买方还需要依赖技术供方提供的技术支持和售后服务，需要供方的专业知识和经验来确保技术的有效应用。

②价值链依托。技术贸易复杂的价值链网络，多源的供方和服务合作方共同参与技术的交付和支持。买方对价值链的完整性和质量都有依赖性。专有技术和核心技术也是技术贸易价值链自身的存在依托。

③长期合作依托。技术贸易往往是一个长期合作的过程，买方和供方之间需要建立稳定的互助关系。

合作生产是最直接有效的技术转移手段之一。合作生产由甲国提供技术和关键元器件，乙国提供劳动力和某些辅助元器件，最终在乙国组装，实质是合资经营。这种方式往往能够把获得的技术知识转化为其他产品或其他工业。除了合资经营，外国企业也可在他国开设拥有100%股权的子公司，合作生产也是外国直接投资。

在高度依托性的技术贸易中，买方需要供方技术的可靠性、技术能力和可持续性支持。供方为稳固价值链的地位会自觉建立有效交付的良好沟通机制。

（5）技术贸易环境持续改观

为了保证技术贸易的顺利进行，国际社会逐渐形成了一系列相关规范和标准，如知识产权保护公约、技术转移等方面的规范规定。中国已陆续加入相关条约，大大改善了企业参与国际技术贸易的宏观环境。

①知识产权保护公约。为防范知识产权的侵权和剽窃，保护技术创新者和权益人的权利，国际社会制定了相关的法律和协议，主要公约包括《保护工业产权巴黎公约》《保护文学和艺术作品伯尔尼公约》《商标国际注册马德里协定》《与贸易有关的知识产权协定》等。《保护工业产权巴黎公约》与《保护文学和艺术作品伯尔尼公约》一起构成了全世界范围内保护经济“硬实力”和文化“软实力”的两个“基本法”。

②技术标准。技术贸易涉及的技术通常需要遵循一定的技术标准，如我国标准体系中公开发布的国家标准、行业标准、地方标准、团体标准、企业标准，以确保技术的互操作性、兼容性和质量。国际标准化组织（ISO）等机构制定了一系列技术标准，为技术贸易提供了规范和指导。

③技术转移规定。技术转移涉及技术的许可、转让和合作等形式，国际社会制定了相关的规定和准则，如技术转移行为准则、技术转让合同版式等，以确保技术转移的合法性、公正性和透明度。

④出口管制。某些高风险技术涉及国家安全和战略利益，各国都有相应的出口管制政策和程序，以控制相关技术的出口和转移，防止技术被用于非法目的或对国家安全构成威胁。

高度规范化的技术贸易有助于维护技术贸易的公平性、安全性和可持续性。技术贸易参与方应遵守相关的规定和准则。

2. 技术输出贸易

技术输出的根本目的是延长产品的寿命周期和开辟新的潜在市场。技术输出国通过对外出口产品的形式，实现技术的输出。对于技术输出方而言，技术输出通常掌握技术贸易的主动权，输出哪类技术、输出于何地何家、附加条件几多，这首先取决于技术输出方的意愿。通常只有技术生命周期特定阶段的技术才会出现技术的买方市场。

技术输出贸易除了为技术输出企业带来利润与市场的现实利益，还能带动输出国产业链上下游企业的发展。技术输出过程也是向技术引进方传播技术和扩大生产规模丰富市场供应的过程。但是，这绝不是技术输出方的主观能动，因为无偿的国际技术援助不属于技术转移的研究课题。

技术输出的客观效应有以下4个方面：

①技术扩散与转移。技术输出贸易是一种有效的技术扩散和转移方式。通过向其他国家或地区出口具有高附加值的产品，同时将相关的技术、知识和经验传输给引进方。技术输出促进技术的全球传播和应用。

技术扩散促进了跨国间的合作和交流。技术输出和引进双方可以在技术开发、研究和创新方面进行合作，促进国际的技术标准与规范的推广。生产和管理遵循国际通用的技术标准有助于提高产品质量、降低成本。

技术输出附加的技术培训与人才培养为引进方提供了学习和培训的机会，帮助引进方掌握先进的技术和工艺。

②产业链拓展。技术输出的先进技术和工艺能够带动同业上下游企业的相应转型。先进的生产设备、工艺和管理经验是产业升级的标识。

技术输出为引进方培养和引进专业人才，提高了人才队伍的技术水平和创新能力，能够推动整个产业链的人才培养和技术转移，形成人才和技术的良性循环。

③促进经济增长。技术输出技术能够带动新产品出口，增加技术引进国家的贸易收入促进相关产业的发展，增加就业机会。

④加强国际合作与交流。技术输出贸易可以建立合作关系，这种合作与交流可以促进国际的技术合作与创新，推动全球技术发展和经济繁荣。

3. 技术引进贸易

技术引进贸易是指企业通过引进国外（外部）的技术资源，快速获取先进的技术、知识和经验，以提升自身的技术能力进而扩大生产和增加市场占有率。《中国科技统计年鉴》将技术引进分为：专利技术的许可或转让（包括专利申请授权的转让），专有技术的许可或转让，技术咨询、技术服务，计算机软件的进口，商标许可，合资生产、合作生产等，为实施以上内容而进口的成套设备、关键设备、生产线等，其他方式技术进口。

（1）技术能力提升

技术引进贸易帮助企业迅速提升自身的技术能力。通过引进先进的技术和知识，企业可以快速掌握最新的技术趋势、工艺和方法，从而提高产品的设计、制造和运营能力。

先进设备和流水线生产需要团队的合作和协调，能够培养企业团队的协作能力和跨部门的合作精神。

引进技术的工艺、流程置于完善的质量控制体系，能够提高产品的质量稳定性和可靠性。通过引进先进的质量管理方法和技术，企业可以优化产品设计、生产和测试过程，提高产品的品质标准和质量管理水平。

（2）减少研发成本和时间

企业能够减少自主研发的时间和成本压力。外部技术资源可以直接带来成熟的技术方案和解决方案，避免从零开始的研发，可以大大缩短产品开发周期。

（3）提高品牌声誉

技术引进对于提高产品质量和品牌声誉至关重要。先进技术应用改进产品的设计和制造过程，提高产品的精度、效率和一致性。先进的质量管理系统和标准帮助企业建立完善的质量控制体系。

质量控制和管理、产品创新与差异化、品牌建设，配套的生产与管理为品牌声誉和市场优势奠定基础。

（4）拓展市场和业务

引进技术可以进入新的市场和业务领域，扩大产品的应用范围，拓展新的市场需求。

引入新的技术和工艺实现产品的多样化和差异化，为满足不同市场和客户的需求，提供了广泛的产品选择。新的生产技术开发出更多种类的产品，覆盖更大的应用领域。这种合作关系便于企业继续引进新技术，共享资源、经验和市场渠道，开拓新的市场和业务。品牌影响力的借用可以扩大自身在新市场和业务领域的品牌影响力。

3.1.3　技术许可（许可证贸易）实施

1. 技术许可的作用

技术许可之所以成为技术贸易的主要交易形式，是因为许可这种形式能够满足利润获取的最佳追求，能够低成本地开拓新市场。技术可以多次许可，而许可的费用相对低微，并且有成熟的模式可借鉴，有完备的法律制度予以保障。技术所有者通过将自己的技术许可给他人使用，拓展进入新的市场，扩大产品的销售范围和市场份额，获取许可费用，实现技术的应用和推广。

（1）市场拓展

①新的地理市场。技术所有者通过技术许可可以将自己的技术推向新的地理市场。这些市场可能是国内外的新兴市场或地区，具有较高的需求和增长潜力。通过与当地的被许可方合作，技术所有者可以利用其技术优势进入陌生市场，扩大产品的扩散范围。

②新的行业市场拓展。技术所有者通过技术许可进入自己尚未涉足的行业市场。技术在不同的行业中具有广泛的应用，通过将技术许可给其他行业的企业，技术所有者可以实现行业之间的技术转移和合作，将技术所有者带入新的跨界市场，拓展产品的应用领域。

③新的客户群体拓展。技术许可为技术所有者拓展产品的客户群体。通过与被许可方合作，将技术应用于不同的客户群体，提高产品市场的全球覆盖率，增加产能和市场份额。

④组合策略实施。技术许可与其他产品或服务相结合实施组合营销。将技术许可与其他产品或服务捆绑营销，为客户提供“一揽子”解决方案，增加产品的附加值。

（2）获得资金回报

技术所有者可以通过技术许可获得许可费用，从而获取额外的资金回报。

①许可费用收入。技术许可可以一定的许可费用的形式进行。许可方（技术所有者）可以向被许可方（许可受让人）收取一定的费用，作为技术许可的回报。这些许可费用可以根据许可协议的约定方式进行支付，通过获得许可费用收入，技术所有者

可以获得低成本的资金回报。

②技术互换的非现金流收入。技术通过许可方式在跨国公司或集团公司之间的免费互持或协议置换已成为流行做法，互惠互利方式缓解了资金流通与支付压力。

③低风险的资金回报。技术许可被视为一种相对低风险的资金回报方式。与其他市场拓展方式相比，如直接投资建立子公司或合资企业，技术许可涉及的风险较低。技术所有者可以通过技术许可向被许可方授权其技术，而无须承担大量的资本投入和运营风险。这种低风险的资金回报方式可以让技术所有者在市场拓展过程中减少财务风险，同时享受许可费用带来的资金回报。

④闲置技术资源的利用。对于技术所有者而言，通过技术许可将闲置的技术资源转化为经济价值。有些技术所有者可能拥有多个技术或专利，但并非所有技术都能在自身业务中得到充分利用。既有技术的持有使技术所有者可以将其转化为许可费用，实现技术资源的最大化利用。

2. 技术许可的商业模式

技术许可作为一种商业模式是指技术所有者与被许可方之间建立的合作框架和制约机制，以实现技术的授权和利益共享。许可协议需要明确约定双方的权益和责任，保护各自的知识产权和权利，并约束被许可方（许可受让人）按照协议规定使用技术。

（1）授权费模式

被许可方支付授权费用以获取技术的使用权，授权费根据技术应用的规模和范围来确定。授权费模式适用于技术所有者拥有特色和有现实预期需求的技术。

①技术价值体现。授权费的支付是基于技术的独特价值和市场需求。技术所有者通过自主研发或投资获得了具有竞争优势和商业价值的技术，这些技术能够帮助被许可方提升产品质量、创新能力或市场竞争力。因此，授权费的金额通常会与技术的价值和潜在利益相关联。

②许可范围和期限。授权费的支付通常与技术使用的范围和期限相关。被许可方可能需要根据技术许可协议中的约定，在特定的时间段内使用技术，并且可能有一些限制条件。授权费的金额可能根据许可范围的大小、期限的长短和使用限制的严格程度而有所不同。

③授权费一次性支付、定期支付或基于销售量提成等方式。一次性支付适用于一次性技术转让或短期使用的情况，定期支付则适用于长期技术使用或被许可方对技术有持续需求的情况。定期支付可以是按月、按季度或按年支付，根据双方协商达成的许可协议来确定。

④授权费的结构。授权费的结构可以根据不同的情况而有所变化。一种方式是授权费采用固定金额的形式，不受被许可方使用技术的规模和产量的影响。另一种方式是按销售数量或销售额的一定比例支付授权费，这种方式根据被许可方的实际生产销售数值计算。

⑤利益共享。技术所有者与被许可方之间某些情况下可能达成利益共享的协议。除了授权费，技术所有者可能会分享被许可方通过技术使用获得的利润。利益共享激

励双方共同促进技术的应用和扩大商业化规模。

⑥授权费的定价依据。授权费定价是授权费模式中的核心要素。技术所有者要综合技术价值、市场需求、同业资源、被许可方的财务状况等因素来确定合理的授权费。定价过高被许可方难以接受，定价过低影响技术所有者的回报预期。

⑦控制和监督。授权费模式中的许可协议有必不可少的约定控制和监督条款。这些条款包括对被许可方的质量控制要求、产出监督和审核、技术更新和升级约定等。技术所有者通过控制和监督维护技术的价值和商业利益。

授权费模式是一种相对简单且灵活的技术许可商业模式，技术所有者通过技术许可协议获得收益，向被许可方履行技术支持和应用权利责任，以合理的定价和合作关系维护，双方在技术许可的框架下实现互利共赢目标。

（2）特许经营模式

特许经营模式是一种技术许可类型，其中技术所有者（特许人）授权被许可方（被特许人）使用其技术、品牌或商业模式，以经营特定的业务。

特许权的概念非常宽泛，不同的问题描述就会有不同的权利引申。广义的特许权许可是指所有存在利益关系的技术权利的授予，其中包括专利、商标、专有技术等传统意义上的技术许可，也包括普通的特许经营许可。狭义的特许权许可是指基于管理技术、软件技术为主，且区别于传统技术贸易的技术转移方式。特许权许可的实质是知识产权扩展前提下的特许经营，主要有以下 4 种类型：

①产品特许经营。其特许权的主要内容有特定产品系列、销售价格体系、销售方式、售后服务约定。

②生产特许经营。其特许权的主要内容有关键技术、专用设备、厂房要求、质量标准、现场管理系统。

③品牌特许经营。其特许权的主要内容有品牌名称、品牌标识（色彩、图案、标志物等）、品牌标语、品牌形象、品牌定位、品牌所代表的品质与实力等。

④经营模式特许经营。经营模式实际上是一套完整的经营运作方案，特许内容就是建设并运营一个具有一定特色的经营实体，其特许权包括 3 个部分，其一，硬件或有形部分，如产品、设备、工具、VI（视觉识别）等；其二，软件或无形部分，如品牌 CI（企业形象）、MI（理念识别）、BI（行为识别）、专利、商业秘密等；其三，特许权的约束和附加限制。

特许权的许可内容主要以《特许经营协议》《特许经营手册》予以约束和规范，这两个文件对特许经营成功与否具有同样重要的作用。

特许经营模式中，技术所有者向被许可方提供特定的技术、知识和专有信息，同时提供了新的商业机会和增长潜力，被许可方能够在特定的市场或区域内开展经营活动，促进销售额的增长和市场份额的扩大，从而获得更多的经济收益。

原始设备制造商（Original Equipement Manufacture，OEM）模式是国际上发展迅速的一种特许经营模式，也是一种有效的技术许可方式，即定点生产，也称代工（生产）。品牌生产者不直接生产产品，而是掌握关键核心技术，设计和开发新产品，控制销售渠道。具体的加工任务通过合同订购的方式委托同类产品的其他厂家生产，将所订产品低价买断，直接贴上自己的品牌商标。承接加工任务的制造商被称为 OEM 厂商，其生产的产品被称为 OEM 产品，是早先电子产业在世界范围内逐步扩展而形成的一种特许模式。国际上主要大企业均采用这种方式，促进了合作双方的互利共赢，实现了技术和市场的有机结合。技术所有者通常会收取一定的授权费用，并与被许可方共享产品销售利润，适用于技术所有者拥有先进制造技术和供应链管理经验的行业和地区。

（3）技术许可实施的法律规制

技术许可的实施须置于严格的法律规制之下。

①技术许可必须基于合法的知识产权，技术所有者需确保自己拥有相关的产权和技术知识信用，并有权授权他人使用。技术许可协议应明确许可的范围、期限和地域，并遵守国家和国际的知识产权保护法律法规。

许可范围：包括技术的具体内容、使用方式、适用领域和限制。

许可期限：即授权的时间长度。期限可以是固定的、可续签的或根据特定条件确定的。明确许可期限有助于技术所有者在一定时间内控制技术的使用，为双方提供合理的商业计划和时间规划。

地域限制：技术许可协议应确定许可的地域范围，可以是国内范围、国际范围或特定地区的范围。特定市场或地区内控制技术的使用限制，避免与其他被许可方在同一地域的冲突。

②技术许可协议是技术许可的法律依据，应在协议中明确双方的权利和义务，并遵守《民法典》的相关规定。

根据《民法典》的规定，合同必须符合法律的规定和公序良俗，合同必须明确具体，应当基于双方的自愿意愿，应当公平合理，双方的权利和义务应当相对平衡。遵守《民法典》的相关规定可以确保技术许可协议的合法性和可执行性。

③技术许可的过程，双方需要遵守反垄断法规定。技术所有者不得滥用市场支配地位限制竞争。

④技术许可涉及跨国经营，需要遵守国际法律法规。技术和知识产权受制于国际知识产权保护的法律框架，如世界知识产权组织（WIPO）的相关公约和协定、《专利合作条约》、《商标法条约》、《联合国国际货物销售合同公约》（CISG）等。

⑤通过知识产权登记来获得法律保护，并为技术许可提供更有力的依据。技术所有者需在相关国家和地区申请专利、商标或著作权。

（4）许可费用和报酬

技术许可由被许可方支付许可费用或报酬，作为技术所有方提供技术使用或所有权的回报。许可费用根据技术的价值、使用范围和市场需求等因素商定。这些因素包括但不限于技术的独特性和市场需求、技术的价值和应用领域、技术的使用范围和期限、许可方的经济实力和预期利益等。许可费用的支付可以采取一次性支付、定期支付或基于销售额或利润的提成等方式。

除了许可费用，技术许可协议还可有其他获得报酬的方式。技术许可方可以要求被许可方在技术使用过程中提供技术支持、技术改进或技术更新等再研发成果。这样的报酬方式可以帮助技术所有者不断改进和完善技术，并在技术的使用和发展过程共享双方的成果利益。

技术许可协议双方在协商和签订技术许可协议时应充分考虑各种影响因素，在协议中明确约定相关的费用和报酬条款。

3. 技术许可类型

技术所有者可以通过授权许可的方式，将自己的技术授权给被许可方使用。这包括对专利、商标、著作权等知识产权的授权，以及技术的使用权和操作指南的提供。

（1）专利许可

专利许可又称专利权使用许可或专利权实施许可。通过专利许可，技术所有者允许被许可方在指定范围内使用专利技术，以生产相关的产品或提供服务。专利许可与专利权转让是不可混淆的两个概念。专利权转让是指专利权人将自己的整个专利权全部转让给受让方。专利许可是许可方（即专利权人）允许被许可方在一定的时间和范围内使用自己的专利使用权。专利许可通常以书面协议形式出现，这种协议被称作专利许可证、专利许可合同。

专利许可合同的订立、履行也称专利许可证贸易。专利许可与专利权转让，均须通过签订书面协议的方式予以认定。专利权转让合同的签订还须经过国家知识产权局专利局登记和公示后才能生效。技术所有者可以通过专利许可，向被许可方授予使用其专利技术的权利。这可以包括发明专利、实用新型专利、外观设计专利等不同类型的专利。

（2）商标许可

技术所有者可以通过商标授权许可，将自己的商标授权给被许可方使用。商标是用于识别产品或服务来源的标识，通过授权许可，技术所有者允许被许可方在指定范围内使用其商标，以标识自己的产品或服务，并获得商标的声誉和市场知名度。商标许可包括商标的使用权及商标项下的相关技术的使用权。商标许可协议一般都包含相应的技术贸易内容。如果假冒商标可以轻易达到原商标商品的质量标准，则单纯的商标使用权许可会使原商标商品的竞争力大打折扣，其生命力亦不会持久。因为创建一个品牌商标，需要一定的时日，需要一定的人力、财力、物力的投入，商标许可通常是在引进生产线或引进专有技术时，在一系列附加条件下同时许可。除了少量的土特产品或真正的老字号商品，商标许可大多是由发达国家向发展中国家转移。

（3）著作权许可

技术所有者可以通过著作权许可，将自己作品的著作权授权给他人在一定条件和范围内商业性使用并收取报酬。著作权的客体包括文学、艺术和科学作品等，通过授权许可，技术所有者允许被许可方在指定范围内使用、复制、传播和展示其作品。

著作权许可是一种常见的知识产权授权方式，允许技术所有者将自己的著作权作品授权给被许可方使用。

(4) 技术使用权许可

除了知识产权的授权，技术所有者还可以通过技术使用权的授权许可，将自己的技术知识和操作指南授权给被许可方使用，包括技术的使用、实施、操作和维护等方面的权利。通过技术使用权许可，技术所有者允许被许可方在指定范围内使用其技术知识，以实现相关的生产或服务。规范的技术使用权形式是专有技术许可。

专有技术亦称技术诀窍、技术秘密，是技术许可中最为复杂、重要的技术交易形式。专有技术很多情况下是与专利技术和其他知识产权技术一起转移的，如专利技术许可中，仅凭专利公开的说明书或技术标准，往往不能达到预期的技术转移目的，或不能顺利地安排经营活动，专利持有人往往还保留部分关键性的技术或某些既容易被人们忽略而又不容易被人们轻易解决的“问题”。所以在其他类别的技术许可中，很多时候必须另行配套引进能够使生产经营活动顺利运行的专有技术。

(5) 专利申请权许可

专利申请权许可是许可方将特定的发明创造申请专利的权利移交给被许可方，被许可方为此支付约定的价款而签订的转让协议。专利申请权许可属于技术许可的一种。专利申请权许可经常是在专利申请得到批复后，与该专利捆绑在一起实施转让的。从技术转移的角度，被许可方单纯为许可方办理专利申请属于技术服务概念，而申请权与专利权的同时转让则属于技术转移范畴。

4. 技术许可的形式

(1) 独家许可

技术所有者将技术独家授权给一个特定的被许可方，被许可方在特定的行业或地域内拥有独家使用权。独家许可又称排他许可，是指技术所有者在约定的期限、地域，以约定的方式，将该技术仅许可一个被许可人使用，技术所有者依约定可以使用该技术，但不得另行许可他人使用该技术。在一定地域内，被许可方在合同有效期内对被许可使用的技术享有排他的使用权，许可方不得把该专利技术再许可第三方使用，但许可方自己有权在该地域内使用该项技术。

独家许可通常需要技术所有者和被许可方之间建立紧密的合作关系。双方需要共同努力，共享信息和资源，以实现技术的最大化利用和商业化价值。

被许可方可能面临市场竞争的压力，需要在独家使用权范围内不断创新和提升竞争力。此外，技术所有者需要确保被许可方能够有效地推广和使用技术，以实现双方的利益最大化。

独家许可是授予被许可方独家使用权的特定技术许可模式。被许可方需要承担更多的责任和风险，确保在独家使用权范围内有效地开发和推广技术。技术所有者需要确保被许可方具备足够的能力和资源，以支持技术的成功应用和市场推广。选择独家许可需要严格的评估和风险管理，以实现双方长期的合作和共同发展。

(2) 非独占许可

技术所有者将技术许可给多个被许可方，每个被许可方在自己的行业或地域内有权使用该技术。

通过非独占许可，技术所有者能够将技术迅速扩展到多个市场和地区。各个被许可方在其特定范围内推广和使用技术，从而覆盖更广泛的市场，扩展产品的知名度和市场份额。

非独占许可能够分散技术所有者的风险。技术被授权给多个被许可方使用，技术所有者不依赖于单一被许可方的成功或失败，减轻了单一合作伙伴可能带来的风险和不确定性。

非独占许可方式可以促进产品创新和提高技术适应性。各个被许可方可以根据自己的市场需求和客户反馈进行产品定制和改进，技术能够更好地适应不同市场的特点和消费需求。

非独占许可方式鼓励被许可方之间的合作和协同效应。被许可方共享经验、体验实践，相互学习。这种合作可以提高整体技术水平和市场竞争力。

非独占许可方式鼓励市场竞争，被许可方之间在各自的领域内可以进行竞争，从而推动产品和技术的不断改进和创新。非独占许可还为技术所有者提供了灵活性，在不同市场和地区内选择不同的被许可方，可更好地适应市场需求和发展策略。

(3) 交叉许可

技术所有者与另一个技术所有者进行互相许可，各自许可对方使用自己的技术，以达到互利共赢的目的。这种许可是一种合作形式，需要双方根据各自所持有技术的价值进行协商谈判，有互换的部分，也有付费授权的部分。

交叉许可允许技术所有者互相分享和利用彼此的技术，实现技术互补和整合，双方的技术可以相互补充，形成更完整、更综合的解决方案，减少技术贸易成本和现金流压力。

通过许可对方使用自己的技术，技术所有者可以获得更多的创新和研发资源，加快技术的演进和应用。这种合作可以减少重复研发的成本和时间，加快新产品和技术的推出。

交叉许可需要技术所有者之间进行知识产权保护和合规性的考量。双方需要明确知识产权的归属和使用范围，确保合作的合法性和合规性。这包括在许可协议中明确知识产权的使用和保护条款，以及保护双方的商业机密和机构利益。

(4) 强制许可

在后的技术比前技术具有显著经济意义的重大技术进步，其实施又有赖于前一发明或者实用新型实施的，国务院专利行政部门根据后一专利权人的申请，可给予实施前一发明或者实用新型的强制许可，也可根据前一专利权人的申请，给予实施后一发明或者实用新型的强制许可。强制许可需满足以下条件：

①一项取得专利权的发明或者实用新型（称为从属专利）比之前已经取得专利权的发明或者实用新型（称为基础专利）具有显著经济意义的重大技术进步。

②从属专利的实施有赖于基础专利的实施。

③国务院专利行政部门根据从属权利人的申请，强制许可其使用基础专利，也可

以根据基础专利人的申请，强制许可其使用从属专利。

④申请强制许可的单位或者个人应当提供证据，证明其以合理的条件请求专利权人许可其实施专利，但未能在合理的时间内获得许可。

乙在甲的专利基础上进行改进并申请获得新的专利，甲的专利属于基础专利，乙的专利属于从属专利，甲和乙需要使用对方的专利时适用“交叉许可”的制度，即向国务院专利行政部门申请强制许可其使用对方的专利，所以如果甲无故不同意乙使用其基础专利，乙可以通过强制许可的方式拿到授权，但是需要向甲支付合理的费用。

(5) 特许经营

技术所有者将自己的品牌、商标和经营模式等授权给其他企业，让其在特定区域内以技术所有者的品牌开展经营活动。

通过特许经营方式，技术所有者将自己的品牌价值传递给被许可方。技术所有者的品牌必须具有良好的声誉、知名度和市场认知度，通过特许经营，品牌优势可以转化为被许可方的市场竞争力和品牌价值。

技术所有者的经营模式经过实践在特定市场或行业中取得成功，通过特许经营，成功的经营模式可以复制和传承给被许可方。被许可方学习和借鉴技术所有者的经验和实践，能够快速建立自己的经营体系和运营流程。

特许经营能够降低被许可方的创业风险，可以依靠技术所有者的品牌声誉、产品定位和市场策略，避免自主创业中的不确定性和风险。技术所有者提供了一种经过验证和成功的商业模式，被许可方在此基础上经营能够降低失败风险。

技术所有者通过特许经营可以实现市场的快速渗透和扩张。通过将自己的品牌和经营模式授权给多个被许可方，在更广泛的地区和市场上开展经营活动，技术所有者可以快速扩大自己的市场份额和影响力。

技术所有者通常会进行监督和支持，提供培训、指导、市场营销等方面的支持，确保被许可方能够按照技术所有者的标准和要求经营，并维护品牌形象和市场声誉。

特许经营对于技术所有者和被许可方各有益处。技术所有者需要确保被许可方能够正确理解和执行其品牌和经营模式，保持一致的标准和质量。被许可方则需要认真评估特许经营的商业前景和可行性，能够按照技术所有者的要求进行经营。双方共同努力，特许经营才能实现共赢。

(6) 子许可

子许可指技术许可中被许可方将技术再次许可给其他企业或个人的情形，属许可协议中约定的再次许可。技术所有者应在许可协议中规定是否允许被许可方进行子许可。

子许可的规定和限制应在技术许可协议中明确规定，并遵守相关的法律和合同约定。子许可允许与否及相关的约束条件，根据技术所有者和被许可方的具体需求和商业考虑进行协商和约定。

技术所有者和被许可方应在许可协议中明确约定双方的最大化权益和尽职责任。子许可的具体内容和方式需要根据技术的特性和市场需求调整和定制。双方都要考虑自身的战略目标、知识产权保护、技术保密等方面的需求，充分沟通和协商，确保双方利益的平衡和保护。

3.2 技术服务贸易

技术服务是指为了提供某种技术而进行的服务性质的活动。技术服务的内涵包括为技术转移提供的技术研发、技术咨询、技术解决方案、技术集成、技术维护和技术运营等各种相关服务。技术服务贸易是指提供技术服务的有偿交易行为和技术转移过程中的各类服务活动。

技术服务是技术转移（交易）的另一重要形式，其业务规模在快速增长中。技术服务与技术转移服务是两个不同的业务范畴，随着现代服务业的迅猛发展，技术服务的内涵与外延都发生了极大的变化。技术服务已由捆绑于先进设备进出口的附加服务这一特定概念，发展为“知识型技术”单独的引进与输出，或为他人的设备系统提供升级改造等方面的专业化技术服务，如智力劳务输出、引进与输出项目谈判的专业培训、使用AI技术为需求方提供问题解决方案等。

广义的技术服务既包括依附于机器装置、设备设施交付的配套服务，还包括作为第三方向已转移技术提供追加的深度服务和直接向需求方提供专门的软件服务等，是技术供方向技术需方提供技术劳务的行为。广义的技术服务包括很多业务内容，最经典的如技术咨询，同时也是技术转移服务的业务范畴。

生产制造业的转型可使电子化、数字化集成度提高，机器设备的操作更为简便，技术精度和结构原理却更加复杂，机器设备技术含量越高，技术服务的比重也越来越大。但是，导致技术服务由量到质的蜕变不仅是制造业技术含量的变化，还由于经济全球化与生态资源环境恶化导致的世界性产业结构的调整。技术转移推动着现代服务业迅猛发展，技术咨询、专有权利使用和特许使用等新型技术服务贸易所占比重增长迅速。技术服务内涵扩张，与传统技术服务贸易相比大有并驾齐驱且超越之势。

3.2.1 技术服务的高速增长趋势

技术服务是一个广泛的概念，涵盖了全部产业的生产和服务领域，包括技术咨询、技术培训、技术支持、技术评估、技术合作等多种形式的服务。随着新技术应用的不断更新和应用领域的拓展，技术服务的范畴也在相应的演变中。

1. 技术服务的内涵演变

技术服务成为与技术贸易并驾齐驱的贸易形式，是信息技术和人工智能等技术快速更新换代的结果。

新技术的大量应用需要有新服务的跟进，除此之外，新技术的软件化特性也决定了技术服务在技术应用尤其在生产制造中的主导作用。技术服务的重心在嵌入式软件于全球产业链、供应链的全覆盖存在，对全球产业链具有控制性影响的生产性技术服务异军突起，发展迅速。

快速增长的技术服务呈现以下几个显著趋向特征：

第一个趋向是在各种高端装备中，技术服务的商业价值占商品市值的比重已超过50%，这意味着作为产品硬件附加值的技术服务软件价值超过了硬件价值。

以自动驾驶电动汽车为例，置换掉燃油发动机，零部件数量减少了约40%，零部件价值将减少50%以上；电动汽车操作系统+App模式，功能增加，机械零部件却大幅减少，硬件形成的产品价值占价值总值的比例约为40%，其余50%~60%是各种应用软件、嵌入式芯片的设计专利等技术服务。

技术服务与商品外观是虚无的，但其商业价值是真实存在的。其他各行各业的高端装备、终端大都是这样的趋向。

第二个趋向是世界技术经济发达国家的GDP总量中，生产性服务业比重越来越大。数字经济转型中的生产性服务主要是技术性服务。

30年以前，服务贸易占全球贸易总量的5%左右，现在已经达到了30%，技术服务贸易与技术贸易相比，技术贸易比重在收缩，技术服务贸易在扩张，技术服务贸易逐渐成为广义技术贸易的主要内容。随着人工智能、区块链、云计算、大数据等为代表的新一代数字技术发展，技术服务的可贸易性大幅提升，同时成本迅速下降，应用场景广泛扩展。

根据联合国贸易和发展会议（UNCTAD）的统计数据，全球数字服务贸易占服务贸易比重已经超过60%，并持续保持高速增长。数字服务贸易主要是新技术应用带动的技术服务贸易。

第三个趋向是技术服务贸易与技术贸易的界限在不断融合。世界服务贸易结构在不断优化。以旅游、运输服务为代表的传统服务贸易虽然规模在增长，但其在服务贸易总规模中的占比却在下降。与之相对照的是，知识和技术密集型的服务贸易占比在提升。高新技术在世界范围流动，技术资本尤其是知识产权交易量会相应增长，与知识产权转让的相关技术服务也逐渐增大了技术服务贸易的比重。

全球价值链驱动了制造业服务化的发展，制造业生产自动化水平提高，制造业企业不断向前端的研发设计和后端的技术服务转移，即"制造业服务化"。生产效率提升，部分企业完全实现了由技术商品生产向技术服务提供的业务转型，制造业服务化延伸了技术服务贸易的边界，很多纯粹的产品制造企业开始向服务的价值链高端转移。

第四个趋向是技术服务贸易占全球技术贸易比重越来越大。

美国的服务业占全国GDP的80%，从数据直观看，农业、工业两大产业严重"虚脱"，但实际上美国80%的服务业里面有70%是生产性服务业。即美国2022年25万亿美元的GDP，其中有13万亿美元是生产性服务业，是与制造业直接关联的高科技服务业。

欧盟27个国家服务业增加值占GDP比重是78%，其中有50%是生产性服务业，也就是欧盟GDP的38%是生产性服务业。美国生产性服务占GDP的50%以上，欧盟占40%左右，其他发达国家的生产性服务业增加值占GDP的比重为40%~50%。

中国2022年GDP中制造业增加值占27%，服务业增加值占52.8%，服务贸易出口总额达2.85万亿元。这52.8%中有2/3是生活性服务业，生产性服务业不足1/3，即生产性服务业占 GDP 比重为 17%～18%。与美国（50%）、欧洲（40%）相比，生产性服务业即技术性服务业有巨大发展潜力。

要发展高质量的中国制造，必须提升智能制造技术服务的附加值，从技术转移的角度，一是增加技术服务的引进，二是加大技术服务的输出力度，提升技术服务贸易在整体贸易中的比重。

国家统计局发布的《生产性服务业统计分类（2019）》中提到，生产性服务业包括为生产活动提供的研发设计和其他技术服务、货物运输通用航空生产仓储和邮政快递服务、信息服务、金融服务、节能和环保服务、生产性租赁服务、商务服务、人力资源管理和职业教育培训服务、批发与贸易经济代理服务、生产性支持服务，共 10 大类。这 10 个大类共有 171 个小类的生产性服务。在数字经济下的智能制造中几乎全部与技术服务相关联。制造业的增加值占全球比重接近 30%，但与制造业强相关的生产性服务业却严重滞后，在全球产业链、供应链中居下游位置。

中国的服务贸易结构比例与世界不同步，根据联合国贸发会议的数据，2019 年全球服务贸易占全球贸易总额即达到 30% 左右，而中国的服务贸易占贸易总额比重到 2022 年仅是 12%。

与美国（50%）、欧洲（40%）的比例相比，中国 GDP 中生产性服务业力争达到 30% 的阶段目标，意味着服务业占 GDP 的比例要达到 60%，60% 中要有 50% 是生产性服务业。

2. 技术支持与维护范畴的扩展

狭义的技术服务是指为先进机器设备进出口进行的相关配套服务。

技术支持与维护是专指技术贸易中对交易后的技术产品（商品）和转让后的技术资本（产权）进行的配套（售后）技术服务，以及后续的增值服务。

提供技术支持和维护是技术供方确保技术需方用户在技术落地应用过程能够获得必要的帮助和约定的问题解决方案。通常会提供故障排除、问题解答、补丁更新、系统维护等服务，以确保技术应用的稳定性和可靠性。

技术贸易的配套服务包括以下内容：

（1）信息服务

技术供方与需方用户应建立定期或不定期、稳定的信息服务联系，及时沟通取得用户对产品的各种意见和要求，指导用户正确使用和保养产品。为提高技术服务质量，技术供方服务部门及时把来自用户的各种信息反馈到设计、工艺和检查等专业部门，形成不断循环、不断提高的信息反馈系统。

（2）安装调试服务

根据用户要求在产品设备现场或安装地点进行产品的安装调试，或指导用户或安排第三方进行。

（3）维修服务

维修服务包括按照产品维修计划所规定的维修类别进行的承诺保修的无偿服务和

产品在运输、使用过程中由于偶发事故或保修期后提供的有偿服务。维修服务一般分为定期与不定期两类，定期技术维修是按产品维修计划和服务项目所规定的维修类别进行的服务；不定期维修多是因偶发因素需要而提供的维修服务。

（4）供应服务

向用户提供的有关备品配件，或更换产品的易损件和核心配件服务。

（5）检测服务

保证产品能按设计规定要求有效运转所进行的测试、检查、监控服务，以及所需要的专用仪器仪表装置安装使用服务。检测服务视工作量大小和各种专用仪表的数量多少确定服务形式，成套设备检测服务趋向于建立各种综合性或专业性的测试中心。

（6）技术文献资料服务

提供文档和知识库相关内容服务。向用户提供产品图纸、产品说明书、使用说明书、维修手册及易损件、备件设计资料等有关技术文件，以及技术手册、操作指南、最佳实践、方案案例等，用户通过阅读文档和访问知识库来获取必要的技术信息和指导。

（7）相应的培训指导服务

供方技术支持团队为需方用户提供的相关技术的培训和指导。培训内容主要包括：讲解产品工作原理，演示技术产品或系统的功能、使用方法和维护保养常识等，或在产品的模拟器或实物上进行实际操作训练；帮助用户熟悉和掌握运行技巧，提高操作能力和使用效率。用户培训与指导有助于用户更好地利用技术产品或成套设备，发挥其最大的产出或服务潜力。

（8）故障排除与问题解决

技术支持团队与用户合作解决技术产品或系统的故障和问题。沟通了解具体的故障缘由和运行环境，通过分析和诊断确定问题，并提供解决方案和修复措施。需要现场解决的技术问题，技术供方的技术人员应提供现场技术支持。

（9）软件更新与维护

技术支持团队定期或必要时提供软件更新和维护服务，以保证用户使用的技术产品或系统能够保持承诺的功能和安全性。跟踪技术产品的质量动态和演进，及时发布软件更新和补丁，解决已知问题和漏洞，提高系统的稳定性和性能。技术支持团队可通过远程连接方式，线上访问用户的信息系统，提供实时的技术支持。通过远程监控和管理用户的技术设备和系统，识别潜在的问题，并采取必要的措施进行修复和优化。

（10）紧急支持

技术支持团队通常会提供 24 小时/7 天的值班和紧急支持服务，以应对突发事件和紧急情况。系统故障、安全漏洞或其他技术问题，客户可随时联系，获得及时响应和支持。随着新一代信息技术的普及，远程技术支持成为技术服务的主要形式之一。技术供方通过视频、电话、邮件等方式可以随时远程协助用户解决技术问题。

(11) 增值服务

以信息服务过程积累用户基本信息和需求信息，不间断关注老用户的设备状况和经营发展，通过设备嵌入的物联传感随时为用户推荐辅助服务与增值服务。

通过技术支持与维护，技术供方能够确保用户在使用技术产品或系统时得到及时的帮助和支持，技术转让落地后的正常使用和稳定运行是技术转移成功与否的重要环节。随着现代科学技术的发展，产品结构日益改善，技术精度和复杂程度不断提高，技术服务已从单纯的售后服务发展为售前服务，即在新产品的设计论证阶段就将技术服务的要求列为一项重要内容，并随着设计、试制和生产阶段的进行而逐步具体化，在产品交付使用时就能提供一整套基本完善的技术服务。但对一些结构和使用、维修比较简单的产品，一般仍采取售后服务的方式。技术服务的组织形式，视产品使用复杂程度和市场占有率而定。企业一般设立专职或兼营的技术服务机构。对于使用复杂程度高、工作量较大的产品，还可建立服务公司或服务中心。

3.2.2 广义技术服务贸易的内容

广义技术服务既包括技术交易配套服务在内的技术服务，也包括区分于硬件买卖和许可协议的各种技术服务形式，如专业的技术服务提供者向用户提供的专门技术咨询、技术支持、技术培训、技术解决方案等服务。技术服务是指专业服务机构向客户提供技术咨询、解决方案和技术集成等服务的一种商业活动。技术服务的内容涵盖很多方面，具体取决于所提供的技术领域和服务类型。以下是技术服务涉及的主要业务：

1. 技术咨询服务

技术咨询是指专业的技术服务机构为技术引进或输出，就特定技术项目提供的可行性论证、技术发展与市场预测、专题技术调查、分析评价等方面的服务，包括对重大工程项目、研究开发项目、技术成果推广或转化项目、重大技术改造等，进行可行性论证；就区域、产业科技开发与创新及技术项目进行的专题技术调查、分析评价等；专业技术领域、行业、技术发展的分析预测。技术咨询为技术供方和技术需方双向服务但以技术需方的服务项目为主。技术服务方根据咨询方的需求，提供相应的技术咨询建议，以提高引进或输出技术的效率和效益。

技术咨询有一套完整的程序与规范，只是评估的专业内容和咨询目的不同。技术转移视觉中的技术咨询服务，包括评估技术需求、技术评估与验证、制定技术战略等，为用户提供专业的意见和建议，帮助用户作出正确的决策等。

(1) 评估技术需求

技术咨询的第一步是评估客户的技术需求。这涉及与客户深入沟通，了解他们的业务目标和技术项目需求。通过收集信息、分析数据和与利益相关者合作，评估其技术需求，并准确识别和界定问题。通过与客户的沟通和分析，识别用户原有（存量）技术水平和新技术需求，确定客户的关键技术要求和优先级。具体内容如下：

①理解业务目标和战略。首先了解组织的业务目标、战略和挑战，确保技术需求与业务需求相一致，并为评估提供基本的背景信息。

②现状分析。对当前的技术基础设施、应用系统和业务流程进行全面分析，了解现有的技术环境、系统功能和设备性能，以及现有的技术能力和资源。现状分析有助于确定当前存在的技术瓶颈、缺陷和改进机遇。

③识别关键需求。关键的技术需求包括提高业务效率、改进用户体验、增强数据安全性等。关键需求需要确切、具体和可量化，以便为后续的技术解决方案提供指导。

④实现未来长远发展。着眼未来的业务增长和技术趋势，了解行业趋势、新兴技术的发展及可能的未来需求，确保选择的技术方案具有长期的可扩展性和适应性。

⑤风险评估。评估相关的风险和挑战，包括技术可行性、安全风险、成本和资源限制等。识别潜在的障碍和限制为技术需求的优先级排序提供参考。

⑥制定技术路线图。基于对技术需求的评估，制定技术路线图。技术路线图是一个详细的规划，描述了如何满足技术需求的时间表、优先级和实施策略。技术路线图应该与业务目标和战略相一致，并能提供明确的指导和方向。

评估技术需求需要综合考虑组织的业务目标、现状分析、关键需求、未来发展、风险评估和技术路线图等因素。通过系统性的评估，可以确保选择适合组织需求的技术解决方案。

（2）技术评估与验证

技术评估与验证通过技术测试、实验和模拟等手段，确定其可行性、性能和适用性。

技术评估先确定最适合客户需求和目标的解决方案，再对不同方案的优缺点进行分析和比较，考虑技术可行性、成本效益、可扩展性和风险管理等因素。通过技术方案评估选择最适合其业务需求的技术路径。具体包括以下内容：

①技术可行性评估。帮助用户评估技术方案的可行性和可实施性，分析技术方案的技术要求、资源需求、风险和潜在的限制因素，确定是否值得进一步投资和实施。

②性能评估与优化。通过测试、实验和模拟等手段，收集和分析技术的性能数据，了解技术在实际使用中的性能表现，并提供优化建议和方案。

③适用性评估。评估技术在特定业务环境中的适用性和匹配程度，了解其业务需求和流程，分析技术方案的适用性。从技术的功能、集成性、兼容性、安全性等方面，确保满足需求并与现有的系统和流程无缝集成。

④市场调研评估。收集和分析相关的市场数据、行业报告、竞争情报等，以了解当前市场上的技术趋势、发展方向和可行的解决方案。同时评估各种技术工具、平台或系统的功能、性能、可靠性和适用性等方面的特点，以确定哪种技术解决方案最符合需求和目标。

⑤安全性评估。分析技术的安全性能、风险和漏洞，通过安全测试和漏洞扫描等手段，检测潜在的安全风险，并提供相应的安全建议和解决方案。

⑥实验和模拟。对技术进行验证和测试，建立测试环境、进行实际操作和模拟使用场景，以评估技术实际使用时的表现，通过实验和模拟，了解技术的实际效果、可行性和可靠性。

⑦评估和验证技术方案的可行性、性能和适用性。选择最合适的技术方案，并优化其实施和使用过程。

⑧定制化配置。对所选的技术解决方案进行定制化配置，了解业务流程、特殊要求，定制化配置涉及系统设计、功能定制、界面优化等方面的业务。

⑨风险评估和效果预估。在确定技术解决方案之前，对其潜在的风险进行评估，并预估其对业务的效果和影响。针对实施技术解决方案所涉及的风险因素提供相应的风险管理和应对措施，以及针对业务的预期效果辅助作出决策。

(3) 制定技术战略

基于技术需求和业务目标，协助用户制定技术战略。具体内容如下：

①理解需求和业务目标。制定技术战略的首要任务是理解客户的技术需求和业务目标，为制定技术战略提供有针对性的建议和方案。

②技术趋势和市场分析。研究当前的技术发展趋势、行业变化和市场需求，以及竞争对手的技术能力和战略动向，为技术战略的制定奠定基础。

③资源评估和优先级确定。评估客户的技术资源和能力，包括内部的研发团队、技术设备、专利和知识产权等。根据资源状况确定技术战略的可行性和优先级，提供相应的建议和规划。

④技术路线规划。确定合适的技术方向，规划技术路线，提供合适的技术路线图以实现长期的技术发展目标。技术路线规划可以包括技术架构设计、系统升级和转移计划等方面。

⑤技术选型。在引入新技术或解决方案时，帮助用户进行技术选型。评估不同的技术供应商和产品，考虑其功能、性能、可靠性和成本等因素，并提供合适的技术选型建议。技术选型的目的是确保客户选择的技术能够最好地满足其业务需求和预期目标。

⑥创新和调整。技术战略是一个持续发展和调整的过程，涉及新产品开发、技术升级、技术合作或合作伙伴关系等方面的策略。关注技术趋势和市场变化，及时调整技术战略，以确保其与客户的长期目标保持一致。

制定技术战略是技术服务供方为用户提供的重要服务之一。

(4) 提供专业意见和建议

依据专业的技术知识和行业经验为客户提供确定的意见和建议，就技术趋势、最佳实践、风险评估等方面提供专业的见解。具体内容如下：

①技术趋势分析。熟知技术领域的最新趋势和发展动态。通过研究行业报告、参与技术会议和交流、与技术供方合作等方式，了解新兴技术、创新应用和未来发展方向。基于对技术趋势的把握，向用户提供专业的意见和建议，帮助用户了解技术发展的方向和对运营的影响。

②最佳实践分享。技术服务供方在不同行业和项目中积累了丰富的经验和专业知识。通过分享最佳实践案例，包括成功的技术应用案例、解决方案的最佳实践、项目管理经验等，帮助用户了解行业的最新趋势、成功的实施策略和关键成功因素，指导

用户作出科学的决策。

③风险评估和规避。对技术解决方案的潜在风险进行评估，并提供相应的意见和建议以规避风险。帮助用户识别技术实施中可能出现的问题和风险，并提供相应的解决方案和应对措施。通过客观、专业的评估和建议，提供可行的解决方案。

④技术选择和比较。基于市场调研、技术评估、定制化配置和风险评估等分析结果，为用户分析不同方案的优势和劣势，提供相关的数据和案例分析。根据用户的需求和目标，比较不同的技术选项。依据技术工具、平台或系统的特点、功能、性能、成本等评估意见，提供权衡后的建议和推荐的技术。通过对不同技术选项的分析和比较，实现最佳的服务效果，提升用户的投资回报。

(5) 实施与执行支持

技术咨询提供项目管理、流程优化、人才培训、变更管理等支持服务，帮助用户实施和执行技术战略。具体内容如下：

①项目管理支持。协助客户进行项目管理，确保技术战略和解决方案的顺利实施。帮助客户制订项目计划、确定关键里程碑、分配资源、监督进度和风险管理等。通过有效的项目管理，确保项目按时、按预算、按质量要求完成，实现客户的技术目标。

②流程优化支持。技术服务提供商可以帮助客户优化业务流程，使其与新的技术战略和解决方案相匹配，分析客户的现有流程，识别瓶颈和问题，并提供改进建议和最佳实践。通过流程优化，帮助客户提高效率、降低成本、增加灵活性，并确保技术的顺利集成和应用。

③人才培训支持。为用户提供人才培训和能力提升支持，帮助用户团队掌握必要的技术知识和技能，掌握新技术、工具和系统的使用方法，提升客户团队的能力和专业素质，支持技术战略的顺利实施和执行。

技术服务方通过支持实施与执行，确保项目的成功实施、流程的优化、人员的培训和技术改造的顺利过渡。

2. 技术解决方案服务

技术解决方案是指通过技术手段解决用户面临的专业问题或满足其需求的综合策划，是市场趋势、用户需求、定制化配置、风险评估和可行性预估等因素的确定过程。通过市场调研和技术评估，筛选出最适合的技术工具、平台或系统进行定制化配置，满足用户需求并达到预期效果。

技术解决方案服务的主要内容有：技术产品、服务、工艺分析和技术选型，以及技术方案的比较与选择；专用设施、设备、仪器、装置及技术系统性能分析；技术路线规划选择的研究、分析。

提供整体的技术解决方案，从技术规划、技术设计、技术实施到技术支持的全流程技术服务，以解决技术应用过程中遇到的问题，实现技术的升级和应用。

通过采集和分析用户的数据提供更精准的技术服务，如预测设备故障、优化生产流程等服务，借助物联网技术将传感器等设备接入网络，实时监测设备状态，提供更全面的技术服务。

（1）技术培训与技术交流

技术培训服务主要是为了提升用户技术能力和应用水平，包括针对特定技术的培训、技术工具的使用培训、实践操作培训等。技术服务商提供线上和线下的技术培训服务，帮助用户快速掌握技术知识和技能。具体内容如下：

①面向科技管理行业提供业务学习和政策解读培训，通过现场培训、在线学习、研讨会等形式实现知识传授。

②面向专业领域提供专业技术的培训和知识转移，包括理论知识讲解、实际操作演示、案例分析等。根据具体需求和技术背景定制，涵盖各种技术领域，如软件开发、系统集成、网络安全等。

③面向第三方服务机构的职业技能培训，如检测、检验、认证资质培训等。帮助客户通过相关技术认证考试，通常涵盖特定技术领域的知识和技能要求，并提供培训材料和模拟考试。

技术交流包括科技会议交流与专业人员交流等形式。科技会议交流通过参加专业会议交换科技文献资料，参加工业展览等形式，能够引导技术知识转移和推广。但大部分文献来源于发达国家，其流通渠道并不优先面向发展中国家。专业期刊受到出版周期长、语言等限制，往往不能直接引用。国际科技会议要克服“跨文化”交流的障碍，有助于克服资料贮存和检索方面的问题，能有效利用世界科技资料库的信息。专业人员交流包括交换留学生与访问学者，技术移民，雇用外国专家，在国外大学、研究所或公司接受专题培训等。

（2）技术合作与联合研发

技术服务方为用户提供与技术供方的合作和联合研发机会，共同解决技术难题，推动技术创新和新产品开发。通常有技术合作协议、联合研究项目等贸易形式，具体如下：

①技术合作协议。技术合作服务通过技术合作协议来确立双方的合作关系和权利责任。技术服务方和用户就技术合作的目标、范围、资源分配、知识产权等进行协商和约定。技术合作协议为双方提供明确的合作实施框架。

②联合研究项目。技术合作服务以研究项目进行合作和联合研发。双方可共同选择研究课题、制订研究计划、分享资源和技术专长，并共同承担研究风险和成本。联合研究项目开发完成新的技术解决方案，推动技术创新和知识共享。

技术合作主要有以下 3 项要点：

①技术专家团队优势。技术合作服务组建技术专家团队，与用户的一线技术团队合作，共同解决技术难题，优势协同产生倍增效应，技术专家团队的专业知识和实践经验与项目课题无融合障碍。

②共享资源与设施。技术合作服务共享双方的技术资源、实验室设施、测试设备等，能够提高研发效率和成果质量，加速技术创新和产品开发过程。

③知识产权价值。合作双方对知识产权的归属、使用权和保密等有事前的协商和约定，双方的权益有所保障。知识产权价值分享有助于激励创新、保护创新成果，有

助于双方的长期合作。

技术合作与联合研发可以充分发挥各自的优势，共同解决技术难题、推动技术创新和开发新产品。随着各种新技术的应用和商业环境的变化，技术服务的范畴也在不断演变。近年来，一些新兴技术领域，如人工智能、大数据、物联网等，推动了技术服务的创新和拓展。技术服务不仅局限于传统的技术支持和培训，还涵盖了更加高级和复杂的技术解决方案和咨询服务。

随着数字化和网络化的发展，技术服务也越来越多地借助互联网和在线平台提供更便捷和灵活的服务。用户可以通过在线学习、远程支持、虚拟实验室等方式获得技术服务，提高了效率，降低了成本，提升了企业的创新能力。

（3）定制开发与软件编程

根据用户的需求进行项目定制开发和软件编程，为其提供个性化的技术解决方案，设计和开发定制软件、应用程序或系统，以满足特定的业务需求和技术要求。

（4）数据分析与解读

技术服务通过数据分析和解读，从企业内部和行业系统的大量数据中获取有价值的信息和见解，利用技术工具和算法进行数据挖掘、数据处理和数据可视化，帮助需求方作出数据驱动的决策和优化业务流程。

（5）安全与风险管理服务

安全与风险管理服务是数字经济高端业态的重要服务内容。保护技术资产和机密数据免受安全威胁和风险是高新技术规模企业的普遍需求。技术服务从安全评估、漏洞扫描、风险分析到安全策略制定再到系统安全打包定制，可以开拓广阔的服务应用市场。

3. 技术集成与实施服务

技术集成是依据一定的原理或功能目的，将两个或两个以上的单项技术组合获得整体更大功效或更多功能的技术创造方法，能够实现单个技术实现不了的技术需求目的。技术换代周期缩短、产业升级加速、企业技术改造的常态化带动了技术集成服务业的勃兴。技术集成是各行各业普遍存在的技术需求，信息管理系统的技术集成是典型的应用场景。硬件与软件技术的集成是将技术解决方案应用到具体业务环境，进行系统安装、配置、测试和部署等，确保不同系统或设备的有效集成并正常运行。

（1）系统安装

技术服务方负责将所需的硬件和软件安装到业务应用环境中，会涉及服务器、网络设备、数据库、操作系统等的安装，需要严格遵循制造商的指南和最佳实践，保证所有组件连接和设置正确。系统安装包括环境准备、安装计划、硬件安装、软件安装等步骤，需确定安装顺序、分配资源、安排时间表和定义关键任务。安装完成后会对系统进行必要的配置和初始化，进行功能性和兼容性验证和测试、文档记录，确定能够与其他系统或设备进行集成。

（2）系统配置

安装完成后会对系统进行配置。

系统配置程序是：需求收集；基本参数、功能选项和行为规则等的参数设置；调整现有功能或添加新功能的功能定制；权限和安全设置，包括定义用户角色和权限、设置数据访问权限和安全策略等；集成与数据交换，包括配置系统与其他系统或设备的接口，以实现数据的共享和交换；测试和验证，确保配置的准确性和系统的功能性；文档记录和知识转移。

系统配置是确保技术解决方案能够按照客户的要求和业务流程进行操作的重要步骤。技术服务提供商会根据客户的需求进行系统参数设置、功能定制、权限和安全设置，并进行相应的测试和验证。通过系统配置，技术服务提供商能够提供一个定制化、稳定且符合客户需求的系统。

（3）系统测试

系统部署之前的技术服务是系统测试，这项关键环节用于验证系统的功能和性能。

系统测试包括功能测试、性能测试、安全性测试和兼容性测试、用户验收测试、异常情况和边界测试等。具体内容如下：

①功能测试是验证系统的各项功能是否按照需求规格正确实现的过程，包括输入和输出的正确性、功能的一致性和可靠性等。

②性能测试旨在评估系统在不同负载和压力条件下的性能表现，进行负载测试、响应时间测试和吞吐量测试等。

③安全性测试是评估系统在安全方面的强度和韧性的过程，测试系统的安全防护措施、访问控制机制、身份认证和授权等。

④兼容性测试是验证系统与不同操作系统、浏览器、设备和其他相关系统的兼容性的过程，测试系统在不同环境和配置下的兼容性。

⑤用户验收测试是技术服务方与用户合作进行的测试，用户对系统进行实际操作和测试以验证系统是否符合预期和需求。

⑥除了基本功能和性能测试，还要进行异常情况和边界测试，包括测试系统在异常输入、不常见场景和边界条件下的动作。测试完成后技术服务方会生成测试报告，记录测试的结果和发现的问题并与客户共享测试报告，并根据测试结果进行修复和改进。通过持续的测试、报告和修复能够发现潜在的问题，以确保系统能够与其他系统和设备进行有效集成。

（4）系统部署

系统部署是将技术解决方案应用到用户生产环境的过程。具体内容如下：

①部署计划和准备。包括确定部署的顺序、资源分配、时间表和关键任务，这是必要的准备工作。

②生产环境准备。包括确认硬件资源、网络连接、数据库配置和安全设置等，确保系统部署过程停机时间最小化，减少对业务的负面影响。

③安装和配置。遵循最佳实践和配置，根据客户的要求安装配置系统，涉及硬件

设备的安装、软件的部署、参数设置和功能定制等。

④数据移置和系统集成。根据需要进行数据移置和系统集成，将现有数据从旧系统移置到新系统，确保数据的完整性和一致性，以实现数据的共享和流动。

⑤测试和验证。系统部署完成后进行系统的测试和验证。全面的测试和验证可以确保系统能够正常运行。

⑥培训和知识转移。在系统部署过程中提供培训和知识转移，以确保用户的团队能够熟悉和掌握新系统的操作和维护。

⑦部署文档和支持。生成详细的部署文档，记录部署过程中的配置和设置，以及相关的测试和验证结果，并提供持续的维护和支持服务。

（5）系统集成

系统集成至关重要。不同系统或设备进行集成，关键在于确保数据和信息能够在不同系统之间进行流动和共享。集成主要由以下环节构成：

①接口开发和配置。根据用户的需求和现有系统的特点，进行接口的开发和配置。接口可以是应用程序接口（API）、Web 服务、消息队列或文件传输等形式，可与其他系统进行数据和信息的交换。

②数据传输和转换。数据在不同系统之间传输和转换涉及数据格式映射、数据清洗和数据转换等操作，以确保数据的一致性和准确性。

③身份验证和授权。确保只有经过身份验证和授权的用户可以访问和操作集成系统。

④业务流程整合。不同系统的业务流程整合以实现更高效的业务运作，涉及业务规则的定义、工作流程的设计和系统之间的协作等。

⑤监控和故障处理。确保集成系统的稳定性和可靠性，监控数据传输、接口运行和系统间通信，及时发现并解决潜在的问题和故障。

⑥测试和验证。其包括测试接口的功能和兼容性，确保集成系统与其他系统的有效集成。

⑦文档和知识转移。技术服务记录集成过程的配置信息、接口文档和相关文档，以便后续的维护和支持，并保证用户能够独立操作和维护集成系统。

有效的技术集成和实施能够帮助用户提高业务效率、优化流程并实现预期的业务目标。

4. 智能制造技术服务

智能制造是“互联网+”时代下新一代工业体系创新发展的新模式。智能制造是在自动化生产、无人化管理基础上制造技术与数字技术、智能技术及新一代信息技术的融合。它是面向产品全生命周期的具有信息感知、优化决策、执行控制功能的制造系统，也是具有自感知、自学习、自决策、自执行、自适应等功能的新型生产方式，旨在高效、精益、柔性、绿色、集成、安全地制造产品和服务用户。其技术可以适用大批量定制、网络化制造等各种制造。智能制造的技术服务是面向制造装备的智能化、设计过程的智能化、加工工艺的精细化、管理的信息化，为智能制造技术服务的敏捷化、远程化等提供高端服务。智能制造将成为技术服务的重点应用领域，该领域的技术服务贸易将出现爆发式增长。

围绕智能制造领域核心技术的各种技术服务内容如图 3-1 所示。

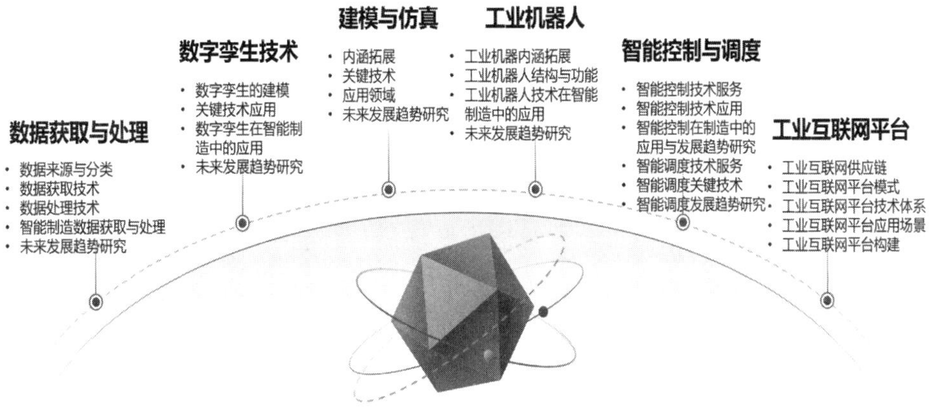

图 3-1　智能制造中的技术服务

智能制造领域的核心技术主要有以下 6 个方面：

（1）数据获取与处理

应用高性能计算机和网络基础设施，大数据分析系统对生产过程自动进行数据采集并分析处理。联通网络存储器、服务器和高性能移动终端，通过云计算对现场设备进行控制，进行远程管理、控制。

（2）数字孪生技术

数字孪生技术的商业价值体现在制造服务的解决方案与手段，将生产现场的产品生产实测数据（检测数据、进度数据、物流数据）传递至虚拟世界的虚拟产品并实时展示，实现基于产品模型的生产实测数据监控和生产过程监控。其主要监控设计值与实测值的对比、实际物料特性与设计物料特性的对比，计划完成进度和实际完成进度的对比。其运用可缩短产品导入制造系统的时间，提高产品的交付速度。

（3）建模与仿真

建模与仿真是两项技术的契合应用，建模是为了能够仿真，尽管仿真有时可以与建模互换使用，但仿真技术是运行模型的结果。建模与仿真技术是研究和分析对象的工具手段，建立模型后，利用所得的模型进行仿真研究。

建模与仿真技术的目的是对被研究对象进行分析和优化，具有技术数字化、虚拟化、可视化和可控化的特性。数字化是仿真、计算、优化的前提，虚拟化在智能制造中应用可得到被研究对象的虚拟镜像，可视化可以帮助科研人员直观分析被研究对象的动态，帮助车间技术人员快速掌握加工过程的实时状态。只有在建模与仿真技术中做到可控化，才能进行科学化的对照试验、优化试验等。

（4）工业机器人

工业机器人是智能制造对象的载体面向工业领域的多关节机械手或多自由度的机

器装置，能靠自身动力和控制能力自动实现各种功能。工业机器人与数字化机床是技术服务的广阔开拓领域。技术服务的方向是各个应用领域的专业应用编程，为工业机器人制定功能行动的原则，根据人工智能技术制定程序运行的纲领和规范。

工业机器人集精密化、柔性化、智能化、软件应用开发等先进制造技术于一体，是工业自动化水平的集中体现，是继动力机械、计算机出现的人类体力和智力全面延伸的新一代生产工具，集自动化成套技术并融合了多项前沿学科，遍及各生产与服务领域。

(5) 智能控制与调度

智能控制是具有智能信息处理、智能信息反馈和智能控制决策的控制方式，是把人类的逻辑推理和试凑法等智能加以格式化和虚拟化，并用于控制系统的分析与设计。先进制造系统中的智能控制被广泛地应用于机械制造行业。在智能制造系统中，利用模糊数学、神经网络的方法对制造过程进行动态建模，利用传感器技术进行信息的综合和处理；采用专家系统为反馈单元，修订控制机制，选择合理的控制模式和参数；利用模糊集合决策选取单元来选择控制功能；利用神经网络的学习功能和并行处理信息的能力，进行在线的模式识别。

智能调度因其调度目标的多样性和调度环境的不确定性，一直成为智能制造中的研究难点。智能调度技术不仅需要处理错综复杂的约束条件，还要从无穷多满足约束的可行方案中找到生产作业计划从而满足预期的调度目标。

(6) 工业互联网平台

工业互联网是新一代信息通信技术与制造业深度融合的新型基础设施、应用模式和服务体系。工业互联网平台是智能制造的核心技术之一，通过对人、机、物、系统等的全面连接，实现了制造系统各类数据便捷、高效、低成本的积聚与处理。

3.3 技术交易服务

技术转移（交易）服务是指技术服务方为用户的技术转让成交提供的系列服务，旨在促进技术商品、技术财产（产权）和技术服务的交易和交付，包括产品+服务、过程+服务、生态+服务等方面的内容。

3.3.1 技术公开交易程序

技术公开交易是指技术交易中的招标、拍卖和挂牌 3 种常见的交易方式。《浙江科技大市场运营规范（团体标准）》和青岛市科技局、青岛市质监局发布的《科技成果挂牌交易服务规范》等都有技术公开交易相关环节的程序规范。

1. 招标

招标是一种通过公开邀请供应方或服务提供商提交技术方案和报价的方式。招标过程通常由需求方发布招标公告，明确技术要求、合同条件和评标标准等，并邀请潜在的供应方参与竞标。供应方根据招标文件准备技术方案和项目报价，并按照招标文件要求提交。需求方最终根据评标结果选择中标供应方进行技术交易。招标适用于需求方对技术产品或服务有明确的要求，并希望通过公开竞争获取最优质、最具性价比的技术方案。招标的特点是公开透明、平等竞争，有利于实现合理定价和选择最合适的供应方。招标常用于大型项目或涉及公共资源的技术交易，如国有企业选购技术产品、政府的技术设施建设等。

招标适用于技术需求明确、非完全市场的状况，通过供需多方的竞争，确保技术交易的市场化成效。具体流程如下：

①发布招标公告。招标过程的第一步是需求方发布招标公告。明确技术质量、合同条件、交付期限、付款方式、保修期限等具体要求，并提供参与招标的资格条件和文件要求等信息。招标公告通常通过公共渠道发布，如官方网站、公共媒介、招标专业平台等。

②准备招标文件。供应方在参与招标前需要获取招标文件，招标文件包含详细的技术规格、商业条款、合同条件等信息。供应商根据招标文件要求准备技术方案和商业报价，并确保符合招标文件的要求。

③提交投标文件。供应方在规定的截止日期前将投标文件提交需求方。投标文件通常包括技术方案、商业报价、公司资质、参考项目经验等。供应方按照要求的方式和时间提交投标文件并确保准确性和完整性。

④评标和中标。评标过程一般包括技术评估、商务评估、价格评估等环节，根据预先设定的评标标准对投标文件进行综合评估和比较。需求方最终会选择评审结果最佳的供应商作为中标供应商。

⑤技术交易和履约。中标供应方与需求方根据合同约定履行各自的义务完成技术交易。供应方提供技术产品或服务，需求方支付相应的费用。双方确保交付、质量和服务达到合同约定的要求。

2. 拍卖

拍卖是一种通过竞价方式进行技术产品或服务交易的方式。在技术拍卖中，卖方将技术产品或服务进行公开展示，并接受潜在买方的竞价。买方根据自身需求和价值判断，逐步提高竞逐报价，最终以最高价获得技术产品或服务。拍卖的特点是市场价格由市场供需决定，竞争充分，实现价值发现和市场效益最大化。拍卖常用于稀缺技术资源、知识产权交易等领域。

拍卖适用于技术产品或服务供给不确定、市场需求波动较大的情况。通过竞价机制，买方根据自身需求和资源决定最终的交易价格，同时也为卖方提供了市场竞争的机会。

拍卖作为一种特殊的技术交易方式，在技术领域中有着广泛的应用，是将“技术转移服务机构保荐技术经纪人全过程、全周期服务”的科技成果公开交易、拍卖服务。拍卖过程包括：

①拍卖准备。卖方首先确定需要拍卖的技术产品或服务，准备工作包括确定拍卖物品的描述、技术规格、质量标准、数量等信息，并确定拍卖的时间、地点和方式。

②公告和宣传。卖方通过公告、广告等宣传活动，将拍卖信息传达给潜在买方。拍卖公告通常包括拍卖物品的描述、起始价、竞拍方式、拍卖规则等重要信息，以吸引潜在买方的踊跃参与。

③竞价过程。买方通过竞价的方式竞争拍卖物品。竞价可以口头竞价或者书面竞价，具体方式根据拍卖规则而定。买方根据自身需求和评估，逐步提高竞价，直至无人再次提高竞价为止。

④竞价成交。拍卖在达到预定的时间或无人再次提高竞价时结束。最高竞价的买方将被确定为成交方，并与卖方达成技术交易协议。卖方通常会要求成交方在一定时间内支付款项、签署合同等，以确保交易的顺利进行。

3. 挂牌

挂牌是一种将技术产品或服务的供求信息公开发布并进行撮合交易的方式。供应方或服务提供方将自己的技术产品或服务信息发布到挂牌平台或交易市场上，买方可以浏览并选择合适的技术产品或服务进行交易。挂牌适用于技术产品或服务多样、市场信息不对称需求较为广泛、买方选择余地较大的情况。买方可以根据自身需求选择合适的技术产品或服务进行交易。挂牌的特点是信息公开、选择多样、交易效率高，有利于买卖双方快速匹配和交易达成。挂牌常用于技术产品市场、专业技术服务交易等领域。

挂牌提供了一个集中展示和选择技术产品或服务的平台，方便买方进行比较和选择，同时也为供应方提供了扩大市场、推广技术的机会。

挂牌是明确交易服务“确权、授权、第三方评价、挂牌公示、交易”等流程，挂牌交易过程如下：

①挂牌准备。供应方或服务提供商首先准备好自己的技术产品或服务信息，并进行详细描述和定价。可以选择在挂牌平台、交易市场或专业网站上发布技术挂牌信息。

②挂牌发布。供应方将自己的技术产品或服务信息进行挂牌发布，包括技术规格、质量标准、价格、交付条件、售后服务等内容。这些信息被公开展示，供潜在买方浏览和选择。

③买方选择。潜在买方可以通过挂牌平台或交易市场浏览各个供应方的技术挂牌信息，并根据自身需求和条件选择合适的技术产品或服务。

④撮合交易。买方选择了合适的技术产品或服务，需与供应方进一步沟通和协商，以达成交易协议。交易的具体细节包括价格协商、合同签署、交付方式和时间、支付方式等。

招标、拍卖、挂牌作为一种公开透明的技术交易方式，市场主导意义明确，具有如下特点：

a. 公正公平。确保供应方有平等的竞争机会，促进市场竞争，防止不正当行为的发生。

b. 运作透明。买方能够清晰了解其他竞争者的竞价情况，买方可以方便地比较和选择不同供应方的技术产品或服务，提高了交易的透明度和公正性。

c. 提高效率和效益。招标竞争，需求方可以选择最有利的技术产品或服务，并以较低的价格获得满足需求的解决方案。拍卖过程通常时间较短，可以快捷完成交易意向。挂牌平台或交易市场提供了便捷的搜索和筛选功能，便于浏览大量供应方的技术挂牌信息，买方可以快速找到符合自己要求的技术产品或服务，节约了搜寻和沟通的时间和成本。

d. 优化选择。买方可以通过挂牌平台或交易市场有更多的选择机会，可以找到适合自己需求的技术产品或服务。市场力量决定了最终的成交价格，反映了供求关系和买方对产品或服务的价值认知。

需求方可以根据技术需求的特点和市场环境来决定采用招标、拍卖还是挂牌的方式。选择合适的方式取决于具体的技术需求、市场情况和交易目的。技术交易需求方和供应方根据自身情况选择适合的交易方式，并遵循相关法律法规和交易规则进行交易活动。

需求方对技术方案有较高的要求，希望通过竞争选择最优质的方案，可采用招标方式；技术产品或服务的稀缺性较高，需求方希望通过竞价获得最优价值，可采用拍卖方式；技术产品或服务需求较为广泛，供求信息需要快速撮合，可采用挂牌方式。在选择具体方式时，需求方还应考虑法律法规的要求、交易成本、时间效率等因素。

3.3.2 技术产品的在线交易服务

技术产品的在线交易是通过互联网平台或电子商务平台进行的技术产品或服务的买卖活动。随着互联网的普及和专业信息平台的广泛应用，技术产品的在线交易呈现高速增长的态势。

1. 宽泛的信息覆盖

技术产品在线交易具有更充分的市场机会和选择空间，规避了人为设置的技术壁垒，同时降低了市场成本，提升了供需匹配度和交易成效。供给方和需求方通过在线平台连接世界市场，实现全球范围内的市场连接和技术商品交易。

在线交易打破了传统的地域限制，来自不同国家、地区和不同时区的供给方和需求方，其交易活动可以完全不受时间和地域限制。利用在线平台交流和合作，市场更加开放和多元化，供求双方可以从全球范围内寻找合适的技术商品。

因为广泛的市场覆盖，供给方可以将自己的技术产品或服务推向全球市场，吸引来自不同地区和行业的买方。买方也可以从全球范围内选择最适合自己需求的技术商品，不再局限于本地市场的供应商和产品。交易机会和灵活性为市场参与者带来便捷的选择。

在线交易平台通常具有强大的搜索和匹配功能，可以根据需求方的直接需求和供给方的技术特点进行智能匹配。买方能够更快速地找到符合自己需求的技术商品，也提供了卖方的精准目标市场。

除了非法制的人为技术壁垒，传统的技术商品交易还会受地理、文化和语言等市场壁垒的限制，同时还需要面对物流和海关贸易效率等问题。在线交易能够大幅消除壁垒，降低市场参与的门槛和成本。供给方无须大规模的市场开拓和物流准备，需求方也能够更便捷地找到合适的技术商品，尤其是小型企业和创新型公司等更容易进入市场。

2. 便捷的交易方式

在线交易为技术商品的交易提供便捷的交易方式。需求方在任意时间和地点浏览和比较不同的产品和服务，与供给方直接沟通。

即时交易消除了传统交易的时间和地域限制，买方仅需持有移动终端就能够方便地进行技术商品的搜索、对比和多样化选择。平台为双方提供了直接沟通和下单的路径。买方可以通过在线聊天、电子邮件或电话等方式与供应商进行沟通，解决产品细节、商务条款问题和交付安排。确认交易意向后可以直接签单并进行支付，简化了交易流程。

3. 良好的信用机制

信用机制建立在信息透明和评价公开的基础上，买方可以根据其他用户的评价和反馈，对供应商和产品进行评估和选择。供给方也可通过提供真实可靠的信息和满意的交易体验，提高声誉和品牌价值。信用机制提高交易的可信度，有利于建立长期稳定的商业合作关系，形成一个可信赖和高效的技术商品交易新型市场。

4. 安全的支付和交付机制

安全的支付和交付机制保障了在线平台交易的安全和可靠性。保证金和转让费支付，技术产品与服务的交付，这两个交叉问题一直是技术贸易纠纷中的矛盾核心。买方可以通过线上的各种安全支付方式付款，而供给方则可以确保收到约定款项后再行交付。大多数在线平台还提供售后服务和纠纷解决机制，保障买卖双方的权益。这种安全的支付和交付机制增加了交易的信任度，促进了在线交易的高速发展。

5. 技术商品在线交易的运营模式

大数据技术和物联网等技术的发展，数字金融技术的应用，引爆了在线的天量交易额。知识交易形式的技术贸易通过技术产权交易平台、工业互联网平台、技术交易App、工业 App 等成为在线交易的重点，线上平台成为知识产权汇聚、技术成果转让、先进技术引进、成熟技术输出和价值创造的重要通道。多边平台与工业互联网平台数字化融合成为技术转移服务的新型运营模式。

(1) 电商类服务平台运营模式

电商类平台借助自主 O2O 网络电商平台（C2C 电商平台、B2C 商城平台、B2B 交易平台），构建的企业线下实体与线上电商平台整合 O2O 业务，如与线下场景、线下实体机构结合企业会员体系，构建企业 O2O 立体推广系统；通过自主平台有效吸纳会员，构建多方平台服务机构的自媒体体系。利用企业自媒体开展会员互动，实现服务价值传播；应用网络手段与渠道，实现品牌价值延伸，挖掘老客户商业价值与潜力等，提供技术转移居间服务、技术产品运维服务等。

（2）服务交易类平台运营模式

服务交易类平台分固定服务交易平台、流动服务交易平台、专业服务交易平台。线上专业服务类平台有中国技术交易所、江苏技术交易所等各系统的技术交易机构。随着机构规模的扩大和用户数量的增加，发挥“数据库+算法+技术”优势，其平台和应用工具的不断完善和应用落地，帮助扩大供需，在保障技术扩散、交易过程中的安全和隐私的同时实现技术价值，包括 C2C 拍卖等多种电子商务模式在内的综合性服务的实质性升级，为全球的供求提供商机信息和便捷安全的在线交易，为供求多方之间提供一站式解决方案，为技术交易提供价值评估、交易对接、公开竞价、项目孵化、科技金融、政策研究等专业化服务。

（3）社交类平台运营模式

社交类平台有即时通信、社区 App、社交开放平台等，如直接为社区一线的用户提供专业技术服务的商标专利事务所、检验检测认证服务机构构建的主题区域、交流系统。这些社交类平台系统与站点搜索紧密结合，精准面向企业用户需求，面向科技团队和技术经理人群体，依托线上搜索技术共同创造商业价值。采用病毒性营销、BBS 营销、搜索引擎营销、社会化网络营销工具，将基于引擎搜索和开放业务关键词的形态变成一种通用的互联网服务模式。

（4）信息服务平台运营模式

信息服务平台是信息的数字化、网络化存在方式。信息服务平台一是信息作为信息的主体存在，本身成为信息的载体，即“信息的信息”，这是信息服务平台的理论形态；二是基于数字化网络技术运行的信息系统，如技术转移信息服务系统，这是技术信息服务平台的实物形态。

信息服务平台是一种新的分布式线上系统。信息服务平台在结构上的基本特点包括层次性、交互性、统一性和开放性。层次性包括结构上的层次性和功能上的层次性，具有自下而上的嵌套结构。信息服务平台的交互性包括横向交互性和纵向交互性。横向交互性指不同信息系统平台之间是交互的，即互联互通互操作。纵向交互性指不同层次的信息平台之间是交互的，既有上层要素单元对下属要素单元的调度控制，又有下层要素单元对上级的信息反馈，下级是上级的信息源，上级是下级的信息源，上下之间互为信源和信宿。统一性就是信息一体化，包括功能一体化和结构一体化。功能一体化指过去由若干单独系统分别来完成的功能，改由同一个系统来完成。结构一体化指信息平台具有统一的信息格式、数据接口、文本协议、操纵环境等结构，使信息平台的使用和开发按统一标准进行，确保横向和纵向兼容，保证系统的可持续开发利用。统一性是交互性的基础，有了统一性可以通过各级信息服务平台和数据链，集零为整。开放性指信息平台的功能、结构、层次等系统结构要素本身是发展变化的，反映了信息服务平台是一个开放的复杂系统，表现为系统功能的不断扩张，信息处理能力不断提高。信息服务平台的发展趋势是智能化，是全新的智能无人系统数据服务模式。

（5）数据服务运营模式

数据以新要素、新资产的全新概念进入技术贸易业务领域。数据服务与信息服务是两个既有交叉又有范畴区别的不同形态，基于技术商品所产生的数据提供增值服务的运营模式。供应商通过收集、分析和应用技术商品相关的数据，为买方提供数据分析、预测、优化等服务。这种模式将技术商品和数据分析相结合。建立连接通道，联合推广数据服务，挖掘数据应用愿景，激活数据产业生态和释放数据要素价值，是数据服务的主营业务。数据服务优势是发挥数据线上交易功能，区块链、AI、隐私计算和物联网等领域的先进技术，创新数据应用愿景和服务模式，以贵阳大数据交易所为龙头的数据产业结构已形成成熟的运营模式。

作为技术服务贸易中的交易内容，供给方可提供敏感数据识别与分类分级、敏感数据关联图谱、数据加密脱敏加工、水印溯源保护、非常态业务调研与风险预警等；实现数据全生命周期的安全保障，保护用户的核心数据安全。数据要素资产管理和价值评估服务，可以对企业、机构、公共数据要素资产进行管理和治理。建立完善的数据要素线上交易，完善数据要素的定义、分类、命名等基础服务，提高数据要素质量，全面提升数据的利用价值。

线上交易的关联多方可以根据自身资源和需求特点、市场环境和竞争实力选择适合的运营模式，以实现成功的交易，并获取期望的盈利。

第四章

技术转移服务体系

引　言

技术转移服务体系是由相互关联的组织机构为满足技术更新需求，协同促进技术流动的一个系统构成，是促进科技成果转化，推动科技成果交易、扩散、推广、应用并实现价值链共赢发展的交互服务系统，服务体系要求在体制机制不断完善的过程中形成稳定的全链条基础架构，畅通全过程的技术转移通道，形成全要素的支撑保障。技术转移服务体系建设的重中之重是人才培养。本章中归类的新型服务业态是在商业模式创新基础上形成的系统运营业务，也是全价值链条中的赢利端点。归类的组织机构不是传统意义上的管理机构和中介机构，而是基于市场商业规则的众多专业服务保障组织，以及行业监管和业务指导部门。

技术转移的发展趋势研究成果是近年贸易摩擦和高新技术竞争大环境下政策调整的重要参考依据，是知识产权保护和产学研联盟服务的方向性指导。

4.1　技术转移服务体系架构

技术转移服务体系构建是国家技术转移体系中的主干工程，从技术转移的全过程、全链条、全要素出发，围绕技术转移服务体系基础架构、技术转移的服务模式、技术转移服务的专业保障 3 个方面进行系统布局。

4.1.1　战略目标下的高端服务业布局

技术转移服务体系是技术进步战略目标下的系统布局，是科学管理制度、有序运营机制、产业链互利价值、技术转移服务机构主体、技术贸易客体、技术资源、技术交易市场等一干要素的有机连接。

1. 技术转移服务运营要素

(1) 技术转移服务体系基础架构

高等院校、科研院所、高新技术企业是中国技术进步的创新主体，在推动技术转移中发挥重要作用，以统一开放的技术市场为纽带，以技术转移机构和人才为支撑，创新主体增加科技成果的有效供给；供给方技术持有者为转化应用寻求有偿转让；需求方按性价比筛选适用技术；政府科技主管部门出台产业规划内的技术转移优惠政策和环境优化举措；服务机构推动形成紧密互动的技术转移渠道，与相关各方共同聚集资源、构建技术交易市场。在价值规律的作用下，技术转移从业人员多措并举，完善要素服务供给，补齐成果转化服务链条。将集聚科技成果展示、转化交易、要素聚合等功能，打造优势鲜明、要素集成的科技创新生态；分区域集聚政府发布引导的电子信息、智能制造、新型材料等产业，形成供应链生态圈。聚集区配置布局一批中试熟化、小批量试生产中试平台；培育技术转移机构和技术转移从业人员队伍，引进落地知名技术转移机构，支持高校设立技术转移、技术经营相关学科（专业），组织技术转移专业培训。

①技术转移服务创新主体。技术转移创新主体包括高等院校、科研院所、国家技术创新中心、制造业创新中心、中试熟化基地、产业技术创新战略联盟、学会、行业协会、专业技术研究会等。

②技术转移服务供给主体。技术转移服务供给主体包括跨国集团、中小微技术企业、技术经营公司、知识产权持有自然人等，也包括大部分创新主体。

③技术转移服务需求主体。技术转移服务需求主体主要包括跨国公司技术部门、大中型生产企业和技术经营公司等。

④技术转移服务组织。技术转移服务组织包括国家科技体制改革和创新体系建设领导小组、国务院科技行政主管部门、地方各级政府技术转移部门、知识产权管理部门等，还包括大部分创新主体中的技术转移管理部门。

⑤技术市场。要素包括成果、资金、人才、服务、政策；类型有全国性技术交易市场、区域性技术交易市场、行业性技术交易市场。技术转移人才队伍包括技术转移管理人员、技术经纪人、技术经理人。

⑥技术转移机构。技术转移机构包括高校技术转移机构、科研院所技术转移机构、社会化技术转移机构、技术转移产学研联盟。

(2) 技术转移的服务模式

通过科研人员创新创业及跨军民领域、跨区域、跨国界技术转移，增强技术转移体系的辐射范围和扩散功能，推动科技成果有序流动、高效配置，引导技术与人才、资本、企业、产业有机融合，加快新技术、新产品、新模式的广泛渗透与应用。技术转移价值链中涵盖需求方、供给方及专业服务方。历经技术的成果化（新技术研发）、技术成果产品化（新产品开发）、技术产品商品化（市场化）和技术商品产业化（规模化生产）4 个阶段，形成了从研发到产业化的前后衔接，互为呼应的全过程。技术转移服务渗透到技术研发、设计、生产、组织、营销以及客户服务等一系列的业务流程，逐渐演变为创新型服务组织不可分离的组成部分。

①成果化阶段，围绕研发设计的服务业态包含开展技术预测、技术情报、市场分析、技术评估、技术决策和技术研发的机构和组织。

②产品化阶段，围绕知识产权和生产设计的服务业态包含进行技术评价、技术许可、开展专利分析的服务机构，以及进行中试工艺、工程化设计的专业平台。

③商品化阶段，围绕技术交易和商品化，提供技术交易、技术培训、技术集成和技术经营的交易场所及服务机构。

④产业化阶段，围绕融资与产业化，从技术转移早期阶段开始介入的投融资机构、创业孵化机构、开展技术产业化和示范的专业服务机构。

(3) 技术转移服务的专业保障

技术转移服务的专业保障主要包括健全的组织机构和良好的政策环境。

技术转移服务机构是指基于市场规则的众多专业服务保障组织，以及行业监管和业务指导部门。

专业服务保障组织包含围绕一个或多个专业领域开展专业服务的商业组织和机构，如高等院校、科研院所、社会化的技术转移机构，通常提供技术转移领域的多种服务；各类中介机构为技术转移提供知识产权、法律咨询、资产评估、技术评价、财税筹划等专业服务；以及各类创新主体和技术转移机构联合组建的技术转移联盟，围绕信息共享与协同创新提供专业服务。

行业管理机构和业务指导部门包含施行技术转移管理机构职能，对技术交易市场及技术转移机构发展进行统筹、指导、协调，对技术转移人才进行职称评审管理的科技部门、人力资源和社会保障部门和各类行业协会组织。设立科技成果转化基金，扩大天使投资引导基金规模。

强化投融资、知识产权等服务，营造有利于技术转移的政策环境，确保技术转移体系高效运转。

技术转移服务体系的营运环境如图 4-1 所示。

图 4-1 技术转移服务体系的营运环境

①树立正确的科技评价导向。建立科研人员分类评价制度；加大成果转化、技术推广、技术服务等评价指标的权重；把科技成果转化对经济发展的贡献作为科研人员职务晋升、职称评审、绩效考核等的重要依据。

②强化政策衔接配套。无形资产管理制度；共同拥有职务发明科技成果产权的改革试点；成果转化奖励收入不纳入绩效工资；建立健全符合国际规则的创新产品采购、

首台套保险政策；健全技术创新与标准化互动支撑机制；统筹研究科技成果转化奖励税收。

③完善多元化投融资服务。利用国家和地方科技成果转化引导基金，引导社会资本投融资；鼓励商业银行知识产权质押贷款业务；鼓励银行业金融机构投贷联动；落实创业投资企业和天使投资个人税收的试点优惠政策；落实创业投资企业和天使投资个人所得税的优惠政策。

④加强知识产权保护和运营。完善适应新型经济模式的知识产权保护；加强对技术转移过程中商业秘密的法律保护；改革优化知识产权行政保护体系；拓展“专利审查高速路”国际合作网络。

⑤强化信息共享和精准对接。建立国家科技成果信息服务平台；整合现有科技成果信息资源；鼓励各类科技机构通过技术交易市场等渠道发布科技成果供需信息；利用大数据、云计算等技术开展科技成果深度挖掘；建立重点领域科技成果包发布机制，开展科技成果展示与路演活动。

⑥营造有利于技术转移的社会氛围。健全激励机制和容错纠错机制，完善勤勉尽责政策；形成敢于转化、愿意转化的良好氛围；完善社会诚信体系，发挥社会舆论作用；营造权利公平、机会公平、规则公平的市场环境。

2. 技术转移服务的目标任务

不断完善技术转移服务体系，激励技术转移服务主体的创造性与积极性，创新技术转移高端服务机构职能，壮大专业化技术转移人才队伍，参与统一开放的技术市场建设。

(1) 面向科技成果的源头供给

为发挥企业在市场导向类科技项目研发投入和组织实施的主体作用，组织技术需求方企业在签订协议后会参与技术研发、技术集成、小试中试等过程。国家大学科技园、国家技术转移示范机构要参与国家重大科技项目的成果转化，从课题项目研发的前期介入，关注市场需求的动态，与课题研发组织签订成果转化和技术转移合作协议，根据与研发组织相关的转化考核指标确定服务机构的转化任务，引导研发成果趋向市场需求，提升能够直接进入技术市场的研发成果比重。

(2) 面向产学研联盟的一体化协同服务

发挥技术转移服务机构的智本优势，支持企业选择高等院校、科研院所的相关专业专长共建技术转移战略联盟，以对等方式促进技术转移扩散。联络组织企业、高等院校、科研院所分类入驻各地方的高新技术开发区、产业聚集区，开办专业细分的科技成果中试、熟化、孵化基地，促进技术成果规模化应用、产业化聚集。加快发展新型研发机构，探索共性技术研发和技术转移的新机制。专业的技术转移服务机构要借助各类学会、行业协会、研究会等科技社团的优势，依托产学研联盟共同推动技术转移。

(3) 面向产业转型企业的双向技术需求

为企业发展急需的专业适用技术提供转移转化服务，利用公共技术信息平台、中介机构的专业服务信息平台和智能制造创新中心等平台扩大需求集聚范围。以高等院校、科研院所技术创新与转移转化活动对接企业的技术交叉许可、共同建立专利池等方式，推动重大关键技术转移扩散。发挥专业技术转移平台分布式多边中心的价值互联作用，即时互动的技术成果发布、需求对接，推演示范应用。共有、共享、共赢先进平台。聚焦影响长远发展的战略必争领域，加快推动重大科技成果转化应用。瞄准人工智能等覆盖面大、效益预期明显的重点技术，加强关键共性技术推广应用，促进产业转型升级。挖掘农业农村振兴规划的科技需求，发挥从上而下健全的政府农业技术推广系统优势，依托社会化大农业服务机构网络"一主多元"的农林牧副渔业技术推广系统，开创农业技术转移服务业的全新局面。

4.1.2　技术转移服务运营机理

技术转移几十年的运行发展清晰地映射出技术创新、应用、成熟、淘汰、替代的跳跃式进步轨迹，技术转移由技术供给方和技术需求方以博览会直接见面的方式，发展到以公共信息平台和专业服务平台联结的多方互通互动交易方式。技术转移服务运营机理是指在技术转移的运行规律中，技术转移服务从业人员和机构顺应技术进步趋势，不断调整资源配置，优化管理体制和手段的作用原理及其运营方式。影响技术转移服务发展的各种因素在不同时期此消彼长，受科技产业结构、功能及其相互关系影响，技术转移服务机构的职能作用越来越重要。

1. 技术转移服务的"产品"定位

技术转移服务是为满足技术或相关知识的供、需双方需要，技术转移机构利用自身的知识要素优势，将有形的人、财、物力资源转化为无形服务的投入产出过程。

首先，技术转移服务的最终"产品"是无形的。所有的知识服务包括咨询诊断、评估检测及专利代理、产权融资、税务优化等与技术转移有关的业务代理等，其内容结果不论是建议结论、研究报告，还是信用担保、商务代理等都是无形的，图纸磁卡、电子文档、云资料库等只是"产品"的载体而非"产品"本身。例如，技术转移服务机构代售别家的技术产品属商品贸易，与技术服务无关；转手自有的技术设备属技术贸易，技术贸易属技术转移范畴但也与技术服务无关。"无形"产品具有质量管理要求的双重性和定价原则的复杂性。

其次，狭义的技术转移服务属中介服务，是第三方行为。与技术转移直接相关的供求双方，自己的"自我"服务与双方的互换服务，成交的业务不论服务"产品"是有形还是无形的，都与中介服务无关。出让方向受让方通过技术市场及有关服务机构的帮助完成了技术转让，如技术推介、合同公证、专利登记、税务咨询等部门参与了交易，则至少有 4 家第三方技术转移机构提供了中介服务。

技术转移的第三方服务机构可划分为十几种大类、上百种小类。

再次，技术转移服务是一种经济活动。技术转移供、需双方的交易意愿受益于第三方机构的附加劳动得以实现，或通过信息服务，成交的技术重新体现了价值，实现了增值，技术转移服务机构根据付出资源的多少和服务的难易程度获取相应的报酬，这是一种市场行为，与政府出于技术转移战略目的进行的财政补贴性质不同，政府的政策性财政投入是行政行为，与技术经营没有直接关系。经济活动有其特定的成本效益核算概念和工作绩效考评标准。

最后，技术转移服务有更高的技术含量要求。从宏观角度看，技术转移活动中的技术多为高新技术或先进技术，相对技术受让方的视觉而言更是如此。技术转移服务的对象是不同行业、不同专业的高新技术需求，技术转移服务人才必须全面了解科学技术、经济管理、财务核算、法律法规等方面的专业知识，具备综合利用专业知识和使用专业平台信息供给的能力。

技术转移专业信息平台是行业服务的基础设施，也是高端的管理服务手段。平台建设就是要根据信息服务的内涵特征、根据我国技术转移信息服务的现状及技术转移信息服务的内在规律，在网络化环境下，满足性价比率合理、信息真实简约、互动快捷直观、扩容科学方便等基本要求，辅助实现优化服务质量、工作效率、经济收益等方面的预期目标。

2. 技术转移服务运营环境的共享机制

运营环境的共享机制以激励、合作、奖惩等要素为基础，我国已建立起较为完备的技术转移管理体系，呈现以下特点：

①由引进消化转向自主创新，由政府主导转向市场驱动，曾经一条化肥生产线的引进都需中央政府拍板决策。

②政策重心由中央下移地方，政策主体多元化、协同化。管控半个多世纪的企业外贸进出口权放开就是典型例证。

③技术转移体制多层次化发展。除少量国防军工技术出口限制外，技术转移管理在贸易权限、外汇使用、职称资格等多方面由集中趋向分散。

④国家技术转移体系规范化，其标志是《国家技术转移体系建设方案》统一了多年存在异议的业务界定、职能规范、目标任务。

科学的技术转移服务体系，离不开良好的政策环境和服务环境及二者的结合，可实现专业服务与科技政策的协同统一，从而发挥政策对技术转移的推动作用。技术转移的高新、垄断和风险等因素，使得技术转移供给主体缺乏主观能动性，需求主体缺乏应用积极性，第三方服务缺乏对接针对性，技术转移普遍存在知识产权保护意识弱、需求盲目、创新协同困难等问题，解决这些问题除了政策法规继续到位，最重要的是完善奖励、惩处制度，建立起共享环境优化带来的整体利益。

要确保技术转移政策实施落地，应试点更为灵活、更具示范意义的技术转移帮扶政策。量化《中华人民共和国促进科技成果转化法》《实施〈中华人民共和国促进科技成果转化法〉若干规定》《促进科技成果转移转化行动方案》《关于构建更加完善的要素市场化配置体制机制的意见》等政策与法律文件的实效，既要通过科技项目计划立项推动一批技术转移服务项目实施，也要积极制定惠及供需中介等技术转移各方的普惠性政策，以激发技术转移各方活动积极性，形成有效的协同创新机制。

加强政策宣传，持续推进《技术转移服务规范》等技术转移标准的贯标宣传及采用，创新政策推送方式，帮助技术转移主体更好地应用政策。科技主管部门要及时修订技术转移法律法规政策，对各级政府及行业出台的技术转移相关政策进行普及宣传及实施培训，为技术转移利益各方提供政策应用分析等服务，让产学研尤其是中小企业共享政策红利。

3. 新技术支持的技术转移服务平台共有机制

技术转移服务平台搭载全新的服务业务，参与各方既提出各自的技术与信息需求，又提供各自的技术与信息，同时在会员链接中享受技术转移服务，即通过平台大数据海量信息的发布和战略伙伴链接的海内外关联行业互通，利用平台分布式单元的互联互动构建平台中的平台（单元），以服务分成方式签订与（大）平台的平等合作协议，实现资源共有和收益的共有（分账）。技术转移服务平台不仅是技术转移服务的工具载体，还是直接参与服务、拓展服务、增值服务的新型服务机构。

技术转移服务平台包括硬件设施和软件资源两部分。建设技术转移服务体系，离不开政府的软、硬件支持，重点实验室、孵化器、公共信息平台等，都是服务平台的硬资源，人才培养、政策法规的支持与规范是软资源。技术转移服务平台正是大数据、人工智能等新技术的用武之地。规模化集成高校院所等创新资源供给和科技型企业需求信息，吸引企业人才、高等院校、科研机构、金融机构、服务机构、服务人才的集聚。通过新技术与技术转移的结合，使技术转移服务平台具有提供全流程技术转移服务支撑的能力，包括信息智能匹配、供需对接、技术需求预测、技术交易价值评估、在线实时技术挂牌、技术资料安全交付、交易资金分批次担保等，消解创新主体间的信息“孤岛”，促进先进技术成果的转化集成和信息的大面积推送。

技术转移服务平台的应用关键不是建设，而是服务平台运营后期的可持续性，引入数据库和运行软件容易，后期的数据分析开发和分销应用才是投资建设的初衷。专业的技术转移服务运营，硬件运维可以外包或委托管理，服务业务必须有长期的运营团队专职管理。以线上线下相结合的服务将平台的服务落地。

4. 价值链配套服务的共赢机制

政府的政策性财政补贴或税收优惠，会在技术转移带来的效率和效益提升中获取反馈，技术转移价值链上下游的多方服务能够在各自的价值链环节中获取赢利回报。任何环节如果长期处于微利甚至亏损状态，势必会拖累价值链其他环节。

（1）技术的整合、筛选与熟化

①资源整合。根据科技成果特性及市场应用价值，规范成果的整合、加工、存储标准，并围绕园区发展方向，开展高校院所成果整合、区域内创新成果盘活等工作。

②资源筛选。联合技术专家、评估评价机构，从应用领域、成熟度等维度对创新成果进行筛选、分析、分类、标注，便于提升资源配置与应用效率。

（2）中试熟化

面向已有样品、通过小试的未成熟项目，根据项目需要组织技术专家和评估评价机构开展成果评价、价值评估等服务，指导项目提升成果应用价值；与具备中试熟化能力的科研机构、基地合作，为项目提供中试熟化服务。

(3) 企业需求的挖掘选择、筛滤选择与引导选择

通过企业需求征集、走访挖掘、专家诊断、引导创造等方式，获取企业端有效创新成果项目需求。精选创新成果推介、适配与对接。通过平台大数据搜索比对项目对接状态、平台推送等多种渠道，重点推介中试、可以量产的成熟项目；同时，注重“供给+需求”双向发力，线上线下对接撮合，推介创新成果与企业、意向投资机构的配置与对接。

(4) 技术成果的培育咨询、评估与转让

协同知识产权专业机构、技术转移服务机构与专业技术专家，为培育成熟和已鉴定验收的技术成果提供应用价值评估评价，引导供需双方通过专业的交易服务实现技术交易。

(5) 技术成果产业化的融资、培训等服务

技术成果产业化需要巨量的资金资本支持，很多贫困地区的产业升级即使面对发达地区的免费专利和配套的技术，没有发达地区资本的主动参与仍会无能为力。技术转移服务机构要熟悉金融机构科技金融的内部流程和评估标准，善于操作无形知识产权的资产化。通过产学研联盟的实力和规模信誉整合各类配套服务资源，助力创新成果产业化，促进创新链、产业链、价值链三链融合。

技术转移服务体系的可持续发展，还依赖于各类相关主体的价值流转机制。围绕政产学研等各类创新主体利益诉求，通过品牌、智力资本工具、培训和服务等形式，联结技术转移长链联盟等多元化协同组织，即邀约银行或非银行金融机构和技术转移服务机构加入联盟，提供相应的担保、租赁、保险等服务，形成多元主体“取长补短”的价值对价流转机制。中小企业可以使用技术生产的产品做担保先行免费使用创新主体的研发成果；风投机构主动支付潜在技术的风险资金激励技术供给方；高校院所主动对接来自企业的技术需求，通过成果转化获得股权收益；技术研发人员主动沟通创新创业投资和产业合作伙伴，以知识产权置换经济回报；技术转移服务从业人员主动发挥业务职能，为技术供需双方提供全方位的专业服务；资本对有价值的投资项目进行风险投资。激发技术转移相关机构间的价值流转，形成生态宜驻的技术转移服务环境，提升技术转移工作的主动性、积极性和针对性。

完善服务体系一要创新服务模式，拓宽服务领域，拓展服务空间，特别是创新创业的专业服务要勇于探索新模式，开创新业态。二要加强培训，提高服务能力，规范服务水准，不断提高个人的知识水平，参照各类技术转移服务标准，熟悉各类服务项目的要求和流程，丰富服务模式内容。三要建立市场化、智能化的技术转移服务平台。与地方、专业中心合作，推动建立一批高水平的区域性创新服务平台；依托大院大所和国企拥有的创新服务资源，建立行业性创新服务平台。

4.1.3 技术转移服务业的发展趋势

技术转移服务的发展趋势研究成果是近年贸易摩擦和高新技术竞争大环境下政策

调整的重要参考依据，也是知识产权保护和产学研联盟服务的方向性指导内容。

1. 外部国际环境

不同意识形态国度的贸易摩擦长期化将是大概率事件。伴随国际技术转移，国际生产要素及国际分工体制的变迁，当一国技术优势日益凸显，到足以形成对外竞争态势时，国际贸易摩擦从商品贸易向技术贸易转移，高新技术产业的技术转移将在发达国家之间形成内循环；发展中国家将收紧高端人才的输出限制。大国之间在技术贸易领域的冲突会日益激烈，对抗严重的发展中国家将面临全面打压。

贸易摩擦伴随技术进步，必然转向在高新技术领域的全面竞争与打压。未来的竞争还会延伸到高新技术领域之外的成熟技术的选择性非自由流动，形成地缘性壁垒和摩擦。

我国应在国际技术贸易领域做好充分的应对准备，在国内技术市场建立起梯度经济区域技术转移内需开发。技术转移与创新创业深度融合，让科技企业创业真正成为技术转移的一种形式，技术转移提供更多创业机会，创业成为技术转移的出口；技术转移和创新创业相互支撑协同，双创为技术转移（成果转化）营造更好的市场环境。技术转移与知识产权保护深度融合，技术转移和知识产权管理部门牵头协同，加大专利机构参与知识产权运营服务力度。技术转移与金融创新深度融合，扩展知识产权证券化范围与深度，探索更多金融服务产品和运营形式，形成“科技+金融”的各种组合投融资工具，政府通过社会经济多种方案措施引导科技成果资本化。技术转移与数字化深度融合，通过数字化平台建设，解决需求挖掘和培育、精准对接、项目甄别筛选等业务；开展数字化手段的技术转移活动，引入先进技术手段，提高技术转移效率与效益；与区域创新深度融合，区域创新发展需要技术转移落地支撑，技术转移需要与区域发展方向和产业环境相适应；地方应聚集各方面的创新资源，吸引优质技术转移项目，推动技术产业在全国均衡发展。

2. 价值以产业价值链为载体

技术转移服务已融入现代服务业的产业链中，居现代服务业的高端地位。科学技术、信息资源、信息网络运行平台是向技术转移服务机构提供专业化服务的主要支撑，并成为现代服务业发展的主导因素。商业模式、服务流程、管理方式是现代服务业竞争的核心，基于网络的第三方服务模式成为现代服务业的主流模式。技术转移服务的专业化、信息化、国际化是大势所趋。中国技术转移服务机构的发展应按照模式创新、功能齐全、流程科学、管理领先、业务规范、服务高端的要求整合布局，超常规快速发展，提供从信息服务的基础开始直至主体经济的产业化的全过程的完备服务。

（1）技术转移商业服务多样化

技术转移服务的商业模式是指面向技术转移全过程形成的有相对稳定的服务程序和信息流向的市场管理与经营体系。服务多样化扩大了服务领域，也扩大了盈利的空间，能够为服务机构带来更多的利益。技术转移服务就如诊断学的全科医生，需要复合型的知识与实践。多样化的高端服务形式形成价值倍增的商业模式。潜在利益及相应的收益来源和分配方式是商业模式独特价值的组成部分。在传统商业的人、财、物经营资源之外，大数据信息、即时服务等无形资源都能参与价值创造。服务经济强调人性化、个性化、数字化。服务业务需求的快速增长和服务细分，使得技术转移服务形式会因地、因事、因时而异，多种服务主次分明，扬长补短，拾遗补缺，领先发展。

（2）技术转移服务营运产业化

技术转移业务逐渐扩大，技术转移服务自身也逐步在形成新兴的产（行）业。根据自身功能定位和产业竞争力优势，按照经济发展的基本规律，大批服务机构的优先、健康和快速发展，已经确立了技术转移服务业在区域经济中的战略产业地位。与技术交易、技术转移相关的各种配套服务不断增加，并趋于完善。多行业交叉服务的快速发展与完善，将形成全新的技术转移服务产业。规划+市场的商业模式，国外技术转移机构促进政策着重扶持政府部门的公益性机构，帮助有政府主导倾向的技术转移机构做大做强，而对商业性技术转移服务机构则采取自由的市场经济政策，基本上不进行任何行政干预或经济扶持。管理则主要体现在应用法律和法规来创造公正公平的竞争环境。因此，在激烈的竞争中，各类技术转移机构均能通过不同的方式发展壮大，表现出其共同的特点：技术转移服务机构兼具技术创新和技术转移的多重功能；信息渠道畅通，具有核心服务能力强，相对较完善、规范的运作模式，有很高的社会认知率；拥有一支具备技术、法律和商业运作方面专业知识的专家队伍，擅长对技术产品进行市场分析和市场运作，把技术变为商品并使其尽快进入市场，实现产业化；追求资源的最佳配置与组合。

（3）技术转移服务数字化

在计算机局域网、互联网的基础上，以技术交易为主的服务会在“三网（多网）合一”网络环境下抢占先机，通过日新月异的物联网创新技术，增值服务业务，扩展服务功能，运用高新技术，强化服务手段。线上交易、线下服务，或线下交易、线上服务密切配合，平台交易服务将成为未来技术转移的必然趋势。随着社交媒体、移动终端的多功能化和大数据的累积，专业平台的服务使服务主体与合作伙伴之间、与服务对象之间形成方便的交互式协作关系，交互模式按设计的信息流流向与路径产生丰厚的附加价值。

（4）技术转移服务范围地域化

在一段时期内，经济活动的逆全球化会影响技术转移的区域化繁荣，例如国内的部分产业成熟技术向南亚、东南亚地区的输出转移。服务环境网络化和产业转型带动的技术大面积转移，由于政治经济的非技术因素，将暂缓随技术转移的路径规律进行跨行业、跨国界的延伸拓展。技术转移服务业务重点会短期局限于机构所在的区域范围，业内技术转移服务人才总量会出现增长，但高端的技术转移和技术经营人才仍会短缺，全球化的人才竞争需要重新审视人才结构和竞争方式。

（5）技术转移服务组织协会化

以会员制等形式建立在自愿、平等原则基础上的各类技术转移行业服务协会将得到普遍发展。开展同业合作、跨行协作、跨国交流、规范行业行为和制定服务标准，将成为这种网络化组织形式的重要职能。技术转移服务行业协会将在守信经营、维护行业信誉等操守自律方面替代科技行政管理部门发挥更大作用。协会化产业链组织、协会化产学研联盟组织、创新载体联盟组织进行组织变革，形成新的机构组织。

协会化组织扁平化、网格化，虚拟企业和学习型组织结构都是应用的新型组织，能够降低组织层次，提高效率。高水平的投资和分散程度高的组织相结合才能带来高的经济回报。运用网络信息技术促进传统组织的协作团队、授权团队、开源团队等组织模式变革，能够带来制度性改革的软性绩效。

(6) 技术转移服务标准规范化

规范化是新兴服务业的基本要求。通过制定技术转移服务规范，开展贯彻服务规范的宣传指导工作，规范化将成为技术转移服务的产业常态，尤其是在信息化的统一平台下，服务流程、控制与管理活动、业务操作的规范化能够减少失误，提高质量，降低培训费用。规范化服务依据的是系列的行业、产品、服务等标准，如平台技术标准、信息交互标准、流程重构标准、服务内容标准等。全面的标准应用将极大提升绩效水准。

以市场为导向的多边服务机构在业务领域不断深化和创新，初步形成了完善的技术服务链条，推动着技术交易市场的活跃，不久的未来有望成就一大批创新能力强、服务水平高、具有一定国际影响力的技术转移高端服务机构。

4.2 技术转移服务资源配置

与技术转移相关的全部要素包括科技、普通劳动力、资产设备等经营资源要素，以及产业背景、政策法规、商业文化、民风民俗、自然地理等相关的经营环境要素。技术转移过程中，科技要素的投入成本只占很小部分，各要素具有互补性，同时还具有制约性，生产要素的有效组合和有机衔接对技术转移产出具有叠加效应。

4.2.1 技术进步需求与技术交易市场

技术需求是技术转移服务的前提，技术进步刺激需求，需求得以满足技术才能进入生产领域，才能提升社会经济的效率和效益。作为转移对象的技术本体也是重要的影响要素，全部要素的协同作用，形成技术成果和技术产品，形成商品化消费品，形成包括技术转移服务业在内的各行各业的规模产业。研究技术转移全过程，必须把技术与经营要素进行有机衔接，分析技术转移要素对技术转移作用的机理，分析要素之间的牵制机理，从而厘清技术转移不同服务职能的贡献。

1. 技术需求是技术转移的原动力

技术需求不仅是技术进步的动力更是技术转移的原动力。技术需求的满足是区段性递次波及的，发达地区的技术转移扩散推动着落后区域的物质、精神文明进步。每一次技术的发明与难点突破都是一次技术转移的专业契机，都是一轮相关技术贸易的产业扩散。

(1) 技术需求的前景

葡萄牙、西班牙凭航海技术实现了跨洋征服，蒙古人凭马镫的发明与牛羊肉风干技术驰骋欧亚大陆，英国的蒸汽机与纺织机曾经被视为殖民世界的资本，美国的新能源与计算机奠定了百年的政治地缘霸主地位。霸权易主是综合因素的作用，但有一点是肯定的，突破性技术的率先应用是一国强盛的重要支撑。

每个国家和地区在不同时期都会有自己的产业发展政策。产业发展政策的制定意味着系列新技术的创新应用，伴随着的是经济结构的调整和技术的引进与输出。我国政府曾发布政策优先发展集成电路、生物等 11 项先进产业技术，其中的半导体集成与交通工具的电动化也是当前的技术热点。

芯片是信息时代的“内燃机”，是生产力水平高低的时代标志。IBM 在芯片领域的最新突破是成功制造出 2 纳米制程的芯片，这是一项划时代的技术进步里程碑。2 纳米工艺的芯片，意味着“指甲盖大小的芯片”能容纳 500 亿个晶体管。上一个突破是 2017 年的 5 纳米芯片，同样大小的芯片可放入 300 亿个晶体管。相对 7 纳米芯片，2 纳米芯片意味着性能提高 45%，而耗能将减少 3/4。这将引起产业竞争的全球震荡，现有的先进设施将递降为次新技术依次向欠发达地区转移。新能源交通工具，在电机性能、智能控制系统、电池的管理开发等方面的技术日新月异。传统燃油汽车生产线、加油站、维修厂及炼油厂等产业链条将引发层层波漩，高等院校的汽车专业教学、科研院所的研究课题都面临调整与转向问题。技术转移将迎来前所未有的服务机遇。

OpenAI 开发的一款人工智能技术驱动的自然语言处理工具 ChatGPT，2022 年底一经发布便震撼世人。ChatGPT 能通过学习和理解人类语言进行对话，能根据聊天进行互动，并能做作业做答卷，能翻译文章撰写文案，能作曲和构思小说，甚至还能写论文编代码，几乎没有它不能完成的任务，而且比一般人做得更好。有人工智能领域专家认为：使用的人数越多，积累的数据参数越多，ChatGPT 会越来越聪明；估计用不了 5 年，它的各项能力就会超过 90% 的专业人士，未来 20 年内 ChatGPT 类型的人工智能，将取代全球一半的工作岗位。关键的亮点是，ChatGPT 能不断自我进化。OpenAI 创始者萨姆·奥尔特曼认为：互联网平台的内容生产模式经历了两个时代：第一个时代是 PGC，即专家生产内容；第二个时代是 UGC，即用户生产内容；即将到来的第三个时代是 AIGC，即 AI 生产内容。以 ChatGPT 引领的 AIGC 被誉为可与蒸汽机、计算机类比的标志性技术。

技术能够带来财富，技术需求如同水波环溢，势不可当。当年，英国织布机的出现曾遭遇手工作坊雇员的打砸报复，美国福特汽车的诞生，曾引起马车夫行业的围攻抗议，由于全社会普遍担心机械化会导致传统行业大量工人失业并殃及家庭陷入困境，除了技术发明者和新建工厂的老板，社会少有人支持新技术的应用。但是，即使在交通不发达的年代，领先技术仅仅几十年的时间便越洋跨洲扩散到世界各地。在我国，由于技术转移服务专业落后，技术供需矛盾突出，技术转移多年的趋向主要以先进技术引进、技术人才输出为特征，如国内有数百万科技成果存量得不到转化应用，北大、清华等名校毕业生出国比例一直居高不下。突发事件管控及贸易摩擦导致尖端技术引进受限，低端技术因关税制裁而导致产业整体被动输出。单项技术的非主动输出，如电子产品装配等产业大规模向南亚国家转移，这与技术转移服务业落后不无关系。商务部信息显示：进入2024年，全球经贸形势变得极其严峻，下行压力明显加大，我国外贸领域的主要矛盾，从2022年的供应链受阻、履约能力不足，已经转变为当前的外需走弱、订单下降。政府已明确要求尽快采取包括恢复高新技术博览会线下展会等措施予以应对。

技术转移最大的瓶颈是技术转移高端服务人才短缺。技术转移领军人才队伍建设时不我待。

（2）为需求疏畅通道

渠道通，百业通。疏解清畅技术转移通道是服务机构的主干职能，引导需求，明确路线，健全职能保障通道的四通八达。

①创新创业通道。科研人员创新创业（科研人员到企业挂职、科研人员在职创办企业、科研人员离岗创业、企业创新创业人才兼职）；创新创业载体技术转移（众创空间技术转移、创新平台技术转移、孵化载体技术转移）。

②军民科技成果双向转化通道。国家军民技术成果公共服务平台、军队装备采购信息平台、军民技术供需对接平台、国家军民融合技术转移中心、国家级实验室技术转移联盟。

③跨区域转移扩散通道。北京科技创新中心引领、辐射京津冀地区；上海科技创新中心引领、辐射长江经济带；振兴东北科技成果转移转化专项行动、创新驱动助力工程；对口援助和帮扶、向贫困地区转移转化；东—中—西梯度技术转移；省、市、县三级技术转移；国家科技成果转移转化示范区。

④国际技术转移通道。国际技术转移中心、国内外技术转移机构、“一带一路”共建国家与企业的国际化技术经营公司、海外研发中心。

2. 技术市场的资源利用

技术市场经营体系中，供应商与其他众多合作伙伴参与其中，每个参与者都在发挥着各自的作用，潜在利益及相应的收益来源和分配方式是商业模式独特价值的组成部分。人、财、物是传统商业的经营资源，电子商务下的创新商业模式，在人才、物流、现金流基础上，把技术、信息、公共关系，甚至把作为服务对象的目标客户都列入资源的范畴。

（1）技术市场的功能

①市场功能。

a. 展示功能。技术交易市场的展示功能是指通过信息网络平台，提供线上线下技术交易融合互补，为技术成果提供线上虚拟现实展览、宣传和线下项目路演，实施组织及技术交易信息发布等服务的行为。

b. 交易功能。技术交易市场为技术成果、技术产品、知识能力等标的物的转让，提供招标、挂牌、拍卖、竞价、结算等线上线下服务的行为。

c. 共享功能。技术交易市场集聚众创空间、仪器设备、数据信息、专家人才等科技资源，为最大化利用提供服务的行为。

d.服务功能。技术交易市场为提供技术评价、企业诊断、知识产权运营、机构绩效评价、政策咨询等服务的行为交流功能。技术交易市场对技术转移人才培养、军民技术融合、国际技术转移、技术转移信息资源的新媒体推广等提供服务的行为。

②服务功能。服务功能是连接区域（包括省域、市域、县域）各类创新主体、服务机构，集聚各种科技创新要素，在线交易平台（由网络平台、银行、认证机构、EDI电子数据交换等服务），为技术交易提供线上线下融合服务的网络信息服务运营平台。

a.省级市场。核心引领、各省联动，形成区域技术交易市场网络。省域市场应具备系统建设运维、信息采集、交易促成、内容监管、数据统计、账户管理、技术交易数据汇总统计发布和为省、市（地）、县分级管理权限设定等服务功能。

b.市域级分市场。依托地市层面及区县基层站点，进行资源整合、承载供需对接、承接基础业务。市域级分市场应具备市域信息采集、技术交易服务、会员发展、交易系统应用、交易促成、信息审核，模块监管、账户管理，交易数据统计上报等业务。

c.县域分市场。进行资源整合、承载供需对接、承接基础业务，具备县域信息采集、县域会员发展、技术交易、供需对接、交易促成、技术成果示范应用等。

将区域或行业技术交易市场的各类信息通过计算机通信网络，以EDI电子数据交换标准格式的报文数据格式，联结技术交易市场的区域网络，积聚和协同各分市场及跨区域技术交易市场的信息数据的交换与处理，形成国家技术转移体系架构下的技术交易市场。区域或行业技术交易市场依托国家级、省级高新区，围绕高新技术产业和战略性新兴产业及省内重点产业，专注于区域或垂直行业领域的会员发展、技术交易、供需对接、交易促成、技术成果示范应用等。

（2）有限公共资源的合理利用

技术市场的运营机制有别于技术交易的管理机制。技术市场的网络信息服务平台聚集各类技术交易信息资源、技术创新资源、技术交易服务资源等。资源要素包括技术交易服务系统、技术转移人才队伍、建立的技术交易服务流程和技术交易服务规范、技术信息交换标准、技术转移网络数据交换标准、技术交易市场运营服务平台规范等。良性的运行机制是资源配置利用的内在保障，促进技术交易和技术转移从管理为主向服务为主转变，以新技术推动向新服务转变。

技术交易公共资源是人财物市场资源以外的可投入要素，包括私有权益之外的技术存量资源、技术交易体制与政策等。公共资源利用最直观的评判依据是技术交易价格的波动和制度红利的体现。

价格由技术交易双方的供求关系确定，即由技术供应方的技术存量、适宜程度，技术受让方人财物力存量与管理水平等因素共同作用形成。公共管理的职能之一是根据技术需求方的紧迫程度，组织相关技术资源的开发与供给；根据技术供给优势组织技术推广和技术扩散。

成本制度红利是在技术转移过程中制度的不健全导致的，由于知识产权让渡保护和技术交易合约执行两个方面的交易成本在总的交易成本中占了很大的比重，通过完善制度减少交易成本从而有效促进绩效提升的状况存在，即存在“制度红利”。改革开放初期，制度红利是非常重要的软性资源，随着改革进程，制度红利在衰减。但技术转移国内外体制背景积弊日久，会出现新一轮的“红利”。公共管理通过新一轮的改革开放，制定、修订、完善技术交易政策法规，推动不同形式的“红利”释放，是有限公共资源合理利用的最有效举措之一。在资源配置方面，引进市场机制，降低业务成本，提高资源占用效率；在业务监管方面，将审批审核业务从改革后的“一站式”管理继续向“一表制”管理推进，进而实现“负面清单制”管理体制。

技术交易公共管理协同职能、公共利益服务宗旨的定位及面向长远发展的“五个转变”，不仅增强了技术交易公共管理依据和评价标准的科学性，同时对提升技术交易公共管理能力也具有重要作用。

（3）信息平台的专业服务引导

通过信息平台，启动技术交易服务促进活动，引导企业通过技术交易市场服务平台发布需求并经过平台撮合成交的，成交方将得到技术交易金额一定比例的奖励补贴。与第三方服务机构（如技术转移服务机构、律师事务所、会计师事务所、科技服务公司、政府主管部门、生产力促进中心、行业协会等）合作，促使企业发布需求达成交易的，将获得一定的交易服务券奖励。平台运营机构通过扩大用户群，建立合作渠道，采取激励措施提高技术交易市场的知名度和公信力，促进企业通过平台发布技术需求信息和解决技术难题；推动服务机构提供专业化服务，促成交易。

根据效率、效益最大化原则，利用导向机制对技术交易各交易主体及关联方进行分类管理。

第一类：企业，是技术创新的主要需求者；通过平台寻找技术、成果、能力和服务，有些企业也提供技术输出和服务。

第二类：机构，包括研发机构、高等院校和科技服务机构，提供技术成果、技术集成和技术服务，需要高端技术和技术转移服务；通过平台寻找服务对象和服务合作机会。

第三类：个人，包括技术专家、技术经纪人；技术专家提供专业领域技术咨询服务，提供技术成果，需要技术转移服务；通过平台寻找服务对象和服务合作机会。

第四类：政府主管部门和科技服务部门，提供政策、公共管理服务；通过平台寻找服务对象和服务合作机会。

平台设立项目专职服务人员，通过项目专职人员与服务对象联系，引导服务对象（企业）完善自己的需求，并将需求分为共性及个性需求，共性部分包括合作方式等，个性部分主要是各自的技术难题和诉求要点。

平台建立签约专家库，根据企业需求匹配各行业的专家，这些专家通过注册和实名认证成为平台会员，具备与企业联系的资格和服务资质，可以为企业进行分析诊断，根据需求推荐相应的专家和技术方案，进而再提供进一步技术交易咨询服务。

（4）技术市场的规划要求

为推动技术市场的全面发展，科技部 2022 年发布的《“十四五”技术要素市场专项规划》及《关于技术市场发展的若干意见》等政策规章明确提出了分类布局、结构优化、功能完善、市场导向和高度重视人才培养等方面的总体要求。

①明确的目标体系。构建立体宏大、结构清晰的目标体系。技术要素市场制度体系基本完备，市场化定价和交易机制健全，监督全面覆盖，管理水平显著提升，信用管理、风险防控机制运行有效，配套实施政策扎实落地。互联互通的技术要素交易网络基本建成。中国技术交易所等枢纽型市场与若干区域性、行业性技术交易机构互联互通，形成层次多元、特色鲜明、功能完备的技术要素交易网络。全国技术交易市场规模持续扩大，技术合同成交额达到 5 万亿元。技术要素市场服务体系协同高效。各类技术转移机构市场化、专业化服务能力显著提升，技术转移人才队伍持续壮大，技术转移服务体系进一步完善。“十四五”期末，国家科技成果转移转化示范区达到 20 家，国家技术转移区域中心达到 15 家，国家技术转移机构达到 500 家，国际技术转移中心超过 60 家，技术经理人数量突破 3 万名。

②优化技术市场分类布局。提升技术交易市场服务功能和发展水平。“聚焦国家战略和区域、行业需求，发展各具特色、层次多元的技术交易市场”。注重发展建设和完善枢纽、区域和行业 3 个维度的技术交易市场。“发挥专业化众创空间等创新创业服务载体的作用，提供专业化技术转移服务”。发展国家军民两用技术交易中心，推进军民两用技术、成果及知识产权的双向转化；围绕“一带一路”倡议布局建设国际化技术转移平台，推动我国技术交易市场成为国际技术转移网络重要节点；发挥国家技术转移区域中心作用，链接各类技术交易市场，形成互联互通的全国技术交易网络等一系列重要技术市场布局的优化，要“推动现有基础条件好、影响力大、辐射面广的技术交易市场进一步规范发展，聚集高等院校、科研院所、企业、投资人、技术市场服务机构等各类主体，为技术交易双方提供知识产权、法律咨询、技术评价、中试孵化、招标拍卖等综合配套服务”，要“推广科技成果市场化定价机制，健全科技成果评价体系，通过市场发现价值”，并“探索技术资本化机制，推动技术市场与资本市场联动发展”。

③发展市场化专业化服务机构，壮大技术市场人才队伍。采取市场化运营机制，吸引集聚高端专业人才，提供专业化服务，促进高等院校、科研院所和企业之间技术交易和成果转化。“对标国际一流技术转移机构运营模式，选择若干高等院校、科研院所开展高水平专业化技术转移机构示范，整合知识产权披露、保护、转让、许可、作价投资入股和无形资产管理等相关职能，建立专业化运营团队，形成市场化运营机制”。在岗位管理、考核评价和职称评定等方面加强对技术转移机构人员的激励和保障，形成全链条的科技成果转化管理和服务体系。

加快培养一批技术经理人、技术经纪人，纳入国家、地方专业人才培养体系。依托国家技术转移区域中心建设国家技术转移人才培养基地，以市场化方式设立技术转移学院，开展技术市场管理和技术转移从业人员职业培训。鼓励高等院校设立技术转移相关专业，培养技术转移后备人才。联合国内外知名技术转移机构，推动成立技术经理人、技术经纪人行业组织，加强对从业人员的管理和服务，吸引社会资本设立相关奖项。

④鼓励服务创新，优化环境和管理保障。发展线上线下相融合的新型技术交易市场和服务机构，应用大数据、云计算等先进技术，开展技术搜索、技术评估、技术定价、技术预测等服务。全面贯彻落实促进技术转移的相关法律法规及配套政策，加强对政策落实的跟踪监测和效果评估。修订技术合同认定登记管理办法和技术合同认定规则，推动地方加强对大额合同的认定登记和规范化管理，优化服务流程，提升服务效率。加大支持技术市场及其服务机构发展的政策力度。

⑤规范管理，强化组织保障。管理与服务重心的转变是根据技术交易的客观规律，促进其担负的职责、功能、作用、内容、方式的转向变化。转变之一是管理与服务理念由管理型理念向服务型理念转变，由计划执行向市场调控转变。转变之二是管理与服务内容由微观过程向宏观结果管理服务转变，价值取向由注重效率、追求投入产出比的最大化向注重结果和受众满意方面转变。转变之三是管理与服务功能由资源的行业分配向资源的社会集聚转变，动员社会科技管理资源参与管理与服务，动员全社会相关的科技物质资源进入技术转移价值链，组织建构网络型技术交易社会服务体系。转变之四是管理与服务权责形式由全能形式向专业形式转变，发挥行业协会和专业服务机构的服务功能。转变之五是管理服务手段由行政监管向市场引导转变，实行管办分离、管监分离，将部分管理操作职能由行政机关向事业单位或经营企业转移，行政管理资源更多地用于绩效考核与产业监督管理。

贯彻《技术转移服务规范》等国家标准，完善技术交易规则，优化技术转移服务流程。加强技术市场服务机构规范化管理，开展监督评估和考核评价，依据评估结果加大激励引导力度。加强技术市场信用管理，依法加大对不诚信行为的约束力度，保障交易主体权益，营造公平竞争环境。开展技术市场统计调查和数据分析，建立健全技术转移服务业专项统计制度。整合现有科技成果信息资源，为技术市场提供高质量信息支持。

对全国技术市场发展的组织协调，强化督促落实，加大对技术交易市场和技术市场服务机构的支持力度。各有关部门根据职能定位，加大政策支持和保障力度。各级地方科技管理部门要充分认识发展技术市场的重要性，加强组织领导，强化管理职能，加大投入力度，结合服务绩效对服务机构给予支持，等等。

4.2.2 技术转移服务机构的优化

1. 服务机构的职业化

技术转移服务机构是企业自主创新主体的助推器，是实现产学研联盟一体化的纽带。经过几十年的努力，我国已初步形成技术扩散、成果转化、科技评估、创新资源配置、创新决策与管理咨询等内容的技术转移服务系统。与国际化先进水平相比，技术转移服务机构的首要问题是服务规模和服务质量的同步推进。单看技术转移服务机构的数量，已形成行业规模，但很多服务机构是附属于相关部门而没有专职的技术与管理人员，如挂设于科技园、科研处等部门，人员兼职现象普遍，登记注册的在编机构和专业在职人员与统计数据相差甚大，技术转移服务质量首先需要一大批职业化的机构，更需要一支职业化的队伍，专心致志地为技术转移提供服务。因此，政府科技管理部门需通过制定相应的政策，发挥扶持、引导、激励和监管作用，为服务机构提供快速发展空间，并引导其向专业化、规模化和规范化方向发展。

①科技管理部门要转换职能，将科技成果登记、技术合同认定、项目评审、技术企业认定及服务行业化评价等事务委托有能力的服务机构承担。

②要健全服务机构的配套管理制度和评估体系，建立服务机构的准入制度、服务标准、税收制度、财务制度、管理制度和利益分配标准等，培育和细分服务组织。

③积极探索科技服务的资本运作模式，积极吸引民间资本进入，建立投资主体和投资渠道多元化、运作模式市场化的科技服务投融资模式。

④要进一步延伸技术转移服务的范围和深度，要让技术转移服务机构全过程参与到区域创新主体的创新活动中，如参与到大学及研究机构的研发全过程，参与到企业从需求信息采集、技术研发、产品试制到批量生产的产品创新全生命周期过程中。要通过技术转移的服务形成专业技术、项目、人才和服务资源的集聚，服务于传统产业的经济结构调整和新兴产业的熟化。

2. 服务职能专业化

(1) 服务对象的选择

技术转移服务对象指技术的持有方和技术的需求方两大活动主体，也指转移过程中各种形态的技术本体，服务对象的选择，就是在技术供给方与技术需求方之间寻求与技术本体的契合度。

技术持有方的存量技术千差万别，既有尖端垄断技术、高新竞争技术，也有热销时尚技术、日用成熟技术，甚至还包括落后淘汰技术、危险致害技术。我国存量科技成果超过500万件，全世界每年产生专利技术数千万件，我国已陆续超过日本、美国，成为世界第一专利大国。从表面看，每一项技术都足以引起一个特定人群的兴趣，在外行人眼里，每一项技术成果都没有转让不出去的道理，但实际情况是，我国的科技成果转化率经过多年的努力达到25%，而能够进入产业化环节形成一定商品规模的技术成果只有5%左右。究其原因，影响因素错综复杂，但是，没有足够多的技术转移中介服务机构，缺少高水平的专业职能服务，至少是瓶颈问题之一。

选择服务对象的实质还是选择技术，但技术与技术交易两大买卖主体适配更为重要。除非是以某种既定技术新建一个企业，技术的适用性是个永恒的主题。适用技术是指引进技术与引进技术的企业的原有技术水平和管理模式相匹配的技术，先进技术相对于落后技术、高新技术相对于淘汰技术，与其他技术术语相比，适用技术是个相对概念，适用技术是相对于应用企业的目标、实力、资源、环境等实际状况而言的。甲地的淘汰技术可能是乙地的适用技术；某专利技术在行业内是适用技术，在行业外是非适用技术；某高新技术在大企业是适用技术，在小企业是非适用技术。就是因为存在诸多的相对性，技术转移中介机构的服务职能是从专业的高度为有各类不同需求的企业匹配适用技术。我国有大量的引进技术“水土不服”的案例，尽管“水土不服”的原因多种多样，但经验教训的基本点是引进技术与落地企业的内部环境、条件不相适应。同样的技术在不同的企业会有相差巨大的产出结果；发达地区淘汰的技术经常会高价转移到落后地区并能获取理想的投资回报，这些现象说明，技术转移过程中，技术引进企业的效益预期往往不在于技术自身，而在于技术转移落地企业的环境与条件。

国际交流合作已成为服务对象选择的最佳形式之一。我国高等院校传统的国际交流合作往往局限于学术交流，并且将很多创意性研究课题毫无保留地“交流”给合作单位。实际上，发达国家高等院校的合作交流很多都带有商业色彩，技术转让、技术咨询等是国际合作交流的重要内容。转化委托、学生创业、产业创新都将成为合作的重要组成部分。服务对象选择如果在这方面达成合作，就可以使国际上前瞻性的科研成果服务于中国经济发展的需求。国内技术转移市场仍以技术供给方驱动为主，以高校院所及其衍生的技术转移机构为主体的技术转移服务机构成为主流，技术转移中心、专利事务所、技术咨询公司等机构创新较为活跃。技术集成模式通过提升专业化技术经营和服务能力，使技术成果产品化，其中，技术熟化模式将技术转移的工作反向延伸到科技研发的整个过程，通过产学研互动有力促进了技术成果的转化应用；成为技术供给驱动型示范机构的重要培育方式。技术商品产业化过程衍生的服务需求最多，技术转移的价值空间最大，服务对象选择的余地也最宽阔。

传统的技术经纪职能由于技术手段的巨变，选择服务对象的效率与质量达到前所未有的高度。互联网经济时代，技术如同其他资产一样可以由市场决定其价值并进行交易，以技术交易网络为基础的技术市场交易信息平台获得显著发展。随着知识产权法规政策体系的不断完善，以及互联网和大数据挖掘等新一代信息技术的发展，将有助于推动形成一个与国际惯例接轨，信息充分、交易活跃、秩序良好的技术交易市场体系。以国家或区域的战略发展需求为导向，向特定区域或对象进行的平台型技术转移模式，具有一定的公益属性，需要政府加强引导和支持，通过多方协作促进资源的整合和协同。把服务信息平台打造成一个开放式的国际化技术合作战略平台将极大地提升技术转移的服务绩效。

以市场需求为导向的第三方技术转移服务机构，在技术服务、代理、法律、咨询、培训、投融资等领域不断深化和创新，初步形成了完善的技术交易服务链条，推动了技术交易市场的活跃，未来有望成就一批创新能力强、服务水平高、具有一定国际影响力的技术转移高端服务机构。

(2) 服务内容的匹配

服务机构匹配适用技术和提供增值服务的过程，也是后续技术引进消化、吸收、创新适用技术的过程。判定一项技术与企业环境条件的适用程度，被称为技术的适应性。适应性强的技术，转移难度小且应用效率高，反之，若某项含金量很高的技术，与企业的适应性很差，导致产出效益不理想或运行失利，不但企业损失了技术转让费、浪费了大量的生产资源成本，服务机构也损失了声誉、失去了后续服务的机会，久而久之即进入恶性循环。

转移技术的适应性主要体现在 3 个方面：转移技术与企业技术水平适应性；转移

技术与企业管理水平的适应性；转移技术与企业资源、环境条件的适应性。

①转移技术与企业技术水平的适应性。企业的技术水平是原有产品结构、工艺流程、装备先进程度等技术条件的综合反映。转移技术首先是要与原有的产品结构相适应，尤其要与主打产品的生产设备相一致，如果短线产品源于设备能力不足，则可以优先安排应用于短线产品设备。其次是要与原有工艺流程相适应，工艺流程既反映工艺水平，又体现管理水平，不相适应的技术会产生两种结果，一种结果是引进高新技术与原有工艺流程不相适应，高新技术在原有的工艺流程中无法发挥其“高新”作用，最大的可能是逆转原有的流程，停产施工，出现非预期的淘汰局面，这样就会出现局部的“长板”现象，局部“长板”会造成严重浪费；还有一种结果是引进的技术比较落后，不合原有工艺流程的节拍，不但不能提升效率反而降低了全线的运行速度，追加改造投资又得不偿失。再次是要与原有装备相适应，原有装备先进程度决定着一定的产品质量和产品产量，不相适应的技术意味着原有的产品质量和产品产量会发生相应的波动。

②转移技术与企业管理水平的适应性。自动化技术出现后，人即变成了机器的奴隶。就生产线而言，企业最高的管理水平是保证生产线持续达到或超过设计效率。技术水平决定着管理水平的高低，管理水平反过来影响技术水平的发挥，二者之间有一个平衡过程。高新技术会倒逼企业管理水平的提高，但在一定的时段内会抑制转移技术功能和效能的发挥，这二者之间的成本效率是不成比例的。落后技术会扰乱企业整体的管理秩序，会打乱原有价值链的计划、控制安排，直至影响原有战略目标的实现。

③转移技术与企业资源、环境条件的适应性。企业的资源与环境条件在一定时期具有相对的稳定性，新技术的引进势必会带动人力、原材料、水电气暖、现金流等资源的变化，进而引起采购、营销、质检各经营环节到供应商、代理商、广告、税务等价值链的通体变动，某些企业仅供应商就有几十类，可谓“牵一发而动全身”。适应性较强的引进技术所引起的价值链变动完全可处于企业的控制之下，即处于条件许可的可控状态。可控状态意味着投资风险大大降低，只要经过努力就能够成就商业计划书的报告结果，这也意味着技术转移全过程良性循环的开始。

因此，无论从技术受让方经济效益的预期角度，还是从中介机构职能效率角度，技术转移机构的服务职能都可简化为：为技术引进与输出活动，推介提供与企业现有技术水平、管理水平、资源条件相适应的适用技术及附加的各类服务。

3. 商业模式国际化

商业模式是指面向用户、依托供应链，形成的有相对稳定的服务程序和信息流向的市场经营体系。成功的商业模式首先是能够保障企业的可持续发展，其次是能够为企业带来丰盈的利益。丰盈的利益不代表超额利润。市场经营体系中，供应商与其他众多合作伙伴参与其中，每个参与者都发挥着各自的作用，潜在利益及相应的收益来源和分配方式是商业模式独特价值的组成部分。人、财、物是传统商业的经营资源，数字经济的创新商业模式，在人才、物流、现金流基础上，把技术、数据、公共关系等无形资产，甚至把作为服务对象的目标客户都列入资源的范畴。创新商业模式的实质是设计信息流的流向与路径，是追求资源的国际化配置与组合。

国际化的商业模式有以下特征：

①行业服务领域。技术转移服务机构的服务链条决定了其“细而专”的企业特性，尽管实践中存在像德国史太白技术转移中心数万科技与管理专家那样的庞大机构，但那绝不是“大而全”的综合业务集团，而是由众多技术转移分支机构组成的专业服务组织。任何一个中介机构都必须有自己的专业服务领域，有依赖自己专业优势和关键资源的主营服务业务。服务业务可以向产业链的上下两端延伸，延伸的界限是与自己主营业务的联结程度和实际可控程度。不断通过服务创新来发展业务，在智能终端上获得用户支持等商业运作方式，并从这些交互中获得更多的商业价值。

②服务创新体制。构建互动参与系统：精心策划与客户互动的过程，并持续优化互动方式，进一步强化客户向心力。重塑企业业务模式，建立个性化客户体验并不断改进创新性的解决方案，同时构建出响应这些变革的企业文化与组织架构，方能深化客户关系，创造新的收入增长途径。

③服务创新机制。包括服务目标保障机制、服务资源共享机制、服务反馈纠偏机制、服务任务激励机制、服务人员自治机制、服务结果奖惩机制等。

④服务渠道创新。开拓发展以客户为导向的服务新渠道，利用数字化、网络化移动终端和通过社交媒介的跟踪，发现效益增长机会和新的实现价值的途径。要培养对客户的洞察能力，透过创建工具和技术来动态地了解各种需求并提供个性化的服务。

⑤产业链核心价值。产业链核心价值正逐渐成为服务绩效评价的重要指标。产业链价值即服务对象的认同价值，核心价值就是上下端客户可感知的区别于其他机构的、最基本的组织特征，是组织赖以生存和发展的根本要素。通过创造优质的体验，实现快速的业务成长。

服务机构的客户价值诸如专业程度、后续服务、融资能力、培训合格率等各不相同，每家机构都会有自己的客户价值。根据客户关系管理（CRM）理论，企业尤其是服务企业，绩效的核心是客户价值管理。客户是机构的重要资源，重视客户的个性化需求，把客户关系始终贯穿在服务业务的全过程，才能提升客户忠诚度的目标。

⑥营运流程。任何一个机构都有一整套营运流程，营运流程即机构内各部门之间业务循环的运行秩序和流转次序。机构的战略目标及决策者的执行力要通过营运流程来实现。企业简单的营运流程如采购供应、设计制造、营销服务，部门的具体流程如客户接入、服务前台响应、技术人员跟进、后续服务回访、服务总监复查等。营运流程从高层的战略流程到基层的员工流程是可被共同理解的简明工作指南，用于对全体员工作业进行指导、说明。营运流程要通过具体的专业运营设计并通过修正调整才能规范运营，营运流程设计得合理与否直接影响机构的营运绩效，其影响作用远大于个体的努力，越是高层，流程的杠杆作用越大。

4.2.3 技术转移服务人才培养体系

强化国家技术转移人才培养基地的功能定位，壮大专业化技术转移人才队伍，带动技术转移机构提质增效，加速推动以高水平、专业化技术转移专职人员为核心的国家技术转移体系建设。通过多年的创新实践，构建可持续发展，学历学位教育、继续教育、职业教育三位一体，多元主体协同的技术转移人才培养体系的局面已经形成。将技术转移人才培养对接产业链和创新链，通过与研发机构、产业研究院、企业研发中心、重点实验室共建技术转移人才培养基地形成系统的人才培养体系。

技术转移人才队伍培养涵盖数十个服务门类的从业人员的岗前实训、资质培训、继续教育、学位教育及相关师资培养等。相应的课程设计、教材编写、案例教辅、实训咨询等，系统的学科体系建设是国际理论研究借鉴和国内创新实践相融合的重大课题。

1. 人才培养技术转移服务的重中之重

技术转移人才是既熟悉专业技术，又懂市场、懂经营，具有技术转移、技术经营系统的现代科技和信息工程知识，具备企业家的战略眼光、风险管理和市场运作能力，拥有社会活动家的运筹和协调能力的复合型、专业化服务人才。技术转移人才的培养以需求为导向，突出人才培养的专业对口性、层次适合性和知识及能力的适用性。

技术转移人才培养包含职业教育、继续教育和学历学位教育，其中继续教育分为初级技术经纪人、中级技术经纪人和高级技术经理人 3 个等级的国家技术转移专业人员能力等级培训；学历学位教育分为本科生通识教育和研究生教育。

教育部科学技术与信息化司 2021 年 12 月下发贯彻落实教育部、国家知识产权局、科技部《关于提升高等学校专利质量促进转化运用的若干意见》的通知，在全国推广常州大学等 14 家高校促进科技成果转化和技术转移的典型经验，这些创新经验包括建立健全知识产权管理流程、主动探索专利申请前评估等制度、加快技术转移专业化人才培养等。

江苏省技术转移（常州大学）研究院技术转移业务实践为：在深化理论研究的基础上，率先在全国开展复合型技术转移领域研究生培养方案，打造全方位的课程体系、教材体系、师资队伍、教学平台、实训平台、实训基地及研究生培养体系。研究院以技术转移“理论基础+专业方向+产业方向”为主线，联合研究所、企业补齐短板弱项，以“工程技术+技术转移知识”跨学科培养和“新一代信息技术+技术转移服务能力”为培养特色，探索产业、教育、创新“三链融通”的技术转移人才培养模式，研究院已招收技术转移研究生 170 余名，与全国兄弟省市专业机构合作为科技管理部门、高新技术企业和专业服务机构完成近千名技术经理人培训任务。

技术转移人才是支撑技术转移机构发展、推动技术转移服务业态运行的核心力量。技术转移人才零散分布于各类专业服务机构和行业管理机构中，受制于技术转移专业学科体系建设的滞后，行业缺乏经过专业的学历学位教育的专门人才。而技术转移服务链漫长，充满专业服务需求，更高度依赖行业实践经验。

技术转移从业人员的突出问题表现为：知识结构不健全，专业和学科设置缺失、专业化师资队伍匮乏、体系化课程和教材缺乏、人才培养培训不规范；专业技能训练不足，技术需求挖掘“无从下手”；缺少针对技术转移服务方法的应用训练；技术与需求的匹配缺乏专业工具运用的训练。

培养专业人才队伍，需要将学历教育、职业教育和继续教育结合起来。高校院所、行业管理机构和专业的技术转移服务机构都应从自身职能定位与专长出发，积极参与到人才队伍培养工作中去。在专业的课程体系之外，人才培养更需要结合课题实践、项目实操来综合强化人才的专业技能水平。《国家技术转移促进行动实施方案》将培育专业化、高水平的技术转移人才队伍列为国家技术转移促进行动的重点内容。建立技术转移人才培养基地，技术转移人才教育培训是促进技术转移服务机构发展的重中之重。

技术的转移不是简单的转让、买卖过程，而是涉及技术自身的配套、集成，与生产要素等相关社会资源的整合与集成过程。缺乏综合性人才已经成为制约技术转移服务机构发展的瓶颈。相当一部分机构服务水平、服务质量偏低，专业化程度不高，无法应对日益活跃的国际技术转移需求。人力资源结构不合理、知识结构不全面，专业素质、服务能力亟待提高，这一结构性人才供需矛盾是影响技术转移服务业发展的基本矛盾。

我国技术转移服务业起步较晚，无论是专业技术人才还是管理人才，在数量和质量上都远远不能适应产业发展的需要。技术转移服务机构急需大批活跃在科技创新第一线的技术经理人、技术经纪人、科技咨询师、融资规划师和专利分析师等，专业从事技术信息的收集、分类、筛选，提供分析、处理，为技术转移、重大成果产业化提供源源不断的资源，为技术持有者和技术需求者提供技术交易服务、技术经纪服务、技术集成服务、技术经营服务、创业培育服务、平台建设服务；急需大批活跃在军工战线的技术经理人从事军品转民用的技术转移服务，以及军队装备采购供应体制改革后的民品军供技术转移服务；急需大批随现代服务业的兴起而从事与技术转移有关的生产与市场服务人员；急需大批服务于技术创新企业内部的技术经营、知识产权、融资规划及产品市场化的人员；高等院校、科研院所的技术研发人员必须把技术转移、科技成果转化作为一项重要的工作职责；急需大批因人工智能技术、大数据技术快速发展而掌握专门技术，利用信息化、国际化合作平台和第三方支付平台，提供技术交易专业服务的从业人员；迫切需要政府相关部门的管理人员从规划战略、高新项目管理、政策、法规、税收、资源配置等方面提供指导服务。

技术转移人才的培养紧密结合技术转移服务业发展的需求，制订专业化、信息化、国际化人才培养方案，按照职业化、专业化、层次化培养要求，开展学历教育、继续教育、职业教育。举办适合技术转移服务业发展的各种特色培训班，培养技术转移服务业精英人才。同时，重点引进与开发急需的高层次型人才、复合型人才及高级技能型实用人才，从而带动全行业的发展。也可增设专门的技术转移服务业学科、专业研究院（所），或在有条件的高等院校和专业技术学校，调整、扩充或增设技术转移服务专业院、系，精编精选优秀专业教材和教师，培养提供技术转移服务的专业人才和具有国际视野、精通国际技术贸易、通晓技术经营的高端技术转移人才。

科技管理部门、技术转移产学研机构都要有针对性的培养计划，形成人才培养、培训、轮训的长效机制。应该有的放矢，采取得力措施，实施人才战略，整合优势资源，加速培养技术转移服务人才，提高现有技术转移服务业人员的素质，保障新生人才需求的供给，为技术转移机构发展提供不竭的服务人才支持。

2. 课程体系建设

学历学位教育面向高等学校的在校本科生和研究生，对本科生进行技术转移通识教育，对研究生进行跨专业、跨学科的技术转移知识与技能的综合能力培养。

继续教育面向从事技术转移服务的人员，按照知识培训与技能分级学习与训练，使其具备初级、中级和高级技术经理人工作能力。

职业教育面向具备技术经营管理素质，能够担任机构或企业智力资产运营的职业技术经理人或技术转移领军人才。

技术转移人才培养是一个系统性工程，人才的培养要围绕“产业需求、创新引领，高质量发展”的战略需求，将“创新链、产业链”融合通达。打通技术转移全链条、服务技术转移全过程，创新人才培养模式，以工管结合、学科交叉、上下贯通，造就具有一定实践能力的高素质复合型技术转移人才。三位一体的人才培养教学体系如图 4-2 所示。

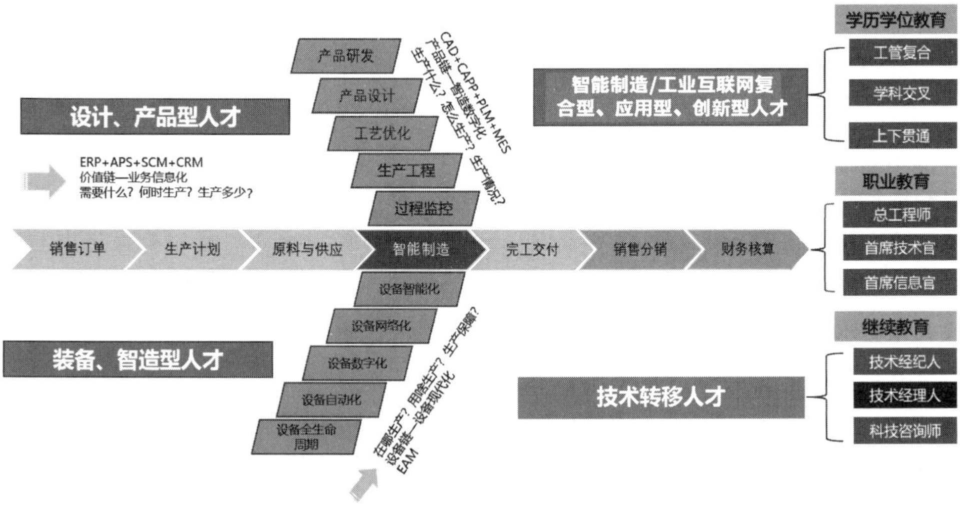

图 4-2 三位一体人才培养教学体系

3. 学历学位教育（研究生培养）

（1）研究生培养知识结构

根据我国经济社会发展对技术转移领域专业人才的现实需求，结合该领域对人才的专业背景、学术水平和实践能力的要求，各高校在专业增设审批前，建议对本科生普遍开展技术转移导论及知识产权通识教育，硕士研究生通过多主体参与、“三导师”（专业导师、企业导师、工匠大师按照1∶1∶1的结构）制的联合培养模式，进行跨学科的知识和技能培养。研究生培养知识结构如图 4-3 所示。

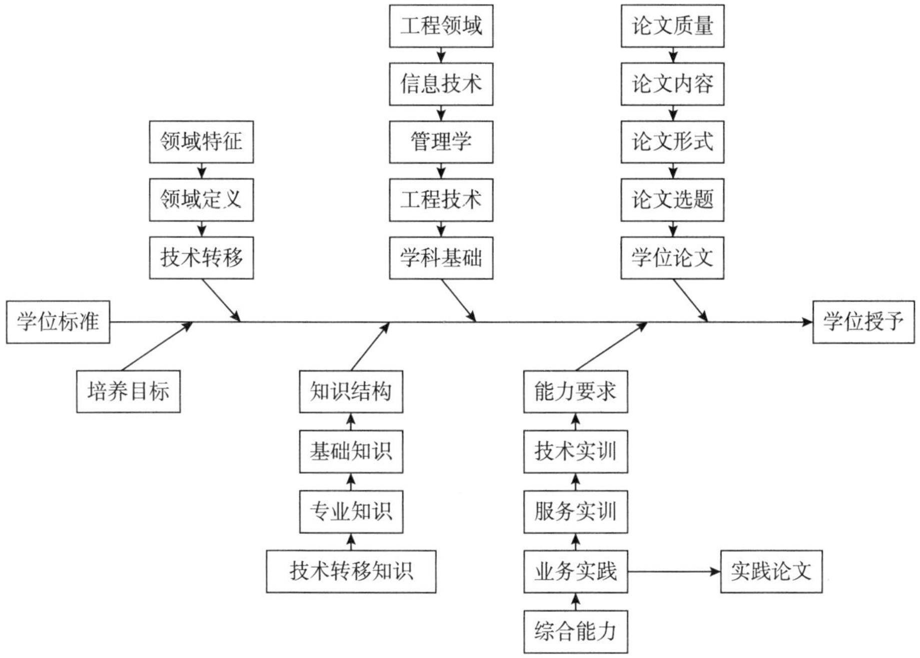

图 4-3　研究生培养知识结构

(2) 研究生培养方案

工程领域技术转移研究生培养与实训方案如下：

培养方案的内容包括：专业学位类别（领域）简介、培养目标、学习年限、研究方向、课程设置及学分要求、专业实训、业务实践要求、学习时间安排、技术转移工程实践论文、专业学位论文工作等。

课程与学分设置要求：工程领域专业学位硕士研究生课程由学位课、选修课、实训课和工程实践构成，不但要完成原学科专业的学位课、选修课，还要完成技术转移必修课、实训课程、业务实践及技术转移工程实践论文。

以工程领域技术转移研究生培养为例，研究生培养需要完成两部分学位课程：

①工程领域学位课程（ABCD），38 学分。

②技术转移知识学位课程（EFG），15 学分。

具体课程和学分略。

4. 继续教育（技术经纪人/技术经理人）

继续教育主要是对从事技术转移服务的人员进行的在职培训，围绕《国家技术转移专业人员能力等级培训大纲》（试行）要求，设置技术经理人培养课程体系，技术转移人才的学科知识涵盖工学、经济学、管理学、法学等多个学科和专业门类。完成技术经纪人职业培训课程体系方案的制订，包括职业素质、知识结构、专业技能和实训课程体系。

技术经纪人、技术经理人的培训应融合新形势下我国科技成果转移转化的新模式、新特点，注重理论与实践相结合、国内与国际相结合，突出科学性、系统性和实用性，所学内容既包括不同层次技术转移从业人员应知、应会的知识结构、经纪实务、案例实操等培训课程，也包括提升技术转移从业人员知识素养的扩展性选修课程，通过理论学习、案例分析、实训实操、业务实践等路径，按照分层次培养的原则，从公共知识、政策法规、实务技能、区域特色的拓展性课程等模块分为初级、中级、高级3个等级培训技术经理人。

技术经纪人/技术经理人能力等级培训大纲（略）。

5. 职业教育（职业技术经理人）

职业技术经理人应具备创新思维、系统思维、数据思维和科技领导力，应了解人工智能的原理及如何使用数据来分析问题和预测未来，应能运用前沿技术（5G、物联网、区块链等）、人工智能等科学技术成果，发掘洞察未来科技带来的颠覆性商业机会的能力。对职业技术经理人能力的培训主要围绕基本素养、职业能力（技术经营、数字化转型与数字服务、科技领导力）等方面进行技术转移领军人才的知识培养，职业技能一方面通过体验、启发、实践得以发挥，还需要通过多维度灌输、教育、培训、吸收来提高；另一方面领导力需要在相应岗位上承担责任、实际锻炼、考核激励得以形成和提高。

职业技术经理人培训课程体系由职业素养、职业能力培训两部分构成：基本素养由动机、品质，自我认知，角色定位、价值观，知识和技能构成。动机是内在自然而持续的想法，将驱动、引导和决定行为；品质与动机可以预测无人监督下的工作状态。职业能力一是由技术转移与智力资本运营能力构成；二是科技领导力包括创新能力、战略思维、市场与科技敏锐、有效决策、组织执行等，结合前沿的未来科技，再辅以大数据思维+人工智能，创造出颠覆性商业模式。

职业技术经理人能力培训大纲（略）。

4.3 技术转移服务业务转型

面向全过程的技术转移服务是技术转移从业人员在大区域、大体系、大机制、大服务前提下的服务创新与商业模式创新的全新实践。新型服务业务形成运营行业的新专业，也形成了技术转移价值链条中的盈利端点。

4.3.1 技术交易主体与第三方服务

从技术转移全过程的角度看，技术供给方（技术供应者）、技术需求方（技术消费者）是技术市场交易的两大主体。技术市场的服务价值链除了技术供需双方主体，还包括各类技术交易服务机构、技术转移服务从业人员、政府科技管理和科技服务部门等第三方乃至第 N 方的多边服务。

1. 技术需求方

技术需求方是指对技术成果和技术产品、技术服务提出需求的主体，企业是技术和服务的主要需求者，是以需求拉动、促进交易的原动力。

企业在不同发展阶段的技术需求也不同，利用技术交易服务系统平台为需求方提供的服务应能够快速高效地寻找到与企业自身发展相匹配的技术项目。在技术交易协商谈判阶段，需要第三方专业服务机构提供指导及帮助解决技术疑问；在技术项目实施阶段，需要可靠的第三方监督合同的履行，确保技术交易合同顺利执行和维系供需双方的合作关系。技术实施过程中遇到各类难题时，需要有效的渠道快速方便地获得咨询及多样化的专业服务。希望技术交易市场服务体系能够实时提供区域、行业前沿科技，政府的最新政策和行业动态。企业在创新发展过程中需要第三方专业服务机构给予技术预测、技术评估、技术引进策划、技术投融资、技术产业化、人员引进和培训服务。

政府管理部门一方面是技术市场的管理者，负责技术市场的规范化建设；另一方面是服务的采购者，提出科技咨询、数据分析、人才引进、培训服务、项目计划、资源配置等服务需求。高等院校、科研院所在技术转移过程中，一方面需要采购相关技术，用以集成创新，另一方面需要相关服务机构提供技术转移专业化服务。投融资机构需要具有潜力的专利技术、商业模式、团队能力。

2. 技术供给方

供方类型包括：高等院校、科研院所、实验室、检测机构、研发企业、知识产权经营机构、技术经营个体、部分生产经营企业等。技术供方希望获得第三方平台服务包括：

①技术项目推广，提高技术供需匹配成功的可能性。

②技术项目对接洽谈阶段，需要对技术进行价值评估和谈判指导。

③在技术实施阶段，需要专业的第三方机构监督合约的履行，保障技术项目能够成功转化。

④希望实时动态了解区域、行业前沿科技和政策动态。

3. 第三方服务

第三方服务主要由专业化服务机构和技术转移服务人员提供。

专业化技术转移服务机构应具有独立法人资格、相关专业资质、专业服务能力和资金实力；具备提供专业优质的科技服务的能力，在各自的专业领域内经营状况良好，服务业绩明显；具有良好的商业信誉，无不良记录；机构应具备健全的执业规则及其他相应的管理制度；提供的各类信息资料应合法、真实、可靠，应依照法律法规、标准及行业规范开展服务活动；服务机构应根据业务需要收集和整理相关信息，审核信息的合法性、真实性和有效性，对不能接受的委托，应向申请人说明理由，退还其提供的材料。

广义的技术转移服务机构包括：

①国家大学科技园、技术转移中心、知识产权服务机构。

②技术交易所、产权交易所等技术交易服务机构。

③生产力促进中心。

④公共信息服务平台、专业技术服务平台。

⑤研发设计、技术服务、检验检测等生产性服务机构。

⑥具有区域产业特色的创新驿站、众创空间、孵化基地。

⑦专利事务所、会计师事务所、法律事务所等专业咨询机构。

⑧银行、券商、风投、担保及小额贷款等科技金融机构。

专业化服务机构的技术转移服务人员包括注册技术经纪人、技术经理人、知识产权代理等。

4.3.2 技术中介角色的转换

技术转移服务角色是随技术转移业务扩展转换的，作为与技术供给方和技术需求方单边联系沟通的中介业务职能，最早的职业是技术经纪。经过几十年的业务扩展，最初的居间、行纪、代理的单方中介角色，已转变为技术供给方、技术需求方和技术转移服务三方互通互动的等边金三角关系。

技术转移从业人员为技术转移全过程服务，按照《国家技术转移体系建设方案》规划要求，加快发展技术市场，健全技术转移机制，促进科技成果资本化和产业化。

1. 居间、行纪、委托代理的中介服务

技术经纪人的资质认定和管理工作起步于20世纪80年代初期，90年代形成比较规范的技术经纪人管理和服务体系。居间、行纪、委托代理是改革开放初期为技术经纪人定义的服务职能，技术经营和管理人员持证上岗。2013年2月科技部发布《技术市场“十二五”发展规划》，提出建立和完善技术经纪人制度，制定技术经纪人资质认证标准和培训大纲。技术经纪人的培养培训工作主要是在政府科技管理部门主导下进行的。技术经纪人经纪活动的主体是公民、法人和其他经济组织。但无论是公民个人还是经济组织都必须取得合法资格依法开展经纪活动。

技术经纪人是为促成他人技术交易而进行服务活动的。技术经纪人为技术成果商品化提供服务，而一般经纪人则为普通商品交易提供服务，这是技术经纪人与一般经纪人的显著区别。

技术经纪人的传统活动形式主要包括居间、行纪、委托代理等。技术居间活动是指为使技术合同当事人双方订立技术合同而进行的联系、介绍活动；行纪是指技术经纪人受委托人委托授权从事技术交易活动，并承担相应的法律责任；委托代理是指技术经纪人受委托人委托，在委托人授权的范围内，以委托人的名义与第三方进行技术交易，在委托范围自己不承担法律责任。技术经纪人以促进成果转化为目的并收取合理佣金。技术经纪人提供经纪服务，促成双方当事人的技术交易，并因此而收取佣金。

2. 技术经理人职业的兴起

技术经理人的职业概念是随西方管理理论、管理方法和技术转移业务引进而进入我国科技中介服务领域的。在我国，人才培训、行业管理和理论研究是建立在技术经纪人管理体系基础之上的。技术转移新的服务业务需求和加入世贸组织后知识产权保护的贸易壁垒制约，促成了技术经理人业务在我国落地并快速发展，技术贸易额的快速增长开创了技术经理人在科技中介业务领域的新局面。

最初的相关技术经理人培训多是由高校和营利性科技服务机构进行的，培训涵盖技术转移全过程管理和服务，突破了技术经纪传统意义上的居间、行纪和委托代理的狭义职能，因而在业务范围、知识结构、工作技能等方面给人的感觉是技术经理人的层面相对高于技术经纪人。实际上，技术经纪人业务范围也一直随技术转移业务在不断扩展，培训也一直按初级、中级、高级知识结构在分类进行，技术经纪人与技术经理人的业务范围和职能规范完全可以人为主观定义，单从业务复杂程度和岗位要求方面，无法将技术经纪人与技术经理人业务割裂开来。

在专业实践中，根据习惯认知，对技术经纪人与技术经理人的区分有以下讨论：技术经理人是以科技成果转化为职能，应用专业知识和实务经验，促进科技成果的产品化、商业化和产业化，以科技成果转化工作为职业的从业者。其区分主要表现在服务范围、能力要求等方面。技术经纪人服务范围相对较窄，主要是居间和交易代理服务。而技术经理人服务范围覆盖整个技术转移全流程，依据的是国外的技术转移流程，其中包括发明披露、发明评估、专利申请、市场营销、签署许可协议等职责。虽然技术经纪人和技术经理人都是围绕科技成果转化服务的，但技术经纪人主要强调居间协调和谈判能力，围绕技术交易相关的信息搜集与分析能力及政策法律事务的咨询能力，即围绕技术交易合同的达成和履行所做相关服务的能力。技术经理人的服务内容因为覆盖技术转移全流程，自然也就覆盖了技术经纪人的服务内容，不仅包括技术交易签约的中介服务，还包括技术转移前期的策划、调研、评估、规划，中期的后续服务项目展开，以及后期的技术市场化和产业化开发的组织，因此在能力要求上相对比较全面，业务内容较为综合。中、高级技术经理人要求有大型技术转移项目的策划、运筹和管理实施能力，以及相关要素资源的组织和整合能力。

这实际上是将狭义技术经纪业务与广义技术经理业务作出的勉强划分，即使是官方早先已给出的各种定义和规定也会随着日新月异的行业创新而被频繁修订。

《国家技术转移体系建设方案》要求：“加强技术转移管理人员、技术经纪人、技术经理人等人才队伍建设，畅通职业发展和职称晋升通道。”科技部《关于技术市场发展的若干意见》提出：“加快培养一批技术经理人、技术经纪人，纳入国家、地方专业人才培养体系。”2018 年 12 月 5 日，国务院常务会议要求“强化科技成果转化激励，引入技术经理人全程参与成果转化”。尽管从政府层面，正式确立了技术经理人在我国技术转移、科技成果转化服务中的重要地位和作用，与国际接轨的技术经理人的人才培养也越来越引起全社会的重视，但是技术经纪人的培训和管理体系仍作为技术转移服务主体在发挥重要作用。我国地域辽阔，工业、农业产业资源和区划各有侧重，技术转移服务业务千差万别，业务规模也相差悬殊，职业称谓不同并不影响相关业务的开展。

因循产业习惯和专业概念的衔接，技术转移原多指国家之间的技术流动，随着技术市场内涵的扩展，技术转移已包括国家、地区、产业甚至跨国公司之间或内部技术输入与输出的过程，内容涵盖了技术引进、技术输出、技术转让、技术交易、技术推广、新产品开发直至商业化、产业化的全过程的活动和行为。我国技术转移工作与发达国家相比最大的区别在于技术转移服务产业链的延伸与扩展。发达国家的技术研发与技术贸易多是以市场为基础的企业行为，技术转移服务主要以技术贸易及相关的服务贸易为业务主体，以专利、专有技术、商标为主要内容的知识产权交易和保护为服务职能，技术输出以品牌、商标、成套设备、集成电路及软件等为主，技术引进以人才为载体的智力和知识为主。多年来，中国的科技研发资源主要集中于科研院所和高等院校，科技成果的转化与吸纳主要依赖国内企业，另因体制约束，技术转移成效多依赖于科技管理部门的行政力度。科技管理体制改革前，为发挥集中力量办大事的制度优势，科技资源包括研发人员和推广人员大多由政府部门统一掌控与配置，但科技中介作为一种管理服务职能存在，却分布于不同行业、不同机构，以行政机关、事业单位、专业团体、公司企业等多种所有制组织形式在发挥作用。这些组织包括政府各级科技管理部门、科研院所、高等院校、技术转移中心、企业研发机构、科技服务公司、其他非营利组织等，利用行政手段或专业知识，以专门人才队伍的专业技能，以及数据信息、公共平台、实验室和仪器设备等资源进行管理或提供服务。管理服务内容包括技术的进出口贸易及科技资源调动、研发定制、科技成果转化、专利申报、科技评估、技术服务、技术咨询、技术推广、检验检测、科技金融、资质认证、公证鉴证、科技政策咨询等方面。

3. 技术转移服务主体的多元化

技术转移全要素、全方位、全过程的概念已为业内所普遍接受，随着技术转移服务职能的细化，业务实践中除技术经纪人外，另有技术经理人、科技咨询师、专利工程师等技术转移专业人才称谓的出现并列，技术转移专业人才的培养已从行业的岗位培训进入学科教育的更高层面。其他相关人才所服务的技术项目只有进入贸易过程或意在进入交易环节才与技术转移服务有关，因而与科技成果转化和技术交易直接相关的是技术经纪人和技术经理人两类人才。技术经纪人在早期以科技成果转让为主要业务时的定义是：在技术市场中，以促进成果转化为目的，为促成他人技术交易而从事居间、行纪或代理等，以及提供相关的技术、政策、法律等信息服务和咨询服务，取得合理佣金的经纪业务的自然人、法人和其他组织。而技术经理人，则是从国外技术转移领域引入的概念。在经济发展过程中，新生的职业职能层出不穷。任何新事物都有一个被认可和接受的时间，技术转移领域人才概念混合应用而未见有确切的区别分析并形成行业正式的共识界定，实属正常现象。技术经纪人与技术经理人这两类技术转移人才到底是对同一职能的两种称谓，还是应该统一定位予以区分？讨论原则应是在产业政策引导前提下，尊重历史沿革留续，尊重市场需求定位。

科技管理体制改革后，上述组织的中介服务职能和部分管理职能将由技术经纪人、技术经理人等技术转移服务从业人员承接。居于第三方甚至 *N* 多方角色的技术转移从业人员，不但要发挥桥梁和纽带的作用，还要为科技成果的供需双方提供“定制”“落地”“生根”甚至“保驾护航”的服务，帮助科技课题形成成果并走出实验室，抑或集成孵化直至为技术市场所吸纳，为技术需求方所用。这条由技术交易环节向上下两端延伸的产业链全方位服务便是技术中介机构和技术经纪角色转换后的全新职能。技术转移从业人员以自己的职业技能提供新型的高端服务，能够有效降低研究开发成本、提高研发效率、化解研发风险；加快科技成果在不同技术势差企业、地区间和不同发达程度国家间的流动；协同科技资源的优化配置，推动技术进步和产业结构调整的全球化循环，提升技术转移全产业链绩效。

第五章

技术转移服务业态与规范

引　言

技术转移服务从技术研发、技术转让、技术咨询、技术服务等基础内容随新兴技术产业的服务需求而快速扩展。新型高端服务已涵盖技术评价、技术诊断、投融资策划、智力资本增值、知识产权保护、认证认可与检验检测等全产业链需求。技术转移新兴业态基本源自技术服务范畴的扩大，技术服务已从复杂机器和成套设备售后安装维修概念延伸到设备的升级改造及管理系统的全新设计等全方位服务。技术转移服务的规范循序客观、精练、科学，可供不同行业或专业的技术转移服务人员共同遵循。

技术转移服务产业（行业）化是达到社会认可的规模，以完成从量的归集到质的蜕变，体量能够成为国民经济中以某一标准划分的组成部分。技术转移服务产业的形成，要引导现有服务机构面向市场形成为服务发展的推动力，走上产业化道路，以经济效益为目的，以知识与技术为手段，健全市场机制，发挥补短板的系统作用。技术转移服务业能否做强做优必须重视投入产出比的提升，实现服务的价值补偿和价值增值，获取较好的经济效益。

技术转移服务形成了面向研究开发、技术转移、检验检测认证、创业孵化、知识产权、科技咨询、科技金融和综合科技服务主流态势。

5.1　技术转移服务的新型业态

技术转移服务的新型业态是指服务产业规模发展后形成的行业与专业细分形态。服务业是第一、二、三产业加速融合，现代化产业调整的新型引擎，技术转移服务业同先进制造业、现代农业的深度融合，是构建优质高效服务业新体系的重要内容也是高效举措。

技术转移服务的新型业态随着科技发展和市场需求的变化而不断涌现，在促进技术创新、知识共享和产业发展中发挥着关键作用。技术转移服务呈现专业细分化、跨界跨国联盟战略化的趋势。数字产业化、产业数字化，推动现代服务业数字化改造也是技术转移服务的使命，培育服务业新模式新业态，需要不断加大政策、人才、技术等支持力度。技术转移服务新型业态如图 5-1 所示。

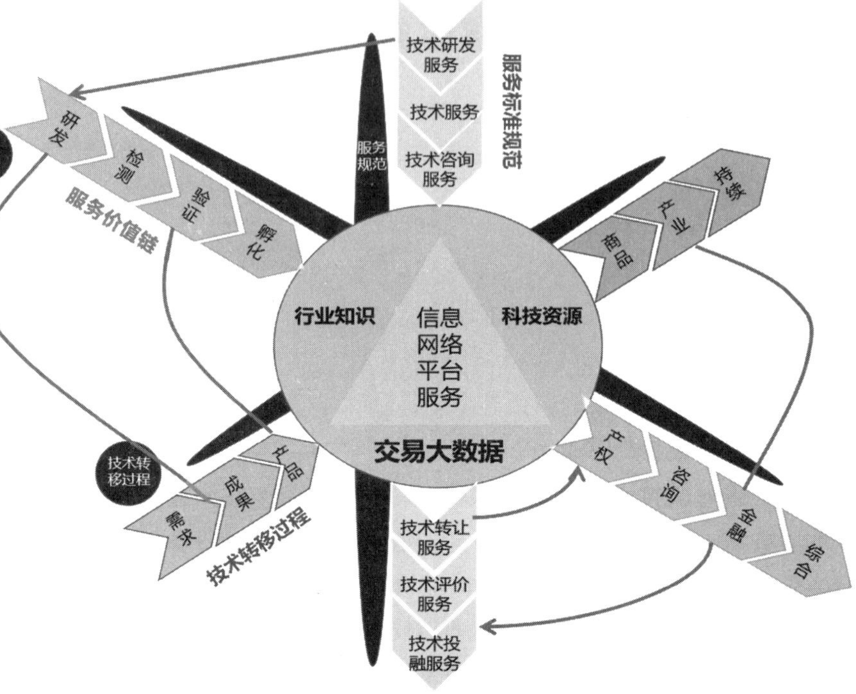

图 5-1 技术转移服务新型业态

技术转移有广义与狭义之分。技术转移概念由西方国家提出，主要指通过技术贸易实现的技术流动过程。由于中国科技研发体制与国外相比存在巨大差异，尽管经过 30 多年的科技体制改革，科技力量从多方面向企业倾斜，但高等院校、科研院所的国有事业单位性质没有大的改变，科技研发成果转化由事业单位向企业流动不仅仅是体制的跨界协同障碍，问题是源头的科技研发成果与真正的企业需求不相一致，甚至悖向两趋。国外的应用型技术研发重心在企业，尤其是跨国公司在世界范围内集聚研发资源面向直接的目标市场，技术转移的主要内容是技术人才与创新创意的引进，成熟技术和临换代技术的输出。因而，中国的技术转移把科技成果转化和课题成果转让作为了技术转移的重中之重，另一方面我国的技术引进选择性很小，国外的技术输出一直处于买方市场地位，技术贸易在中国的技术转移服务中的业务潜力有限。为此中国的技术转移提出了全过程、全链条、全方位的服务理念，而不局限于传统的国际技术贸易实现的流动转移，是为广义的技术转移，技术转移服务亦然。

狭义的技术转移服务包括于科技服务业之中，是科技服务业中的技术交易环节。广义的技术转移服务包括科技服务业绝大部分业务，是从研发创意到产业化的技术流动全过程的横向服务，如影相随的是平行的价值链服务和相关资源聚集的全方位服务，离开转让、交易（贸易）、交换为目的技术流动不属于技术转移服务的范畴。科技服务是针对具体研发项目和科技应用的纵向服务，而不囿于转让交易的目的性。

推动产业结构调整是建设现代化产业体系、促进产业核心竞争力迈向全球价值链高端的重要举措。国家发展改革委牵头会同相关部门共同修订完成《产业结构调整指导目录》，技术转移服务业被列入《产业结构调整指导目录（2023 年本）》。

科技服务业是科技创新体系的重要组成部分，涉及各行各业的科技创新和应用服务。产业分工不断细化和产业融合不断强化趋势下形成的新型产业，主要服务于整个科技创新的价值链，从研发、小试、中试到市场直至产业化全过程。管理部门明确划分了科技创新的 9 大领域，根据科技创新以及科技成果转化的相关度可划分 3 个层次。核心层主要包括研发设计、技术转移转化、创业孵化以及科技金融服务领域，这是科技服务业的核心，相对的进入门槛较高；其次是为科技创新提供支持服务，包括知识产权服务、检验检测以及科技咨询服务；面向基础服务的是科学技术普及以及综合技术服务的相关业态。我国科技服务业的发展既有巨大机遇，也面临一些高层设计和基础应用的两端困难。

从宏观的创新发展水平角度，我国和欧美、日韩等发达国家的差距很大，科技服务业的规模也相对较小，科技服务业产值占 GDP 的比重较发达国家的占比还不足其一半。这种差距事关高层科技管理体制。从基层服务业结构看，无论是从业人员还是服务规模，传统的咨询服务仍占最大比重，而科技咨询服务的主体是众多的民营中介服务机构，这些服务机构数量多、规模小、实力弱、业务素质低，很难依靠自身的能力得以提升。

技术转移服务业涵盖三大产业的所有行业的以转让转移为目的科技服务，主要包括以下主要类别。

5.1.1　研发与设计服务业

研发设计（简称研发）服务是对新技术、新产品、新工艺、新材料等课题系统进行研究设计与试验开发的业务支持活动，一是研发服务，包含科学制造工程研发服务、农业研发服务、医学领域等各行业领域的研发服务；二是设计服务，包含工程设计和工业设计等。

研发设计服务业包括研发设计策略的规划服务，包括应用场景分析研究、技术预测、风险评估、技术发展规划、知识资源检索、智力资源趋势分析、知识资源布局与研发设计成果产出策略规划等；专门的技术服务，包括产业或领域技术及软硬件技术服务、实验模拟检测服务及量产服务等；研发成果应用服务，包括技术成果应用规划服务、研发成果投资评估、创新产业育成、研发成果集成与运作、技术成果评价、技术成果转移与授权、技术成果保护与侵权鉴定、技术成果获利模式规划等。

研发设计服务包括软件服务等高端生产性服务业，是现代化产业体系和实体经济中高端层面，是集聚创新力量、引领产业高端化发展的重点领域，在推动经济转型过程发挥着越来越重要的引领支撑作用。

1. 研发设计服务业的发展趋向

研发设计服务业作为一种提供研发技术创新及技术转移服务产业的出现，成为现代服务业的重要组成部分。研发设计服务在向两个不同的方向发展，一个方向是逐渐向跨国公司集中，例如光刻机、人工智能、数字化等领域的垄断性趋向；另一方向是研发配套外包形成常态，独立的中小型专业研发组织机构如雨后春笋般呈全球化扩散趋向。在新技术高速发展和国际技术分工区域化背景下，“狼吞虎咽式”的技术消费带动了技术研发服务业的蓬勃发展。知识与信息获取渠道广泛，高壁垒的特性使企业打破了原有的研发体制界限，大企业集中资源优势开发成本高昂的高新技术，力争保持自身的技术核心地位。众多的中小企业没有足够的自主研发实力，只能追逐高新技术产业链的衍生技术协作或借助外部的专业研发团队进行合作。这是新型知识和技术密集型研发服务业出现的背景条件。研发设计的进入门槛高，未来的趋势是资源开放共享，要实现科技装备的资源共享，就会出现一些新兴的服务形式，如共享研发实验室、仪器设备的共享平台等。因为社会分工的不断细化，有一些重点行业的研发投入不断增加。

研发设计活动的外部化、市场化意味着研发服务业在垄断与竞争的博弈中赢得巨大的发展空间。

（1）合同外包

合同外包是研发服务的主要业务形式。研发服务形式多样，承担国内委托研发业务，以产业技术联盟等形式开展交流，研发服务通过研发任务分解外包，并以合同契约方式约定服务项目。技术供需双方根据各自实力及服务能力，签订不同类型的技术开发或技术转移合同。通过契约，部分解决了产学研合作研发各参与方的权利与义务约定。自身研发形成的 IP 授权服务和通过委托研发的方式提供的外包服务，像生物医药和高端装备制造等领域的研发外包通过承接研发服务外包合同融入跨国公司的全球产业链。

芯片行业世界闻名的前沿巨头是英特尔、三星、台积电、高通等公司。但芯片生产的核心技术是光刻机，而这几家行业巨头恰恰都不能生产高端光刻机。而在芯片业的背后真正的巨头是光刻机领域的霸主荷兰 ASML（艾斯摩尔），全世界生产光刻机的大厂商另外两家是日本 Canon（佳能）和 Nikon（尼康）。然而，在世界的光刻领域，德国的蔡司专利申请量却是第一，艾斯摩尔只排第二，而韩国的海力士排第三。

既然艾斯摩尔是芯片产业巨头中的巨头，尤其是在 EUV（极紫外光）光刻机领域，全世界能制造出 EUV 光刻机的只有艾斯摩尔，理论上对 EUV 光刻市场实现了完全垄断，而实际上，EUV（极紫外光）最初的设计原理来自美国，形成产品的是艾斯摩尔，艾斯摩尔自己又没有研发，它自始而终依赖其他公司的投资与合作，尤其是需要上千家小型科技公司做零部件供应商。EUV 光刻机的关键器件激光器就是委托德国另一家公司生产的，有资料显示一台高端光刻机有超过 45 万个零部件。艾斯摩尔却牢牢掌握着英特尔、三星和台积电这三家世界级科技巨头的命脉。

（2）合作研发

合作研发的形式包括承担国外研发外部业务、技术入股、技术机构兼并、联合开办研发机构、产学研合作研发、国内外委托研发、产业技术实验室联盟等。从研发外部化形式看，产学研合作研发是主要形式。

合作研发的形式有：企业与科研院所、大专院校的项目合作；企业与科研院所、大专院校共建实验室；企业加入产业联盟，与联盟内单位合作研发共同受益；企业对外部研发机构控股管理，获得外部研发支撑；企业与科研院所、大学合作共同申请国家及地方政府项目；企业聘请科研院所、大专院校专家进行设计前端研发咨询；企业收购国外技术依托企业，获得国际先进技术；兼并成为跨国公司研发机构，合作承担项目等。

技术转移环节通过产学研合作不断前移，从单纯的成果转让，到成熟技术的贸易都不能维持研发机构的良性循环，而拥有研发能力、具有创新活力的研发型企业，通过共同参与技术需求方的研发活动，才能把技术的供给与需求落到实处。

2. 政策支持

研发服务业作为新型产业初具规模，但市场运行机制尚未成熟，市场“看不见的手”的调节功能在短期内很难见效，政策引导与法律规范应在研发服务主体和产学研联盟完全融入市场之前发挥作用。政府首先要加强研发服务业的生态基础环境建设，为市场化的研发服务业奠定法律与政策基础；政府科技管理部门依法依规引导监督，不得介入研发业务活动；推动产学研合作打破原有体制资源界限，满足研发服务跨行跨业、技术多样性政策要求；为研发服务的知识产权提供有力保护。要扩大研发服务需求，围绕产业结构转型短板，发展科技含量高的知识密集型研发服务业。促进高科技产业的发展，尤其鼓励高科技中小型研发企业的发展，提升研发服务能力。对于高校、科研院所，政策重点是财政类研发课题经费引导，除了国家战略规划中的基础性科学研究外的课题，都应与应用与市场需求紧密结合，杜绝凭空想象的自撰课题申报经费，通过开放式市场创新机制获取课题经费，以研发知识产权转让方式形成研发供给的良性循环，课题结题后继续追踪成果转化与技术转移绩效，将研发者个人和单位的成果转化率捆绑考核，作为下一周期的项目申报审批依据。对于研发企业，政府要根据产业规划逐步加大公共研究资金投入，并对资金用途和投入产出进行定期追踪与监督。对于研发服务业新型主体，将研发服务机构纳入研发服务主体支持体系，政策引导与法律规范并行，全面制定可操作的运行标准与规范，法律规范先行并逐步完善，以服务绩效事后激励为主提供资金及信用支持，提高研发服务机构对研发服务价值链的价值比重。

5.1.2 检验、检测、认证和计量服务业

检验、检测、认证和计量服务是验证产品、服务、流程和系统，确保质量、符合性和性能的关键服务领域。这些服务面向各种行业，尤其是制造业、建筑业、医疗保健和食品行业等。

1. 概念

检验、检测、认证和计量服务是质量和安全的保障，保证产品质量、合规性、安全性、可持续性，帮助企业或产品、服务的提供者满足相关标准和法规的要求，产品

和服务能在全球范围内通行应用。检验、检测、认证和计量服务还有助于稳定消费信心、减少资源浪费、提升社会效益。

①检验（testing）。通过对产品、系统或过程的物理检查、测试和评估来验证其是否符合特定标准、规范或法规。检验涵盖产品的外观、性能、安全性、可靠性等方面。检验是一种确保产品质量和安全性的服务过程，是“审查产品设计、产品、过程或安装并确定其与特定要求的符合性，或根据专业判断确定其与通用要求的符合性的活动”。

②检测（inspection）。检测是指根据有关标准、法律或合同对产品或系统品质进行的检验测试等活动，以识别缺陷或不合规性，是“按照程序确定合格评定对象一个或多个特性的活动”，可包括物理检查、可视检查、测量和其他技术方法。

③认证（certification）。认证是一种确认产品、流程或系统已经符合特定标准或规定的过程，是由第三方认证机构证明产品、服务、管理体系或过程符合相关技术规范的强制性要求或标准的合格评定，是与产品、过程、体系或人员有关的第三方证明。认证有 ISO 认证、CE 标志、UL 认证等很多种类。

④计量（metrology）。计量是计量基准器具、计量标准器具和计量检定的管理监督等活动，包括计量单位的定义和转换；量值的传递和统一所采取的措施、规程和法制等内涵。

2. 作用

检验、检测、认证和计量服务在提升产品质量、推动产业升级、保护生态环境、促进经济社会高质量发展等方面有重要作用。

①质量保证。检验、检测、认证和计量服务有助于企业或产品和服务提供方确保其质量和性能，有助于降低产品和服务的缺陷率，减少召回和降低消费者不满。

②合规性。各个行业的产品、服务和流程都需要符合相关法规和标准。检验、检测认证和计量服务能够帮助企业确保产品和服务符合法规，降低法律风险。

③安全性。各种产品和服务尤其是食品、药品、电子产品和交通工具等，安全性是基本的通行证。

④可持续性。验证产品和服务的可持续性，以及环保方面的标准。

⑤贸易的便捷性。尤其在国际贸易中，检验、检测、认证和计量服务的作用是根据目的地国家的标准和法规，视其规定的强制性和通关的便捷性提供条件满足服务，以确保产品顺利进入市场。

⑥第三方认证。第三方认证机构承担检验、检测和认证计量的服务角色，其自身的准入资格就具有独立性和客观性，也给服务对象增加了可信度。

⑦数据报告的反馈。检验、检测、认证和计量服务产生详细的数据和分析报告，帮助企业了解自己的产品和服务的真实品质性能，有助于技术与管理的完善。

截至 2022 年底，我国检验检测和认证机构数量突破 5.4 万家，服务产值超过 4000 亿元。共颁发产品、管理体系、服务等各类认证证书 336.6 万张，涉及 93.9 万家企业和组织。其中，产品认证证书 150.5 万张、管理体系认证证书 180.1 万张、服务认证证书 6.0 万张，为营造安全、放心、优质的消费环境提供了切实保障。

检验、检测、认证和计量是市场经济条件下加强质量管理、提高市场效率的基础性制度，是市场监管工作的重要组成部分，其本质属性是“传递信任，服务发展”，具有市场化、国际化的突出特点，被称为质量管理的“体检证”、市场经济的“信用证”、国际贸易的“通行证”。

检验、检测、认证和计量的价值是在商品制造和流通过程测量和传递产品内在属性信息的手段，尤其是第三方机构的存在，可提供公正立场的产品属性描述，使得买卖双方在对产品属性信息对等掌握情况下的交易成为可能，并且通过第三方机构的专业技术和权威品牌公认，保证较低的交易成本和可持续的良性贸易。

3. 服务业政策支持

检验、检测、认证和计量服务业将进一步发展壮大。第三方检验检测服务机构相对于政府部门下属检验检测机构在设备更新、技术投入及服务意识等方面具有更强的优势，近年来第三方检验检测服务机构得以不断发展壮大。多部门规划加快检验检测认证服务业市场化、国际化、专业化、集约化、规范化改革和发展，提高服务水平和公信力，推进国家检验检测认证公共服务平台建设，推动提升制造业产品和服务质量。加强国家计量基准标准和标准物质建设，提升计量测试能力水平，优化计量测试服务业市场供给。

《全国质检系统检验检测认证机构整合指导意见》明确提出将质检系统 3500 多家机构分为公益类和经营类两类检验检测机构，经营类检验检测机构自主经营、独立核算、自负盈亏。在市场发展趋势和政府政策引导下，政府检验检测机构将逐步转型，第三方检验检测服务机构将进一步发展壮大。

我国相关法律法规具体如下：

（1）《国家标准化发展纲要》

规定到 2025 年，实现标准供给由政府主导向政府与市场并重转变，标准运用由产业与贸易为主向经济社会全域转变，标准化工作由国内驱动向国内国际相互促进转变，标准化发展由数量规模型向质量效益型转变。到 2035 年，结构优化、先进合理、国际兼容的标准体系更加健全，具有中国特色的标准化管理体制更加完善，市场驱动、政府引导、企业为主、社会参与、开放融合的标准化工作格局全面形成。

提出大力发展标准化服务业。完善促进标准、计量、认证认可、检验检测等标准化相关高技术服务业发展的政策措施，培育壮大标准化服务业市场主体，鼓励有条件地区探索建立标准化服务业产业集聚区，健全标准化服务评价机制和标准化服务业统计分析报告制度。加强标准化人才队伍建设。

（2）《计量发展规划（2021—2035 年）》

其发展目标为：到 2025 年，国家现代先进测量体系初步建立，计量科技创新力、影响力进入世界前列，部分领域达到国际领先水平。计量在经济社会各领域的地位和作用日益凸显，协同推进计量工作的体制机制进一步完善。展望到 2035 年，国家计量科技创新水平大幅提升，关键领域计量技术取得重大突破，综合实力跻身世界前列。

建成以量子计量为核心、科技水平一流、符合时代发展需求和国际化发展潮流的国家现代先进测量体系。

服务重点领域发展。在战略性新兴产业、现代服务业等重点领域建立一批国家产业计量测试中心，研制一批专用计量测试设备，形成一批专用计量测试方法与标准规范。

(3)《关于加强国家现代先进测量体系建设的指导意见》

①工作目标。到2035年，计量基准的准确度和稳定性得到大幅提升，数字化量传溯源应用领域不断扩大。部分重点领域测量技术取得重要突破，研制成功一大批国产测量仪器设备，新建计量基准、计量标准核心测量仪器设备基本实现自主可控。

②重点任务。建立先进量传溯源体系，优化计量基准、计量标准和标准物质建设，加快先进测量技术研究，推动先进测量仪器设备研发和应用，建设国家先进测量实验室，提升企业测量能力和水平，推进测量数据积累和应用，完善先进测量技术规范，优化先进测量技术服务，发挥质量基础设施协同推动作用，培养先进测量人才队伍。

(4)《市场监管总局关于进一步深化改革 促进检验检测行业做优做强的指导意见》

检验检测是国家质量基础设施的重要组成部分，是国家重点支持发展的高技术服务业和生产性服务业。总体目标为：到2025年，检验检测体系更加完善，创新能力明显增强，发展环境持续优化，行业总体技术能力、管理水平、服务质量和公信力显著提升，涌现一批规模效益好、技术水平高、行业信誉优的检验检测企业，培育一批具有国际影响力的检验检测知名品牌，打造一批检验检测高技术服务业集聚区和公共服务平台。打造共性技术服务平台。加强政府实验室建设，完善检验检测公共服务体系，推动创建、整合、提升一批关键共性技术平台，解决跨行业、跨领域的关键共性技术问题。支持各地加强检验检测认证公共服务平台示范区、检验检测高技术服务业集聚区建设。

5.1.3 产品验证与生产性服务业

产品验证是对产品完成过程形成的有形产品和无形产品通过物理的、化学的和其他科技手段和方法进行观察、试验、测量后所提供的客观证据，证实规定要求得到满足的认定，是一种通过提供客观证据的管理性检查活动，是生产性服务业的直接服务内容。

1. 验证规则

验证过程和证实确认。产品放行、交付前的两个过程有：产品检验，依据提供能证实产品质量符合规定要求的客观证据；对提供的客观证据进行规定要求是否得到满足的认定。产品在检验所提供的客观证据按规定程序得到认定后才能放行或交付使用。

对产品检验得到的结果进行核查，确认检测得到的质量特性值符合检验技术依据的规定要求；确认产品检验的工作程序、技术依据及相关要求符合程序（管理）规定；检验（或监视）的原始记录及检验报告数据完整、填写及签章符合规定要求。

客观证据一般都是通过物理的、化学的和其他科学技术手段和方法进行观察、试验、测量后取得的。产品检验是产品验证的依据，是产品验证的前提，产品验证则是产品检验的延伸。

产品检验出具的客观证据是产品实现的生产者提供的。对采购产品验证时，产品检验出具的客观证据由供货方提供，采购方根据需要也可以按规定程序进行复核性检验，是供货方产品验证的补充，又是采购方采购验证的手段。

检验与验证是不同性质的过程服务。产品检验是对产品质量特性是否符合规定要求所做的技术性检查活动，而产品验证则是规定要求已得到满足的认定，是管理性检查活动。

2. 生产性服务业的职能取向

制造服务业是面向制造业的生产性服务业，是提升制造业产品竞争力和综合实力、促进制造业转型升级和高质量发展的重要支撑。《关于加快推动制造服务业高质量发展的意见》提出发展目标：到 2025 年，制造服务业在提升制造业质量效益、创新能力、资源配置效率等方面的作用显著增强，对制造业高质量发展的支撑和引领作用更加突出。重点领域制造服务业专业化、标准化、品牌化、数字化、国际化发展水平明显提升，形成一批特色鲜明、优势突出的制造服务业集聚区和示范企业。围绕制造业共性服务需求，加快培育一批集战略咨询、管理优化、解决方案创新、数字能力建设于一体的综合性服务平台。支持制造业企业按照市场化原则，剥离非核心服务，为产业链上下游企业提供研发设计、创业孵化、计量测试、检验检测等社会化、专业化服务。鼓励制造服务业企业按照市场化原则开展并购重组，实现集约化和品牌化发展。培育一批制造服务业新型产业服务平台或社会组织，鼓励其开展协同研发、资源共享和成果推广应用等活动。

生产性服务业的职能方向是聚焦重点环节和领域，以高质量的服务供给引领制造业转型升级和品质提升。

发展研究开发、技术转移、创业孵化、知识产权、科技咨询等科技服务业，加强关键核心技术攻关，加速科技成果转化，夯实产学研协同创新基础，推动产业链与创新链精准对接、深度融合，提升制造业技术创新能力，提高制造业产业基础高级化、产业链供应链现代化水平。提升商务咨询专业化、数字化水平，助力制造业企业树立战略思维、创新管理模式、优化治理结构，推动提高经营效益。加快工业设计创新发展，提升制造业设计能力和水平，推动中国制造向中国创造转变。

支持企业和专业机构提供质量管理、控制、评价等服务，扩大制造业优质产品和服务供给，提升供给体系对需求的适配性。

利用 5G、大数据、云计算、人工智能、区块链等新一代信息技术，大力发展智能制造，实现供需精准高效匹配，促进制造业发展模式和企业形态根本性变革。加快发展工业软件、工业互联网，培育共享制造、共享设计和共享数据平台，推动制造业实现资源高效利用和价值共享。发展现代物流服务体系，促进信息资源融合共享。

强化节能环保服务对制造业绿色发展的支撑作用，推进合同能源管理、节能诊断、节能评估、节能技术改造咨询服务、节能环保融资、第三方监测、环境污染第三方治理、环境综合治理托管服务等模式，推动节能环保服务由单一、短时效的技术服务，向咨询、管理、投融资等，多领域、全周期的综合服务延伸拓展。

充分利用多元化金融工具，不断创新服务模式，为制造业发展提供更高质量、更有效率的金融服务。发展人力资源管理服务，提升人才管理能力和水平，优化人才激励机制。健全制造业供应链服务体系，稳步推进制造业智慧供应链体系，创新网络和服务平台建设，推动制造业供应链向产业服务供应链转型。支持制造业企业发挥自身供应链优势赋能上下游企业，促进各环节高效衔接和全流程协同。巩固制造业供应链核心环节竞争力，补齐制造业供应链短板。推动感知技术在制造业供应链关键节点的应用，推进重点行业供应链体系智能化，逐步实现供应链可视化。建立制造业供应链评价体系。

先进（智能）制造业是信息化时代国民经济产业发展的基石，高层设计中的制造业任务目标就是生产性服务业的职能取向。《关于加快传统制造业转型升级的指导意见》《制造业技术创新体系建设和应用实施意见》《工业互联网与工程机械行业融合应用参考指南》等规划和指导文件都提出了生产性服务业的专业方向。

5.1.4 创业孵化服务业

创业孵化器为创业者或创客，在创业初期提供必需的硬件配套设施、软件配套服务，以及创业资金扶持的创业服务集成体。

成功的创业孵化器依附共享空间、共享资源、共享服务、孵化器载体、孵化器管理、企业扶植的产业政策等熟化要素。创业孵化器为创业者提供良好的创业环境和条件，帮助创业者把发明和课题成果尽快形成产品进入商业环节；提供综合服务，帮助新兴的小企业迅速壮大形成规模；为产业培育成功的企业和企业家。硬件配套设施包括办公场地、设备、网络服务器；软件配套包括创业评估、指导意见、创业计划书、创业相关软件服务。

技术研发成果的进一步熟化和应用，是科技管理体制改革几十年的努力重点。但是，科技成果转化率低下的现实没有根本性的改观。比较有效的举措是借鉴了国外的孵化创业经验，通过创办企业直接由创新团队孵化萌芽中的科技成果，再通过技术转让许可完成技术的产品化过程。创业孵化服务给创业者提供便利条件，为初始创业者提供共享服务空间、经营场地、政策指导、资金申请、技术鉴定、咨询策划、项目顾问、人才培训等多类创业的服务。

创业孵化服务由早期的提供物业租赁服务向提供高质量创业增值服务转变。围绕初创企业的成长，提供包括投资、创业辅导、专业技术服务、物理空间等一系列服务的活动。服务专业化、社会化和网络化，典型的孵化器有国外的 Y Combinator、橡子园创投、即插即用技术中心、Keiretsu Forum 等以及国内遍地开花的孵化科技园等。

1. 提供初创企业所需的支持系统

创业孵化器是一种新型的社会经济服务组织。通过提供研发、生产、经营的场地，通信、网络与办公等方面的共享设施，系统的培训和咨询，政策、融资、法律和市场推广等服务，降低小微企业的创业门槛和创业风险，提高成果转化率和初创企业的成活率，加速企业创业速度，活跃产业创新氛围，包括物理空间、基础设施、资金、导师和专业服务。支持系统与高校、风险投资公司、创投者和其他创业者有密切联系，这种初创企业生态系统还可以连接初创企业和潜在的投资者帮助获取投资和融资机会，助力初创企业筹集启动资金和扩大业务。

2. 开放式创新平台

开放式创新平台是一种新型技术转移服务，允许不同的组织和个体在一个开放的生态系统共同创新。平台通过在线协作和知识共享，促进跨界合作和创新。

开放式创新平台是一种重要的技术转移和创新模式，不仅有技术提供方和需求方参与，还包括广泛的社区成员、研究机构、初创企业和个人创作者等。这种多方参与的特点使得不同背景和领域的知识和经验能够相互交流共享创新的多样性。开放式创新平台鼓励知识共享，尤其是知识产权的共享。在开源软件社区，软件代码通常以开源许可证的形式发布，允许任何人查看、使用和修改代码。这种知识共享避开知识孤岛，有助于加速创新速度。

开放式创新平台通过共享资源和知识，可以显著降低创新的成本。知识共享社区是在线社交平台或网络论坛，为研发人员、创业人员和客户交流和分享最新的技术趋势，扩大技术的传播和知识分享。知识共享社区为专业人士和技术研发者分享知识、经验和最新技术趋势。社区成员可以提出技术问题，并得到来自其他成员的解答和建议或找到潜在的合作伙伴，汇集不同领域的专业知识，一起开展技术项目研究，推动创新和产品开发。社区成员可以共享开源工具、代码库和技术资源，以快速解决问题和挑战，加速产品开发和创新。由于多方参与和知识共享，平台不依赖于单一实体或组织的支持，能够在长期内持续发展和演进。一个成功的开源项目可能会催生出相关的附属项目、培训服务、咨询公司等。一个完整的生态系统适用于各种领域和行业，为技术转移和创新提供了一种灵活高效且可持续的模式。知识共享社区能够连接全球各地的技术专家和业内钻研者，新的技术创意可快速传播应用于新产品和服务的开发。

3. 概念验证中心与技术孵化器

我国科技成果转化目前遇到的瓶颈问题之一是满足转化需求的高质量科技成果不足。大多数科技成果处于实验室和结题后的档案室，与中试熟化相关的平台、技术、人才和投入不足，研发脱离市场。概念验证中心的最大任务是致力于解决技术成果商品化的问题。概念验证中心将视觉前移、将支持环节前移，服务于将科研人员的创意转化为具体技术原型或可初步彰显其商业价值的技术雏形，从源头上减缓科技和经济“两张皮”现象，有效提高科技成果转化的成功率。我国的概念验证中心借鉴于美国高校概念验证中心的建设经验。初启是由部分高校的自发探索并得到更多大学的响应，最后得到政府认可和进一步支持。概念验证中心的主体多元化，包括大学、研究机构、私人部门、非营利机构、基金、政府科技部门等，每个主体都根据自己的使命采取不同的方式进行合作，共同促进科技成果转化。

把技术交与企业，把选择还给市场。技术孵化器的主要任务是支持初创公司，为初创技术企业提供专题空间、基础设施、资金和导师指导等资源，制定技术战略。技术孵化器多与科研院所、大专院校和企业建立合作关系，意味着新的技术成果更容易被商业化。许多技术孵化器提供培训和教育课程，培养创业文化，鼓励创新、冒险精神和团队合作，帮助企业家和创新者提升技能和知识。一些技术孵化器专注于特定领域，如生物技术、人工智能或清洁能源。专业化的孵化器提供特定行业的专业知识和资源。

创业孵化器主要是为有潜力预期的项目提供技术、资金、管理方面的支持，待项目完善后脱离该企业独立发展。提供服务支持的企业，借喻母鸡孵蛋把初创公司一个一个孵化，故称为孵化器企业。经过多年进展，提供创业孵化的机构，不但有政府科技部门、高等院校，还有部分房地产商和咨询机构。

4. 创业孵化服务业的发展趋势

创业孵化服务业的内涵核心是服务，行业的主体类型包括各种所有制形式的专业科技企业，主要有创空间、孵化器及加速器等大类空间载体，其共同特点是为初创团队和创业个人提供包括办公场地、社交空间、外包服务等多维度的服务，如众创空间主要服务于创业初期的企业；加速器主要服务于产业化推动。

我国创业孵化载体数量居世界第一，2022 年国家级科技企业孵化器已达 1606 个，占总数的 20%多，年度新增国家级孵化器 194 家。很多依托房地产开发公司开办的经营主体一旦出现政府扶持政策的调整和商业性房地产剧烈波动，将导致整个行业陷入非常激烈的竞争中。创业孵化服务企业从保护性竞争到商业性竞争暴露出的主要问题是缺乏可持续发展的功能。

健康的创业孵化是建立从创业苗圃、孵化器、加速器到产业园这样全链条的孵化体系。只有被孵化企业能够进入市场，能够形成一定产业规模，孵化服务业才能坚持到下一周期的服务支持。但是，孵化器领域大多只是单一的孵化器服务，前端的创业苗圃及后端加速器的衔接，缺乏整体布局。服务链不完整、产业孵化能力脆弱形成的结果是产业链资源的整合力低下，服务能力不足的直接表现是孵化企业的盈利能力脆弱。

孵化器企业经营依然靠财政补贴，场地租金成为主要的盈利模式，新三板上市的孵化服务企业大部分的营业收入不足 2000 万元，超过半数的孵化器中，政府补助占净利润的比例超过了 50%。服务业整体已经进入一个优胜劣汰的调整期。

创业孵化服务业的发展趋势是摆脱单体孵化器服务企业的传统孵化功能，向产学研联盟的紧密型服务融合。这首先要从服务器企业的绩效考核评价引导开始。2021 年度国家级科技企业孵化器的评价为：386 家优秀，617 家良好，262 家合格，12 家不合格。这种按比例确定考核结果的指标确定，也没有产业链地位的排序，也没有服务性质的区分。

盈利模式回归服务的本质。厘清盈利模式分类，孵化企业根据自身的资源整合能力确定服务专业。低价位租赁回归物业公司，高利润预期回报回归风险投资，孵化企业重新整合产业资源，选择盈利模式。以专业服务和增值服务，转向产业链服务与投资合作模式。

运营模式进入价值链体系。以专业孵化器聚焦产业领域提供个性化、精细化服务，融合产业联盟构建智能制造+产业基金+创新平台+价值链集聚的服务体系，服务于产业整体发展。

5.1.5 知识产权服务业

知识产权服务是指对专利、商标、版权、著作权、软件、集成电路布图设计等的代理、转让、登记、鉴定、评估、认证、咨询、检索等活动。知识产权服务提供专利、商标等各类知识产权“获权—用权—维权”相关服务及衍生服务。知识产权服务包括知识产权代理服务、知识产权法律服务、知识产权信息服务、知识产权商用化服务、知识产权咨询服务和知识产权培训服务等。知识产权服务逐渐由低端的知识产权代理等向知识产权布局、知识产权运营较高端的服务发展，呈现内容专业化、服务集成化、运营商业化等新的趋势。

推动专利转化运用，充分挖掘专利价值，大力发展专利密集型产业，是推动高质量发展的一项战略任务。《专利转化运用专项行动方案（2023—2025 年）》强调要从提升专利成果质量和加强政策激励两方面发力，更加注重从现实需求中凝练科研问题并进行攻关，建立健全有利于专利成果转化运用的制度安排和激励政策，着力打通专利转化运用的关键堵点，进一步优化市场服务、培育良好生态，加快创新成果向现实生产力转化

1. 知识产权服务范围与内容

知识产权服务是高技术服务业主要分类之一。服务范围主要包括：信息服务，如检索分析、数据库建设；代理服务与法律服务，如申请、注册、登记、维权诉讼；运用转化服务，如评估、交易、质押融资、托管、经营；咨询服务，如预警分析、管理咨询、战略制定；培训服务等。知识产权服务可以帮助企业在竞争市场保护其独特的创新成果，同时为知识产权的合理使用和商业化提供支持。主要服务内容具体如下：

①专利服务。专利搜索、申请、审查、维护和执法，帮助企业保护发明和创新成果，防止他人未经许可复制和销售。

②商标服务。商标注册、监测、维护和保护，帮助企业建立和保护其品牌身份，防止他人滥用商标。

③著作权服务。著作权注册、版权法律问题咨询和版权保护，支持作者、创作者保护其作品免受盗版和侵权。

④商业秘密服务。合同管理、安全政策和法律咨询等，协助企业保护研发成果和商业计划等机密信息。

⑤法律服务。侵权诉讼、许可协议、知识产权交易和法律合规性。知识产权权益维护包括知识资产存量评估，知识产权的价值和潜在风险评估，支持决策制定和财务规划；创新支持，企业管理创新流程诊断，创新成果保护，产权商业化；国际知识产

权保护和跨境侵权应诉；商业合作，协助企业开展知识产权组合运营，吸引产权投资，开展无形资产合作。

知识产权服务业的内容目前仍主要以专利和商标两大基础性服务为主，营运战略、涉外知识产权、风险管控等服务发展潜力巨大。

2. **知识产权信息服务**

为企业、创业者和创新者提供关于知识产权的信息和资源的服务。帮助客户更好地理解、管理和保护其知识产权权益。应提供各种形式的信息，包括法律法规、市场趋势、侵权监测和注册流程等，如图 5-2 所示。

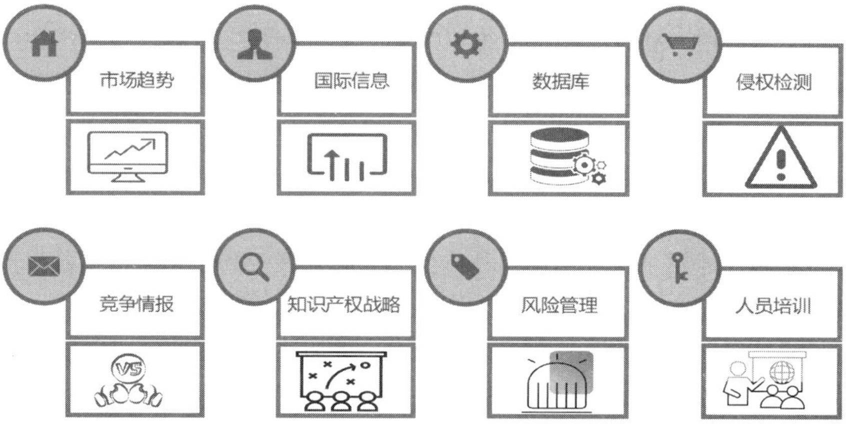

图 5-2　知识产权信息服务内容

3. **知识产权商用化服务**

知识产权商用化服务始于市场分析和机会评估，确定知识产权的商业潜力，包括评估市场需求、竞争对手和潜在业内合作者。

指导客户制订知识产权商业计划，包括明确定义的目标、策略和计划，以实现最大的商业价值。对知识产权进行组合评估，确定哪些知识产权具有商业潜力并为其确定价值。

协助客户将知识产权推向市场，包括专利转化运用策略、专利产品营销战略、品牌推广和营运策略。

4. **知识产权咨询服务**

知识产权咨询服务主要提供知识产权法律和法规的专业建议，包括专利、商标、著作权、商业机密和其他知识产权的法律要求和合规性。

帮助客户制定知识产权战略，包括如何最大化知识产权的商业价值、保护战略和许可策略。提供专利分析，评估其专利组合的价值，确定哪些专利进入哪些市场。协助客户管理其商标和著作权，包括维护和更新。

客户的知识产权受到侵犯，咨询服务可以代表客户采取法律行动，包括起诉侵权行为和维权。

协同用户谈判，审核知识产权许可和合作协议，完成商业合作和知识产权授权。

5.1.6　科技咨询服务业

科技咨询是运用科技知识和技能的一种专业服务，旨在为企业、组织或个人提供科技方面的建议和支持，涵盖包括信息技术、通信、工程、生物医药等在内的各个领域。

科技咨询服务是为政府科技管理部门、企事业科技研发单位和各类社会中介服务组织的相关规划、运营提供专业知识服务的活动，主要包括科技战略规划、技术评估和选择、数字化转型、创新管理、业务流程优化、信息技术应用等内容。产业升级的数字化经济基础上，科技咨询服务由单项、常规的项目咨询向长期稳定的战略咨询合作转变，专业化、外包化成为科技咨询发展的主要方向。

1. 科技咨询服务内容

科技咨询服务内容如图 5-3 所示。

图 5-3　科技咨询服务内容

2. 科技咨询服务要求

科技咨询服务需要有高度的专业知识，包括了解科技领域的最新趋势和技术发展趋势。需要与客户有效沟通，解释复杂的科技问题，并提供清晰的建议；了解客户的需求，根据客户的具体情况提供定制的解决方案；科技咨询通常涉及多个项目和计划，因此需要具备良好的项目管理技能；在某些领域，特别是数据隐私和网络安全方面，需要了解法规和合规性要求。

3. 科技咨询师的素质要求

科技咨询师应具备扎实的科学技术知识和相关领域的专业背景；具有良好的沟通能力，可以与客户有效交流，并理解其需求；能够分析问题，提出解决方案，并帮助客户实施；具有团队合作精神，在多人合作项目中，能够与团队成员紧密合作，共同完成任务；具备持续学习意识，由于科技行业变化迅速，科技咨询顾问需要不断学习和更新知识，跟上行业发展的步伐。

4. 科技咨询服务流程

服务人员（或服务提供商）与客户一起分析客户的需求和挑战，确定咨询项目的范围和目标；收集与项目相关的信息，包括客户的业务情况、现有技术基础、目标和资源；分析客户的信息，评估技术解决方案，并提供建议；根据分析和评估的结果，制定战略和计划，包括实施计划和时间表；将计划付诸实践，同时监控项目进展，确保项目按计划进行；完成项目后，进行评估，收集客户反馈，以便改进未来的咨询服务。

5.1.7 科技金融服务业

科技金融是服务于科技创新创业的金融产品的金融新业态，其核心是以金融支持科技创新，将科技资源与金融资本有效对接，推动科技创新成果转化为现实生产力。高新科技产业离不开金融的支持和服务，高新科技的革命性发展需要大量的资金支撑，依赖全世界的产业应用承接。科技金融是一种金融服务，是推动科技与经济结合发展的创新机制，其通过金融资本的市场运作，为科技研发、科技成果转化和科技创新型企业提供金融支持。

1. 科技与金融双重服务的融合

科技和金融互为促进，金融支持推动科技研发及商业化进程，在科技发展后反过来为金融提供新投资领域和新的增长点。科技金融通过创新财政科技投入方式，引导和促进银行业、证券业、保险业金融机构及创业投资等各类资本，创新金融产品，改进服务模式，搭建服务平台，实现科技创新链条与金融资本链条的结合，为初创期到成熟期各发展阶段的科技企业提供投融资支持和金融服务的系列政策和制度性安排。《中华人民共和国国民经济和社会发展第十四个五年规划和2035年远景目标纲要》提出要完善金融支持创新体系。完善金融支持科技创新体系，重要的是科技金融工具的应用。

科技金融服务是指各类社会组织、个体投资者、金融机构围绕科研活动、成果转化和产业化等科技创新全链条，为科技型企业提供金融服务的活动，主要包括天使投资、创业投资、科技银行、政府科研投入等服务。

我国金融工作未来的一个重要方向是引导金融资本更多地投入科技创新领域，相关部门共同推动科技、金融融合，建成包括银行信贷、债券市场、股票市场、创业投资、保险和融资担保等在内的全方位、多层次的科技金融服务体系，加快形成新质生产力。

科技金融服务的发展是介入科技创新链条的前端，为科研活动提供金融支持，以及融合互联网，通过网络众筹的形式建立资本筹集机制。科技金融结合了科技和金融领域的服务，快速、便捷和高效的金融解决方案，包括支付、投资、贷款、数字货币、保险和风险管理等。

科技金融服务定义有待统一，简化的科技金融服务业可定义为服务于金融资本支持科技企业及科技创新成果应用的多方体系。

科技金融服务业有多方主体共同参与，主要包括政府、科技金融供给方、科技金融的需求方及科技金融的服务提供方，武汉城市圈是国内首个科技金融改革创新试验区。政府是护航者角色，调控服务的宏观环境；金融方包括银行、PVC、科技保险、个体投资者及科技金融市场等主体，提供银行信贷、政府引导基金等产品；金融产品需求方主要是一些高科技企业；而科技金融的服务提供方的自身价值是平衡供需双方信用信息的不对称，其机构主体包括担保、信用评级机构等。

科技金融产品覆盖不同阶段的企业，各有侧重点。政府引导基金侧重于企业的初创阶段；创业风险投资侧重于初创阶段和成长阶段的企业，创业风险投资的数额不断扩大；科技保险主要是服务于企业成长和成熟阶段，为其研发和生产经营过程给予保障，有研发责任险、专利险等；科技信贷主要是服务于成熟的企业，是与创业风险投资机构发展投贷联动的模式，进而开发出能够覆盖初创期、成长期、成熟阶段的企业全生命周期的金融产品。

2. 科技金融服务的新质生产力

以金融助力科技创新，以科技驱动金融工具，科技金融发展方向是转变金融支持的重点，应用高新技术金融工具，围绕科技型企业全生命周期打造全链条金融服务体系。中央经济工作会议提出要以科技创新推动产业创新，特别是以颠覆性技术和前沿技术催生新产业、新模式、新动能，发展新质生产力。以数字技术为支撑的科技金融成为经济发展的重要增长点。数据显示，我国数字经济规模已超 50 万亿元，总量稳居世界第二。产业数字化、数字产业化，数字经济基础上的科技金融服务业是新质生产力的要素之一。

（1）科技企业的数字信贷

我国科技企业数量快速增加、创新能力不断增强，科技金融对科技型企业的支持厥功至伟。有数据显示，截至 2023 年底，获得贷款支持的科技型中小企业 21. 2 万家，获贷率 46. 8%，比 2022 年高 2. 1 个百分点。获得贷款支持的高新技术企业 21. 75 万家，获贷率为 54. 2%，比 2022 年高 0. 8 个百分点。但科技型中小微企业融资难、融资成本高等常态问题依旧突出，金融服务科技创新效能仍显不足。

针对科技型中小微企业轻资产、重研发的特点，科技金融发挥数字银行的优势，运用数字科技手段，引入人才信息、知识产权、交易数据等多源数据，为企业提供线上服务。操作便捷、额度更高的科创贷款产品解决了企业初创期、成长关键期最为重要的融资需求。在科技型企业客户股权融资需求的基础上，以“数据+AI 大模型”为驱动正式推出“数字创投”服务，通过科技型企业服务的投融资综合平台，实现融资信息查验与股权融资线上对接服务，疏通科技型企业股权融资和债权融资多种资金渠道，满足了企业多元融资需求。微众银行科技金融在我国 20 个省及直辖市、200 多个地级市开展业务，截至 2023 年底，其科创贷款产品已吸引了近 43 万家科技型企业的申请，占全国科技型企业总数近 20%，在国家高新技术企业中的渗透率达 27%，累计授信金额超 3800 亿元。

（2）高端制造业的金融服务

《关于加快传统制造业转型升级的指导意见》等政策文件推动扩大制造业中长期贷款投放工作机制化、常态化，引导金融机构加大力度支持制造业智能化、绿色化发展。

服务实体经济是对国家金融界多年的严格要求，为科技企业提供高质量、高效益、高安全性的金融服务，事关我国制造业是否能够保持大国地位、技术是否能够追赶国际水平的战略问题。通过科技金融服务引导金融资源向科技产业倾斜，推动产业优化升级。构建多层次、专业化、特色化的科技金融服务体系，提高先进制造业、战略性新兴产业中长期贷款占比，优先支持智能制造业转型升级。

科技金融服务联合投资机构搭建投融资平台，提升股权融资对接效率，整合资源共建市场主体培育体系等，以定制化服务，强化对投资机构、产业基金、政府引导基金、上市公司、FA机构、第三方创投平台等资源的整合能力。为技术密集型、轻资产而重研发的高新技术企业提供线上金融服务，依托数字创投服务，沟通科技企业股权融资和债权融资等投融资渠道，满足企业多元化融资需求。

科技金融服务推动高端制造业转型升级，发挥数据价值及数字化金融服务优势，深度融入实体经济，也通过释放数据潜能、探索前沿人工智能等新技术推动服务新质生产力发展。提供数字支付解决方案，使个人和企业能够安全、便捷地进行电子支付和转账。在线投资平台和智能财富管理工具，帮助创业者管理投资组合并作出金融服务决策。在线平台提供贷款和融资选项，简化了贷款申请和批准过程。数字货币和区块链服务涵盖数字货币和区块链技术，用于数字支付、资产管理和智能合同。通过在线平台提供个性化的保险政策和索赔处理。通过大数据和人工智能技术，科技金融服务提供金融数据分析，提供风险管理和合规性服务有助于金融机构管理风险。

3. 科技金融服务流程

提供科技金融服务的机构和专业人员需要深入了解金融和科技领域，包括数字支付、区块链、大数据和人工智能等技术。由于涉及金融交易，安全和隐私保护是关键要求。服务提供方需要采取有效的安全措施来保护客户的数据和资金。服务应遵守金融监管法规，需要了解和遵守金融法规。用户体验是科技金融服务的关键要求，用户应能够轻松使用服务进行交易并获取所需的信息。

科技金融服务流程包括：

①需求分析。服务提供商与客户合作，了解其金融需求和目标。

②解决方案定制。基于客户需求，提供定制的金融解决方案，包括选择适当的技术和平台。

③开发和实施。开发和实施所选解决方案，包括应用程序和平台的开发和部署。

④测试和优化。进行测试和优化，确保系统的性能和安全性。

⑤培训和支持。为客户提供培训和技术支持，以帮助他们有效地使用服务。

⑥监控和改进。持续监控系统的性能，改进和更新以适应市场和技术的变化。

5.1.8 综合科技服务业

综合科技服务是跨领域融合、跨区域合作，以市场化方式整合科技服务资源，创新服务模式和强化全链条的科技业务活动。鼓励科技服务机构面向产业集群和区域发展需求，开展专业化的综合科技服务，培育发展壮大若干科技集成服务商。支持科技服务机构面向军民科技融合开展综合服务，推进军民融合深度发展。

面向产业集群的综合科技服务是近年来科技服务发展的重要趋势，是通过整合技术创新链上各个环节的科技服务要素，形成科技服务机构之间的协作网络，为产业集群提供研究开发、技术转移、科技咨询、知识产权和科技金融等全方位的科技服务。业务集成化、服务专业化、平台化、数字化是综合科技服务发展的主要方向。

1. 综合科技服务的特点

综合科技服务是集成化总包、专业化分包的综合科技服务专业形态，具体如下：

(1) 服务业务集成化

综合科技服务将来自多个领域的科技支持整合在一起，为产业集群内的企业提供综合支持，包括研发、技术转移、科技咨询、知识产权和科技金融等服务。

服务业务集成化是将不同领域或不同企业的产品和服务进行总成组装、任务集结，或在产业集群内调配资源展开协同创新。企业可以共享资源和专业知识，解决跨领域挑战，推动产业的发展。

通过整合不同领域的支持，资源可以更好地优化利用，从而提高效率和降低成本。企业可以获得多领域的支持，而无须寻找多个不同的服务提供商。

(2) 服务专业化

综合科技服务提供方需要拥有各种精细专业知识的服务团队，专业团队在各个领域提供高质量的专业支持，各类专业支持都是系统功能的分支保障。综合服务满足产业或系统在特定领先领域的各项需求。

服务专业化在特定领域内推动创新，服务提供方提供综合服务，可以为用户提供最新的科技优势和最佳实践，推进融合创新项目的落地运行。

专业化服务提供方在综合服务中建立品牌声誉，吸引更多的用户，其在特定领域和产业集群的卓越表现是综合科技服务业壮大的基础。

2. 综合科技服务内容、要求与流程

(1) 综合科技服务内容

①提供产业技术支持和咨询，包括提供技术咨询、解决技术难题和支持系统技术创新，以满足产业链内企业的技术需求。

②帮助企业改进供应链管理，包括库存控制、采购和物流优化，以提高效率和减少成本。

③通过使用信息技术、自动化和数据分析，服务可以帮助企业优化生产流程，提高生产效率和产品质量。产品市场推广和销售支持，包括市场研究、数字营销策略和销售培训，以支持产品在市场上的推广和销售。

④服务提供商可以帮助企业开展研发项目，推动创新，提供研发资源和技术支持。

⑤综合科技服务可以帮助企业确保产品和服务的质量，同时遵守法规和行业标准。

⑥人才培训和技能提升，包括为企业员工提供培训和技能提升机会，以满足不断变化的产业需求。

(2) 综合科技服务要求

综合科技服务提供方需要了解特定产业链的需求、挑战和趋势，以提供针对性的服务支持。这种服务需要拥有技术专业知识，以支持系统技术创新和解决集成技术难题；综合服务提供方需要具备良好的项目管理能力，以完成企业的项目执行和计划任务；能够预研市场趋势和竞争环境，以制定有效的市场策略；能够与产业链内的各种企业和组织建立合作互惠关系，以整合专业知识和服务资源。

（3）综合科技服务流程

了解特定产业链内企业的系统需求，以制订专门的解决方案；根据需求分析，制订整合科技、信息和资源的解决方案；项目和计划的执行和实施，协助企业改进生产和管理流程；从全局视觉监控项目的进展，反馈通畅，改进执行方案；项目服务完成后的评估，与企业合作确保项目系统的有效性和可持续性。

3. 数字平台与知识服务

综合科技服务必须借助数字化平台并提供知识服务。平台已经成为数字时代技术转移服务的新兴业态不可或缺的工具，随着数字化技术的发展，大批在线平台和线上市场进入消费应用，平台以便捷的服务方式为集聚区、产业集群技术提供方和需求方进行相互匹配和交流提供服务。

数字平台提供知识共享的场所，技术专家可以分享其见解、最佳实践和经验，帮助需求者解决创新设想。为产业园区和大型企业提供了可扩展的基础设施，帮助它们实现数字化转型。数字平台和市场提供了数据分析工具，为技术专业人员和企业建立广泛的网络，建立合作服务关系、在全球寻找潜在的合作方和用户，让技术转移业务跨越地域限制进行无障碍实施。平台允许社会专业人员协作开发和共享源代码。开发者可以在平台上托管和分享自己的开源项目，也可以参与其他项目的开发；允许企业租用计算、存储、数据库和其他云服务，数字平台提供市场趋势、竞争对手和需求方等信息。数字化平台和市场可以跟踪和评估技术转移的效果。

4. 大数据服务

大数据服务是综合科技服务中的一种战略方法，旨在帮助产业集群、产业链、企业更好地管理、分析和应用各类技术转移大数据资源。服务内容包括：

①收集各种数据源的信息，并将其整合成一个统一的、可用于分析的数据仓库。包括结构化数据（如数据库记录）、半结构化数据（如 XML 文档）和非结构化数据（如文本文件、社交媒体帖子和多媒体内容），有效地处理和整合这些多样化的数据类型。

②数据存储与管理。大数据通常需要强大的存储和管理系统，以存储、备份和保护数据，可包括传统的数据库管理系统，也可包括分布式存储解决方案，如分布式文件系统。信息管理必须确保数据的完整性、可用性和安全性。数据清洗与质量管理，数据清洗的服务步骤涉及检测和纠正数据中的错误、缺失或不一致。信息管理系统需要包括数据质量管理工具，以确保分析所基于的数据是可靠和准确的。

③数据分析与洞察。大数据服务的核心目标是应用各种分析技术，包括统计分析、机器学习、数据挖掘和人工智能等，从数据中提取有意义的信息和洞察数据的关联关系。数据分析需要强大的分析工具和算法库，以帮助用户从数据中发现模式、趋势和关联。通常以可视化图形或报告的形式呈现数据分析结果，以便各个方面的用户可以理解和利用这些结果。

④决策支持与业务优化。大数据服务的最终目标是提供对业务决策的支持，信息管理系统与组织的决策过程紧密集成，为决策者提供即时、可靠的数据和建议。

⑤数据隐私与安全管理。大数据服务需要处理大量敏感信息，需要对隐私和安全进行管控。信息管理系统必须采用适当的安全措施，包括数据加密、访问控制和合规性管理，以确保对数据的保护和合法使用。大数据通常需要大规模的计算资源。云计算和分布式计算技术可以提供灵活的计算能力，以满足不同规模和需求的大数据分析。

⑥数据生命周期管理。因数据的不断产生和累积，信息管理系统应具备数据生命周期管理功能，以便定期清理、存档或删除不再需要的数据，以减少存储和管理成本。

5.2　技术转移服务的标准规范

技术转移服务标准规范涉及技术标准、管理体系标准和工作（流程）标准三大类标准化对象，技术转移涉及方方面面的服务，凡是没有标准和规范可资依据的产品、管理和业务工作都可制定各自业务范围内的标准与规范。有关部门鼓励企业和行业管理组织制定和申请备案，或经批准成为不同适用范围的标准规范。现有国家标准、行业标准、地方标准、团体标准、企业标准五大类适用范围。国家标准化管理委员会将通过试点的方式，支持有条件的国家级联盟试点制定联盟标准，以开展联盟标准化与当前标准体系并存互补的管理形式。

技术转移服务标准规范包括制定和实施两大环节，包括申请、调查、报备、宣传、贯彻、审核、考核等诸多细节。为确保技术转移服务的合法、高效，企业和各级行业管理部门应积极参与标准规范的制定、宣传、贯彻和执行。

技术转移服务标准规范覆盖面很广，以下仅取有代表性的领域示范推介。

5.2.1　《技术转移服务规范》

《技术转移服务规范》（GB/T 34670—2017）是我国首个技术转移服务推荐性国家标准。标准明晰了技术转移概念，指出技术转移是指制造某种产品、应用某种工艺或提供某种服务的系统知识，通过各种途径从技术供给方向技术需求方转移的过程。技术转移的内容包括科学知识、技术成果、科技信息和科技能力等。总结了几类社会关注度高且已形成较为成熟模式的技术转移服务类型，包括技术开发服务、技术转让服务、技术服务和技术咨询服务、技术评价服务、技术投融资服务、信息网络平台服务，提出了差异化的服务内容、服务要求和服务流程。技术评价服务、技术投融资服务、信息网络平台服务力求引导技术转移服务与互联网技术、金融资本深度融合，向专业化、市场化、高端化方向发展。

1. 技术转移服务内容界定

①技术开发服务。技术开发服务指开发新技术或改进现有技术的过程，包括研究、开发、实验等活动。明确技术开发的流程和方法，以及知识产权的管理，有助于确保技术开发的合法性和知识产权的保护。

②技术转让服务。技术转让服务是将技术从技术提供方转移到技术需求方的活动过程。规定技术转移的流程，包括技术估价、合同签署、交付和支付等步骤，有助于确保技术转移的透明度和合法性。

③技术服务和技术咨询服务。技术服务和技术咨询服务是为技术转移活动提供支持和建议的服务。要求技术咨询和技术服务提供者具有相关的专业知识和经验，以确保提供的服务具有高质量和可信度。

④技术评价服务。技术评价服务是对技术的评估和验证，以确定其适用性和价值。规定了技术评价的方法和标准，以确保评估的客观性和可靠性。

⑤技术投融资服务。技术投融资服务是为技术转移过程提供投融资支持的服务。规定技术投融资的条件和程序，包括风险评估、合同签署、资金管理等有助于保障技术投融资的合法性和风险管理。

⑥信息网络平台服务。信息网络平台服务是通过在线平台或市场进行技术转移活动的服务。规定信息网络平台的运营和管理要求，包括信息披露、数据隐私保护、交易安全等确保在线技术转移的合法性和安全性。

2. 技术转移服务规范的宏观效应

众多服务领域的标准规范在技术转移产业生态中占据重要位置，所有的新兴业态都需要依据标准规范来确保活动的合法性、可持续性和高效性。通过标准规范的制定和执行，技术转移服务可以与世界范围技术的传播和应用接轨。同时，标准规范也有助于维护技术市场的秩序，减少潜在的风险与纠纷。

技术转移服务规范的发布实施，意义在于传播技术转移理念，指导技术转移实践，带动我国技术转移体系结构优化，提升技术转移体系整体效能，促进技术市场与资本、人才等要素市场的加速融合。

技术转移服务规范是贯彻落实国家有关法律法规的要求，是细化科技成果转移转化工作部署的举措，是《国家技术转移体系建设方案》《中华人民共和国促进科技成果转化法》等政策法规的实施指导，带动科技服务业提质增效，规范技术转移服务行为。

有利于优化科技成果转移转化环境，培育和壮大技术转移服务市场主体，建立健全以满足科技创新需求和提升产业创新能力为导向的科技服务体系，带动形成科技服务业新业态。

引导技术转移服务机构厘清认识，明确服务模式和服务理念，加强制度建设和人员管理，以满足用户需求为导向，以专业化、高端化、国际化为目标，逐步提升技术转移服务能力，指导技术转移服务机构规范运营、自律发展。

从规范具有区域特色的技术转移服务行为，扩展到兼具区域特色与全国引领作用的技术转移服务行为，引入了技术投融资、信息网络平台等新型技术转移服务模式；从规范技术转移服务机构扩展到规范具有技术转移职能的高等院校、科研机构、企业等不同主体的服务行为。相对于地方标准，国家标准的适用范围更为广泛，服务内容更全面，服务要求更严格，服务流程更完整。

5.2.2　《工业（产业）园区科技成果转移转化服务规程》

由福州高新区牵头起草的《工业（产业）园区科技成果转移转化服务规程》经福建省市场监督管理局发布，2023 年 3 月 27 日实施。该项标准为福州工业（产业）园区标准系列首个省级地方标准。适用于园区内组织的科技成果转移转化服务，园区外的组织参照使用。

该标准在总结工业（产业）园区一线服务经验的基础上，结合福建省科研与产业等相关领域发展实际，制定符合园区发展战略的科技成果转化与推广服务标准。标准发布实施后，将有效提升园区、产业和企业创新能力，对探索园区科技成果转化与推广服务标准化建设，助力园区标准化建设高质量发展和产业创新协同发展新业态具有重要意义。《工业（产业）园区科技成果转移转化服务规程》按照 GB/T 1.1—2020《标准化工作导则第一部分：标准化文件的结构和起草规则》的规定起草。

1. 服务内容

（1）科技成果应用开发服务

科技成果应用开发服务应包括但不限于：概念验证；小试、中试服务；技术二次开发与集成服务；新用途开发；技术标准制定；其他科技成果应用开发服务。

（2）科技成果信息服务

科技成果信息服务应包括但不限于：科技资源平台和数据库建设；科技信息搜集、分析服务；知识产权信息服务；产业情报分析服务；科技查新和文献检索服务；其他科技成果信息服务。

（3）科技成果评价服务

科技成果评价服务应包括但不限于：对科技成果项目的前期立项、中期实施、后期效果的评价服务；对科技成果的技术价值、经济价值、社会价值、实施风险的评价服务；对科技成果交易的价值评估服务；对科技成果融资及运营绩效的评价服务；对其他科技成果评价服务。

（4）科技成果交易代理服务

科技成果交易代理服务应包括但不限于：科技成果转让与许可代理；科技成果进出口代理；其他科技成果交易代理服务。

（5）科技金融服务

科技金融服务应包括但不限于：科技成果投资、股权融资；科技成果质押、抵押融资；科技成果投融资风险监控咨询；政策性信贷及专项补贴咨询；其他科技金融服务。

（6）科技成果质量管理服务

应面向科技成果的供需双方，提供标准化、计量、检验检测、认证认可、品牌培育等质量管理相关服务。

（7）科技创新创业孵化服务

应为科技创新创业者提供共享服务空间、经营场地、政策指导、资金申请、技术鉴定、咨询策划、项目顾问等有助于其创业的单一或综合服务。

2. 考核方法

针对本标准规范中的基本要求、服务要求和质量管理要求制定了对应的考核方法；对服务组织方、服务供给方、服务人员的基本要求分别规定了考核方法；对服务要求中的委托与受理、论证与评审、签订合同、组织实施、档案管理、服务评价与改进内容分别规定了考核方法；对质量管理要求，分别按服务质量控制、服务质量评价与改进、投诉处理的内容划分规定了考核方法。

5.2.3 产品技术转移规程

某企业制定了产品技术由输出方转移到输入方的标准操作规程，旨在规范产品引进过程，有效评估和控制新产品引进的风险，明确产品工艺和质量控制的关键控制点，确保产品技术能稳定应用投产于生产线，高效生产出符合产品质量标准的产品。

规程的主要环节包括引进产品技术转移风险评估和变更控制，编写技术转移计划，分析方法转移，工艺技术转移，产品技术转移报告等流程。

①风险评估。技术部经理应组织对引入的新产品可能对现有生产线的物料、厂房、设施、设备、人员、文件、法规、生产、实验室控制、包装与标签等相关方面产生的影响和生产线现有产品对新引入产品的影响进行风险评估，确定转移的可行性和需要开展的工作。项目负责人应组织质量研究和工艺研究人员对引入的新产品的工艺研究和质量研究的情况进行风险分析，针对存在的问题和风险制订相应的优化措施和验证措施。

②变更控制。在生产线上引入新的产品属于变更控制范围，基于风险评估的结果，对于可执行的项目根据变更控制管理程序进行过程的监控，与产品转移方案相结合采取相应措施，避免原有产品和新引入的产品的相互影响。

③编写技术转移计划。根据新引进产品的工艺流程和公司技术转移策略等编写技术转移计划；技术转移计划由引进方项目负责人指定专人编写，经转移小组审核后由质量总监批准；技术转移计划由引进方负责人负责组织进行维护和修订。

引进方负责人组织编写产品验证主计划，为新产品的引进所产生的验证工作提供文件指导和规划，保证产品引进过程中相关工作得到有效控制和确认。

产品验证主计划应该包括但不限于下列内容：产品概述和产品相关验证的总体计划简介；产品引进相关部门的职责和分工；从产品转移开始各阶段的工艺研究、质量研究和清洁残留的接受标准；引进产品相关设备、设施和公用系统的验证清单；引进产品的分析方法验证、清洁验证、工艺验证和包装验证清单；相关验证文件列表。

④分析方法转移。成立分析方法转移工作质量研究小组，确定项目质量研究负责人，明确项目组成员工作职责。质量研究小组根据技术转移项目计划和标准操作程序的要求执行分析方法转移。项目质量研究负责人在制定分析方法转移计划的同时应制订分析方法培训计划，包括新产品分析方法解析和实际操作。对负责转移和接受分析方法操作的质量保障和质量控制人员进行相关培训，确保相关人员能正确理解分析程

序，准确无误地执行新产品分析方法的操作要领。

⑤工艺技术转移。成立负责工艺技术转移项目工艺研究小组，确定项目工艺研究负责人，明确项目组成员工作职责。项目工艺研究负责人组织相关人员对产品输出方提供的产品性能和工艺资料进行审核，审核内容包括：产品工艺的可行性、质量标准设置的合理性、企业现有生产工艺条件是否满足产品生产需求。负责人将发现的问题或存在的疑问与产品输出方相关人员进行交流，确认问题的处理措施。根据风险分析结果，组织项目工艺研究小组起草工艺技术转移方案，格式参照工艺技术转移方案的模板。工艺技术转移方案内容可以根据合作协议的要求编写。在制订工艺技术转移计划的同时应制订工艺技术培训计划。

项目工艺研究小组按照批准的工艺技术转移方案，申请采购需要补充的物料、设备、仪器和耗材。按照批准的工艺研究方案对产品性能和工艺适应性进行确认，编写相应的工艺适应性研究报告。工艺适应性研究结束，项目组根据产品的关键质量属性和工艺设计要求，编写工艺优化、工艺放大和工艺确认方案，进行产品工艺优化、工艺放大和工艺确认工作，考察和确定关键工艺参数和设备运行参数。工艺确认批生产结束，若产品的各项质量控制项目均符合质量标准，关键工艺控制参数和设备运行参数稳定，工艺确认批生产报告批准后，转移产品可以进入工艺性能确认阶段。

⑥产品技术转移报告。分析方法和工艺技术转移成功完成之后，技术引进方负责编写技术转移报告，由技术输出方和引进方负责人审核后交质量总监批准确认后产品技术转移工作完毕。

⑦产品技术转移项目文件管理。技术转移过程中产生的所有文件应按《研发项目文件管理》要求分阶段完成整理。

产品技术转移的主要环节如图 5-4 所示。

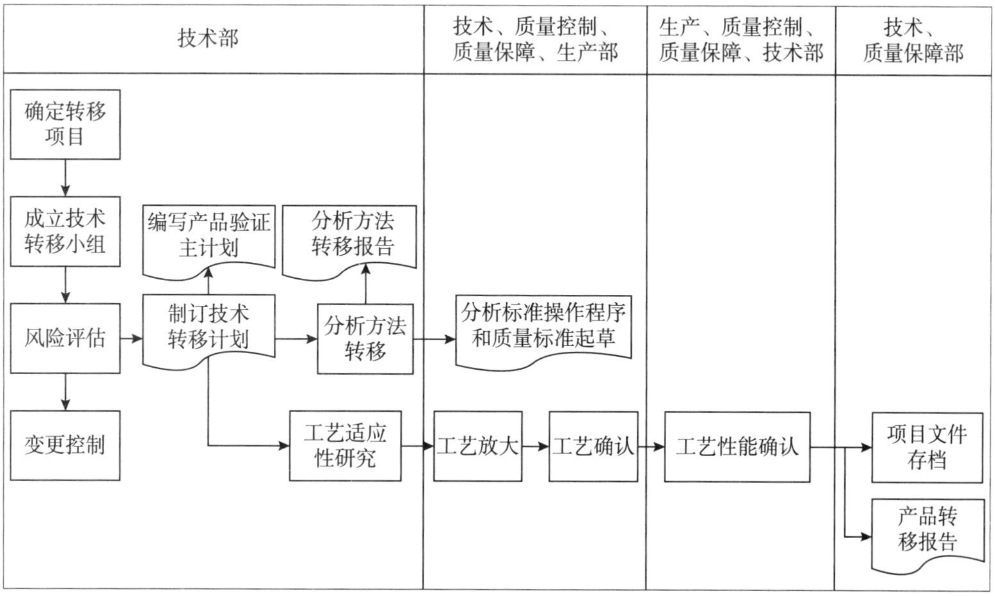

图 5-4　产品技术转移的主要环节

5.2.4 科技大市场运营服务规范

依据《国家技术转移体系建设方案》《促进科技成果转移转化行动方案》与《中华人民共和国促进科技成果转化法》，中国技术市场协会发布了浙江省《科技大市场运营服务规范》，这是我国第一部面向科技大市场服务工作的全国性团体标准，正式确立了团体标准的法律地位。浙江省《科技大市场运营服务规范》对规范科技大市场的运营、推动技术市场进一步繁荣发展，示范意义重大。

中共中央办公厅、国务院办公厅印发的《建设高标准市场体系行动方案》提出“支持中国技术交易所、上海技术交易所、深圳证券交易所等机构建设国家知识产权和科技成果产权交易机构，在全国范围内开展知识产权转让、许可等运营服务，加快推进技术交易服务发展”。

1. 服务内容

《科技大市场运营服务规范》是中国技术市场领域发布的首个以市场化为导向的团体规范性标准文件。按照专业化、信息化、国际化的服务原则，以构建结构合理、功能完善、体制健全、运行高效的科技大市场服务体系为目标，以规范展示、交易、共享、服务、交流“五位一体”的服务功能为主线，为科技大市场各类主体提供经营活动和业务行为的操作依据。其中，展示单元重点突出线上、线下展示和项目路演的服务规范；交易单元主要围绕挂牌、拍卖、竞价的交易流程，明确每个环节的服务标准；共享单元以拓展科技成果信息源为导向，制定形成覆盖信息资源、仪器设备等公共服务的共享流程；服务单元主要明确了技术评价、机构评价、企业诊断等科技服务规范；交流单元则按照协同创新的要求，重点突出军民技术融合、国际技术转移等标准。

该规范对科技大市场服务职能的最新内容予以定义：科技大市场是中国技术市场的重要组成部分，是一种通过集聚多种创新要素，利用先进的电子商务工具，为技术转移提供系统性、规范化服务的有形载体。它是为技术供需双方及各类科技服务机构提供“展示、交易、服务、共享、交流”，促进技术成果向现实生产力转化的公共服务平台。

①展示服务。科技大市场通过网络平台线上线下互补融合，对科技成果展览宣示和项目路演组织实施及技术交易大数据发布等服务的行为。

②交易服务。科技大市场为技术、研发成果、科技产品、知识能力等标的物的转让，提供沟通、竞价、结算等线上线下服务的行为。

③共享服务。科技大市场集聚众创空间、仪器设备、数据信息、专家人才等科技资源，提供线上线下服务的行为。

④交流服务。科技大市场进行国内、国际合作，组织专业论坛、人才培训、科普活动、新闻发布等线上线下服务的行为。

⑤科技服务。科技大市场提供技术评价、企业诊断、知识产权运营、机构绩效评价、政策咨询等线上线下服务的行为。

⑥科技大市场服务体系。科技大市场连接各类创新主体及技术转移服务机构的省域、市域、县域网络，集聚各种科技创新要素，提供线上线下融合服务的技术交易运行系统。

⑦在线技术交易当事人。在线技术交易主体与在线交易服务提供者一起统称为在线技术交易当事人。

⑧在线交易平台。在线交易平台由网络平台、银行、认证机构等服务提供方构成，为在线技术交易主体提供网络信息服务、在线交易结算服务和身份认证服务。网络信息服务为在线交易当事人提供缔结在线交易所必需的信息发布、信息传递、合约签订和存储管理等服务。在线交易涉及资金支付时，银行服务于交易中的资金流转。认证机构对在线交易主体电子签名及其签署者的真实性和信用况状进行验证，以确保在线技术交易支付的安全。

⑨电子数据交换。将技术交易数据进行结构化处理，按规定的报文数据传输格式，进行数据交换的软件系统。

2. 服务拓展内容的创新规范

《科技大市场运营服务规范》为技术转移服务实践中的新兴业务制定了服务要求。

（1）企业技术诊断服务

①服务内容。科技大市场为企业转型升级提供测评诊断与持续化改造服务，应包括以下内容：

a. 为企业管理成熟度提供测评诊断服务，包括构建企业经营管理成熟度测评体系，对企业财务绩效、营运绩效、战略规划、人力资源、财务管理、智能制造、风险控制、研发管理、营销管理、生产制造、采购管理和质量控制等成熟度指标进行测评。

b. 提供领域专家资源检索匹配服务，包括为企业提供不同领域服务专家，专家能力知识和经验共享，帮助企业低成本、高精准识别、甄选和获取专家服务。

c. 提供线上线下融合的软件与工作体系服务，包括通过业务问题解决系统、专家服务结构化、可视化、快速复制、重复执行，内化为企业的组织能力。

d. 提供企业实现转型升级系列课程培训服务，包括提能增效系列课程培训、行业知识表单、案例和工具、业务实操与训练一体解决方案的组织实施。

e. 精益生产实训与现场管理服务，包括产品生命周期管理、精益生产管理、价值流分析与管理、精益生产连续流体系、生产线平衡、精益高质量管理、生产控制与可视化管理、精益物流、现场改善、生产准备过程（3P）、管理体系认证。

f. 自动化改造与智能制造技术实训服务，包括单机自动化设备的智能控制，自动化生产线智能化改造与升级，智能工厂的整体解决方案，运动控制、影像处理、机器人、精密装贴和精密压合技术与 CNC、PLC OPEN、MES、ERP、PLM 等软件系统的开发。

g. 企业信息化与工业大数据服务。

②服务要求。具体如下：

a. 识别诊断企业实际需求和面临的主要问题，为企业精准匹配领域专家，提供规模化、定制化、数据化测评诊断服务。

b. 对专家库各领域专家团队和专家进行领域分类和技术分类；利用计算机技术和检索匹配推荐专家及团队。

c. 线上线下平台管理、测评诊断、软件服务联动协同包括为企业转型升级提供在线资源分配、企业转型升级工作过程监控统计、协同服务结果评估；为企业识别不同领域服务专家，包括能力、知识和经验的甄选；为目标企业提供的软件服务应包括提能增效系列培训、专家精准匹配服务、行业专家解决方案、能力测评结构化业务实训与管理落地辅导。

d. 帮助企业建立质量、成本和效率精益生产管理体系。

③服务流程。科技大市场开展的线上线下企业诊断服务包括：

a. 运用测评系统对企业的经营绩效、营运控制和业务过程进行在线测评。

b. 测评系统根据测评指标体系进行诊断评价，出具测评报告。

c. 根据企业诊断测评报告选择推荐领域专家。

d. 线下组织专家驻厂，进行实地深层次诊断测评服务。

e. 专家根据驻厂测评诊断，提供服务解决方案。

f. 专家诊断全过程服务成效评价。

g. 专家服务费用支付。

(2) 军民技术融合服务

军用技术转向民用，应编制军用技术转民用项目目录、民用技术转军用项目目录、军转民资源共享目录，同时包括军队与地方技术、人才的双向流动。军民技术融合服务是中国特色的工业体系深化改革的重要内容，技术转移潜能巨大。

①服务内容。

a. 为军民融合科技成果信息互联互通提供的服务。

b. 为军民科技成果评价、信息检索、政策咨询提供的服务。

c. 为军民研发资源共享共用提供的服务。

d. 为军用技术研发活动产生的新技术、新工艺、新产品提供的系统性技术推广，包括军用技术推广可行性分析、军用技术脱密处理服务、军用技术信息发布服务、民用需求分析服务、民用需求发布和军转民政策咨询服务。

e. 为军转民技术转移提供的投融资服务。

②民参军服务内容。包括：军地人才、技术、成果转化对接服务，完善符合军民科技成果转化特点的职称评定、岗位管理和考核评价制度。构建军民技术交易监管体系，完善军民两用技术转移项目审查和评估制度。在部分地区开展军民融合技术转移机制探索和政策试点，开展典型成果转移转化示范。探索重大科技项目军民联合论证与组织实施的新机制。

a. 为民参军资质提供咨询服务。

b. 为军工产品研制提供咨询服务。

c. 为军工产品提供采购渠道的咨询服务。

d. 为军工产品研制提供专业人才服务。

③服务要求。

a. 科技大市场入驻机构开展军转民服务应获得授权。

b. 入驻机构推广的军转民技术应不包含国家秘密和核心技术秘密。

c. 入驻机构开展军转民技术评估咨询服务应进行市场需求调研和分析。

d. 军转民技术评估过程中，参与技术评估的人员应当签订保密承诺书，履行对被评估技术的保密义务。

e. 军转民技术交易应遵循科技大市场交易规则执行。

f. 签订的军转民技术交易合同，应在科技大市场进行登记备案。

g. 军转民技术投融资主体可通过军民融合基金、金融机构、创业投资、股权投资机构等多渠道融资。

h. 科技大市场入驻机构开展民参军服务应获得授权。

④民参军服务要求。

a. 民参军项目应符合民参军技术与产品推荐目录。

b. 民参军技术评估过程中，参与技术评估的人员应当签订保密承诺书，履行对被评估技术的保密义务。

c. 民参军技术交易应遵循科技大市场交易规则执行。

d. 签订的民参军技术交易合同，应在科技大市场进行登记备案。

e. 民参军技术投融资主体可通过军民融合基金、金融机构、创业投资、股权投资机构等多渠道融资。

科技大市场运营服务规范还包括国际技术转移服务和新媒体服务等一系列服务要求和服务流程。

3. 贯标实施

贯标指的是贯彻标准，是标准贯彻实施的简称。标准规范的制定发布只是标准化工作的组成部分，贯标不力，前期工作近乎废止。标准规范有很多种，依据行业和区域内的相关管理体系，是全球化市场发展的客观需要，是规范企业技术、管理、流程的内在要求。贯标是贯彻和实施一系列技术标准、管理体系标准、流程规范标准的组织过程。

贯标的目的是确保组织的管理体系符合这些标准要求，从而提高管理水平和绩效，实现组织的目标，提升企业的社会形象和信誉度。在浙江全省实施《科技大市场运营服务规范》贯标，有助于推动科技成果转移转化示范省的建设，推动科技大市场的规范建设和运营，提升综合服务能力和服务品牌；有助于优化省、市、县三级联动、线上线下融合的科技大市场体系，将浙江省科技大市场打造成国家技术转移体系“四梁八柱”的重要组成部分；有助于提升科技大市场的自身价值，促进科技大市场运营管理程序化、制度化、规范化，进一步提升科技大市场的运营管理能力，不断提高科技成果转移转化水平，更好地为全省经济转型升级做好服务；有助于扩大科技大市场的影响力，增强浙江省科技大市场的品牌和服务模式输出能力，推动浙江省科技大市场的全国化布局发展。

贯标的指导思想是按照“品牌标识统一、平台体系统一、交易规则统一、服务要求统一、管理制度统一、考核评价统一”的“六统一”思想，依照《科技大市场运营服务规范》对浙江全省科技大市场进行贯标，实现科技大市场的提质增效，提高科技大市场的服务能力与服务质量，促进科技成果转移转化。科技大市场是中国技术市场的重要组成部分，是一种通过集聚多种创新要素，利用先进的电子商务工具，为技术转移提供系统性、规范化服务的有形载体，是为技术供需双方及各类科技服务机构提供“展示、交易、服务、共享、交流”，促进技术成果向现实生产力转化的公共服务平台。

《科技大市场运营服务规范》贯标，依据浙江省科技厅“关于印发《〈科技大市场运营服务规范〉贯标工作方案》的通知”精神，组织开展浙江省《科技大市场运营服务规范》标准的宣传贯彻。建设浙江省科技大市场运营服务规范标准体系。标准体系涉及科技大市场建设基础规范、展示、路演服务规范、技术交易服务规范、资源共享服务规范、科技服务规范、合作交流服务规范、投诉处理考核评价规范。

5.2.5 《技术转移 技术评价规范》

技术转移角度的技术评价规范，区别于其他场景，规定了技术转移中技术评价基本原则，技术评价服务的评价基本要求、评价指标及评价报告等内容，旨在打通大专院校、科研院所、企业间科技成果转化通道，为技术转移的关联多方进行公平交易提供技术保障。

地方标准将率先在标准制定地区的国家技术转移中心和技术交易所平台上的服务机构推广实施，为本地域服务机构从事竞争情报分析和技术评价服务提供操作规范，为技术转移过程中的确权、确价提供有力保障，提升技术转移行业整体服务能力和技术要素市场化配置能力，提高技术交易效率，助力构建区域内更加完善的技术要素市场，促进创新要素集聚流动和科技成果转化。

以技术转移为前提的技术评价规范作为上海市地方标准制定、发布。不同目的的技术评价会有不同的侧重点和不同的价值取向。上海市地方标准的技术评价规范有3方面的特色贡献，分别是指标体系的设计、评价场景的选取及评价流程的规定。

1. 指标体系

《技术转移 技术评价规范》（DB 31/T 1284—2021）给出了一个可裁量的技术评价指标体系，供不同目的和场景的评价选用。

以技术转移为目的的技术评价，选取的评价指标体系分为5个一级指标，从被评价技术的技术性、市场经济性、风险性、知识产权和社会性展开评价。5个一级指标分别设置了技术成熟度等19个二级指标，基本涵盖了以经济效益为主、兼顾社会效益的价值取向。

2. 场景选择

不同评价场景对评价指标的选取有不同的要求，与技术转移业务紧密关联的常见评价场景包括下列 6 种情况：

①高等院校、科研院所的科技成果研发期、转让期、应用期的技术性、经济性评价、风险性评价。

②技术转移项目的前期立项、中期实施、后期效果的评价。

③技术转让中出让方、投资并购方的评价。

④实际应用的工程性技术项目的评价。

⑤技术转移中专利性技术的评价。

⑥其他关联评价场景。

3. 技术评价流程

评价机构建立遵守《技术转移服务规范》中第 9.3 节规定的服务流程，包括委托与受理、论证与审核、签订合同/协议、组织实施、服务总结、资料归档、跟踪服务、服务改进等过程的技术评价服务流程。

相应的技术评价流程以流程图的形式展现，清晰直观，一目了然，如图 5-5 所示。

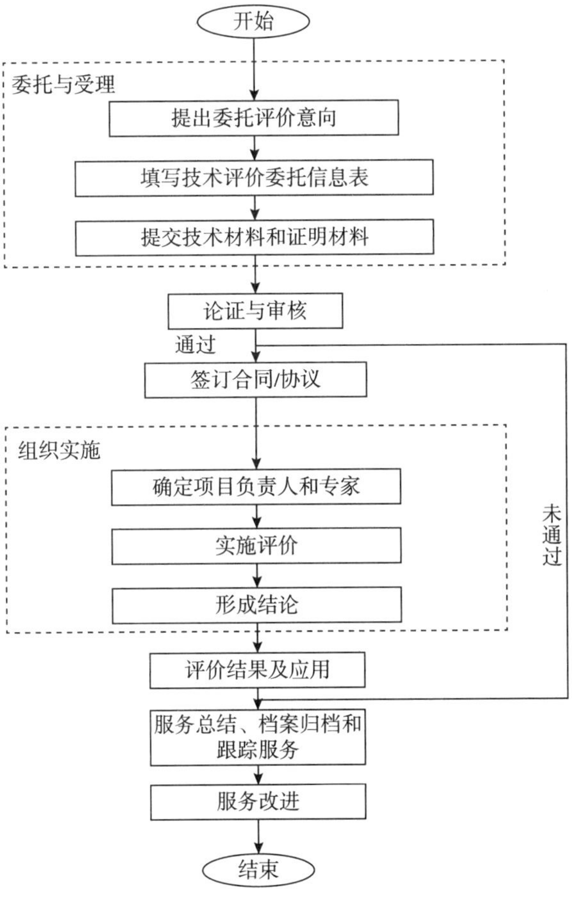

图 5-5　技术评价通用流程图

5.2.6 《技术转移　竞争情报分析服务规范》

《技术转移　竞争情报分析服务规范》是由上海市市场监督管理局发布的全国首个竞争情报分析服务类技术转移地方标准，规定了技术转移领域中竞争情报分析服务的基本要求、服务要求、服务评价等内容，成为构建地方技术转移标准体系的组成部分。

情报是经过分析的信息，竞争情报被称为商业情报或竞争对手情报，是对有关竞争对手和竞争环境的信息进行筛选、提炼和分析的结果。竞争情报已成为企业的长期战略资产。竞争情报分析就是建立一个情报系统，帮助管理者评估竞争对手和供应商，以提高竞争的效率和效益。决策情报是对企业具有深远意义的情报。

竞争情报分析服务涉及有关竞争环境、竞争对手等竞争策略的信息，信息的收集和分析涉及将这些信息转化为具有决策价值的情报，并用于企业的决策过程，包括环境监测、市场预警、技术跟踪、对手分析、策略制定和商业秘密保护等领域。

竞争情报服务的目的是增强企业决策者对竞争环境的了解，以支持企业决策，提高决策的成功率。竞争情报帮助管理者分析同业参与者、供应商和营商环境等可以降低风险的各类信息要素。竞争情报使管理者能够预测商业关系的变化，把握市场机会，预测对手的战略，发现新的或潜在的竞争对手，把握能够对企业产生影响的技术动向，并了解政府政策对竞争产生的影响。

服务机构在技术转移过程中的竞争情报分析服务缺乏标准，对数据获取、数据处理和分析，以及报告的内容和要求缺乏统一规范。《技术转移　竞争情报分析服务规范》针对服务质量良莠不齐，甚至分析结果的严重偏差导致企业不能作出正确决策，影响企业可持续发展等实际问题，建立竞争情报分析服务规范，对促进企业创新和技术转移具有重要意义。应用对象是技术转移过程中的竞争情报分析服务，相关方包括技术供给方、技术需求方、技术转移服务组织、与拟转移技术相关的竞争对手或合作伙伴、监管部门或机构、竞争情报分析报告的其他潜在阅读者和需求者等。

该标准的应用是贯彻落实国家和上海市科技成果转化制度体系的重要举措，适用于地方各类创新机构开展技术转移服务，国内外相关部门和行业组织也可作为参考，开展相关技术转移服务。为地方服务机构从事竞争情报分析提供操作规范，提升技术转移行业整体服务能力和技术要素市场化配置能力，提高技术交易效率，构建更加完善的技术要素市场，促进创新要素集聚流动和科技成果转化。

5.2.7 《技术转移服务人员能力规范》

技术转移服务人员的能力是知识加技能的体现。技术转移服务面向不同专业、不同质量需求的业务，因而产生了具备相应能力的不同工作岗位。这种职能等级要求和从业的细则规定熟化为技术转移服务人员能力规范。

技术转移服务人员是在技术市场中发挥主导作用的生产力要素，其服务领域包括：组织并参与技术成果的产品化、商业化的全过程开发；在签订和履行技术合同中，在确权、确价和双向选择中的全方位服务；在开拓市场需求、应对市场机遇、投融资中的全方位运营。

技术转移服务的技术项目涵盖各行各业，这也决定了技术转移服务人员应具备多学科、多技术领域的综合性知识。知识结构是知识积累层级，是多学科知识的高度复合，技能建立在知识结构合理的"通才"基础之上。一个合格的技术转移服务人员，无须"通才"的从业要求，但是一个合格的技术转移服务人员要有优化自身素质的意识，要不断掌握新知识，不断展现新技能，具备举一反三的职业素质，形成不同岗位的适应能力。

1. 基本能力要求

基本能力指具有一定的技术需求挖掘与甄别、技术评价与评估、市场调研与分析、知识产权服务、技术投融资服务、技术交易方案策划与实施的知识与技能。

细化的岗位能力如下：

（1）科技信息的搜集筛选能力

首要是强化大数据意识；要学会收集信息的方法；要培养数据分类处理的能力，锻炼建立使用数据库的能力；能够提供高效的数据分析服务。

（2）技术鉴别能力

技术鉴别能力是履行一切服务职能的基础。至少在技术项目的评估和论证中是不可勉强的能力要求。技术转移服务涉及对科技成果的转化研判，商业价值分析，市场竞争力、创新需求分析等，对技术项目内在潜力的鉴别认知决定着项目直至产业化的可行性判断。

（3）团队合作能力

技术转移服务是典型的团队分工合作业态。技术转移服务涉猎专业的广泛性，理论上要求每个参与者都应是知识结构完善，懂技术、通管理、知法律、识市场的高素质复合型人才，但实践中，只有在市场经济营商环境下经过摸爬滚打才能锻炼出这样的复合型技术经理人才。人才是在团队分工合作的实践体验中培养出来的。

2. 能力的规范要求

由北京技术市场管理办公室、北京技术市场协会等单位起草的《技术转移服务人员能力规范》经北京市市场监督管理局发布，2021 年 2 月 1 日实施。该地方标准从知识和技能两方面对技术转移服务人员的能力制定了规范要求。服务知识与技能共设 3 个等级，如表 5-1 与表 5-2 所示。

表 5-1 技术转移服务人员能力规范（通用知识要求）

类别	一级	二级	三级
	熟悉以下相关知识	掌握一级及以下相关知识	综合运用一级、二级及以下相关知识
信息采集分析与发布	1. 互联网相关知识； 2. 信息的获取方法； 3. 市场调查的理论、方法与工具； 4. 技术信息分类和整理方法与工具； 5. 技术经济相关知识； 6. 相关领域专业技术和行业相关知识； 7. 新闻基本理论与基本知识； 8. 互联网与新媒体信息发布方法； 9. 信息发布标准及相关要求	1. 电子商务相关知识； 2. 技术商品与技术市场知识； 3. 统计分析方法和知识； 4. 技术情报、信息资源管理、信息传播和计算机相关知识； 5. 发布内容设计与策划	1. 信息处理技术与方法； 2. 相关领域专业技术知识； 3. 项目可行性分析方法； 4. 信息发布工作的有关政策及法规
需求获取	1. 相关领域专业技术和行业相关知识； 2. 需求信息获取、挖掘、分析和整理	1. 技术工程化与产品化知识； 2. 成本核算相关知识； 3. 项目管理相关知识	1. 技术经济相关知识； 2. 矛盾解决理论

表 5-2 技术转移服务人员能力规范（专业知识要求）

类别	内容	一级	二级	三级
		熟悉以下相关知识	掌握一级及以下相关知识	综合运用一级、二级及以下相关知识
技术开发	技术研发	1. 技术商品与技术市场相关知识； 2. 成本核算知识； 3. 相关领域专业技术和行业相关知识； 4. 技术创新管理知识	1. 技术工程化与产品化知识； 2. 技术评估理论与方法； 3. 项目管理相关知识	1. 挖掘核心技术秘密、知识产权分析与布局； 2. 技术应用场景设计与策划
	技术集成	1. 技术商品与技术市场相关知识； 2. 成本核算知识； 3. 相关领域专业技术和行业相关知识	1. 技术工程化与产品化知识； 2. 技术评估理论与方法； 3. 小试、中试和技术孵化相关知识； 4. 项目管理相关知识	1. 系统工程理论； 2. 技术应用场景设计与策划

续表

类别	内容	一级	二级	三级
		熟悉以下相关知识	掌握一级及以下相关知识	综合运用一级、二级及以下相关知识
技术转让	技术产权转让	1. 技术商品与技术市场相关知识； 2. 相关领域专业技术和行业相关知识	1. 知识产权与法律知识； 2. 知识产权变更相关知识； 3. 项目管理相关知识	技术评估理论与方法
	技术许可	1. 技术商品与技术市场相关知识； 2. 相关领域专业技术和行业相关知识	1. 知识产权与法律知识； 2. 项目管理相关知识	技术评估理论与方法
	技术入股	1. 技术商品与技术市场相关知识； 2. 相关领域专业技术和行业相关知识； 3. 技术评估、交易理论与方法	1. 商务谈判技巧； 2. 知识产权与法律知识； 3. 项目管理相关知识	1. 技术投融资知识； 2. 公司运营知识
技术咨询	技术项目咨询	1. 技术商品与技术市场相关知识； 2. 相关领域专业技术和行业相关知识； 3. 咨询相关知识	1. 技术产品、工艺和技术方案分析的相关知识； 2. 项目管理相关知识	技术项目可行性论证相关知识
	法律法规咨询	1. 与技术转移相关的法律法规； 2. 咨询相关知识	1. 与技术转移相关的国家和地方的科技政策； 2. 项目管理相关知识	技术、法律、政策综合知识
技术服务	设计服务	1. 技术商品与技术市场相关知识； 2. 相关领域专业技术和行业相关知识	1. 工艺编制、流程改进、方案设计和技术调试等相关知识； 2. 项目管理相关知识	1. 工艺、技术相关知识； 2. 工艺验证与技术评定相关规程
	检验检测	1. 技术商品与技术市场相关知识； 2. 相关领域专业技术和行业相关知识	检验检测相关方法和工具； 2. 项目管理相关知识	检验检测相关理论
	技术培训	1. 技术商品与技术市场相关知识； 2. 相关领域专业技术和行业相关知识	1. 培训相关知识与方法； 2. 项目管理相关知识	培训体系设计与策划

续表

类别	内容	一级	二级	三级
		熟悉以下相关知识	掌握一级及以下相关知识	综合运用一级、二级及以下相关知识
技术评价	技术转移项目评价	1. 技术商品与技术市场相关知识； 2. 相关领域专业技术和行业相关知识； 3. 技术评价的工具	1. 技术评价方法； 2. 技术评价指标体系设计方法； 3. 项目管理相关知识	技术评价理论
	技术交易价值评估	1. 技术商品与技术市场相关知识； 2. 相关领域专业技术和行业相关知识； 3. 技术价值评估工具	1. 技术价值评估方法； 2. 技术价值评估体系、模型、指标与方法； 3. 项目管理相关知识	技术价值评估理论
技术投融资	技术投资	1. 技术商品与技术市场相关知识； 2. 相关领域专业技术和行业相关知识； 3. 银行、担保公司、其他债券基金、股权质押等担保机构相关知识、投资策略、方法及相关流程	1. 金融、信贷、证券、担保等方面的知识； 2. 项目管理、财务管理、法律法规政策知识； 3. 投资中的金融工具； 4. 投资、风险投资（VC）私募股权投资（PE）相关知识、投资策略、方法及相关流程； 5. 尽职调查相关知识； 6. 项目管理相关知识	1. 债券基金、股权质押等相关知识； 2. 投资策略、方法及相关流程
	技术股权融资	1. 技术商品与技术市场相关知识； 2. 相关领域专业技术和行业相关知识； 3. 银行、担保公司、其他债券基金、股权质押等担保机构相关知识、投资策略、方法及相关流程	1. 技术融资方法； 2. 融资策略、方法及相关流程； 3. 与融资相关的金融工具； 4. 尽职调查相关知识； 5. 项目管理相关知识	1. 技术融资理论； 2. 融资管理、资本运作及股权退出流程； 3. 公司运作管理理论
	技术债权融资	1. 技术商品与技术市场相关知识； 2. 相关领域专业技术和行业相关知识； 3. 金融、信贷、证券、担保等方面的知识	1. 技术融资方法； 2. 融资策略、方法及相关流程； 3. 与融资相关的金融工具； 4. 尽职调查相关知识； 5. 项目管理相关知识	1. 技术融资理论； 2. 融资管理、资本运作及股权退出流程； 3. 债券基金、股权质押等相关知识

续表

类别	内容	一级 熟悉以下相关知识	二级 掌握一级及以下相关知识	三级 综合运用一级、二级及以下相关知识
知识产权	知识产权申请及运营	1. 技术商品与技术市场相关知识； 2. 相关领域专业技术和行业相关知识； 3. 国内外专利、著作权、集成电路布图、动植物新品种等基础知识及申请流程； 4. 专利、商标检索工具及使用方法	1. 知识产权相关法律制度； 2. 尽职调查相关知识； 3. 项目管理相关知识	知识产权导航、布局、许可、转让等知识产权运营基础知识及服务流程
	知识产权保护	1. 技术商品与技术市场相关知识； 2. 相关领域专业技术和行业相关知识； 3. 专利、商标检索工具及使用方法	1. 知识产权相关法律知识； 2. 项目管理相关知识	知识产权维权、仲裁、诉讼等知识产权保护相关知识及服务流程
国际技术转移服务		1. 《中华人民共和国技术进出口管理条例》等相关政策法规； 2. 国际知识产权的相关法律制度和条约	1. 国际商务知识； 2. 国际贸易、法律和财务知识； 3. 外汇管理相关知识； 4. 知识产权保护的国际法律制度； 5. 国际商务谈判相关知识； 6. 项目管理相关知识	1. 国际技术转移理论； 2. 技术评估理论与方法； 3. 国际政治、经济、文化相关知识

技术转移服务人员通用技能和专业技能要求在此不再赘述。

技术转移服务人员的能力是在技术转移服务实践中锻炼培养出来的，能力规范起到培养和评价的指标考评作用。技术转移服务人员能力是服务团队分工合作具体岗位的个体体验，服务的整体绩效才是个体能力的综合体现。即使是具有丰富实践经验的人才也常会遇见跨界的陌生服务场景，技术转移服务人员能力的提升主要依赖团队协同效应的发挥，团队成员把自己定位于科技创新创业服务人才，参与技术转移服务的各种场景。在技术转移服务的整体产业链条上，服务团队需要建立跨专业、跨区域联盟协作网络，根据价值链权益共享原则调整智力资源，调动全体成员发挥特长的积极性。通过团队协同，团队与团队之间和团队成员之间分工协作、优势互取、短板互补，提升复合型的技术转移服务团队能力。

5.2.8 《技术经理人职业能力评价规范》

技术经理人是在科技成果转移、转化和产业化过程中，从事成果挖掘、培育、孵化、熟化、评价、推广、交易并提供金融、法律、知识产权等相关服务的专业人员。技术经理人是推动科技成果转移转化的中坚力量，其自身的能力素质是技术转移绩效的保障基础。

1. 技术经理人

技术经理人作为新职业纳入《中华人民共和国职业分类大典》第二类“专业技术人员”，为技术经理人队伍建设和专业能力的提升激发了活力，技术经理人职业发展得到社会的高度认可。

技术经理人在技术转移全过程的服务职责具体包括：收集、储备、筛选、发布各类科技成果信息，促进交易各方建立联系；为技术交易各方提供技术成果在科技、经济、市场方面的评估评价、分析咨询、尽职调查、商务策划等服务；为交易各方提供需求挖掘、筛选、匹配和对接等服务；制订科技成果转移转化实施方案、商业计划书、市场调查报告等，开展可行性研究论证；组织各类资源促进技术孵化、熟化、培育、推广和交易；提供科技成果转移转化和产业化投融资相关服务；提供科技成果转移转化知识产权导航、布局、保护和运营等服务；提供科技成果转移转化合规审查、风险预判、争端解决等法律咨询服务。

2. 技术经理人评价规范

由科技部科技评估中心联合中国科技评估与成果管理研究会等单位共同起草的全国首个《技术经理人能力评价规范》（T/CASTEM 1007—2022）发布，标志着技术经理人能力建设和等级评价步入标准化、规范化、制度化发展轨道。

技术经理人队伍通过市场化培训、学历教育、职称评定等多种方式的建设推动，专业化服务能力得以快速提升。技术经理人职业能力的高低是科技成果转移转化成效的关键因素之一。《技术经理人能力评价规范》规定了技术经理人职能、能力总体要求、能力评价分级与要求、能力评价组织实施和评价结果应用，可作为技术经理人评价、培养、认定、考核、激励等示范性标准依据。

技术经理人需要多领域专业知识储备和长期实践经验积累，该规范提供了技术经理人在知识水平、实践技能、经验与业绩、职业素养方面的专业能力分级框架，提出了不同等级技术经理人应具备的能力要求，重点打造形成层级分明、指标明确、渠道畅通的能力建设和评价体系，有利于技术经理人队伍的能力建设和等级评价标准的统一。

技术经理人作为新职业，技术经理人职业化发展越来越受到关注和认可。该规范提出了技术经理人重要的工作场景和主要职能，制定了初级、中级、高级技术经理人能力要求，为技术经理人职业标准体系的建立奠定了基础。

3. 行业技术经理人技能评价规范

技术经理人作为新职业纳入《中华人民共和国职业分类大典》也推动了行业生产

（服务）企业一线技术经理人职业技能规范的标准编制工作。

以《×××行业技能评价规范——技术经理人》为例。本规范的制定遵循《国家职业技能标准编制技术规程》的要求，客观反映现阶段本岗位的水平和对从业人员的要求，在充分考虑经济发展、科技进步、居民消费水平对本岗位影响的前提下，对岗位的活动范围、工作内容、技能要求和知识水平都作了明确规定。该规范的制定既保证了体例的规范化，又体现了以岗位活动为导向、以岗位能力为核心的特点，同时也使其具有根据科技发展进行调整的灵活性和实用性，符合培训和考评的需求。

本规范依据有关规定分为初级、中级、高级 3 个等级，包括职业概况、基本要求、工作要求、权重表等 4 部分。初级知识与技能要求如表 5-3 所示。

表 5-3 技术经理人岗位（初级）知识与技能要求

岗位功能	工作内容	技能要求	相关知识要求
1. 信息调查	1.1 环境调查	1.1.1 能协助进行政策、技术、行业、经济、社会发展调查 1.1.2 能协助进行政策、技术、行业、经济、社会信息收集整理	1.1.1 访谈法、问卷法、会议法、专家法等 1.1.2 现场调研、文献调查法、网络调查等
	1.2 市场调查	1.2.1 能协助进行客户和竞争需求调查 1.2.2 能协助进行市场数据收集整理 1.2.3 能协助进行市场细分和客户识别	1.2.1 原型法、波士顿矩阵等 1.2.2 文献资料法、访谈法、问卷调查法、SWOT 法等
	1.3 技术调查	1.3.1 能协助运用互联网和工具软件进行技术情报收集 1.3.2 能协助进行专利查新和技术情报信息检索 1.3.3 能协助开展技术变革速度、产品生命周期、新技术调查 1.3.4 能选择合适的方法收集、筛选和储备科技成果信息	1.3.1 工具软件、办公软件操作方法等 1.3.2 在线专利检索工具、专利数据库、专利搜索引擎 1.3.3 PEST 分析法、问卷调查法、会议调查法、专家调查法等 1.3.4 关键词筛选法、引证分析法、专利族群筛选法
2. 需求管理	2.1 需求收集	2.1.1 能识别客户群、识别决策单位、识别访谈客户 2.1.2 能制作访谈计划、准备访谈 2.1.3 能组织开展访谈业务	2.1.1 访谈调查法、会议调查法、专家调查法、文献调查法 2.1.2 $APPEALS 方法
	2.2 需求分析	2.2.1 能选择适用方法对需求进行解释、过滤和检视 2.2.2 能运用工具进行需求分析、排序和证实	2.2.1 聚类分析法、用户场景模拟法、功能归属分析法 2.2.2 KANO 模型法、四象限法则、ICE 排序法

续表

岗位功能	工作内容	技能要求	相关知识要求
2. 需求管理	2.3　需求分发	2.3.1　能协助制订产品业务计划 2.3.2　能协助制定产品线路标及规划 2.3.3　能协助编制项目任务书 2.3.4　能为产品研发决策提供辅助数据分析和调查报告	2.3.1　技术路线图 2.3.2　产品架构图、产品路径图 2.3.3　产品功能全景图、产品任务书编制模板 2.3.4　$APPEALS 方法
	2.4　需求实现	2.4.1　能协助对业务计划、路标规划管理；产品开发、项目任务的管理；产品开发需求说明书、开发需求、新方案的管理等 2.4.2　能协助进行需求跟踪和需求变更控制，更新需求变更说明	2.4.1　产品架构图、产品路径图、产品功能全景图、产品任务书编制模板 2.4.2　系统工程方法
	2.5　需求验证	2.5.1　能选择合适的测试验证方法 2.5.2　协助对客户需求、市场需求、产品包需求、系统需求、产品规格书、开发需求进行测试验证	2.5.1　需求验证 V 模型、集成产品开发模型 2.5.2　会议法、专家法
3. 交易咨询	3.1　技术评价	3.1.1　能协助开展技术转移项目的评价 3.1.2　能协助开展技术成果的经济价值评价 3.1.3　能协助开展技术交易时的价值评价	3.1.1　国家标准《技术转移服务规范》（GB/T 34670—2017） 3.1.2　国家标准《科技成果经济价值评估指南》（GB/T 39057—2020）
	3.2　分析咨询	3.2.1　能开展研发项目技术调查 3.2.2　能协助开展项目的可行性论证 3.2.3　能协助开展专业技术领域、行业、技术发展的分析预测	3.2.1　国家标准《技术转移服务规范》（GB/T 34670—2017）
	3.3　尽职调查	3.3.1　能协助审阅和评析“目标企业”财务状况 3.3.2　能协助评析“目标企业”的内控程序和业务主要流程 3.3.3　能协助审阅技术交易合同的条款 3.3.4　能协助编写尽职调查报告	3.3.1　成本法、收益法、市场法、文献法、访谈法、五力分析模型 3.3.2　询问和分析、比较和核对、观察和检查

续表

岗位功能	工作内容	技能要求	相关知识要求
3. 交易咨询	3.4　商务策划	3.4.1　能协助开展市场分析 3.4.2　能进行交易模式设计 3.4.3　能协助开展交易成果的价值评估 3.4.4　能协助制定交易过程中知识产权保护策略和风险管控措施	3.4.1　波士顿矩阵、目标市场营销（STP） 3.4.2　4P 理论 3.4.3　国家标准《技术转移服务规范》（GB/T 34670—2017） 3.4.4　《中华人民共和国专利法》《中华人民共和国商标法》《中华人民共和国著作权法》
4. 技术孵化	4.1　概念验证	4.1.1　能协助开展需求分析与市场预测 4.1.2　能协助开展可服务性需求识别，客户服务策略的制定 4.1.3　能协助开展可制造性需求识别，制造策略的制定 4.1.4　能协助开展供应商分析、供应商档案管理 4.1.5　能协助制订市场计划和营销策略	4.1.1　IPD 集成产品开发体系及结构化开发方法 4.1.2　《电子文件归档与电子档案管理国家规范》（GB/T 18894—2016）、《电子档案管理系统通用功能要求》（GB/T 39784—2021）
	4.2　计划制订	4.2.1　能协助系统与特性设计 4.2.2　能协助需求分配实施 4.2.3　能协助制订生产制造计划 4.2.4　能协助制订市场推广计划	4.2.1　甘特图、里程碑、PMI 与 IPMA 项目管理知识体系 4.2.2　IPD 产品开发结构化流程
	4.3　研究开发	4.3.1　能协助样机设计、工艺策划、试验大纲的制定 4.3.2　能协助进行样机制作、可靠性试验 4.3.3　能协助开展工艺审查与工艺装备设计 4.3.4　能协助进行小试、工艺实施产品检测和认证	集成产品开发（Integrated Product Development，IPD）方法
	4.4　检测验证	4.4.1　能协助产品小批量测试、工艺实施和支持 4.4.2　能协助确认制造流程 4.4.3　能协助进行生产物料采购 4.4.4　能协助开展产品营销活动	集成产品开发（Integrated Product Development，IPD）方法

续表

岗位功能	工作内容	技能要求	相关知识要求
4. 技术孵化	4.5 发布推广	4.5.1 能协助开展产品信息资料开发、产品信息发布管理 4.5.2 能协助制定产品、定价和渠道策略 4.5.3 能协助开展产品渠道拓展计划实施	集成产品开发（Integrated Product Development，IPD）方法
	4.6 生命周期	4.6.1 能协助开展产品供需管理 4.6.2 能协助开展市场预测 4.6.3 能协助制定与发展战略及市场策略相匹配的渠道策略 4.6.4 能协助开展供应商档案管理	集成产品开发（Integrated Product Development，IPD）方法
5. 技术转移	5.1 技术转让	5.1.1 能开展待转让技术知识产权调查 5.1.2 能制定技术转让、技术许可方案 5.1.3 能开展技术转让、技术许可实施	国家标准《技术转移服务规范》（GB/T 34670—2017）
	5.2 技术入股	5.2.1 能开展待入股技术的知识产权调查 5.2.2 能进行入股技术成果的价值评估 5.2.3 能开展技术入股商务洽谈 5.2.4 能进行股权结构设计和技术入股方案制定 5.2.5 能进行技术入股实施	国家标准《技术转移服务规范》（GB/T 34670—2017）
	5.3 技术并购	5.3.1 能准备并购意向书 5.3.2 能制定谈判策略，组织商务洽谈 5.3.3 能开展并购业务的尽职调查 5.3.4 能协调并购协议的签订 5.3.5 能开展并购后的整合管理	国家标准《技术转移服务规范》（GB/T 34670—2017）
6. 技术评估	6.1 技术型资产评估	6.1.1 能协助确定技术评估方法 6.1.2 能协助进行日常技术资产分类整理 6.1.3 能协助评估技术资产的预期收益、寿命周期、寿命期内获利总额、折现率等	《国有资产评估管理办法》第23条中规定的评估方法，包括收益现值法、重置成本法、现行市价法、清算价格法等

续表

岗位功能	工作内容	技能要求	相关知识要求
6. 技术评估	6.2　技术商品交易价值评估	6.2.1　能协助开展技术商品的特征、指标、参数、结构、方法分析 6.2.2　能协助开展技术商品的替代性、先进性、创新性、成熟度、实用性分析评价 6.2.3　能协助实施技术商品交易合法性和有效性评审	国家标准《技术转移服务规范》（GB/T 34670—2017） 国家标准《科技成果经济价值评估指南》（GB/T 39057—2020）
7. 知识产权保护与运营	7.1　知识产权管理	7.1.1　能协助进行知识产权事务日常管理 7.1.2　能协助制定知识产权运营方案 7.1.3　能协助制定知识产权保护和救济策略 7.1.4　能协助制定知识产权管理制度	《电子文件归档与电子档案管理国家规范》（GB/T 18894—2016）、《电子档案管理系统通用功能要求》（GB/T 39784—2021）等 国家知识产权局《知识产权保护规范化市场认定管理办法》
	7.2　知识产权运营	7.2.1　能协助开展知识产权确权、价值分析与推广 7.2.2　能协助开展知识产权交易定价、质押、证券化等服务 7.2.3　能协助开展知识产权运营商业模式研究和交易实施	国家知识产权局《知识产权保护规范化市场认定管理办法》
	7.3　知识系统构建	7.3.1　能协助收集、整理企业知识 7.3.2　能协助开展知识构建与维护 7.3.3　能协助开展知识重用与共享 7.3.4　能协助实施知识系统与知识漫游链接	《信息技术服务　运行维护第1部分：通用要求》（GB/T 28827.1—2022）

5.3　技术转移人才培养规范

技术转移人才培养包括学历学位教育、继续教育、职业教育等多层面的教育培训及考核评价。为深化实施《国家技术转移体系建设方案》，加强国家技术转移人才培养体系建设，北京、上海、江苏、四川等省市相继开展了技术转移人才学历学位教育。为规范开展全国各地的技术转移从业人员能力等级培养，科技部火炬中心在总结地方技术转移人才培养成功经验的基础上，针对我国科技成果转移转化特点和技术市场发展需求，以提高技术转移从业人员专业素养和实践能力，构建高水平、专业化技术转移人才队伍为目标，发布了《国家技术转移专业人员能力等级培训大纲》（试行）（简称《大纲》）。

5.3.1 建立产教融合、科创联动的师资队伍

1. 师资的选拔

建设专、兼职教师队伍，如由江苏基地管理办公室遴选和推荐涵盖“校所企金政”等单位的符合技术转移人才培养要求，具备高级职称或等同能力的师资队伍，报专家委员会审批。一是将高等院校、研究院所工程领域等相关学科中从事科学研究、科技研发、成果转化人员，选聘为专业导师；二是在大型国有企业、政府技术转移管理部门、国家重点实验室和研发中心、技术转移服务机构、投融资机构，遴选一批具有一定理论功底和丰富实践经验的技术转移领域专家学者作为教学、课题研究及论文指导教师；三是在龙头企业、具备研发中心的企业中遴选首席技术官、工匠大师。江苏基地管理办公室根据学历学位教育、继续教育、职业教育，结合不同的教学需求，进行科学合理匹配。

2. 师资的培养

建立技术转移教师学习培训制度，完善以项目实施产业化为重点的技术转移教师培训制度。推进技术转移中青年教师专业发展，建立技术转移中青年教师国内访学、挂职锻炼、社会实践制度。加大对高校产业教授、研发中心人员、创新园区管理人员等技术转移从教资格培训。推动信息技术与技术转移教育深度融合，建设技术转移教师网络研修社区和终身学习支持服务体系，促进教师自主学习，推动教学方式变革。

完善教师培养培训体系。构建以师范院校为主体，综合大学、研发中心参与，开放灵活的技术转移联合教育体系。依托相关高等学校和大中型企业，共建“三导师”制教师培养培训体系。推动专家委员设立教师发展中心。依托现有资源，高等院校、创新研发中心、大型龙头企业、高新园区进行师资培训基地建设。推动各分基地结合实际，规范建设技术转移师资库。

3. 师资的考核

明确讲师评价内容和评价标准，提供评价问卷范本，各培训活动组织方参照执行。评价问卷具体针对讲师“课程实用性、课程创新性、讲师备课质量、讲师教学方式”4个维度进行评价，评价分为“不合格、合格、良好和优秀”4个等级，评价与清退挂钩，单次评价等级为“不合格”者，将从讲师库中移除。

加强技术转移教师管理信息系统建设，充分利用信息化手段，采集整合教师工作的各类数据信息，形成完整准确的教师考核评价工作信息数据库，为考核评价提供基础。

5.3.2 技术转移人才培养规范

《大纲》要求秉承“基地、大纲、师资、教材”四位一体的技术转移人才培养思路，按照分级管理、分层培养的原则，分别设置了初级技术经纪人、中级技术纪经人和高级技术经理人3个等级的培训课程。培训课程由公共知识、政策法规、实务技能、能力提升4个模块构成，不同层级所需各模块的培训课程和培训学时不同。所列培训

课程包含了技术转移从业人员应知应会的法律法规、经纪实务、公共知识、实操案例等内容，对各级地方科技管理部门、国家技术转移人才培养基地，以及技术转移机构开展从业人员培训和考试具有重要的指导意义。

按《大纲》要求，推动落实“技术经理人全程参与的科技成果转化服务模式”，提出了高级技术经理人培养理念。高级技术经理人除应具备初级技术经纪人的科技中介服务能力和中级技术经纪人的专业化、个性化服务能力，还应具备知识产权资本化、高价值专利运营、国际技术转移等更深入、更专业的技术转移服务能力，并同时完成两项商业计划书或案例分析报告等。高级技术经理人能力等级的设置为技术转移从业人员向职业化、高端化方向发展明确了路径。

人才是创新的第一资源。《大纲》的实施，重在落实技术转移人才培养规程。

1. 课程设计流程

培训课程设计流程如表 5-4 所示。

表 5-4　培训课程设计流程

序号	内容	负责人	备注
1	培训课程分析		
2	确定课程目标		
3	课程纲要撰写		
4	课程流程设计		
5	学员手册编写		
6	课件制作与组织		
7	PPT 制作		
8	课程道具准备		
9	导师简介编写		
10	课程评估工具设计		

2. 培训流程

培训课程按照课堂讲授、案例分享与研讨、业务实训与实践等模式展开。其中，研究生培养按照培养方案执行，技术经纪人/技术经理人按照《大纲》要求执行，并结合地方特色定制课程，扩展特色选修课。

培训前工作准备具体如下：

(1) 调研

明确培训的重点及方向，通过调研形式（问卷、访谈等方式）对参加培训的人员或单位进行调研。

①问卷设计。核心能力、工作突出问题、期望培训内容。

②调研结果分析。计算每一位参加培训人员的核心能力，分数越低越重要；将开放性问答归纳，并统计其出现的频次；根据结果得出本次培训的重点能力维度。

（2）策划

培训策划包括培训形式、培训时间、培训地点、培训课程、培训流程、培训细节的安排等。

（3）人员准备

根据培训课程调度安排授课教师、教务管理人员、设备操作人员等。

（4）培训课程安排

制订培训计划、制作培训手册、印制培训资料、准备实训物料。

3. 授课要求

授课要根据培训活动组织方与受训方实际需求，可以采用线上授课、线下授课、线上线下授课相结合 3 种形式。具体如下：

（1）线上授课

学员通过在线注册登录，进入技术转移人才基地在线培训模块，选择对应培训班报名学习，系统将自动记录有效学时。

（2）线下授课

由培训活动组织方落实授课地点，做好食宿、交通配套安排，以及其他相关会务筹备、服务支撑，学员、教师、学时等信息录入系统。

（3）线上线下授课相结合

由培训活动组织方将课程内容分为线上授课和线下授课两部分，具体内容参照上述第 1 条和第 2 条内容。

4. 考核

学员学习考核包括教学过程考核、闭卷考试和实操考核。

教学过程考核由考勤（学时）情况和作业完成情况两部分构成。教学过程考核不占考试分值，但学时修满、作业完成情况良好是进行闭卷考试的必要条件。

闭卷考试采用线上、线下两种考试的形式，由培训活动组织方统一安排考试时间。

①线上闭卷考试时长为 90 分钟，考试通过技术转移人才培养基地云平台考试题库抽取考题组成试卷，试卷题型及分值分布预设。

②线下闭卷考试时长为 120 分钟，考试由培训活动组织方根据培训情况安排考试，考试题统一从基地试题库抽取组成试卷，试卷题型及分值分布预设。

③学员修满学时、考核合格，将登记有效学时和学员通过三类教育培训的累计学时。

④遵循国家技术转移专业人员能力相应等级培训学制要求，审核学员发证资格，满足发证条件的，基地将颁发国家技术转移专业人员能力等级培训结业证书（电子证书/纸质）。

⑤研究生读研期间所学课程与技术经纪人培训课程类似的且通过考核的，可等同技术经纪人相应能力等级，并颁发国家技术转移专业人员能力等级培训结业证书（电

子证书/纸质)。

5. 培训效果跟踪

培训效果跟踪具体包括：

①学员提交培训心得。培训后学员每人交一份培训心得，在自己所学内容中，哪些课程受益比较多，为自己以后的工作提供了哪些思路，在后期的工作中要做哪些改变。

②定期访谈。培训后由总部基地工作人员电话访谈。访谈内容包括采取新的方法实施后的效果、实施过程中存在的问题。

③课程内容修订。培训后由基地培训老师组织对所培训内容进行梳理、完善和补充，逐步打造精品课程。

④工作考核。定期由分基地主任汇总各地学员在受培训后的学员所学知识的落实情况，以及对培训效果进行总结、汇报。总部基地定期对学员进行走访，考察学员在实际工作过程中如何应用所学内容进行技术转移服务、服务成效和存在的问题及对培训的诉求。

6. 资料建档

基地提供培训工作档案台账清单名录及附件模板，各培训活动组织方参照执行。档案内容主要为学员学籍、考勤、考核、证书发放等过程性资料及课程设置、课件、讲师等培训资料，分为电子档案和文件档案。

5.3.3 建立灵活多样的线上线下组合教学平台

开发线上教学云平台，包括在线教学系统、互动直播系统、移动端微课程等，为技术转移服务人员提供时时处处学习的开放环境。突出强化技术、交易、服务等线下教学实训，注重培养技术转移服务人员的专业化服务能力。采取以学分积累的方式，打通学历学位教育、继续教育、职业教育的人才培养与职业通道。通过学历学位教育、继续教育、职业教育、培训、实践过程中的知识和技能的积累与提升，逐步形成技术转移专业化、职业化服务能力。

1. 技术转移人才培养网络信息平台

以大数据、云计算技术的应用、“轻量便携，精准服务”微门户，为技术转移人才培养高效的碎片化学习时间管理提供实时教学场景和互动直播平台。为大规模技术转移从业人员继续教育、职业教育和业务实训的开展，建设网络信息平台，支撑技术转移高端复合型人才的培养。

建设技术转移人才培养网络信息平台，包括：云存储平台、通信平台、流程引擎平台、统一信息门户、微门户平台、数字化学习中心、统一支付平台、智能决策系统、研究生教育系统、教学一体化管理系统、网站群等系统。为技术经理人提供自主学习系统、教育商城资源下载、在线交易实训等。

2. 技术转移服务云平台

建成技术转移服务云平台，聚集区域和行业技术市场要素与资源，建设基于 SaaS、

PaaS 的技术转移服务云平台，汇聚技术市场要素资源；提供技术交易、技术咨询、技术评估等众多服务系统、教育商城系统等为技术经理人提供技术转移服务工作平台和环境。

3. 建成区域/行业技术交易市场（“双创”路演中心）

该市场一是为职务发明成果交易提供招标、交易、拍卖和交易公示服务；二是为研究生和技术经理人提供技术交易教学实训平台；三是为“双创”提供融资展示、路演平台。举办地区和高校技术转移分中心所在地的技术产权交易和技术招标、挂牌交易、拍卖交易和对协议转让的技术成果进行交易公示。为研发和创新创业人员提供项目展示、路演和投融资推荐。

4. 先进制造虚拟仿真技术实训平台

建成先进制造虚拟仿真技术实训平台，为研究生和技术经理人提供人工智能、数字孪生、APS/MES、智能运维与健康管理（VR/AR）的制造智能技术；数控机床、AGV 及智能仓储、智能产线（PLC，现场总线）的智能制造装备技术；传感与测量、大数据、云计算和边缘计算、产品全生命周期管理的数据技术；协同设计、移动通信、工业物联网、资源共享的工业互联网技术专业技术服务能力培训和实训。为企业数字化转型升级提供解决方案及人才培训。

第六章

知识产权保护与经营

引　言

知识产权保护涉及权利人所有权与使用权主体的权利保护，以及知识产权与技术产品客体的贸易摩擦保护。

科学技术快速进步的驱动力源自人类发明创造的主动性和获取技术应用带来的巨额财富，西方发达国家正是通过知识产权的保护制度充分调动起企业和科技人员的研发积极性，掌握了技术贸易的主动权，继而通过技术贸易带来的超额利润主导着技术转移的路径。知识产权纠纷已成为当今国际技术贸易摩擦的焦点，活跃的技术贸易有赖于知识产权的保护，知识产权保护已成为各国技术贸易共同遵循的基本规则。尽管知识产权制度具有影响技术与知识更广泛传播应用的负面作用，但是不管交易双方主观意愿分歧与否，知识产权都是一道不可回避的贸易壁垒。忽视了技术交易中的知识产权，轻则涉嫌投机取巧的道德诚信问题，重则面临泄密盗窃等刑罚问题。保护知识产权是扩大技术贸易、引进先进设备和外商投资的法治保障前提，也是技术转移从业人员从事技术转移服务的重要业务技能。知识产权是技术许可的主要内容，技术许可是技术交易的主要实现形式之一。不同国家和地区知识产权的法律界定差异很大，本章内容只涉及与技术交易服务密切相关的基本概念与常识、不同区域间尤其是国际技术交易涉及的产权保护与经营问题。

6.1　知识产权的特性与本质

知识产权的本质是智力信息，是生产、生活知识的创造与创新，是受法律保护的一种无形资产和获益权利。透过知识产权的特性，才能认清保护与经营知识产权的问题实质。

6.1.1　知识产权的主体与客体

知识产权主体是知识产权的权利所有人，包括著作权人、专利权人、商标权人等。

知识产权主体既可以是自然人，也可以是法人和非法人组织，甚至可以是国家。

知识产权是人们对其通过脑力劳动创造出来的智力成果所享有的权利，具有排他性、地域性和时间性。知识产权分著作权、专利权和商标权，其中专利权和商标权也叫工业产权。国家利用知识产权制度保护人的创造力，鼓励技术发明，发展科学文化事业。《中华人民共和国民法典》（2020 年发布）第一百二十三条规定：“民事主体依法享有知识产权。知识产权是权利人依法就下列客体享有的专有的权利：（一）作品；（二）发明、实用新型、外观设计；（三）商标；（四）地理标志；（五）商业秘密；（六）集成电路布图设计；（七）植物新品种；（八）法律规定的其他客体。”

知识产权的权利主体也称为知识产权的权利人，包括专利权人、商标权人、著作权人、商业秘密权人、商号权人、地理标志权人、植物新品种权人、集成电路布图设计权人等。知识产权的权利主体可以是自然人、法人或非法人组织。

本节仅对专利权和著作权的主体与客体进行论述和分析。

1. 专利权的主体与客体

(1) 专利权的主体

《中华人民共和国专利法》（简称《专利法》）第六条规定：“执行本单位的任务或者主要是利用本单位的物质技术条件所完成的发明创造为职务发明创造。职务发明创造申请专利的权利属于该单位，申请被批准后，该单位为专利权人。该单位可以依法处置其职务发明创造申请专利的权利和专利权，促进相关发明创造的实施和运用。非职务发明创造，申请专利的权利属于发明人或者设计人；申请被批准后，该发明人或者设计人为专利权人。利用本单位的物质技术条件所完成的发明创造，单位与发明人或者设计人订有合同，对申请专利的权利和专利权的归属作出约定的，从其约定。”

《专利法》第八条规定：“两个以上单位或者个人合作完成的发明创造、一个单位或者个人接受其他单位或者个人委托所完成的发明创造，除另有协议的以外，申请专利的权利属于完成人或者共同完成的单位或者个人；申请被批准后，申请的单位或者个人为专利权人。”

如上所述，我国的专利权主体包括发明人、设计人及其合法受让人，共同发明人与共同设计人对同一项发明创造共同享有专利权，发明人所在单位有权获得职务发明创造的专利权，外国人也可依法在我国申请和获得专利权。

(2) 专利权的客体

专利权的客体是指专利法保护的对象即能取得的专利权。《专利法》第二条规定：“本法所称的发明创造是指发明、实用新型和外观设计。”

所以我国专利权的客体即发明创造，包括发明、实用新型和外观设计。

①发明专利。由《专利法》对发明的定义可知，发明是一种新的具体的技术方案，是发明人利用自然规律的结果，是发明人将自然规律在特定技术领域的结合和应用，具有先进性和实用性。发明作为一种新的技术方案其实质内容必须符合《专利法》的规定才能得到《专利法》的保护。

发明的类型包括职务发明和非职务发明、独立发明和共同发明等。我国的《专利法》所指的发明分为产品发明、方法发明和改进发明。

产品发明是指通过智力劳动创造出以有形形式表现的各种制品或产品，可以是完整的产品，也可以是一件产品的某部分，包括制造品的发明如各种设备机器及生活用品，也包括材料的发明如人工全合成牛胰岛素等。

方法发明是指将一种物品或者物质改变成另一种状态或另外一种物品或物质所采用的手段和步骤的发明，包括制造方法的发明、化学方法的发明、生物方法的发明或其他各种测量方法的发明等。我国现行的《专利法》对方法发明的保护延展到依照该方法所获得的产品。

改进发明是指对已有的产品发明或方法发明所作出的实质性革新的技术方案。改进发明是在已有产品和方法的基础上进行的创造性的改善。

②实用新型专利。《专利法》第二条规定："实用新型，是指对产品的形状、构造或者其结合所提出的适于实用的新的技术方案。"

产品的形状是产品具有的、可以从外部观察到的、确定的空间形状，可以保持并能使产品在使用中具有特定的技术功能和相应的技术效果。

③外观设计专利。《专利法》第二条规定："外观设计，是指对产品的整体或者局部的形状、图案或者其结合以及色彩与形状、图案的结合所作出的富有美感并适合工业应用的新设计。"

外观设计是对产品的外表所做的设计，也称为工业品外观设计。构成外观设计的元素包括产品的形状、图案和色彩等。作为工业品外观设计还可用于工业化批量生产，与其他在国内外出版物上发表过的外观设计不相同和不相近似，以免与他人在先取得的合法权利冲突。

2. 著作权的主体与客体

（1）著作权的主体

《中华人民共和国著作权法》（简称《著作权法》）第九条规定：著作权人包括作者、其他依照《著作权法》享有著作权的公民、法人或者非法人组织。

著作权主体又称著作权人，是指依法对文学、艺术和科学等作品享有著作权的人。我国的著作权主体范围广泛，包括自然人、法人或非法人组织。进行作品创作一般需要经过从构思到表达完成的过程，其间作者付出了艰辛的智力劳作，所以一般而言著作权的主体是自然人。《中华人民共和国著作权法实施条例》（简称《著作权法实施条例》）第三条规定："为他人创作进行组织工作，提供咨询意见、物质条件，或者进行其他辅助工作，均不视为创作。"《著作权法》第十一条规定，由法人或者非法人组织主持，代表法人或者非法人组织意志创作，并由法人或者非法人组织承担责任的作品，法人或者非法人组织视为作者。

如何正确确认作者？法律上通常以署名为标准。《著作权法》第十二条规定，如无相反证明在作品上署名的自然人、法人或者非法人组织为作者。在正常情况下在作品上署名的人即为作者，但是在个别情况下也有署名并非真正作者的情况，如委托作品或者雇用作品的署名者不一定是真正的作者，还有擅自盗用他人的作品而自己署名的现象等。法律规定如果提出与署名状况不同主张的，应由主张人出具相关的证明材料，其争议可以向人民法院提出侵权诉讼。

《著作权法》第十一条规定："创作作品的自然人是作者。"作为著作权原始主体的作者需要具备以下条件：必须是直接参与创作的人，即通过自身所掌握的技巧、方法直接创作，反映自己的创作个性及特点的人；而为他人提供咨询、进行组织，提供物质、技术条件或者其他服务的人，不能认为是作者。通过创作产生符合《著作权法》规定的作品。我国在确认著作权取得的问题上实行的是完成后依法自动取得，而无论作品是否发表作者均享有著作权。因此作者是最直接、最基本的著作权主体，应当享有原始著作权和完整的著作权。

著作权的继受主体是指通过受让、继承、受赠或者法律规定的其他方式取得全部或者一部分著作权的人。作者去世后继承人或第三人可以根据作者的遗嘱、遗赠扶养协议或者法定继承的规定而取得著作权成为著作权主体。一般而言，著作权中的财产权可以继承，人身权利不能继承。

合作作品著作权的主体必须具备两个条件：一是必须有共同的创作愿望，二是必须都参加了共同的创作劳动。如果没有参加创作仅为创作提供咨询意见、物质条件或者其他辅助性劳动的人不能成为合作者。《著作权法》第十四条规定，合作作品可以分割使用的，作者对各自创作的部分可以单独享有著作权，但行使著作权时不得侵犯合作作品整体的著作权。

职务作品的著作权主体即指为完成本单位任务或主要利用本单位的物质技术条件所创作完成作品的著作权主体。《著作权法》第十八条规定："自然人为完成法人或非法人组织工作任务所创作的作品是职务作品，除本条第二款的规定以外，著作权由作者享有，但法人或者非法人组织有权在其业务范围内优先使用。作品完成两年内，未经单位同意，作者不得许可第三人以与单位使用的相同方式使用该作品。有下列情形之一的职务作品，作者享有署名权，著作权的其他权利由法人或者非法人组织享有，法人或者非法人组织可以给予作者奖励：（一）主要是利用法人或者非法人组织的物质技术条件创作，并由法人或者非法人组织承担责任的工程设计图、产品设计图、地图、示意图、计算机软件等职务作品；（二）报社、期刊社、通讯社、广播电台、电视台的工作人员创作的职务作品；（三）法律、行政法规规定或者合同约定著作权由法人或者非法人组织享有的职务作品。"

委托作品的著作权主体应依据《著作权法》第十九条的规定确认。《著作权法》第十九条规定："受委托创作的作品，著作权的归属由委托人和受托人通过合同约定。合同未作明确约定的或者没有订立合同的，著作权属于受托人。"

演绎作品的著作权主体应依据《著作权法》第十三条的规定确认。《著作权法》第十三条规定："改编、翻译、注释、整理已有作品而产生的作品，其著作权由改编、翻译、注释、整理人享有，但行使著作权时不得侵犯原作品的著作权。"

汇编作品的著作权主体应依据《著作权法》第十五条的规定确认。《著作权法》第十五条规定："汇编若干作品、作品的片段或者不构成作品的数据或者其他材料，对其内容的选择或者编排体现独创性的作品，为汇编作品，其著作权由汇编人享有，但行使著作权时，不得侵犯原作品的著作权。”在汇编作品的创作中需要注意的是汇编人应该取得原作品的著作权人许可。

（2）著作权的客体

著作权的客体是指著作权保护的对象即作品。《著作权法实施条例》第二条规定：“著作权法所称作品，是指文学、艺术和科学领域内具有独创性并能以某种有形形式复制的智力成果。”受著作权保护的作品应具有独创性和原创性，作品的完成是作者自己的选择、取舍、安排、设计、综合的结果，而不是抄袭、剽窃或者篡改他人作品而形成的。

我国《著作权法》保护的作品包括文学、艺术和自然科学、社会科学、工程技术等文字作品；口述作品；音乐、戏剧、曲艺、舞蹈、杂技艺术作品；美术、建筑作品；摄影作品；视听作品；工程设计图、产品设计图、地图、示意图等图形作品和模型作品；计算机软件；符合作品特征的其他智力成果。

《著作权法》还规定了不享有著作权的客体，包括法律、法规，国家机关的决议、决定、命令和其他具有立法、行政、司法性质的文件，及其官方正式译文；单纯事实消息；历法、通用数表、通用表格和公式。

（3）著作权的归属

①职务作品著作权的归属，一般职务作品创作的作者享有包括人身权和财产权在内的著作权而不是由单位享有。但也存在着限制条件，其一是对著作权行使的限制；其二是规定单位有优先使用权；其三是职务作品包括利用单位物质条件创作的作品，法律、行政法规规定或合同约定著作权由单位享有的作品。

②委托作品著作权的归属可以由双方约定归委托方所有或受托方所有。一般来说，双方当事人应当根据受托人在完成作品中的创作程度来约定著作权的归属，如果该作品的详细资料和写作由委托人提供，受托人只是进行简单的整理和文字加工，那么应当约定委托人是著作权人。如果该作品的资料基本上是受托人自行收集的，内容为受托人独立创作，则应当约定受托人是著作权人。如果双方约定不明确或者未作约定的，该著作权属于受托人所有。

③合作作品著作权的归属由《著作权法》给予了明确规定，两人以上合作创作的作品著作权由合作作者共同享有。共同参加创作的人为合作作者，没有参加创作的人不能成为合作作者。《著作权法》还严厉禁止没有参加创作为谋取个人名利在他人作品上署名的行为，违者视为侵权。

知识产权有国内主体向外国主体演进，自然人主体向法人或者团体组织主体演进，单向度主体向多向度主体演进，现实主体向虚拟主体演进的趋向。

关于知识产品合作生产者之间利益关系的规定如下：

现代的知识生产往往是由多人合作进行的，这些合作者之间存在着直接的利益关系。知识产权合作生产者之间的利益关系有两大类，一是智力劳动者之间的利益关系，二是智力劳动者与物质资源、资金及其他资源投入者的经营关系，尽管利益诉求各有不同。按照我国《专利法》规定：知识成果的发明者和设计者，并依法申请获得专利权的自然人、法人或非法人组织，都可称专利权人，也即专利权主体。

我国《著作权法》规定：著作权人包括作者和其他可视为作者的公民、法人或者非法人组织。其中，创作作品的公民是作者。由法人或者非法人组织主持，代表法人或者非法人组织意志创作，并由法人或者非法人组织承担责任的作品，法人或者非法人组织视为作者。知识产权法对它们分别作了不同的规定。

知识产权客体是指人们在科学、技术、文化等知识形态领域中所创造的非物质产品，即知识产品。知识产品是与物质产品（即民法意义上的物）相并存的一种民事权利客体。

知识产权的定义为：知识产权也称知识所属权，指权利人对其所创作的智力劳动成果所享有的财产权利，即权利人对其智力劳动所创作的成果在有限时间内享有的专有权利。各种智力创造如科学技术发明、文学和艺术作品以及在商业中使用的标志、名称、图像、外观设计，在经过申请报交、审核批准等法律程序后，都可认定为某一个人或组织所拥有的知识产权。

《建立世界知识产权组织公约》定义了知识产权的概念，知识产权包括有关下列项目的权利：文学、艺术和科学作品，表演艺术家的演出录音和广播，人们努力在一切领域的发明，科学发现，工业品式样，商标、服务商标、厂商名称和标记，制止不正当竞争，在工业、科学、文学或艺术领域里一切其他来自知识活动的权利。

国内部分学者对知识产权也作了相应的定义，知识产权指的是人们可以就其智力创造的成果依法享有的权利。知识产权是基于创造性智力成果和工商业标记依法产生的权利的统称，指法律所赋予的智力成果完成人对其特定创造性智力成果在一定期限内享有的专有权利。国内学者对知识产权的定义表达了对知识的形成和权属本质特征的内涵和外延，可以帮助人们认识和判断新出现的权利是否可以归入知识产权范围之内以保持知识产权的开放性。知识产权一般是指公民、法人和其他社会组织依照法律规定对其在科学、技术、文化、艺术、医药等领域创造的智力成果及工商业标识所享有的专有权利。中国加入世界贸易组织后，药品的知识产权已成为一项重要内容。

6.1.2 知识产权的特征

知识产权的特征主要包括专有性、独占性、地域性、时间性、支配权、对世权、绝对权等，且专有性、地域性、时间性具有更重要的实践意义。知识产权本质的特征如下：

①无形财产权。

②确认或授予必须经过国家专门立法直接规定。

③双重性。既有某种人身权（如签名权）的性质，又包含财产权的内容。但商标权是一个例外，它只保护财产权，不保护人身权。

④专有性。知识产权为权利主体所专有。权利人以外的任何人，未经权利人的同意或者法律的特别规定，都不能享有或者使用这种权利。

⑤地域性。某一国法律所确认和保护的知识产权，只在该国领域内才发生法律效力。

⑥时间性。法律对知识产权的保护规定了一定的保护期限，知识产权在法定期限内有效。

知识产权的专有性或独占性一般指两个方面：一是知识产权为权利人所独占，权利人垄断专利权并受到严格保护，未经权利人许可或未经法律规定任何人不得使用权利人的智力成果；二是同一项智力成果不允许有两个或两个以上同一属性的知识产权并存。

知识产权具有地域性，分地域取得和行使，是指知识产权只能依一定国家的法律产生又只在其依法产生的地域内有效，即一国法律所确认和保护的知识产权只在该国领域内发生法律效力。作为来源于法律的权利也仅能在法律的效力范围内发生效力，因而知识产权是一种具有地域性的权利。支配权是权利人根据自己的意志对权利客体进行直接支配并排除他人干涉的权利，知识产权的权利人对其权利客体可以自己利用也可以许可给他人利用。

知识产权的时间性是指法律对知识产权的保护规定了一定的期限，知识产权在法定期限内有效。时间性在专利权、集成电路布图设计权、植物新品种权、著作权的部分权利上体现得较充分。知识产权的专有性、地域性均具备民事权利自然具有的特征，时间性则是知识产权的部分特征。按照我国法律的规定，发明专利权保护期为 20 年；实用新型专利权保护期限为 10 年；外观设计专利权保护期为 15 年；集成电路布图设计专有权保护期限为 10 年；植物新品种权保护期限对于藤本植物、林木、果树和观赏树木为 20 年；对于其他植物为 15 年。国际上很多国家草本植物品种保护期在 25 年左右，新的保护条例有望将新品种权保护年限提高 5 年。著作权中的经济权利和发表权利亦有保护期限。

国家授予性存在于知识产权的申请中，如专利权、集成电路布图设计权、植物新品种权、著作权、商标权、商号权等须由国家相应的机关认可或核准才能取得。而依事实取得的知识产权并不具有国家授予性，如著作权的邻接权、发现权、发明权、商业秘密权、商品特有名称权等。

知识产权的种类和内容均由法律直接规定，如《集成电路布图设计保护条例》在 2001 年 10 月施行后，集成电路布图设计专有权才成为我国知识产权中的一类。如《专利法》第十一条规定："发明和实用新型专利权被授予后，除本法另有规定的以外，任何单位和个人未经专利权人许可，都不得实施其专利，即不得为生产经营目的制造、使用、许诺销售、销售、进口其专利产品，或者使用其专利方法以及使用、许诺销售、销售、进口依照该专利方法直接获得的产品。"即知识产权系由法律直接创设。

知识产权的权利人对其客体智力成果，可以自己使用，也可以许可他人使用；可以自己不利用，也可以禁止他人利用；可以放弃权利，也可以转让权利。因此，知识产权具有支配性和绝对性。对于知识产权人支配权的保护，须借助于法律赋予的独占权利，即知识产权的内容是对智力成果的直接支配性。

尽管理论上可以有无限多的主体同时对智力成果进行支配使用，但根据法律在一国境内一般仅授予一项知识产权，仅承认在先申请者享有专利权，其目的是通过授予先申请的发明人以独占权，以此激励技术创新、技术公开。然而对于商业秘密法律则无法判断其垄断范围，如有多人拥有相同的商业秘密则可以享有各自独立的商业秘密权。

在经济全球化时代要高度关注知识产权的地域性，特别是需要申请批准的知识产权。如果需要开拓国际市场，仅仅在一国申请获得知识产权是不够的，因为法律不保护在另一个国家所享有的知识产权，除非两国间另有国际条约或互惠协定的约束。

由于智力成果在消费上不具有排他性，所以知识产权人可以就相同的权利内容授予多人同时行使。例如著作权人可以同时授权两家出版社出版其作品，专利权人可以同时授权 7 家企业生产其专利产品，商标权人可以同时授权 10 家企业使用其商标，这种知识产权许可方式称作非独占许可。由于知识产权具有可分授性，对知识产权的使用价值而言意味着可以发放数个内容相同或不同的使用许可权。在知识产权质押担保方面，亦可设立多个担保，只是在实现担保时设立时间在先的权利实现优先。

6.1.3 知识产权的分类

知识产权的实质是把人类的智力成果视同财产。知识产权包括工业产权和著作权（国际上称作版权）两大部分。

我国的法律规定知识产权的类型主要有专利权，包括工业品外观的保护、发现权，发明权，商标权；著作权，包括邻接权，商业秘密权，集成电路布图设计权，植物新品种权，商号厂商名称权，地理标志权，商品外观权，商品特有名称权等。

知识产权的范围日益扩大，工业产权被认为是工业、农业、林业和其他产业中具有实际经济意义的一种无形财产权，包括植物新品种权等也划入了工业产权之列，著作权也涵盖了邻接权。一些国家为了填补某些工业产权无法保护的空白和弥补单一著作权保护的不足，遂将集成电路布图设计等也纳入工业产权保护的范畴。

通常人们将专利权、商标权与著作权视为知识产权的核心组成部分。《巴黎公约》将专利权与商标权统称为工业产权，《伯尔尼公约》是最早规范著作权的国际公约。这两个公约在知识产权的保护中发挥了重要的作用。

1. 工业产权

我国传统意义上的知识产权范畴分为工业产权和著作权。工业产权包括发明专利、商标及工业品外观设计等方面组成的知识产权。

工业产权主要包括专利权、商标权、服务标志权、厂商名称权、地理标志权、制止不正当竞争权及植物新品种权和集成电路布图设计专有权等。

（1）专利权

专利权是指一项发明创造向国家专利局提出专利申请，经依法审查合格后向专利申请人授予的在规定时间内对该项发明创造享有的专有权。根据我国《专利法》的规定，发明创造有 3 种类型，即发明、实用新型和外观设计。发明专利、实用新型专利和外观设计专利被授予专利权后，专利权人对该项发明创造拥有独占权，任何单位和个人未经专利权人许可都不得实施其专利，即不得为生产经营目的制造、使用、许诺销售、销售和进口其专利产品。未经专利权人许可实施其专利即侵犯其专利权。未经有关部门审批和发布不形成专利权亦存在不构成侵权的特例，比如在先使用权和以科研为目的的非经营使用等。

（2）商标权

商标权是指商标主管机关依法授予商标所有人对其注册商标受法律保护的专有权。商标是用以区别商品和服务不同来源的商业性标志，由文字、图形、字母、数字、三维标志、颜色组合或者上述要素的组合构成。我国商标权的获得必须履行商标注册程序而且实行申请在先原则。商标是产业活动中的一种识别标志，所以商标权的作用主要在于维护商业活动中的秩序。

（3）商号权

商号权是指厂商名称权，是对商家已登记的商号厂商名称、企业名称不被他人利用的一种使用权，即商事主体对商号在一定地域范围内依法享有的独占使用权。

在不同的讨论范畴中如地理标志、专有技术、反不正当竞争权等尽管也规定在《巴黎公约》中，但地理标志不是智力成果，专有技术和反不正当竞争在反不正当竞争法保护的范围，有时不列入知识产权的讨论。

2. 著作权（版权）

国际保护工业产权协会 1992 年在东京大会指出，知识产权分为创造性成果权利与识别性标记权利两大类。创造性成果的知识产权指对创造性的智力成果所享有的知识产权，如专利权、著作权、集成电路布图设计权、植物新品种权、商业秘密权、发现权、发明权等。由于商业秘密分为技术秘密和经营秘密，经营性秘密与创造性无关，所以这种分类也不是绝对的。著作权自作品创作完成之日起产生。著作权分为著作人身权和著作财产权。

著作权是法律上规定的某一单位或个人对某项著作享有印刷出版和销售的权利，任何人要复制、翻译、改编或演出等均需得到著作权所有人的许可，否则就是对他人权利的侵犯。

著作权是文学、艺术、科学技术作品的原创作者依法对其作品所享有的一种民事权利。在我国，著作权、著作邻接权、计算机软件著作权等，属于著作权法规定的范围。这是著作权人对著作物（作品）独占利用的排他的权利。狭义的著作权又可细分为发表权、署名权、修改权、保护作品完整权、使用权和获得报酬权等。

发表权，即决定作品是否公之于众的权利；署名权，即表明作者身份，在作品上署名的权利；修改权，即修改或者授权他人修改作品的权利；保护作品完整权，即保护作品不受歪曲、篡改的权利；复制权，即以印刷、复印、拓印、录音、录像、翻录、翻拍、数字化等方式将作品制作一份或者多份的权利；发行权，即以出售或者赠与方式向公众提供作品的原件或者复制件的权利；出租权，即有偿许可他人临时使用视听作品、计算机软件的原件或者复印件的权利，计算机软件不是出租的主要标的的除外；展览权，即公开陈列美术作品、摄影作品的原件或者复制件的权利；表演权，即公开表演作品，以及用各种手段公开播送作品的表演的权利；放映权，即通过放映机、幻灯机等技术设备公开再现美术、摄影、视听作品等的权利；广播权，即以有线或者无线方式公开传播或者传播作品，以及通过扩音器或者其他传送符号、声音、图像的类似工具向公众传播广播的作品的权利，但不包括信息网络传播权；信息网络传播权，即以有线或者无线方式向公众提供作品，使公众可以在其个人选定的时间和地点获得作品的权利；摄制权，即以摄制视听作品的方法将作品固定在载体上的权利；改编权，即改变作品，创作出具有独创性的新作品的权利；翻译权，即将作品从一种语言文字转换成另一种语言文字的权利；汇编权，即将作品或者作品的片段通过选择或者编排，汇集成新作品的权利；应当由著作权人享有的其他权利。其中公开发表权、姓名表示权及禁止他人以扭曲、变更方式利用著作损害著作人名誉等权利属于著作人格权的内涵。

著作权要保障的是智力成果的表达形式，而不是保护智力或智慧成果本身，因为在保障著作财产权此类专属私人利益的同时，还需保障人类生存与发展所必需的知识及信息传播，还必须推进社会公共财产的累积和技术进步，因此算法、数学方法、技术或机器的设计均不属于著作权所要保障的对象。

3. 创新类知识产权

技术创新类的知识产权包括专利权、著作权、集成电路布图设计权、植物新品种权、发现权、发明权及计算机软件著作权。

4. 反不正当竞争类知识产权

反不正当竞争类知识产权包括商业秘密权、域名权、商品特有名称权、商业外观权等，与反不正当竞争有关的权利由《中华人民共和国反不正当竞争法》予以规范。

5. 依事实取得的知识产权

依事实取得的知识产权是指知识产权的取得仅依一定事实的出现即可自动取得享有，不需履行一定的法律程序。该类知识产权包括著作权及邻接权、发现权、发明权、商业秘密权、商品特有名称权、商业外观权。

6. 依申请取得的知识产权

依申请取得的知识产权是指知识产权的取得须经申请人申请，由相应的行政机关依一定的程序审查批准予以登记、注册后，才能享有，包括专利权、植物新品种权、商标权、软件著作权、商号权、特殊标志权等。如专利权的获得，发明人须将其发明向国家知识产权局专利局申请，由专利局依照法律审查后，符合条件的授予专利权，并予以登记和公告。

7. 人身性知识产权

人身性知识产权是权利人所享有的人身权利或精神权利，如著作权中的人身权利、发现权、发明权等。

8. 财产性知识产权

财产性知识产权指知识产权人享有的财产权利或经济权利，如著作权中的财产权利（或经济权利）、专利权、集成电路布图设计权、植物新品种权、商标权等。其中财产权在知识产权的范围与内容上占据权利比重的绝大部分。

9. 有期限的知识产权

有期限的知识产权是指仅能在一定期限内存续的知识产权，法律强制规定其保护期限，如专利权、集成电路布图设计权、植物新品种权、著作权中的经济权利等。其目的是增进社会公益，使这些权利经过一定时间后，其权利体进入社会公有领域，任何人都可以使用。如发明权经过20年，发明即进入公有领域，人人都可免费使用。

10. 无期限的知识产权

无期限的知识产权是指其存续期限法律无限制的知识产权，如商业秘密权，商号权，发现权，发明权，商品特有名称权，商业外观权，著作权中的署名权、修改权、保护作品完整权等，其保护期限没有限制。但如果商业秘密已被公开，或者商号、商品特有名称等不再使用，则存于其上的权利也将随之消失。对于商标权，法律虽然规定注册商标有效期为10年，但商标权人可以无限制地续展。

从法律体系和社会发展战略角度看，知识产权呈不断扩张的开放趋势。随着科学技术的发展和社会的进步，知识产权传统权利类型的内涵不断丰富，知识产权的外延也在不断拓展。根据《与贸易有关的知识产权协定》《建立世界知识产权组织公约》等国际公约和我国民法通则、反不正当竞争法等国内立法，知识产权的扩展范围主要包括以下内容：

①著作权和邻接权，邻接权在著作权法中被称为与著作权有关的权益。

②商业秘密权，即民事主体对属于商业秘密的技术信息或经营信息依法享有的专有权利。

③植物新品种权，即完成育种的单位或个人对其授权的品种依法享有的排他使用权。

④集成电路布图设计权，即自然人、法人或其他组织依法对集成电路布图设计享有的专有权。

对于科技成果奖励权、地理标志权、域名权、反不正当竞争权、数据库特别权利、商品化权等能否成为独立的知识产权，存在较大的讨论空间。

著作权与专利权、商标权、商号权有时会有相互交叉的情形，这是知识产权的一个特点。

技术许可在被广泛应用之前，其狭义概念，形式上仅指技术许可协议，内容上仅指工业产权中的专利权、商标权及专有技术。为了取得工业产权的使用权，技术的拥有方与技术的需求方签订合同，以合同的形式保障双方的权利和利益。许可协议是一方准许另一方使用其所有或拥有的工业产权或专有技术，被许可方依照双方的约定得到某项或多项技术的使用权并支付使用费的合同。技术许可协议中的使用权主要指专利使用权、商标使用权和专有技术使用权。

许可协议有比较规范的格式和内容限定。但是技术许可从概念到范畴，从内容到形式都在不断丰富和完善中，同时技术许可日益显现出它的复杂性和单边倾向性。技术许可协议的实质是主体双方的平等性及协议内容的规范性和简约性。

服务贸易的多样化和创新技术的垄断趋势使得技术许可协议的意义更偏向于作为

一种保障手段而非等同于技术许可的实施过程。

6.1.4 知识产权的本质

从价值目标和制度功能的多维角度出发，可以对知识产权的本质进行不同的描述：在私人层面，它是知识财产私有的权利形态；在国家层面，它是政府公共政策的制度选择；在国际层面，它是世界贸易体制的基本规则。上述3个范畴并非知识产权的全部特性，但或许是关于知识产权本质的基本认识。

知识产权客体的本质为智力信息，这从知识产权立法的宗旨上也可见一斑。以美国知识产权为例，美国知识产权法的主要宗旨是在各种信息的生产方面吸引私人投资。法律所采取的措施是赋予信息的生产者以财产权，以占有其所生产信息的价值。具体而言，著作权法通过在一定期限内赋予作者、艺术家、作曲家及出版者独占权，来吸引人们对原创性的、表达性的信息进行投资；专利法通过财产权来刺激新颖的、有用的和非显而易见的技术信息生产方面的私有投资；商标法通过禁止企业在相同或近似的商品或服务上使用与其竞争对手相同标记的方式，来鼓励企业在自己的产品或服务的标记性信息方面进行投资。

经过创造性劳动获得的信息，信息不是固有的，而是人类在认识和改造客观世界过程中获得的。在此过程中，人们可以获得和接触各种各样的信息。在这些信息中，通过人们的创造性劳动所获得的信息，可以成为知识产权的客体。

如果此种信息是新颖的、实用的和非显而易见的技术信息，则其可成为发明专利和实用新型专利的客体。

具有标志性的信息，是指具有区分功能、表明出处或来源功能以及具有表明质量功能的信息。如果某信息具有标志性，则可以成为商标权的客体。信息的内容是唯一的，但具有显著的识别性的信息的表达却是多种多样的。

具有原创性、表达性的信息。具有此种性质的信息可以成为著作权的客体。原创性、表达性的信息是指作者在信息的表达上是自己独立完成的，而不是剽窃他人的。

通过投资获得的信息。传统知识产权对经过创造性劳动或创作性劳动获得的信息给予知识产权保护。随着社会经济的发展，一些原本不符合知识产权客体要件的信息，法律也规定其为知识产权的客体，从而受到知识产权保护。

参照物权定义方式，一般认为知识产权是对特定智力成果的支配权，即承认知识产权是依附于特定智力成果之上的权利。无形是知识产权的本质属性之一，知识成果之无形是相对于动产、不动产之有形而言的无形财产权，客体的非物质性是知识产权的本质属性；创造性也是知识产权的本质属性，智力成果通常是在前人大量的知识积累基础上获取的，能够取得产权保护的成果只是具有创造性因素的部分；优先权是衍生于人为约定的本质属性，假设两人完全独立完成的同一创造成果，无论创造时间的先后，唯有申请在先并取得法定机构批准的一方才享有相关权益。在我国法律上，知识产权客体包括发明、实用新型、外观设计、集成电路布图设计、植物新品种、文艺作品、计算机软件、商标、商号、地理标志（原产地名称）、商业秘密、知名商品特有名称和装潢等。那些尚在构思中而未成型的知识成果或已面世而未申请和登记的成果，不能归于知识产权的客体。

知识产权的权利人可以直接支配特定的智力成果，无须依他人意愿或行为的介入，并依自己的意愿享受其利益。如专利权人无论其本人利用发明还是将其转让、许可给他人，皆可依照自己的意愿为之，理所当然享受其利益。如享受智力成果的使用价值与交换价值；商标权人使用其商标于商品上，或转让于他人，以获得对价；将专利权许可给他人使用，以收取许可费；将其专利权质押于人，以担保其债务。

知识产权因其对特定智力成果的直接支配的权利，还蕴含了排他性的绝对效力，即具有绝对权，任何人未经许可不得擅自使用，否则将承担相应的法律责任。

6.2　知识产权的贸易保护

知识产权及其保护在我国已被提到前所未有的政治和经济高度，这既是国内自主知识产权企业界的利益诉求，更是世界贸易组织的规则期求。知识产权从范畴定义到施行裁决，发达国家政府和跨国集团企业具有很高的话语权。知识产权内涵延伸广泛，法律条文解释繁杂。知识产权保护是技术转移服务的重要业务。知识产权保护的范畴很宽，涉及主体与客体的繁多的权利与利益。此节中的对象保护主要针对国际贸易中知识产权的处置与应对。

6.2.1　知识产权的保护形式

知识产权保护依据的是专有权授予或权利确立的一系列法律程序，及一国政府有关职能机构制定调整的有关知识产权的确权、归属、权利人权利和义务、侵权与反侵权等关系的法律规范。对知识产权的侵犯不仅是对权利人权益的损害，还破坏市场经济的公平竞争环境，挫伤民族创新的积极性，伤害一国政府的国际形象。

知识产权保护不仅是履行国际规则，也是中国创新发展的内在需求。中国近年来对外支付的知识产权使用费居世界前列。知识产权交易保护的突出矛盾是发达国家与发展中国家之间的权利不对等。

知识产权保护的方式主要有立法保护、司法保护、行政保护、知识产权集体管理组织保护、知识产权主体及利害关系人的自主保护、舆论监督保护等。

1. 知识产权立法保护

立法保护是世界知识产权保护组织和各国政府通过立法赋予民事主体对其知识资产和相关的无形权益享有产权，并予以法律约束力的一种保护。

《与贸易有关的知识产权协定》（简称 TRIPS 协定），是世界贸易组织体系下的多边贸易协定，是有关知识产权保护的重要协议之一。

由于知识产权与国际贸易日益紧密，由发达国家推动建立了一套高标准、严要求的知识产权国际保护体系，该协定是国际上所有有关知识产权的国际公约和条约中，参加方最多、内容最全面、保护程度最严密的一项国际协定。

TRIPS 协定有 7 个部分 73 条，包括：总则和基本原则；关于知识产权的效力、范围及使用的标准；知识产权的实施；知识产权的取得、维持及当事人之间的相关程序；争端的防止和解决；过渡性安排；机构安排和最后条款。

要求成员方应实施 TRIPS 协定，并可在各自的法律制度和实践中确定实施该协议的适当方法；只要不违反该协定，成员方还可以在其法律中实施比该协定要求更广的保护。TRIPS 协定的基本原则如下：

①国民待遇原则。在知识产权保护上，成员对其他成员的国民提供的待遇，不得低于提供给本国国民的待遇。

②最惠国待遇原则。平等对待所有的外国人，尤其可用于某些外国人在一国享有不同于或超出于当地人的特殊待遇时，其他外国人也要获得同样的待遇。

③透明度原则。各成员颁布实施的知识产权保护法律、法规以及普遍适用的终审司法判决和终局行政裁决，均应以该国文字颁布或以其他方式使各成员政府及权利持有人知悉。

④其他原则。其包括独立保护原则、自动保护原则、优先权原则等，以促进技术革新、转让和传播；促进技术知识生产者与使用者互利；增进社会、经济福利和保持权利与义务的平衡。

TRIPS 协定为所有成员规定了知识产权保护的最低标准，也提供了一个强制性的争端解决机制，极大地保护了发达国家的利益，但美国、日本仍希望建立“国际专利制度”，以统一推动全球专利工作。

伴随着知识产权保护制度的建设，中国开始积极加入各个知识产权国际公约，为我国的知识产权制度与国际接轨奠定了良好的基础。其中主要包括：1985 年加入《保护工业产权巴黎公约》；1989 年加入《保护集成电路知识产权的华盛顿公约》《商标国际注册马德里协定》；1992 年加入《保护文学和艺术作品伯尔尼公约》和《世界版权公约》；1993 年加入《保护录音制品制作者防止未经许可复制其录音制品公约》；1994 年加入《商标注册用商品和服务国际分类尼斯协定》和《专利合作条约》；1995 年加入《商标国际注册马德里协定有关议定书》和《国际承认用于专利程序的微生物保存布达佩斯条约》；1996 年加入《建立工业品外观设计国际分类洛迦诺协定》；1997 年加入《专利国际分类协定》；1999 年加入《保护植物新品种国际公约》。

加入国际公约意味着面临各种条约的约束与监督，需要对与国际条约不符的规定进行修改完善。如《专利法》在修订过程中加上了对药品和化学的保护，此外还通过颁布植物新品种和计算机软件等新领域的法规，持续完善知识产权立法保护制度。

2. 知识产权的司法保护

知识产权的司法保护是指对知识产权通过司法途径进行权利裁定与维护，即由享有知识产权的权利人或国家公诉人向法院对侵权人提起刑事、民事的诉讼，以追究侵权人的刑事、民事责任。对知识产权通过司法途径进行保护，以及不接受知识产权行政处罚的当事人向法院提起行政司法诉讼，通过对行政执法的司法审查，以支持合理的行政处罚或纠正错误的处罚，以切实保护当事各方的合法权益。

根据侵权内容和严重程度，司法保护可有知识产权民事司法保护、知识产权行政司法保护、知识产权刑事司法保护之分。通过民事司法程序所审理的案件主要为知识产权的权利归属纠纷；行政司法保护是司法对行政机关所实施、确认、管理等执法行为的合法性及合理性实行司法审查，针对权利人不接受行政裁决而提起的诉讼，通过纠正违法行政行为以实现知识产权保护的目的；刑事司法保护是对侵犯他人知识产权情节严重、依照刑法构成犯罪的行为刑罚的制裁方式。

从市场经济、法治社会的层面，知识产权侵权行为不仅会受到刑法的制裁和赔偿金罚金的处罚，还会受到社会道德准则的谴责。鉴于知识产权自主保护的脆弱性和易被侵犯性，侵犯知识产权比物权盗窃更为恶劣，理论上知识产权恶意侵权少有行为空间。但在实践中，世界各国知识产权司法保护仍是最常用、最重要的保护手段，权利人很少以自行维护和行政申请形式，而是通过民事诉讼或刑事诉讼得到司法强制力的保护，而不应是“先民后刑”让司法成为知识产权保护最后的一道保障。司法保护具有稳定性、专属性、效力的终极性、公平优先性及规范性、注重对权利人的赔偿等优点，司法保护一般是被动的保护。

3. 知识产权的行政保护

知识产权的行政保护即国家行政机关对当事人某些比较严重违反知识产权法律的行为予以行政处罚，以及对某些知识产权向权利人予以授权等的行政行为。知识产权行政保护是具有中国特色的产权保护执法制度，具体措施有行政确权、行政处罚、行政裁决、行政调解、行政复议等，在长期的实践中已形成完整的保护链条。

知识产权行政保护在世界司法保护为主的背景下能够长期有效地施行有其客观必然性。知识产权无形性的特征，使得权利人不可能像物权那样对权利客体实际占有或控制，仅此，知识产权被视为弱控制性权利，客观上需要直接明了的行政权力保护；从知识产权公共利益属性角度来看，知识产权本质的私权属性，还有一定的公共利益属性，如知识技术与使用权的公共属性，很多侵犯知识产权的行为同时也造成对社会公共利益的侵犯，行政执法机关作为社会公共利益的代表，打击知识产权侵权活动是其分内的职责与义务；从知识产权先进生产力对社会、经济的巨大作用角度，政府对社会、经济的管理必然会要求行政权力参与知识产权的保护。

虽然知识产权行政保护取得良好成效但并不会认可其主导作用。知识产权行政保护将由以行政处理为重心转向以行政查处为重心，再到以行政服务为重心的方向发展。

行政保护具有应变性，效力的先定性，效率优先、成本低、速度快，能快速恢复当事人的权利等优点，行政保护一般是主动性保护。行政保护的优势是司法保护缺陷的补充，司法保护的优势是行政保护缺陷的保全。

4. 知识产权集体管理组织保护

知识产权人或其他利害关系人通过设立专门从事知识产权法律或管理事务的部门，制定知识产权战略，确定如何保护知识产权和避免对他人侵权的一系列具体措施与手段。即较弱小的知识产权人为维护自身利益与势力通过形成某种组织，由该组织代为处理知识产权保护相关事宜。

知识产权集体管理是知识产权保护制度的重要组成部分。知识产权集体管理组织主要指著作权集体管理组织，传统著作权集体管理组织，基于“版权人—集体管理组织—使用者”的结构进行产权管理，权利人与使用者相对稳定，组织担负各方权利主体的中介与管理的双重作用，实现著作权激励与保护的同时，也发挥着社会公众利益的平衡功能。行业协会、商会是构建知识产权保护的重要组成单元，政府鼓励行业协会、商会建立保护自律和信息沟通机制。著作权集体管理保护制度运行的依据之一是著作权登记。我国有中国文字著作权协会、中国摄影著作权协会、中国音乐著作权协会、中国音像著作权集体管理协会、中国电影著作权协会等著作权集体管理组织。《著作权法》第八条规定：“著作权人和著作权有关的权利人可以授权著作权集体管理组织行使著作权或者与著作权有关的权利。依法设立的著作权集体管理组织是非营利法人，被授权后可以以自己的名义为著作权人和与著作权有关的权利人主张权利，并可以作为当事人进行涉及著作权或者与著作权有关的权利的诉讼、仲裁、调解活动。著作权集体管理组织根据授权向使用者收取使用费。使用费的收取标准由著作权集体管理组织和使用者代表协商确定，协商不成的，可以向国家著作权主管部门申请裁决，对裁决不服的，可以向人民法院提起诉讼；当事人也可以直接向人民法院提起诉讼。”

5. 知识产权主体及利害关系人的自主保护

知识产权的非物质性特征使得知识产权侵权易、发现难、维权更难的问题长期存在。在无须公权力介入的前提下，知识产权的仲裁、调解等纠纷自行解决方式具有自主性、灵活性、便捷性等特点，是知识产权司法保护和行政保护的补充，中共中央办公厅、国务院办公厅印发的《关于强化知识产权保护的意见》明确要求综合运用法律、行政、经济、技术、社会治理手段强化保护，促进保护能力和水平整体提升。自主保护需要更多依赖公共服务平台数字化智能服务。通过平台高新技术的辅助，实时监测、在线识别、源头追溯，提升打击侵权假冒行为效率及精准度。大数据、人工智能、物联网、移动互联网、区块链等新技术的出现给知识产权保护提出了新的课题，给知识产权主体及利害关系人的自我保护提供了契机。新技术在侵权线索的发现、收集、甄别、挖掘、预警方面具有广阔的应用前景。

6. 知识产权舆论监督保护

知识产权舆论监督保护包括以下内容：知识产权保护的普法宣传、典型侵权案例的披露曝光、侵权行为的跟踪调查、行政执法的监督质询、司法裁决的监督质询。舆论媒体通过正确合理的知识产权保护舆论引导，营造良好的知识产权保护氛围。构建知识产权大保护格局的目的在于推动多方参与，打造知识产权保护链条。《关于强化知识产权保护的意见》从“加强社会监督共治”的角度提出了具体的要求，认识舆论引导舆情的重要性，做好知识产权宣传的重点部署，拓宽舆论宣传渠道。加大知识产权的社会宣传力度，在全社会深度普及知识产权知识。各类舆论媒体可以利用曝光典型侵犯知识产权案例等举措，发挥舆论监督的积极作用。

6.2.2 技术壁垒与贸易摩擦

技术壁垒指国家或地区政府对进出口商品制定的（科学技术范畴内的）技术标准，

如产品的规格、质量、技术指标等。以技术为支撑条件，即商品进口国在实施贸易进口管制时，通过颁布法律、法令、条例、规定，建立技术标准、认证制度、卫生检验检疫制度、检验程序，以及包装、规格和标签标准等，提高对进口产品的技术要求，增加进口难度，最终达到保障国家安全、保护消费者利益和保持国际收支平衡等目的。

贸易摩擦传统上是指国际贸易不平衡引发的纠纷及相关不协调应对。所产生的摩擦，一般是由于一国的持续顺差、另一国的持续逆差，或一国的贸易活动触及或伤害另一国的产业利益所引起的。现阶段贸易摩擦的本质是以知识产权为核心的科技实力竞争，引发国际实施技术遏制和技术封锁。贸易摩擦主要包括一国对另一国实施的反倾销措施、反补贴措施和保障措施 3 种形式。

1. 技术贸易摩擦的因果缘由

美国对知识产权方面的不正当贸易的法律构成要件包括两个方面：一是美国存在相关产业或相关产业正在筹建中；二是进口产品侵犯了美国的专利权、著作权、商标权等专有权，损害或实质损害美国的相关产业，或阻止美国相关产业的建立，或压制、操纵美国的商业和贸易。

2017 年前后，美国政府陆续发布了多份报告，非常详细地阐述了美国对待中国的贸易立场观点。其中，《国家安全战略报告》从国际经济贸易角度提出两个很重要的理念。第一是“美国优先”（America First），第二个是“经济安全就是国家安全”（economic security is national security），把国家安全的范围和定义扩大到了经济安全领域。2017 年专门发布的《拒绝承认中国市场经济地位的报告备忘》从 6 个方面分析指出了中国包括经济体制各方面的一些因素和内容，意在否认中国的发展中国家地位。中国 2001 年加入 WTO 后，美国基本上每年都发布中国是否是遵守 WTO 规则的报告。《中国 WTO 合规性报告》得出一个颠覆性的核心结论，即支持中国加入 WTO 本身就是一个错误，2018 年报告里列举了中国很多所谓的违反 WTO 承诺方面的一些做法。2019 年，美国还发布了《国家贸易评估报告》，这个报告虽包括很多国家，但把中国作为重点从 8 个方面全面地评价中国贸易政策方面的一些做法。

由于贸易政策方向的转变，美国不断地加大对中国的贸易执法力度。美国利用其国内法律、国际经贸法律体系和制度对中国发起了多方面的贸易调查或保障措施。执法手段有两大类：贸易调查和其他经贸摩擦的措施。调查类的措施中，第一个是反倾销/反补贴调查，第二个是保障措施调查，第三个是“337 调查”，还有“232 调查”“301 调查”。除了贸易调查，还有在多边领域提起对中国的强制技术转让的 WTO 诉讼，以及严格了对中国企业去美国投资的投资安全审查。除此之外，还有经济制裁和出口管制。一般情况下是有经济技术优势的国家和地区利用经济制裁、出口管制打压相对落后的国际贸易对象。

2. 技术贸易摩擦态势

近年来，技术贸易摩擦态势呈现新的变化：一是关税壁垒反其道而行之，技术壁垒作为贸易摩擦手段的作用减弱；二是贸易摩擦日趋激烈化。应对技术贸易摩擦要过三个阶段。中国企业遭遇的贸易摩擦绕不过这 3 个阶段，第一个阶段是关税壁垒、行政政策保护措施。由于世界贸易组织的规则让所有成员国降低了关税，发达国家对发展中国家的行政政策保护措施逐步取消，因此，这种初级贸易摩擦形式和手段已经大大弱化。第二个阶段是世界贸易组织允许各成员国采取3种合法的贸易保护手段：反倾销、反补贴、保障措施，一些针对中国的特别保障措施及贸易转移、市场扰乱、市场经济地位等手段频频被使用。贸易保护措施第三个新的阶段是技术性贸易壁垒。在全球贸易竞争日趋激烈的形势下，目前以技术法规、技术标准和合格评定程序为主要内容的技术性贸易壁垒已经成为世界各国调整贸易利益的重要手段，技术性贸易壁垒摩擦曾经被广泛使用。某些发达国家在贸易战之后，直接使用简单粗暴的海关关税作为贸易打压手段，同时又以类似“337调查”等手段设立技术性壁垒。

3. 反倾销与反补贴

技术性贸易壁垒措施有其科学的定义。技术性贸易壁垒措施是一国（地区）为维护公民、动植物、环境安全、防欺诈、保证产品质量和贸易秩序而采取的强制性的或自愿性的技术措施。这些措施将对其他国家（地区）的商品、服务贸易和投资自由进入该国（地区）市场产生影响。狭义的技术壁垒主要是指世界贸易组织《技术性贸易壁垒协定》规定的技术法规标准和合格评定程序；广义的技术壁垒不仅包括世界贸易组织的《技术性贸易壁垒协定》，还包括动植物及其产品的检验和检疫措施、包装标签标志要求、绿色壁垒、信息技术壁垒等，它们也经常以技术法规、标准、合格评定程序的形式出现。

技术壁垒的作用主要表现在两个方面：积极方面，正确使用技术性贸易保护措施，维护本国产业的合法权益，有利于推动科技创新，促进技术研发，提升整体科技水平；消极方面，是过度使用技术性贸易保护措施，行贸易保护主义之实。技术壁垒会增加出口门槛，增加出口成本，削弱价格优势，引发贸易摩擦，且技术壁垒具有模仿性，容易引发多国跟进效仿。发展中国家通常技术法规不完善，技术水平低，技术标准及产品检测较为落后，对技术标准不重视，对国外法规缺乏了解，更缺乏预判，在国际贸易中处于被动地位。

技术性贸易保护措施的采用，使技术性贸易摩擦形势复杂化、尖锐化。国际贸易摩擦，实际上更多的是中美之间合规与违规的争辩摩擦。西方对中国的贸易遏制将成为今后较长时期内的大概率趋势。

反倾销反补贴调查，最基本的法律要件就是倾销/补贴存在，并对进口国产生损害，即存在倾销行为或者是补贴行为导致了进口国国内产业损害的因果关系。据此，进口国政府就可以对进口商品加征特定比例的反倾销税或者反补贴税。反倾销是指对外国商品在本国市场上的低价销售所采取的抵制措施，一般是对倾销的外国商品在进口税外再增收附加税。通常理解的倾销是指卖到进口国的商品价格比进口国的本土产品价格低，准确的倾销定义是卖到进口国的商品价格比在出口国国内销售的价格低。反倾销是一种价格歧视性行为。针对中国的反倾销调查还有另外一种歧视，美国认为中国是非市场经济国家，拒绝用中国出口美国的价格与中国国内的价格相比，美国要用国际市场的价格、欧盟价格或者其他第三国的价格进行替代，有时会假设中国如果是市场经济国家该产品应有的国内价格。

反补贴是指进口国政府为了保护本国经济利益，维护公平竞争秩序，或者为了国际贸易的自由发展，针对出口国的补贴行为采取的限制性措施。补贴是政府的财政资助出口的行为，是给予企业专项性的一种利益。针对中国的反补贴调查歧视性做法，包括民营企业从国有企业买原材料，从四大国有商业银行贷款，同样被视同构成补贴，美国以法律规定或者法律解释的形式，把国有企业和国有商业银行也解释成类似于政府的公共机构。

调查类的保障措施调查有 3 个要件，进口激增、严重损害因果关系。因为某个进口产品突然出现激增，对进口国产业造成严重损害的情况下，进口国政府可以采取保障措施，包括加征关税、出口配额等。保障措施理论上来说是一个全球化的措施，它是无差别地适用于所有进口，即所有出口到美国的商品，不应该是专门针对中国商品的措施。但是调查的很大部分商品都来自中国或来自中国企业在其他国家的生产基地，这就涉嫌歧视性。

对中国贸易调查执法影响较大的是“337 调查”。“337 调查”多是针对国际贸易中侵犯知识产权或者其他不正当的竞争行为，最主要是针对专利侵权行为发起的调查。“337 调查”有一个非常典型的特点，和专利诉讼相比，其调查期限比较短，处罚非常严厉。它可以形成一个对物的管辖权，可以不指定特定的人而针对某一类产品发布一个排除令，所有这类产品都可能受排除令影响不能进入美国市场。

“232 调查”是因为某些进口产品对美国的国家安全造成了损害的情况下发起的一种调查，“232 调查”先后以美国国家安全为名对钢铁产品、铝产品、汽车等进口商品进行过调查。美国的逻辑是进口钢铁和铝产品冲击了美国的钢铁和铝产业的生存，这样会导致在紧急情况下，美国的钢铁和铝产业没有办法满足军事方面对钢铁和铝工业的需求。

“301 调查”是中美贸易战发起的最重要的法律调查基础。这个调查是专门针对中国的一个调查。“232 调查”并不是专门针对中国，而是针对来自全球的进口产品。“301 调查”是专门针对中国的调查，美国先后对中国的 340 亿美元、160 亿美元和 2000 亿美元的进口商品加征关税。

4. 技术贸易壁垒对企业的影响

技术性贸易壁垒措施已成为世界各国调整贸易利益的重要手段。

以美国的“337 调查”和“301 调查”为例，就是将技术壁垒与知识产权捆绑在一起，并以知识产权为标准，形成技术性标准体系，要求出口到该国的产品必须满足相应标准，发展中国家经常因为达不到标准而出口受阻。

近年来，贸易摩擦形势呈现两个新特点：持续升级和日趋激烈化。

技术壁垒及贸易摩擦对技术转移带来的影响主要表现为以下 3 个方面：

(1) 进口科技产品受到更多限制

发达国家限制关键技术和核心零部件的出口，将直接影响国内高新技术企业的发展，限制高新技术领域的技术合作和技术转移。

（2）获得知识产权许可更加困难

知识产权许可是目前技术转移中最重要的方式之一。技术壁垒和贸易摩擦必然会限制国外公司通过知识产权许可手段向国内大规模转让技术，提高获得知识产权许可难度。

（3）对外投资并购被严格限制

对外投资并购是开展技术合作和技术转移的常见方式，国外限制高科技公司并购、限制对初创型科技公司投融资增加了此种技术转移难度，国内企业对外投资和技术获取正在面临更多审查及更严苛的规则限制。

此外发达国家还通过限制核心人才流动、加强对重点技术人员签证管理、对技术合作相关人员进行调查等措施，进一步制约了技术转移。

5. 技术贸易摩擦的应对措施

（1）企业层面

①企业的技术产品在出口前，应详尽了解目标市场的知识产权保护状态，包括知识产权基本法律制度、知识产权侵权判断标准、海关知识产权保护模式、司法诉讼程序、行政执法程序、知识产权保护水平等。同时应分析评议在目标出口国是否已围绕自主创新产品形成了有效的知识产权布局。若已形成有效的知识产权布局，则应准备相关证明材料。还应分析评议出口产品是否会侵权。界定出口产品的技术要素之后，围绕目标市场的竞争对手知识产权布局，仔细比对是否会被目标市场的有效专利所覆盖，是否会遭遇竞争对手的侵权诉讼，做到知己知彼，心中有数。在了解上述的基本情况后，应制定产品出口策略，形成产品出口的知识产权风险控制预案。若发现出口产品可能侵犯他人知识产权，应及早开展规避设计，或主动联系权利人进行专利许可；收集竞争对手知识产权瑕疵、对方侵犯自己知识产权或合作企业侵犯自己的知识产权的反诉材料和证据。若涉嫌专利侵权的产品已经出口，应及早准备应诉材料，制定诉讼应对策略。

②技术产品在出口过程中，如果遇到知识产权问题或者纠纷，应尽快征求知识产权专业人士的意见，积极、正面处理，以避免不必要的损失；如果知识产权权利人提交虚假投诉材料或其他因投诉不实给企业带来损失的，应该在适当时间追究知识产权权利人的责任，以保护自己的合法权益，并且可以遏止知识产权权利人的权利滥用。

③企业在产品中采购了外部零件及产品，此部分采购零件也存在知识产权风险，因此企业在外购原料时，一方面，应当对外购原料进行知识产权风险调查以避免后期侵权风险的发生；另一方面，可以在合同中约定知识产权担保条款，由出卖人承诺其合法拥有产品的各项知识产权，一旦发生侵权，由出卖人承担由此产品侵权引起的损害赔偿责任，并明确约定违约损失的内容。

企业应推动科技创新的基础支撑作用，应对技术壁垒和贸易摩擦。

（2）宏观层面

①还原企业在市场经济中的主体地位，通过民营中介组织或企业自主行为开展技

术转移转化和国际贸易，发挥企业和科研院校在科技创新中的主体作用，以支撑其国际竞争能力。发挥企业主体作用、政府的指导作用及行业协会的中介服务作用。

②完善知识产权保护体系。制定和完善地方性知识产权法规及规范性文件，建立知识产权预警、监管及执法系统，对侵害知识产权的行为坚决打击，积极响应技术合作国家的知识产权保护关切，以期合作共赢。建立知识产权涉外应对机制，维护企业知识产权，帮助企业应对海外知识产权风险。

③优化对企业的科技创新扶持方式，综合采用科技金融、渠道支撑、优化环境等间接支持方式对企业 R&D 活动进行支持。技术转移事项由企业化平台机构以商业化的方式开展，减少直接补贴方式，规避 WTO 反补贴调查。

④发挥技术转移联盟的作用。借鉴行业、企业、政府的联盟机制，形成以政府为主导，行业协会协作、企业积极创新，三方有效联动协作的格局，共享资源。

⑤合规体系构建与合规培训。一旦涉嫌被制裁，对于贸易对象国法规管辖国之外的企业，需要付出更多的努力，应在被动应对经济制裁过程中主动地去防范潜在的风险，企业无法扭转国外的管辖与执法操作，只能积极地制定全面的措施或寻求法律援助，尽量避免被贸易对象国政府纳入限制名单。

技术引进企业要面对技术出口国高新技术的出口管制，技术贸易输出国可能会受到出口国和进口国双重的贸易摩擦调查。面对频繁的贸易摩擦，企业必须重视内部运营合规和合规体系的构建，必要时需要寻求专业的知识产权机构等外部力量，帮助企业建立一些规范的做法和制度。要根据法律规定，对企业中高层经理人和知识产权部门员工进行技术壁垒与贸易摩擦的合规培训，建立合规的体系。构建合规体系的作用是事先防范，在搭建这样一个合规体系之前，系统排查知识产权经营存在的违规风险，体系构建之后能够预警可能发生的风险；能够自始而终监督技术贸易与技术服务全程；能够在摩擦涉事后第一时间作出应对反应，出现裁决或诉讼能够及时采取补救措施。

6.2.3 技术贸易“337 调查”及其应对

美国“337 调查”大部分都是针对专利或商标的侵权行为，少数调查还涉及著作权、工业设计及集成电路布图设计侵权行为等，其他形式的不公平竞争还包括侵犯商业秘密、假冒经营、虚假广告、违反反垄断法等。近年来，中国已经成为美国“337 调查”的最大受害国，在已判决的相关案件中，中国企业的败诉率高达 60%，远高于世界平均值 26%。

1.“337 调查”的程序

“337 调查”是指美国国际贸易委员会（United States International Trade Commission，USITC）根据美国《1930 年关税法》（Tariff Act of 1930）第 337 节及相关修正案进行的调查，即禁止一切不公平竞争行为或向美国出口产品中的任何不公平贸易行为：产品以不正当竞争的方式或不公平的行为进入美国，或产品的所有权人、进口商、代理人以不公平的方式在美国市场上销售该产品，并对美国相关产业造成实质损害或损害威胁，或阻碍美国相关产业的建立，或压制、操纵美国的商业和贸易，或侵犯合法有效的美国商标和专利权，或侵犯了集成电路芯片布图设计专有权，或侵犯了美国法律保护的其他设计权，并且美国存在相关产业或相关产业正在建立中。“337调查”的一般程序为：申请、立案、应诉、听证前会议、取证、听证会、行政法官初裁、委员会复议并终裁、总统审议。

如果任何一方当事人对USITC的裁决结果不服，可以向美国联邦巡回上诉法院提起上诉。根据美国《1930年关税法》第337节的规定，USITC会在12~15个月结束调查，复杂案件可能会延长至18个月。

2. 申请与立案

(1) 申请

申请人可以亲自或以邮寄方式向USITC提交申请书，包括12份非保密文本及6份证据材料。非保密文本的申请书也可以以电子版的方式提交。

非美国企业也可以提起“337调查”申请。在涉及知识产权的“337调查”中，无论美国企业（自然人）还是非美国企业（自然人），只要其认为进口产品侵犯了其在美国登记或注册的专利权、商标权、版权或集成电路布图设计权，并能够证明美国国内已经存在或正在形成相应的国内产业，都可以依法向USITC提起“337调查”申请。在确定美国是否存在国内产业这一问题上，主要考虑申请人是否在厂房和设备方面做了重要投资，是否雇用了大量劳动力或筹措了大量资金，是否对涉案知识产权的开发进行了设计、研发、许可等重大投资活动。在“337调查”中，如果申请人指控进口产品侵犯知识产权，申请书的主要内容应包括：对涉案知识产权的描述，对涉嫌侵权的进口产品的描述，涉嫌侵权产品的生产商、进口商或经销商的相关信息，涉案知识产权正在进行的其他法院诉讼或行政程序，国内产业情况及原告在该产业中的利益，诉讼请求。在涉及专利的“337调查”案件中，申请人还必须提供证明侵权的专利权利要求对照表。

(2) 立案

“337调查”自从颁布以来经过多次修订，现规定授权美国国际贸易委员会在美国企业起诉的前提下，对进口中的不公平贸易做法进行调查和裁决。“337调查”是国际上最具变通性和杀伤力的贸易保护手段，凡是“337调查”认定侵权行为存在的外国出口产品，将通过颁发禁止进口令的方法直接禁止该涉案产品的进口和在美国市场的销售，而且无法规避。另外，“337调查”已经跨越了国界，在全球范围内的侵权行为均可能被追诉，甚至包括非出口行为。根据“337调查”普遍排除令规定，一家败诉，该国其他生产该产品的企业同样也要退出美国市场。

USITC的官方网站申请书的相关内容包括原告、被告及诉由等信息。此外，还可以通过USITC的EDIS系统查询非保密版的申请书、所附证据及其他相关调查文件。USITC在收到申请书之日起30日内决定是否立案。立案公告将公布在美国政府官方刊物《联邦纪事》上，并可以在USITC的网站上查询。

“337调查”是针对进口产品发起的调查，即使外国企业没有在美国直接设立分公司，而是通过中间商将产品销售到美国，也可能因为进口产品涉嫌侵权而成为“337调查”的被告。如果原告在“337 调查”申请中要求 USITC 发布普遍排除令，则 USITC 一旦发布普遍排除令，受该措施影响的不仅包括申请书中列明的被告，还包括其他未在申请书中列明，但可能向美国出口同类涉案产品的企业。

获知“337 调查”案件的预警信息后，企业应迅速通过有关进出口商会、行业协会、律师或商务部进出口公平贸易局了解并核实申请书及相关附件的内容，结合申请书中的涉案产品描述及涉案知识产权的说明，与本企业对美出口产品分析对比，从而确认本企业是否涉案。

被告的应诉反应。被告企业如果决定应诉，首先应迅速了解涉案产品技术、销售情况，并组织具有一定决策能力的人员组成内部管理团队，同时聘请律师，结合企业自身情况，确定应诉策略。此外，在部分案件中，原告可能利用广泛的渠道公开被告正在面临“337 调查”这一情况，从而影响涉案产品的现有或潜在的使用者或购买方，使之停止使用或购买被告的产品。因此，决定应诉后，被告还应迅速向外界或有关购买方发表声明，表明自己的立场和相应行动。

（3）被告不应诉的后果

“337 调查”程序中，被告如果不应诉，可能会被认定为是缺席被告。一旦 USITC 就某一被告作出缺席裁定，原告在申请书中对缺席被告的指控将被认定是真实的，其可以向 USITC 提出对缺席被告立即采取救济措施。USITC 可以在认为不影响公共利益的情况下，对缺席被告采取排除令、禁止令或两者并取。

（4）联合应诉的利弊

“337 调查”中，如果多家被告企业实施联合应诉，可以整合资源、共享信息、分担应诉工作，一定程度上能够分摊应诉费用，使单个企业的应诉负担降低。此外，通过联合应诉企业间的协作可以形成合力，共同与原告抗衡。实践中，一些涉案企业出于担心，一是不愿选择联合应诉策略；二是由于需要与其他企业协商，无法快速作出决策；三是可能泄露本企业的商业秘密，被其他企业“搭便车”；四是企业自身情况不同导致无法形成统一的应诉策略。

3.“337 调查”应对举措

企业产品在向美国出口前，应当提高知识产权意识，提前做好准备，防患于未然。

（1）避免成为“337 调查”的被告

“337 调查”的立法目的是限制进口贸易中的不公平行为。许多企业由于不知情或缺乏知识产权保护意识而成为“337 调查”的被告。在生产经营和对外贸易活动中，对美出口企业可以采取以下预防性措施避免成为“337 调查”的被告：一是在生产对美出口产品时，先初步调查美国同类产品中是否适用相同或类似技术、外观设计及商标，在接受进口商委托生产对美出口产品的订单时，在委托加工合同中加入关于知识产权侵权纠纷的免责条款；二是生产或出口前委托有关中介组织进行检索，减少侵权的可能性。

（2）专利检索

首先，确定是否有可能侵犯涉及该产品的美国专利，或涉及该产品的制造方法的美国专利，包括请专家分析该产品在美国的专利保护状况。其次，如果发现有可能侵犯美国公司专利权的情况，则应及时对产品进行修改，以免侵犯知识产权。如果存在侵权可能，则可以使用其他方法绕过专利来避开侵权。如果有些核心专利无法绕过，也可以从专利权人处取得使用专利的许可，或者与进口商达成协议，由进口商承担侵权的责任。

对于“337 调查”，被告企业如果不应诉，USITC 就会进行缺席判决，这就意味着被调查的产品将长期甚至永久地失去美国市场。被告企业积极应诉，至少可以取得谈判的筹码，争取胜诉或与原告庭外和解。一个行业中往往有许多企业生产同类产品，“337 调查”的诉讼往往是同时针对许多家涉案企业。在这种情况下，企业可以联合起来共同应诉，以降低诉讼费用。行业的商会往往可以组织和协调。

USITC 的“337 调查”的实际操作中存在以下情况：从原告和第三方取证的时间非常有限；行政法官举行听证会和颁布其裁定的时间非常有限；委员会要求行政法官对听证会上提出的每一项争议进行裁定，即裁定专利是否有效和是否存在侵权行为，因时间紧迫，对原告非常有利。

（3）被告方的应对举措

①如果即决裁定动议成功，将该专利撤出调查范围而不需要再举行最后的听证会，即使原告有难以反驳的侵权和专利有效的立场，上述专利也不列入委员会调查范围；被告可以花更多的时间对其余的专利在听证会上作进一步的陈述，就每个抗辩提供充分的证明。

②如果即决裁定动议不成功，仍有利于缩小争议的范围，至少上述动议能试探行政法官在该抗辩中所持的立场。

③如果即决裁定动议被完全否决，被告则可放弃上述辩解，而在听证会上陈述其他抗辩。

④如果行政法官否决即决裁定动议，但对抗辩感兴趣，则被告可以重新深化论据并提供补充证据。在听证会上或在随后的即决裁定动议中递交。在听证过程中被告还可以辩称自己的产品没有侵犯对方的专利权。专利权的权项可以包括一项或多项技术要素，只有当被控产品涉及权项的所有技术要素时才可以判定侵权，否则就不属于侵权。被告还可以辩称原告的专利权无效，如专利的权项覆盖面太宽、原告申请专利时已经存在类似的技术、专利缺乏新颖性等。

（4）败诉应对

如果被告有败诉的可能或是经过抗辩被认定侵权而败诉，可参考的应对策略如下：

①被告可以根据分析或 USITC 认定的侵权绕过专利重新设计产品，重新获得美国市场。如果遇到实在无法绕过的核心专利，则可以与原告谈判，争取成为原告的 OEM 制造商，即生产贴上原告品牌的产品。这样做当然会让原告有更多的利润，但是如果市场巨大，则通过薄利多销被告仍可继续生存下去。

②被告还可以与原告谈判获得使用专利的许可，并交纳合理的许可费。这种做法对被告比较有利，因为专利许可费可以用被许可方的利润为基数，从利润中支付，这

是双赢的局面。即使专利持有人坚持要以销售额为基数，被许可方还可以通过谈判，不以整个产品，而仅以涉及专利的零部件的价值为基数，尽量减少许可费。

③被告还可以与原告谈判成立合资企业，由原告提供专利技术，在被告方地区制造产品。同时借助劳动力成本和开放政策的优惠，降低产品成本。这也是一种双赢的局面。

“337 调查”最大的特点是行政调查性质。这种准司法的行政调查效率非常高，对中国企业的国际贸易业务影响非常大。“337 调查”大概有一半以上的案件都涉及中国企业或者是涉及中国的产品。为此，中国商务部还成立了应对贸易摩擦工作站为外贸企业出口业务保驾护航。

6.3 知识产权运营

2008 年，国务院发布《国家知识产权战略纲要》，将“促进自主创新成果的知识产权化、商品化、产业化，引导企业采取知识产权转让、许可、质押等方式实现知识产权市场价值”确定为促进知识产权创造和运营战略的核心内容。经有关城市政府申报，省级财政、知识产权管理部门推荐，专家评审和社会公示，财政部、国家知识产权局先后四批确定苏州、乌鲁木齐等 37 个城市（城区）为知识产权运营服务体系建设重点城市。国家知识产权局也建立了支持建设区域性和重点企业的知识产权运营中心。

6.3.1 知识产权运营体系

知识产权运营体系是由产业链多方参与构建、知识产权相互关联业务由制度与机制维系的运行经营系统。

1. 企业知识产权数据规模

国务院新闻办公室 2021 年知识产权相关工作统计数据发布会数据显示：截至 2021 年底，中国发明专利有效量为 359.7 万件，每万人口高价值发明专利拥有量达到 7.5 件，企业拥有有效发明专利 190.8 万件，同比增长 22.6%，高于全国平均增速 5.0 个百分点。其中，高新技术企业拥有有效发明专利 121.3 万件，占国内企业总量的 63.6%。

按照世界知识产权组织划分的 35 个技术领域统计，截至 2021 年底，中国国内发明专利有效量增长最快的 3 个领域是信息技术管理方法、计算机技术和医疗技术，分别同比增长 100.3%、32.7% 和 28.7%。

培育壮大专利密集型产业同样是中国推动知识产权融入创新发展、助力经济高质量发展的重要举措。2020 年中国专利密集型产业增加值超过 12 万亿元，对 GDP 增长的贡献率达到 24.6%。

知识产权运营涵盖产业与地域布局、价值培育转化、质量评估、专利导航、技术转移、技术服务、产权投融资和战略运用等多个方面。其中，“贯标”与专利导航是知识产权运营的重要内容。

我国知识产权数量逐年大幅增长，但各地知识产权存量差别很大、企业知识产权管理水平参差不齐、知识产权纠纷数量也不断增加。企业知识产权管理规范的国家标准由国家知识产权局制定，经由国家质量监督检验检疫总局、国家标准化管理委员会批准颁布实施，《企业知识产权管理规范》的核心主旨是提高企业知识产权管理能力，体现在指导企业建立科学、系统、规范的知识产权管理体系，帮助企业全面落实知识产权战略精神，积极应对知识产权竞争态势，有效提高知识产权对企业经营发展的贡献水平。“贯标”就是贯彻《企业知识产权管理规范》国家标准。推动知识产权贯标提质增效，科学设置知识产权管理规范贯标认证扶持条件，实施《专利导航指南》等国家标准，规范专利导航的组织实施及成果运用，组织重点产业专利导航项目，支撑关键核心技术攻关，这些举措都收到了立竿见影的效果。

各省市陆续出台了相应的补贴政策，很多企业不知道如何开展贯标业务，其实企业贯标认证不会太难，企业贯标认证流程需要建立在知识产权贯标辅导基础之上，完成辅导之后再去申请贯标认证，其流程大致可以分为以下 3 个阶段。

第一步：贯标辅导。聘请辅导专家，依照第三方审核认证的标准流程对企业知识产权管理体系进行贯标辅导，并针对企业存在的问题进行整改。

第二步：提交认证申请。依照第三方审核认证的要求，准备审核认证所需的材料，向第三方认证机构提交认证申请。

第三步：贯标审核。应对第三方审核认证机构对企业知识产权管理体系的文件审核和现场审核，直至认证机构作出通过认证的决定。

2. 知识产权运营服务体系建设的任务

科学优化的知识产权运营服务体系，能够拓宽知识产权运营渠道，发挥技术、数据、资本等要素市场化配置的作用，推动知识产权向现实生产力转化，综合提升交易、融资、评估等运营服务供给能力。

(1) 建立健全知识产权运营管理制度

企业是知识产权运营的主体，企业的经营管理制度中，知识产权运营制度起步晚，是相对薄弱的环节，制度建设的基础工作是做好相关知识产权数据采集、信息标注和跟踪监测，完善知识产权转让登记、许可备案管理制度，补齐短板为质量评价、绩效分析和科学管理提供支撑。宏观层面建立健全财政资助科研项目形成知识产权的声明制度，实现相关信用信息共享、活动监管和联合惩戒，配合有关部门做好赋予科研人员职务科技成果所有权或长期使用权试点，完善知识产权相关配套管理和服务。加强知识产权领域联盟类组织治理工作，严格监管、分类施策。修订《专利权质押登记办法》，完善知识产权质押登记制度。

(2) 建立完善知识产权运营机制

建立融入研发到产业化全过程的知识产权运营机制。完善知识产权相关会计信息披露机制，健全知识产权引领产业机制、专利导航成果共享机制、质押风险分担补偿机制、以运用为导向的高价值专利培育机制，强化知识产权转移转化激励。国有企事业单位要深化职务发明专利的使用权、处置权和收益权改革，完善处置流程和收益分配机制，加大对发明创造者的利益激励与产权激励。建立健全专利开放许可服务机制，提升专利许可声明、定价、对接等配套服务能力，提高开放许可制度运行效能。健全知识产权运营平台（中心）管理机制，优化全国知识产权运营平台布局，加强互联互通和资源共享。健全知识产权军民双向转化工作机制，激发国防科技工业领域知识产权转化新活力。

（3）优化知识产权转移转化服务供给

高水平建设知识产权服务业集聚区。加强服务业集聚载体建设和政策供给，集聚全链条知识产权服务资源，布局“一平台、多中心、全链条”的服务载体，明晰区域和产业知识产权运营中心定位，突出区域运营中心的公共属性，发挥辐射作用，提高产业运营中心的专业能力，突出行业特色，促进知识产权运营服务能力提升。围绕重大区域战略和重点产业领域，培育一批产业特色明显的行业运营龙头机构，打造知名服务品牌。发展专利、商标与地理标志综合服务机构，发挥知识产权运营服务在促进人才流动中的作用。拓宽知识产权运营供需对接渠道。依托高校院所知识产权和技术转移中心、产业知识产权运营中心等载体，发布供应技术供给信息。以中小企业集聚区域为重点，鼓励高校院所、国有企业深入中小企业开展专利技术转化实施对接。发挥知识产权相关展会作用，促进知识产权资源和服务资源对接。优化知识产权金融服务，拓宽创新主体融资渠道。丰富知识产权质押物范围，扩大知识产权质押融资规模；推动专利、商标质押政策互通，加大对质押贷款利息及评估、保险、担保等有关费用的财政补贴力度，增加知识产权金融产品和服务工具供给。开发知识产权价值评估模型及工具；建立以知识产权为核心指标的科技型中小企业创新能力评价体系；以产业链条或产业集群高价值专利组合为基础，支持构建底层知识产权资产。

（4）促进产业知识产权协同运用

鼓励高校院所创新专利技术快速许可模式，降低或缓收相关专利实施许可的一次性费用，降低创新主体专利技术获取门槛；引导规范产业知识产权联盟建设，运用大数据和智能化技术，提升知识产权评估服务的规范化、专业化、智能化水平。推动产业链知识产权资源整合、共建共享。开展地理标志与专利、商标等多类型知识产权协同运用，鼓励企业牵头构筑产业专利池，降低专利许可交易成本，提高产业链知识产权协同运营水平。研究推进专利与标准融合创新试点，推动专利布局与标准研制融合。完善知识产权服务人才培训体系、引进和使用政策，加强高素质、复合型、国际化知识产权服务人才队伍建设。

6.3.2　知识产权资产化

知识产权资产包括其衍生权利的广义无形资产。资产化运作的前提是知识产权有价值，未来可获利，能够准确量化评估。知识产权的价值在将来具备获利可能，其自身价值能够准确可行地被评估才能保证知识产权的资产化。知识产权资产化的应用场景多种多样，通过资产化运作，应用在如税务筹划、品牌升级、并购重组、招商引资、无形资产投资、申请国家高新技术企业等场景下，能切实帮助企业解决发展问题。

知识产权质押和证券化是知识产权资产化的两类重要业务。

1. 知识产权资产化形式

知识产权常见经营方式主要有知识产权作价出资、技术入股、知识产权质押与知识产权资产证券化，另有知产引资、融资租赁等多种形式。

(1) 知识产权作价出资

知识产权作价出资是指知识产权所有人将能够依法转让的知识产权专有权或者使用权评估作价，以等同于资金、资产的价值投资公司以获得合资或合作资格的一种出资方式。对于知识产权作价出资的审查与核准一般侧重于出资的知识产权是否符合确权、现存、可评估、可转让的要件要求。

①确权。指用于知识产权作价出资必须是产权明确、有相应价值的标的物，标的物应当明确、具体，不能仅仅是一种抽象的概念。

②现存。指用于作价出资的知识产权必须是事实上已经依法获得的知识产权，出资者对该知识产权享有处分权。

③可评估。指作价出资的知识产权价值能够通过客观评价予以确认，能够进行货币估价。如果无法通过客观评价确认具体价值，则无法实施评估。

④可转让。指为了使公司股东能够履行出资义务，用于作价出资的知识产权能够被产权的需求方接手并可办理转让手续，产权权利可以独立或非独立转移，受让方可以独立受让、合伙受让或受让部分权利。

(2) 技术入股

入股的技术必须是产权技术，可以在企业遇到资金困难时为企业提供资金支持，在知识产权权利人欲入股某一公司或者成立公司而又没有足够的注册资金时，也可将自己拥有的或自己研发、受让的技术等无形资产，通过评估作价、财产转移和验资报告，注入企业以充资本，以解资金筹措压力。同时，以技术入股的方式出资还可长期抵税，对资金紧张而具有自主知识产权的企业，可以节省一定的支出。技术具有可分享性，能够在同期、不同地被多个主体同时使用。

科技部发布的《关于以高新技术成果出资入股若干问题的规定》中指出，以高新技术成果出资入股，成果出资者应当与其他出资者协议约定该项技术保留的权利范围，以及违约责任等。可见，技术成果出资者并不一定以成果所有权入股，还可保留部分权利。因此，技术入股各方在签订入股合同时，一定要在合同中明确约定技术入股的方式：是以入股技术的所有权出资入股，还是以入股技术的使用权出资入股，如以入股技术使用权出资入股，还应明确是何种许可使用方式（即独占许可、排他许可、普通许可）。

(3) 知识产权质押

知识产权质押是一种区别于传统的以有形资产作为抵押物向金融机构申请贷款的新型的融资方式，也是企业尤其是基础资源薄弱、有形财产短缺、抵押物不足的创新型企业可资利用的一种融资手段，企业（或个人）以合法拥有的专利权、商标权、著作权中的财产权经评估后作为质押物从银行获得贷款。企业应知悉知识产权的权利归属、稳定性、技术含量、知识产权的市值等，在质押贷款时能够规避风险、增加质押贷款成功的可能。以知识产权进行质押能够彰显企业自身的知识产权资源的科技实力和科研能力，能够吸引创业投资，增强企业在融资过程中的股份占有量。

（4）知识产权资产证券化

知识产权资产证券化是指发起机构（通常为创新型企业）将其拥有的知识产权或其衍生债权（如授权的权利金），移转到特设实体，再由此特设载体以该资产作担保，经过调整组合、信用评价等，信用等级提升后在市场上发行可流通的证券，借以为发起机构进行融资的金融运作。

知识产权证券化给融资者、投资人带来新的机遇，对融资者而言，知识产权证券化在取得融资的同时，能够保留知识产权的自主性。在证券化过程中，被转移到特设实体的知识资产，通常是知识产权的权利人授权他人实施知识产权所取得的回报或将来的分成（应收账款），而非知识产权本身。因此，在证券化交易后，发起人仍可保有、管理知识产权。这种特点对创新型企业别具意义，因发起人在取得资金融通的同时，还能对知识产权进行进一步优化或应用，持续提升其价值。证券化融资还可以为融资者提供较高的融资杠杆，低成本获取经营资金。

从投资人的角度，知识产权证券化的产品具有较佳的流动性。而其风险与报酬介于股票和债券之间，可作为丰富资产组合的良好投资标的。而证券化所产生的破产隔离效果，可以使投资人直接投资看好的技术或著作权，而不必担心发起人的经营状况。对于宏观经济的发展而言，知识产权证券化产品的存在，可使不同风险偏好者通过市场交易提升整体经济的效用。从经济学分工理论的视角来看，创新型企业可以将风险资产通过证券化进行转移，而专注于知识创新与管理；专业投资人则通过资产组合来分散所承接的风险。

知识产权资产化能够取得极为可观的知识产权创造和应用成绩，同时培养一支专业的知识产权运营服务队伍，为高价值知识产权培育运营奠定坚实的基础。为了面向全产业进行服务，推动全产业的知识产权资产化，需要打造独立的、市场化的专业运营服务机构，开展全产业领域内的知识产权交易、收储、运营、投资及服务，实现专利运营与技术研发协同推进。在相关的关键共性技术点积极开展专利布局，打造高价值专利池，开展专利预警与风险防控，加强专利运营数据库建设，提高知识产权运营效益和产业保障能力。

知识产权质押和证券化是知识产权运营的重要内容，研究重点是其规模、模式、优势及存在的问题。企业、金融机构、中介服务机构等主体的协同管理是提升知识产权质押和证券化绩效的关键。

2. 知识产权质押与证券化融资规模

（1）质押融资规模

我国知识产权质押融资业务从 2010 年起步开始，近些年增速明显加快。初始业务规模仅为 90 亿元，到 2020 年达到 1558 亿元。2021 年，中国专利商标质押融资登记金额达到3098亿元，惠及企业1.5万家，同比增长均为42%左右。其中1000万元以下的普惠性贷款惠及企业1.1万家，占惠企总数的71.8%，显示了知识产权质押融资服务中小微企业的普惠特点。我国知识产权质押规模如图6-1所示。

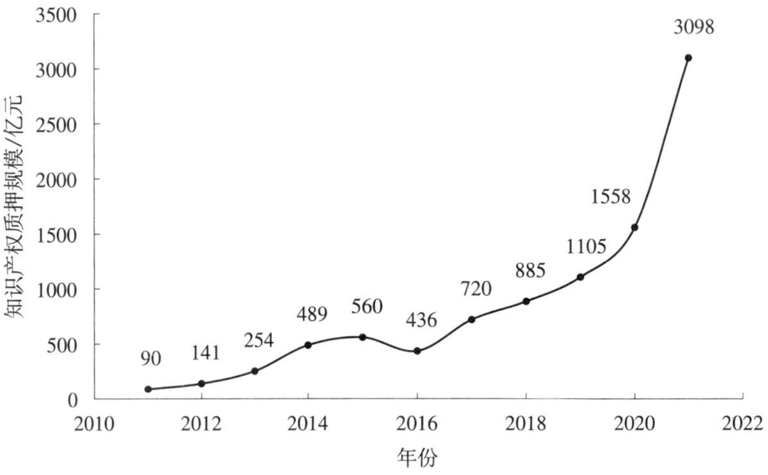

图6-1 我国知识产权质押规模

(2) 证券化融资规模

2022年2月，中国技术交易所发布《中国知识产权证券化市场统计报告（2018—2021）》，截至2021年底，深圳证券交易所和上海证券交易所设立发行的知识产权ABS（指知识产权资产证券化，以知识产权作为特定资产组合或特定现金流为支持，发行可交易证券）共59单，累计发行规模149.18亿元，其中，深圳证券交易所设立发行50单知识产权ABS，累计发行规模128.35亿元；上海证券交易所设立发行9单，累计发行规模20.83亿元。知识产权证券化业务为800多户企业提供了融资服务，平均每户融资额度约1800万元。

我国知识产权证券化规模如图6-2所示。

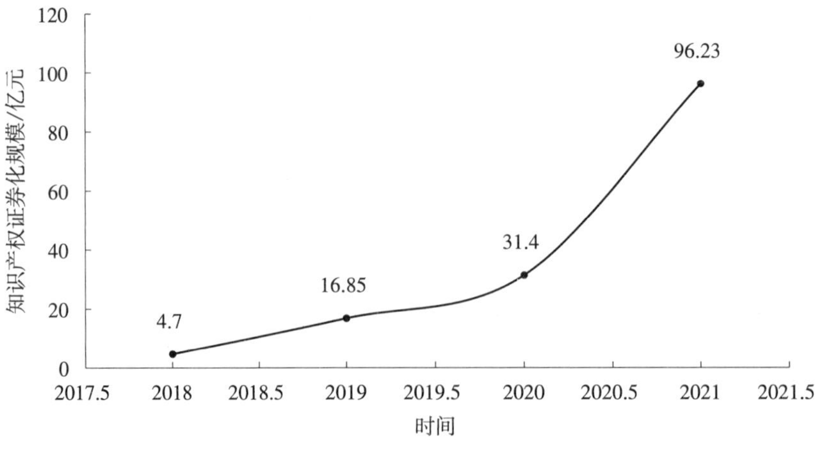

图6-2 我国知识产权证券化规模

在上海证券交易所和深圳证券交易所发行的 59 单知识产权 ABS 基础资产包括小额贷款债权、专利许可费支付请求权、应收账款债权、融资租赁债权、商标许可费支付请求权 5 种类型。知识产权 ABS 的原始权益人包括小额贷款公司、融资租赁公司、商业保理公司和知识产权运营公司 4 类。

6.3.3 知识产权融资模式

知识产权证券化为科技型中小企业打开了更便利的新型融资渠道。融资可以分为融资租赁模式、供应链金融、知识产权收益权 3 类（以实际项目为例）。从我国首单“第一创业-文科租赁一期资产支持专项计划”产品选择软件著作权、电影电视剧本著作权、形象著作权和专利权等以大量著作权为主的轻资产到“兴业圆融-广州开发区专利许可资产支持专项计划”选择以华银医学等纯专利权为主的发展转变，实现了我国知识产权证券化产品从无到有，从著作权到专利权的突破，也表明了底层知识产权类型的多样性和丰富性，知识产权证券化这种新兴融资模式的广泛应用具有一定的实践价值。

1. 融资租赁模式

“第一创业-文科租赁一期资产支持专项计划”于 2019 年 3 月在深圳证券交易所正式发行，该专项计划是典型的融资租赁债权 ABS 产品的交易结构。融资租赁公司打包转让融资租赁资产的融资标的物即无形资产知识产权，再由融资租赁公司回租给承租人，形成稳定的、特定的现金流。

该专项计划业务架构如图 6-3 所示。

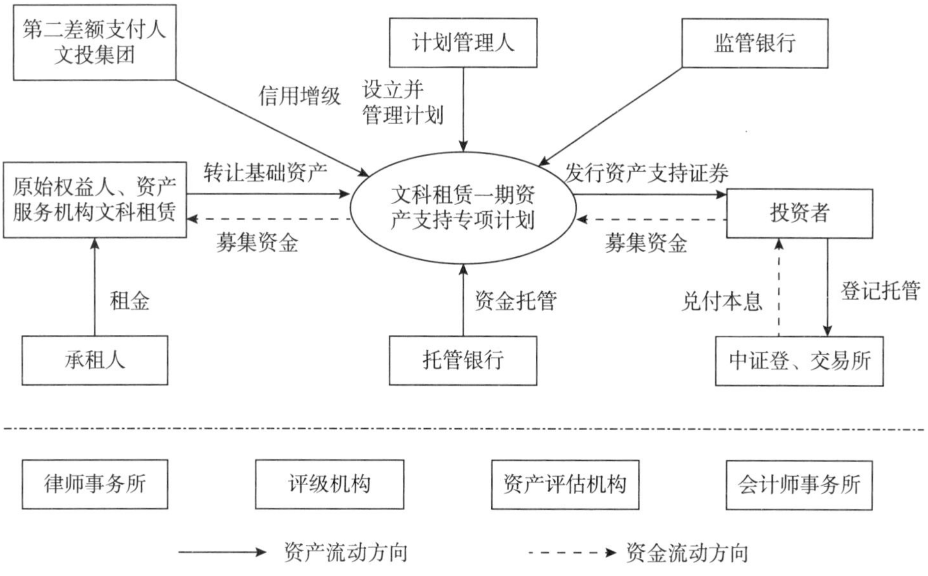

图 6-3　“第一创业-文科租赁一期资产支持专项计划”业务架构

注：“中证登”全称是“中国证券登记结算有限责任公司”。

在这项资产证券化业务中，北京文投集团 ABS 产品共包括 51 项知识产权，租赁合同 10 份，承租人 13 个。而这 51 项知识产权横向覆盖了专利权、著作权，涉及发明专利、实用新型专利、著作权等多个资产形式；纵向覆盖艺术表演、影视制作发行、信息技术、数字出版等多个细分领域。这是一个典型的体现了知识产权“非排他性”特点的资产池，北京文投集团把自己的 51 项知识产权通过 10 个租赁合同，租给了 13 个“租赁人”。

2. 供应链金融模式

供应链金融的概念比较简单，最简单的办法就是原创公司把合同的应收账款找银行做贴现。但是原创公司一般都是小公司、工作室等，信用度不高，原创公司负担不起银行贴现这种冗长又有不确定的流程带来的管理成本。

“奇艺世纪知识产权供应链金融资产支持专项计划”资产支持证券（ABS）在上海证券交易所挂牌上市。爱奇艺是首单套用反向保理的供应链模式的知识产权 ABS 产品，对上游供应商存在大量长期应付的版权许可费、专利许可费、商标许可费，作为核心企业将基于知识产权许可使用的应付账款作为基础资产发行 ABS 产品。

该专项计划的交易结构如图 6-4 所示。

这是首个互联网视频行业知识产权供应链金融 ABS 产品。在 ABS 这个供应链中，爱奇艺作为平台方扮演着一个供应链中的核心企业的角色向上游的影视公司采购知识产权。有采购就有采购合同，上游企业可以拿着采购合同在供应链金融的框架下融资。

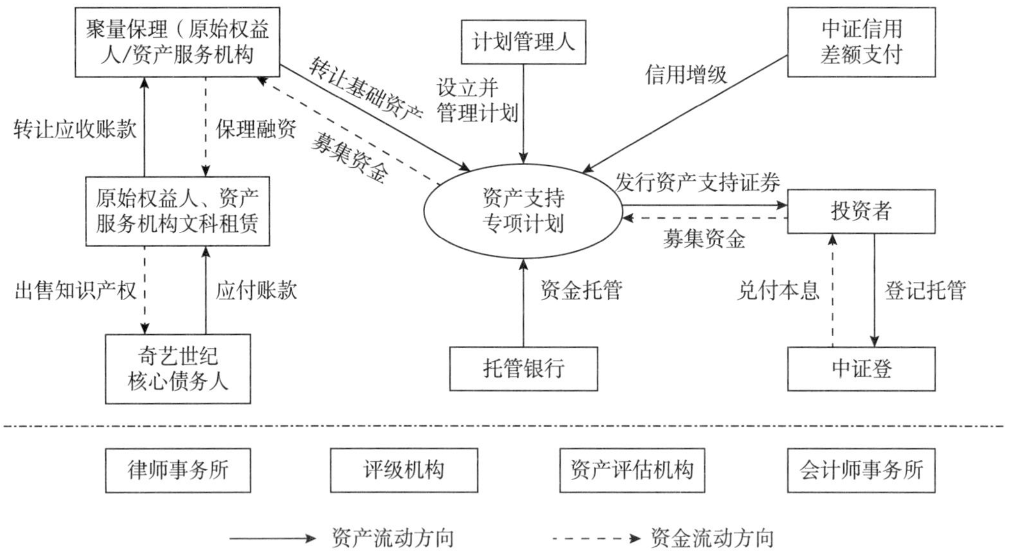

图 6-4 “奇艺世纪知识产权供应链金融资产支持专项计划”交易结构

“奇艺世纪知识产权供应链金融资产支持专项计划”中，奇艺优（A1，A2）和奇艺次级，由信达证券支持于 2018 年 12 月在上海证券交易所发行。改版后的“中信证券-爱奇艺知识产权供应链金融资产支持专项计划 1 期”，19 奇艺优和 19 奇艺次，由中信证券支持于 2019 年 11 月在上海证券交易所发行。

除了上述通过应付账款进行融资的案例，另一个方式就是用供应链金融中的“应收账款+逆向保理”的方法。供应链保理商与资信能力较强的下游客户（核心企业）达成反向保理协议，为上游供应商提供一揽子融资和结算方案。在供应商持有该核心企业的应收账款时，可将应收账款转让给供应链保理商以获得融资。

3. 知识产权收益权模式

以知识产权收益权为基础资产，即知识产权所有人通过对知识产权资产的占有、使用、经营、许可、转让而取得的所有经济效益为未来投资收益分配标的。以专利许可为例，专利权人（承租人）以独占许可专利的方式，将其持有的特定专利授权给原始权益人融资租赁公司后反授权给专利权人，专利权人一次性获得专利许可使用费实现融资。①

2019 年，国内首单以纯专利许可为底层资产的知识产权证券化项目——“兴业圆融-广州开发区专利许可资产支持专项计划”在深圳证券交易所成功发行设立。该项目服务机构包括证券、律师事务所、资产评估等，底层基础资产为广州开发区内科技型中小企业专利许可费债权，涉及区内 11 家科技型中小企业，底层知识产权包括 103 件发明专利和 37 件实用新型专利，通过该项目每家企业能够获得 300 万元至 4500 万元不等的融资款项。

该项目交易结构如图 6-5 所示。

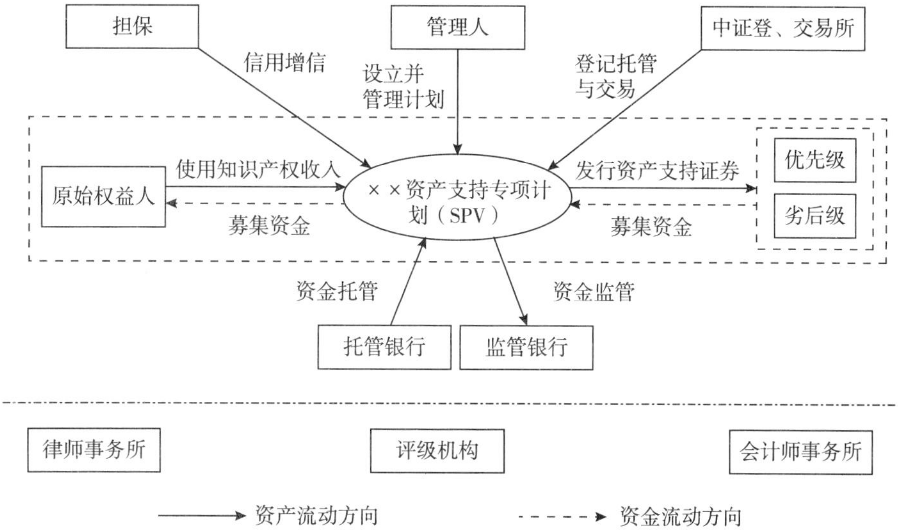

图 6-5　“兴业圆融-广州开发区专利许可资产支持专项计划”交易结构

4. 知识产权证券化的优点

当前国内金融供给以提供实物抵押品的银行信贷为主，间接融资占比长期保持在 80% 以上，而符合经济高质量发展的高新技术产业和服务业，以知识产权和人力资本等

---

① 交易结构与售后回租的融资租赁模式类似，不过会存在专利许可的两次转让：

第一次：专利权利人作为许可方以独占许可专利的方式，将专利转让予第三方（一般为融资租赁公司），第三方取得特定专利的约定收益及再许可权利。

第二次：第三方获得专利许可权利人，再次以独占许可专利的方式，将特定专利授予专利客户作为被许可方实施专利，专利客户相应取得基于该等特定专利生产专利产品的权利，并根据第二次专利许可合同的约定，按期向专利权人支付第二次专利许可对应的专利许可使用费。

轻资产为核心资产，无法提供与现有信贷融资需求相匹配的抵押品，因此发展和推广知识产权证券化，有望在融资层面支持高新技术和科创企业发展，并降低融资成本。

（1）与知识产权质押对比

知识产权质押融资仍旧受限于银行类金融机构传统的风控模式，由于单一企业纯知识产权质押风险较高导致流程较慢、审批烦琐，在一定程度上制约了知识产权质押融资的规模化、批量化发展。而如果知识产权证券化采取打包证券化融资的形式集合若干家科技型中小企业的知识产权，虽然单一企业面临的风险较大，但集合打包可起到风险分散的作用，因此这种类型的知识产权证券化项目投资风险远低于单一知识产权质押融资项目的风险，便于科技型中小企业集合通过原始权益人和 SPV（special purpose vehicle，特殊目的载体）间接从银行等金融机构获得资金支持。这种模式非常适合于开发区、产业园区、产业集聚区等集中区内企业抱团取暖，集合打包进行知识产权证券化融资。

（2）与传统股权融资对比

对于科技型中小企业，传统的融资形式主要为以风险投资为主的股权融资和以知识产权质押融资为主的债权融资，不管是股权融资还是债权融资，均是以企业自身的经营状况和信用状况作为基础或偿付支持。而知识产权证券化不同于传统融资形式的最本质的一点就是，知识产权证券化不是以企业的经营状况和信用状况作为基础或偿付支持，而是以底层资产的经营状况和信用状况作为基础或偿付支持，知识产权证券化是一种既非债权也非股权的证券融资形式。正是因为知识产权证券化既非债权融资也非股权融资，原始权益人是以底层资产出售的形式获得资金，那么这种融资形式对于原始权益人的资产负债表来说，既不会增加负债，也不会稀释股权，只体现为资产的流动性发生变化，即流动性很差的长期资产转化为流动性很强的货币资金。

（3）融资成本

由于知识产权证券化具备完善的交易结构、信用增级技术和以知识产权这种优质资产作为底层偿还资产，使 ABS 能获得较高的信用等级，降低发行融资成本。因此，推广知识产权证券化，既利当下更惠长远。

不管是供应链金融模式、融资租赁模式还是收益权模式，都在知识产权证券化探索中具有典范意义，均可以作为知识产权证券化的范本，其基本模式均可以做到标准化、可复制，广泛运用于缺乏传统抵押物的轻资产科技型中小企业运用知识产权进行批量化融资，解决融资难、融资贵的根本问题。

6.3.4 知识产权资产化的问题与趋势

知识产权估值难和变现难是制约我国知识产权融资发展的主要原因。市场环境的优化完善仍需较长时间，需要政府、金融机构、中介机构、企业和产业园等不同主体的协调，通过借力专业评估机构甄选优质底层资产，针对性设计金融产品，引入第三方机构，通过担保等方式提升产品信用等级，降低兑付风险。

1. 存在的问题

强化知识产权融资功能对推动我国创新经济发展具有积极意义，其不仅能有效扩大企业融资途径，为企业带来增值价值，同时有助于全社会对知识产权开发、保护的重视，推动创新资源的良性循环，助力企业技术升级与产业进步。知识产权作为一种新型的融资工具，为中小型科技企业发展提供更多类型的融资工具，特别是科研费用及无形资产占比较高的高科技公司，如果能利用知识产权进行融资，相当于为公司研发提供了一种创新资源良性循环的快速回报途径。

（1）法律风险

我国知识产权法律制度尚不健全，受知识产权特征所决定，商标专用权和专利权本身存在较大的权利不稳定性，以及权利人的权属与权益的不确定性，从而可能导致权属争议。法律风险的核心是确权风险，它决定了知识产权价值评估是否有意义、质押能否成立，以及当出现风险时能否顺利变现。资产证券化要求底层资产具有“稳定、可预期的现金流”，这是知识产权证券化的障碍，符合上述要求的知识产权证券化实现难度很大。这种观点把关于知识产权证券化的讨论引向了知识产权份额化交易、份额化许可的方向，而份额化交易、份额化许可中其实蕴含着极大的法律风险，无法发挥金融化运作的功能，芝加哥国际知识产权交易所（IPXI）的失败就是这种法律风险造成的结果。

（2）估值风险

知识产权是科技创新企业重要的无形资产，知识产权融资可以为企业提供更多类型的融资和处置手段，解决科技型企业融资难、融资成本高的问题。多年的科技研发投入与技术引进的消化吸收，使企业积累了巨量的知识产权资产。如何科学地评估知识资产价值，合理使用金融工具进行知识产权融资，仍处于研究探索中，知识产权估值与处置等问题一直存在很大的风险。

知识产权的特征决定了商标专用权和专利权本身存在较强的专业性和复杂性，导致其财产权利在市场化过程中存在不确定性，进而影响其市场评估价值；由于其价值评估与传统意义上的有形资产估值存在较大差异，因此评估立场、技术、方法、模型、参数的选择直接影响其市场评估价值。估值风险主要是价值评估的不确定性风险，它决定了贷款额度等基本授信要素，还决定着企业的还款来源和还款意愿。

（3）经营风险

企业作为权利人，其自身经营管理与资源配置决定了商标权或专利权能否创造应有的市场价值，是否能够给企业带来稳定的现金流，即决定了借款企业的第一还款来源。

（4）处置风险

受产权特征所决定，商标专用权和专利权的交易方式、手段和场所均有特殊要求，变现过程复杂且存在不确定性，进而当贷款出现风险时，质物处置通道不畅，风险不能被快速有效地控制、转移、分散或化解，贷款银行信贷资产质量将会恶化。解决质物处置问题，是商业银行健康开展知识产权质押贷款业务的关键问题之一，也将真正考验贷款银行应对经营风险的能力。

2. 发展探讨与展望

(1) 政府角色

首先，发挥政府的引导、协调、扶持和服务功能，通过对知识产权质押贷款业务提供贴息贷款支持，简化中小企业融资流程，降低中小企业融资成本。例如，北京市科学技术委员会充分发挥政府的引导、协调、扶持和服务功能，对知识产权质押贷款业务给予一定比例的贴息支持，并承担了相应的服务功能；武汉某知识产权局负责对项目申请进行受理、审核及立项，财政局负责对所立项目发放贴息资金，与市知识产权局共同监督，各主管部门科学合理的分工，发挥了“服务型政府”的相关职能。

(2) 金融机构

金融机构充当的是主动参与的“创新者”角色，通过设计专门的知识产权融资工具服务于中小型科技企业。如北京银行推出了“小巨人”知识产权质押贷款业务，交通银行根据支持服务科技型中小企业的市场定位，推出了以“展业通”为代表的中小企业专利权和商标专用权质押贷款品种以及“文化创意产业版权担保贷款”产品。

对初创期中小企业而言，尽管在法律主体上将创业者（实际控制人）与企业严格区分开来，但在实际运营过程中，二者是密不可分的。鉴于这类企业的融资需求具有金额小、期限短等特征，可考虑将创业者（实际控制人）个人信用纳入其企业信用，在企业无法提供除知识产权以外的其他有形资产作为抵押担保的情况下，由创业者（实际控制人）个人财产和个人信用连同知识产权一起作为借款担保措施，从而增大商业银行的风险可控性。

(3) 中介服务角色

引入律师事务所、资产评估公司、保险公司、担保公司等中介机构共同参与提供专业服务，收取一定的费用，各自按工作职责承担风险，其中律师事务所主要通过职业责任承担的是法律风险；资产评估公司则主要通过职业责任承担的是专利权、商标权等无形资产价值评估风险；引入保险公司的职业责任险，为中介机构分担风险。引入担保公司尝试以未上市公司的股权、应收账款、专利权、著作权等多种权利和无形资产作为反担保措施，其中以专利权质押的方式已由尝试走向推广。

(4) 企业和产业园

企业作为知识产权创造的主体，一方面，需要加强技术创新的投入，创造真正有价值的知识产权和技术；另一方面，从企业经营角度平衡融资带来的企业财务负担，合理开展融资行为，更要避免投机性的融资行为。开发区、产业园区、产业集聚区等集中区内企业抱团取暖，集合打包进行知识产权证券化融资，解决单一企业知识产权融资难及风险大的问题。

(5) 地域扩展

纵观全国发行市场，中西部地区知识产权证券化项目仍是空白。在“十四五”规划和国家新一轮经济发展驱动因素的加持下，中西部的助跑加速将进入日程，将东部地区已发行的知识产权证券化项目引入中西部地区，并结合中西部经济和产业结构特点复制和创新产品，以知识产权证券化产品帮助企业服务于中西部的发展。

（6）知识产权产品创新

知识产权作为下一轮经济热点的重要支撑因素，必将在经济发展的结构性因素中发挥积极作用，知识产权证券化也将以“创新+产权+金融”的重要手段在资本市场成为常态。

随着知识产权的市场需求增加和要素细化及金融市场的不断创新，相信必将有更多实用性强、适应性好、移植性强的知识产权证券化产品出现。

第七章

技术价值评估

引　言

本章的技术价值评估特指对技术转移项目（技术）的可行性研判，包括成果评价、需求对接、技术引进、技术输出及其全程的增值服务，是从选题选项、调查研究、分析预测、评价估值到选择应用的流程性管理活动，是指向性的技术价值评估。指向性包括两方面含义：为何评估与为谁评估。为何评估是有明确的评估目的，如有两方或多方参与的以成果化、产品化、商品化、产业化为目的的技术价值评估。为谁评估是有交易商家需求，有技术供方或者需方的委托需求，由企业的评估项目组或第三方的专业评估机构，根据技术的大数据和技术的应用生态作出有利于委托方的技术价值评估。技术价值评估有基本原则和客观规律，是技术价值评估原理与方法在技术转移管理与服务中的应用。技术价值评估充分评判和估算技术的性能、适用程度、经济回报效益，调研技术对环境、生态、社会、经济、政治、文化等可能产生的各种影响，以及技术落地地域的相应的法律规章，全面系统分析、权衡利弊从而作出交易选择的理论与方法。技术价值评估通常在技术交易意向性协议签订后、正式交易合同签署前完成。以技术转移为目的的技术价值评估是以企业为主体的技术市场化流动的重要决策活动和服务手段，也是技术转移服务的管理技术和决策工具。技术价值评估能为转移项目提供科学的客观依据，避免项目决策的盲目性，有利于实现被评估技术的技术先进性、经济合理性、引进（输出）可行性之间的平衡统一。技术评估与技术评价因其应用场景不同，概念内涵略有差异，本章把二者作为同一概念运用，只是按照语言习惯在有可定量价值分析场景时有少许区分。

7.1　技术评价与价值评估

技术评价与价值评估对于企业的技术研发和产品创新都具有关键作用。技术评价是指对技术的性能、质量、可靠性、适用性、经济性、安全性等方面进行评估和比较的过程。技术评价的主要目的是确定技术的优劣，为决策提供参考，帮助企业选择最优的技术路径，优化技术创新的过程。价值评估则是指对技术、产品或项目的价值进行估算的过程。价值评估的主要目的是确定技术、产品或项目的市场价值，帮助企业制定合理的价格策略和商业模式，支持企业决策和风险控制。

7.1.1　技术价值评估的要素

技术价值评估是指对技术进行全面、系统的价值评价判断，从技术的性能、质量、可靠性、适用性、经济性、安全性等多个方面进行评判和比较。技术价值评估的范畴很广，包括但不限于新技术的研究与开发、技术成果的转化与应用、技术产业的发展与转型等方面。在实践中，技术价值评估往往需要结合具体的背景和目的，通过选定适当的技术评价指标，运用合适的技术评价方法，对技术进行综合评价和分析，提出客观、科学的结论和建议从而为决策提供科学依据。

技术价值评估也是对一项与技术转移相关的技术进行客观、科学评判和价值估值的过程，是技术决策和经营的重要依据。技术价值评估的范畴涉及科学、工程、医疗、环境、安全、经济等多个领域，可以从技术的先进性、可行性、成本效益、安全性等多个角度进行利益价值分析。例如，对于新型材料技术的评估，可以从其强度、硬度、耐腐蚀性、制造成本等方面分析评价；对于新型医疗设备的评估，可以从其诊断准确性、治疗效果、成本等方面分析评价。技术价值评估通常需要运用多种方法和工具，包括实验研究、数据分析、专家意见调查、市场调查、仿真模拟等。这些方法和工具可以帮助评估者对技术进行更全面的评价，提供决策依据和参考。同时，技术价值评估也是促进技术创新和进步的重要手段，可以促进技术的优化和应用，满足市场和社会的需求。

1. 技术价值评估的因素

技术价值评估和评价通常是紧密相关的。进行技术价值评估的过程，主要考虑技术对市场和消费者的价值影响，这是技术评估的直接依据。而在进行价值评估的过程，需要考虑技术的性能和质量等因素，为技术提供价值评估依据。对于技术的评估和比较，需要从多个方面进行考虑和分析，其中包括技术的性能、质量、生态、可靠性、适用性、经济性、安全性等方面。

①技术性能。技术性能是指技术在特定条件下的表现能力，是技术在特定条件下实现的功能和效果。技术价值评估常见的性能指标包括速度、精度、容量、响应时间等。对于同一类型的技术，可以通过性能指标来进行比较，从而确定哪种技术更加优秀，例如计算机的速度、显示屏分辨率等。评估技术性能的方法通常包括测量、测试、模拟等，这些方法可以帮助厘清技术的优缺点和潜在局限，从而提供优化和改进的建议，例如在处理器领域，可以通过比较不同处理器的时钟速度、核心数量、缓存容量等性能指标来确定哪种处理器更加适合特定的应用场景。对于不同类型的技术，其性能评价的重点可能会有所不同。对于电子产品行业，电池寿命、充电速度、屏幕分辨率等是技术性能评价的重点；对于机械制造行业，重量、耐久性、运行速度、精度等是技术性能评价的重点。

②技术质量。技术质量是指技术的设计、制造和交付过程的特定要求和标准，是技术在使用过程的稳定性和可靠性。技术价值评估中的质量评价注重技术的制造工艺、材料、设计等方面，从而确定技术在长期使用过程的平均寿命、有效成分含量、安全性等因素。技术的质量评价通常包括质量管理、质量控制和质量保证等过程。例如在半导体芯片制造领域，需要评价芯片的制造工艺和材料的质量，以确保芯片在保质期内规定使用的性能状态。

③技术生态。技术生态系统构成复杂，包括能耗、污染治理、新能源应用，新技术与原有基础的融合，与产业政策的同一，专业人才的供求关系等。

④技术可靠性。技术可靠性指在规定的时间内和规定条件（如使用环境和维修条件等）下能有效地实现规定功能的能力。技术可靠性取决于规定的使用条件等因素，还与设计技术有关。可靠性评价强调技术在不同环境、不同负载下的表现，以及技术的抗干扰能力和容错性等，是技术质量条件约束下的使用寿命、故障率、维修率等指标要求。可靠性评价通常需要使用统计方法、仿真和实验等技术手段。例如在网络领域，需要评价路由器、交换机等设备的可靠性，以及网络的稳定运行概率。技术可靠性、技术成熟度和可行性直接相关，从技术开发阶段、实验验证阶段、生产应用阶段为技术选择和商业化提供参考。例如，NASA 的技术成熟度模型主要关注技术从研发到实际应用的全过程，以及各个阶段所需的指标和权重。技术成熟度评估，可以帮助企业或机构确定技术开发和转移的方向和重点，以及投入资源的优先级和规模。

⑤技术适用性。技术适用性是指技术在特定环境和应用场景下的适用性和可行性。适用性评价针对技术的特点、优劣势、应用场景等因素，确定技术是否适合特定的应用场景。评价技术的适用性通常需要考虑技术应用的基础、用户需求和市场需求匹配等因素。适用性评价通常需要使用用户研究、市场调研和实验等技术手段。例如在机器学习领域，需要评价不同的算法在不同的数据集上的表现，从而确定哪种算法更适合特定的数据集和应用场景。

⑥技术经济性。技术的经济性是指技术在特定条件下的成本和效益比较。经济性评估主要考虑技术的总成本、效益和风险等因素。评估技术的经济性通常考虑技术的低耗、成本、市场价值、投资回报率和成本效益等因素，通常使用成本效益分析、财务分析和市场分析等技术手段。例如在制造业中，需要评估不同的生产工艺和设备的总成本、效率和风险，确定哪种工艺和设备更为经济合理。

⑦技术安全性。技术的安全性评价是指评判技术在生产、使用、维护等方面的安全性和风险。技术的安全性评价通常选择技术的使用环境、潜在风险和安全要求等因素指标，通过风险评估、安全测试等方法来进行。例如航空航天领域，需要对新型飞行器的安全性进行严格的测试和评估。

技术价值评估的作用在于提供客观的评价标准和方法，帮助需求方和企业选择最合适的技术产品，并促进技术的改进和创新。技术价值评估可以帮助技术需求方了解技术的性能、质量、可靠性、适用性、经济性和安全性等方面的信息，作出明智的引进转让决策。对技术供给方机构来说，技术价值评估可以帮助其了解自己的技术产品的优缺点，把握技术贸易的主动权，更好地改进和创新技术产品和服务，对技术转移服务方而言，客观科学的价值评估能够为技术的引进与输出双方提供高效的适配服务。

2. 技术价值评估指标的选择

不同的评估要素会有不同的评估指标。技术性能评价包括评价技术的功能、效率、可靠性等性能指标；经济性评价涉及评价技术的投资、运营、维护成本等经济指标；安全性评价包括评价技术在使用、生产、运输等方面的安全性，评价技术对环境的影响和可持续性；适用性评价则涉及评价技术的适用范围、可扩展性等指标；社会性评价需要评价技术对社会的影响和社会效益。

(1) 技术性能评估指标的选择

技术的性能特点和关键因素不同，需要选择合适的指标进行评估。例如在评估半导体芯片性能时，常用的指标包括运行速度、功耗、体积等；而评估电池性能则需选择能量密度、循环寿命、充放电效率等指标。技术的应用领域和需求也会影响评价指标的选择。如在医疗领域评价医疗设备的性能时，需要考虑安全性和可靠性等指标；而在游戏领域评价游戏性能时，则需要考虑帧率和画质等指标。评估指标需要有可靠的数据支持，数据的来源和清洗质量尤为重要。如果数据不全面或者获得来源不可靠，评估结果将会出现偏差。

在选定评估指标后，还要平衡不同指标之间的权重关系。根据实践经验和倚重程度进行判断和调整，例如根据应用场景、市场需求、技术成本等因素，对不同指标进行权重分配，以期获得相对合理的评估结果。

(2) 技术质量评估指标的选择

选择技术质量评估指标需权衡技术的具体特点、应用场景和客户需求等因素，以及不同指标之间的取舍均衡。如果评估技术的应用场景需要较高的可靠性和安全性，那么这两个指标在评价体系中的权重即会相应地提高，例如评估某一种消费电子产品时，易用性和成本效益指标可能更受重视。针对不同的技术和应用场景，制定出合理的技术评估指标和权重，更能准确地评估技术的性能和质量。

性能与质量不容易割离，技术质量评估指标应考虑以下因素：

①可靠性。技术系统在一定时间内连续运行的能力，包括硬件、软件、电源、散热等方面的可靠性。

②安全性。技术系统在正常或非正常工作状态下，避免对人员、环境或财产造成损害的能力。

③易用性。技术系统是否易于使用，包括用户界面、使用说明、操作流程等方面。

④可维护性。技术系统是否易于维护，包括软件、硬件、设备、网络等方面便于维护。

⑤可扩展性。技术系统是否容易进行扩展或升级，以满足未来新增的需求。

(3) 经济性评估指标的选择

经济性评估指标通常用于评估技术的经济成本和效益。选择和权衡经济性评估指标可以根据具体的技术和应用场景进行指标的选择，对不同成本进行权衡，以确定哪些成本对技术的经济性最为关键。重点评估技术的经济效益，包括成本效益、投资回报率、利润等方面，以确定技术的经济性和市场适应性。技术经济性评价需要考虑各种成本因素，包括开发成本、生产成本、运营成本、维护成本等，并结合市场需求和竞争情况，确定技术的价格和利润空间。技术经济性评估的结果对技术的商业化和推广具有重要意义。

①投资回报率可以衡量技术投资所带来的经济效益和成本之间的平衡，同时也可以评估技术投资的风险和回报。

②生产效率是单位时间内生产的产品数量或提供的服务量。选择经济性评估指标考虑技术对生产效率的影响，以确定技术是否能够提高生产效率，降低生产成本。

③资源利用率是生产过程利用资源的效率。选择经济性评估指标时，确定技术对资源的利用效率是否符合最大限度的利用条件。

④成本效益。技术系统的成本是否合理，同时考虑其性能和质量等方面的综合评估，确定降低生产成本的幅度。

⑤性价比。成本指标与性能、质量、效率等指标密切相关。性价比是众多指标之间取舍得失均衡的重要指标。

⑥竞争优势是技术在市场上的竞争条件与能力。选择经济性评估指标需要考虑技术的差异化竞争，以确定技术是否能够在市场被接受并带来经济效益。

⑦效率提升是评估经济性的重要因素之一。通过提高生产效率、减少资源浪费和优化生产流程等方式实现。选择评估效率提升指标需要考虑实际应用场景和技术特点，如生产速度、耗电量、工作效率等。

（4）技术安全性评估

技术评估中的安全性评估是评价技术的一个重要方面。安全性评估主要关注技术在使用过程中是否会对人员、财产、环境等造成危害。安全性评估重点包括：

①风险评价。评估技术在使用过程可能存在的危险和风险，包括人员伤害、环境污染、财产损失等。

②安全措施。评估技术在使用过程应该采取的安全措施，以减少风险和危险，包括安全设施、安全操作流程、紧急处理计划等。

③安全监控。评估技术在使用过程的安全监控措施，以及相应的监控和报告机制，包括监控设备、监控人员、监控流程等。

④安全培训。评估技术使用者和操作人员应该接受的安全培训，以提高其对技术安全的认识和掌握安全操作技能。

⑤安全管理体系。评估技术使用过程的安全管理体系，以保障技术使用的安全性和稳定性。

以核电站为例，安全性评估是核电站建设和运营的重要组成部分。核电站安全性评估的重点在于评估核电站建设和运营过程可能出现的核辐射、化学危险、火灾爆炸等风险和危险，并采取相应的安全措施和监控机制。此外，核电站还需要制订相应的应急预案和培训操作人员，以应对可能发生的突发事件。

（5）技术竞争优势评估

技术竞争优势评估重点主要包括以下几个方面：

①创新能力。评估企业在技术创新方面的能力，包括科研投入、研发人员数量和质量、技术开发能力等方面，以及技术创新的成果和实际应用情况。

②产品性能和质量。评估企业产品的性能和质量水平，包括产品的功能、稳定性、可靠性、易用性等方面，以及与竞争对手产品的对比分析。

③市场份额和营销策略。评估企业在市场上的竞争优势和地位，包括市场份额、销售渠道、营销策略等方面，以及对竞争对手的分析和评估。

④成本效益和盈利能力。评估企业产品的成本效益和盈利能力，包括制造成本、运营成本、市场定价等方面，以及与竞争对手的成本效益和盈利能力的对比分析。

⑤技术保护能力。评估企业在知识产权保护方面的能力，包括专利数量和质量、专利布局、专利维权等方面，以及对竞争对手知识产权的分析和评估。

（6）社会影响评估

社会影响评估旨在评估技术或产品对社会、环境、健康和安全等方面的影响。评估的重点主要包括以下几个方面：

①社会效益。评估技术或产品对社会的价值和贡献，如是否能够带来社会经济效益、改善社会生活、促进社会公平等。

②环境影响。评估技术或产品对环境的影响，如是否能够减少污染、节约资源、降低碳排放等。

③健康与安全。评估技术或产品对人类健康和安全的影响，如是否存在安全隐患、对人体健康有无潜在危害等。

④社会责任。评估技术或产品对社会的责任承担能力，如是否符合社会伦理和道德标准、是否积极履行企业社会责任等。

⑤可持续性。可持续性指的是技术或产品在长期运营过程对环境和社会的影响和贡献。评估可持续性需要考虑资源利用率、环境污染和社会责任等因素。

在确定不同的经济性评估指标后，还需要考虑各个指标之间的权重关系。不同的技术和应用场景需要确定不同的指标权重。通常，确定指标权重的方法包括专家判断法、层次分析法和主成分分析法等。通过确定不同的指标权重，可以更准确地评估技术的经济性和市场价值，帮助企业作出更明智的决策。

7.1.2　技术价值评估分类

技术价值评估分类是基于行业技术过于繁杂，任何一个技术转移从业人员都不可能熟悉太多的跨行业技术。在接手技术或技术项目评估任务时，只要了解基础的技术分类规则，了解技术评估内容的实质和评价指标选择的原则，就能在自己的专业领域得心应手地开展评价工作。

由科技部提出，全国科技评估标准化技术委员会归口，科技部科技评估中心牵头起草的《科技评估分类》国家标准（GB/T 42776—2023）于 2023 年 8 月正式发布实施。这一标准的制定旨在为科技评估活动提供分类原则、分类方法、基本分类、附加分类等统一标准。该标准适用于科技评估活动的规划、设计、委托、组织、实施、管理、研究、培训和信息化等相关活动，为科技评估领域提供了一个基础性的国家标准。

作为科技评估领域的重要基础性国家标准，它为其他科技评估标准的研制奠定了基础。标准实施有利于促进评估活动各方形成广泛共识，统一对科技评估活动的分类认识和使用；有利于组织实施和管理科技评估活动；有利于加强评估理论研究、评估方法工具和资源的开发利用；有利于促进科技评估行业的交流与合作，有利于科技评估数字化推进，推动科技评估专业化和规范化发展。不同类型的技术评价可能会有不同的重点，在实际应用中，需要根据具体情况进行选择和重点强调，以达到最优的技术评价结果。

1. 按对象分类的科技评估

按对象分类的科技评估具体如下：

科技政策评估：对科技法律法规、规章、规范性文件等开展的评估。

科技规划评估：对科技战略、纲要、规划等开展的评估。

科技计划评估：对科技计划、工程、基金、专项等开展的评估。

科技项目评估：对科技项目、课题等开展的评估。

科技成果评估：对科技成果在其产出、管理、转移转化或推广应用等过程开展的评估。

科技奖励评估：对科技奖励工作或其评奖对象开展的评估。

科技人才评估：对各类科技人才个人和（或）团队开展的评估。

科技组织机构基地评估：对科研院所、高等院校、企业、社会组织、创新基地等法人或非法人组织的科技创新开展的评估。

区域科技创新评估：对特定区域内科技创新开展的评估，区域按空间范围大小可划分为国家，若干省市组成的片区（如长三角、珠三角等），省级、市级、县级行政区，科技园区等。

技术领域科技创新评估：对特定技术领域的科技创新开展的评估。

产业科技创新评估：对特定行业、产业的科技创新开展的评估。

学科学术评估：对特定学科学术活动开展的评估。

国际科技合作交流评估：对国际范围内科技合作交流开展的评估。

科技资源评估：对科技活动资金、设备设施、实验动物、数据等各类资源条件开展的评估。

其他对象评估：对上述对象以外或不局限于上述某一类对象开展的评估。

为避免分类的交叉重复，针对科技计划、项目、机构等特定对象的国际科技合作交流评估划入相应对象评估类别。

为避免分类的交叉重复，针对科技计划、项目、机构等特定对象的科技资源评估划入相应对象评估类别。

2. 按活动类型分类的科技评估

按活动类型分类的科技评估具体如下：

基础研究评估：基础研究是一种不预设任何特定应用或使用目的的实验性或理论性工作，其主要目的是获得（已发生）现象和可观察事实的基本原理、规律和新知识，包括纯基础研究和定向基础研究。

应用研究评估：应用研究是为获取新知识，达到某一特定的实际目的或目标而开展的初始性研究，是为了确定基础研究成果的可能用途，或确定实现特定和预定目标的新方法。

试验发展评估：试验发展是利用从科学研究、实际经验中获取的知识和研究过程中产生的其他知识，开发新的产品、工艺或改进现有产品、工艺而进行的系统性研究。

研究与试验发展成果应用评估：研究与试验发展（R&D）成果应用是指为使试验发展阶段产生的新产品、材料和装置，建立的新工艺系统和服务，以及作实质性改进后的上述各项能够投入生产或在实际中运用，解决所存在的技术问题而进行的系统活动。

科技服务活动评估：科技服务活动包括科技成果的示范推广工作，信息和文献服务，技术咨询工作，自然、生物现象的日常观测、监测，资源的考察和勘探，有关社会、人文、经济现象的通用资料的收集、分析与整理，科学普及，为社会和公众提供的测试、标准化、计量、质量控制和专利服务等。

其他科技活动类型评估：对上述科技活动类型以外或不局限于上述某一科技活动类型开展的评估。

3. 按内容分类的科技评估

按内容分类的科技评估具体如下：

目标评估：对科技活动目标、定位、职责等开展的评估。

资金评估：对科技活动资金投入和（或）支出开展的评估。

条件评估：对科技活动设备设施、实验动物、数据等条件开展的评估。

主体评估：对科技活动实施和管理中各种相关主体（如高等院校、科研院所、企业、科技人员等）及其状况（如评估创新能力、科技信用等）开展的评估。

任务评估：对科技任务部署和进展等开展的评估。

管理评估：对科技活动组织管理方面开展的评估。

产出评估：对科技成果、知识产权等科技活动各类产出开展的评估。

效果评估：对科技活动各类效果（包括质量、绩效、贡献、安全、风险等）等开展的评估。

影响评估：对科技活动产生的直接、间接影响开展的评估活动，包含科学、技术、经济、社会、文化等方面。

环境评估：对科技活动外部社会经济环境开展的评估。

其他内容评估：对上述内容以外或不局限于上述某一类内容开展的评估。

4. 按目的分类的科技评估

按目的分类的科技评估具体如下：

管理决策型评估：为管理和决策行为提供参考和（或）依据的评估活动，如政策评估、项目立项评估。

监督问责型评估：为监督和问责行为提供参考和（或）依据的评估活动，如科技信用评估。

市场交易型评估：为市场交易提供专业服务的评估活动，如成果评估。

其他目的评估：为上述目的以外或不局限于上述某一目的的评估。

7.2 技术价值评估方法

技术价值评估对象的不同、评估目的的不同，需要根据具体情况选择合适的评估方法，具体选择哪些指标和方法要根据具体的技术和评估目的而定。

7.2.1 实验测量法

实验测量法是技术性能评估的一种方法，通过对技术产品或系统进行实验测试，收集和分析数据，以获得对技术性能的定量评估。该方法适用于对具体物理量进行测量和分析，从而得出技术性能指标的情况，例如功率、速度、温度、压力、湿度等。实验测量法的步骤通常包括以下几个方面：

①明确评估目标和性能指标。在进行实验测量前，需要明确评估的目标和需要测量的性能指标，以便选择合适的实验方案和测量方法。

②设计实验方案。根据评估目标和性能指标，设计实验方案，包括实验条件、实验设备和测量方法等，确保实验的可重复性和准确性。

③进行实验测量。根据实验方案进行实验测量，收集数据和信息，记录和分析实验结果。

④分析数据和结果。对实验数据和结果进行统计和分析，得出技术性能评价结果。

⑤评估和改进。根据评估结果，评估技术的性能和可行性，提出改进建议和措施。

例如，针对一款新型机器人的性能评估，可以使用实验测量法进行评估。首先明确评价目标和性能指标，例如运动速度、准确度、承载能力、耗能等；然后设计实验方案，包括机器人实验条件、实验设备和测量方法等；接着进行实验测量，收集数据和信息，如使用测距仪、速度计等设备测量机器人的运动速度、距离等；然后对数据和结果进行统计和分析，得出机器人的性能评估结果；最后进行评估和改进，提出改进建议和措施，以优化机器人的性能和功能。

7.2.2 模拟仿真法

模拟仿真法通过建立技术的数学模型或者仿真模型，利用计算机进行仿真计算，从而得到技术性能的相关参数，对技术进行性能评估。这种方法可以快速预测技术的性能和行为，并且可以对技术进行优化和改进。但是，模拟仿真方法的可信度和准确性需要保证。模拟仿真法的优点在于可以在较短时间内获得大量数据，同时减少实验测试的成本和时间，为技术改进和创新提供了重要的支持。此外，模拟仿真法还可以在不同的工况和环境下进行仿真计算，帮助技术研发人员更全面地了解技术性能和性能变化规律，提高技术研发效率和成功率。

在实际应用中，模拟仿真法通常需要根据具体的技术领域和评估对象选取相应的仿真软件和建立合适的模型。例如，对于某汽车制造公司的轮毂结构进行评估，可以使用有限元分析软件进行模拟仿真。在建立了合适的轮毂有限元模型后，可以通过改变材料和结构参数等，进行多个工况下的仿真计算，获得轮毂在不同条件下的应力、位移、变形等性能参数，从而分析轮毂结构的强度、刚度等性能指标，优化设计方案，提高轮毂的性能和质量。

7.2.3 经验法

经验法是一种基于过去经验和实践的技术评估方法，通常使用历史数据和专家意见来预测技术性能。这种方法是一种快速、简单且相对较便宜的评估方法，适用于新技术或缺乏足够数据的技术评估。经验法的主要优点是具有较高的可接受性和易用性，可以利用专家知识和经验来确定哪些方面是最重要的，并为改进提供指导。然而，经验法的缺点是存在主观性和局限性，因为它基于专家经验和意见，这意味着可能会受到评估者主观意见的影响，评估结果可能会存在误差。此外，经验法不够客观，缺乏可量化的数据和准确的统计分析。

经验法的应用通常涉及以下步骤：

①收集历史数据。经验法通常需要大量的历史数据来验证其准确性和可靠性。这些数据可以来自多个来源，如文献、实验记录、专家意见等。

②选择评估指标。根据技术的性质和应用场景，选择适当的评估指标以反映其性能。

③建立经验模型。根据收集的历史数据，建立一个可以预测技术性能的经验模型。通常，经验模型是一个基于统计方法的数学公式，可以将输入参数映射到输出指标。

④验证经验模型。通过将经验模型应用于新数据来验证其准确性和可靠性。如果模型的预测结果与实际结果相符，则可以继续使用该模型进行预测。

⑤应用经验模型。将经验模型应用于实际应用场景中，以评估技术的性能并作出决策。

例如，一家制造公司想要评估其新开发的机器人的可靠性，可以使用经验法来预测机器人的故障率，然后在实际运行中验证模型的准确性。经验法可以基于过去机器人的历史故障率、材料质量、制造过程等因素来预测新机器人的故障率。如果经验模型的预测与实际结果相符，则可以继续使用该模型来评估新技术的性能和可靠性。

7.2.4 标准法

标准法是一种通过制定技术标准或参考标准对技术性能进行评估的方法。技术标准是规定技术性能、设计、制造、检验、维护、管理等方面的要求和规范，具有强制性。而参考标准则是用于评价和比较产品或技术性能的标准，通常没有强制性。该方法通过比较技术的性能指标和标准，来评估技术的性能水平。

标准法在技术评价中的应用非常广泛，特别是在质量控制和认证方面。通过制定技术标准或参考标准，可以实现对技术性能的规范化和标准化，提高技术的可比性和可重复性，同时也有利于促进技术的创新和进步。在选择技术标准或参考标准时，需要考虑以下几个方面：

①与技术性能相关的标准。选择与评价对象相关的标准，以确保评估的准确性和可靠性。

②标准的适用性。标准应该适用于评价对象的整个生命周期，包括设计、制造、测试、使用和维护等阶段。

③标准的权威性和可靠性。应选择由权威机构或专业组织制定的标准，确保标准的权威性和可靠性。

④标准的实用性。标准应该具有可操作性和可实施性，以确保能够顺利地进行评估和实施。

⑤标准的更新和迭代。选择具有更新和迭代机制的标准，以跟随技术的发展和变化。

⑥标准的成本。选择成本适中的标准，以保证评估的经济性。

以汽车行业为例，《道路车辆功能安全》国家标准（ISO 26262）是一种用于评估汽车电子系统功能安全性的国际标准。该标准是在软件生命周期过程标准（ISO/IEC 12207）的基础上开发的，旨在满足汽车行业对功能安全性的需求。该标准涵盖了整个汽车电子系统的生命周期，包括设计、开发、验证、确认和维护等阶段，以确保汽车电子系统在任何情况下都能安全可靠地运行。ISO 26262 标准将汽车电子系统划分安全完整性等级，包括：ASIL A，最低级别，对人身伤害的风险最小；ASIL B，对人身伤害的风险较小；ASIL C，对人身伤害的风险较大；ASIL D，对人身伤害的风险最大。

ISO 26262 标准的主要内容包括安全管理、安全文化、安全计划等方面的管理要求；各个开发阶段的要求，如需求、设计、测试、验证等安全生命周期要求；硬件设计、硬件验证和硬件故障诊断等方面硬件安全要求；软件设计、软件验证和软件故障诊断等方面的软件安全；生产、维护和售后服务等方面的生产和维护要求。以确保汽车电子系统的功能安全性。同时，ISO 26262 标准还要求开发团队必须使用符合标准要求的开发工具和技术。

以 ISO 26262 标准对自动驾驶汽车系统进行评估为例，首先需要确定汽车电子系统的安全完整性等级（ASIL），然后根据各个开发阶段的要求，如需求、设计、测试、验证等，进行技术评价。在硬件和软件设计、验证和故障诊断等方面，需要按照 ISO 26262 标准的要求进行评价和验证。通过对自动驾驶汽车系统进行 ISO 26262 标准的评估，可以确保该系统在任何情况下都能安全可靠地运行，从而提高自动驾驶汽车的安全性和可靠性。

7.2.5 专家评估法

专家评估法是一种常用的技术评估方法，利用专家的经验和知识，对技术进行评估。该方法的主要优点在于能够充分考虑技术的多方面因素，如技术的实用性、可行性、成本等，同时也可以考虑技术在不同领域的适用性和局限性，被广泛应用于新技术的评估和决策。专家评估法的实施步骤主要包括以下几个方面：

①选择专家。根据所评估的技术特点和评价目的，选择合适的专家组成评估团队。

②制定评估指标。确定评估指标，这些指标应该能够全面、准确地反映技术的性能和优劣。

③开展专家调查。通过问卷调查、专家访谈等方式，获取专家对技术的看法和评判。

④分析专家评估数据。根据专家的评估数据，对技术进行综合评估和分析，确定技术的优劣势和改进方向。

⑤得出评估结论。根据评估结果，给出评估结论，提出建议和意见，为技术决策提供参考。

以新能源汽车技术评估为例，通过选择能源、环保、性能、可靠性、安全等领域的专家，制定评估指标，利用问卷调查和专家访谈等方式进行专家调查，并对专家评估数据进行分析和加权处理，得出技术评价结论。根据评估结果，提出了新能源汽车技术在动力、电池、充电等方面的改进建议，为相关决策提供了参考。例如，针对新能源汽车的电池技术的创新性，可以确定评估指标为电池性能指标的创新性、电池生产工艺的创新性、电池的可重复使用性等；然后选择一批电池领域的专家，编制评估问卷，让专家根据自己的经验和了解进行评估；最后统计分析专家的评估结果，得出电池技术的综合创新性评估结果。

7.2.6　基于 IPScore 的专利价值评估方法

1. 应用范围

IPScore 是一种专门用于专利评估的指标，基于专利文本和相关数据进行计算，旨在评估专利的商业化潜力、技术创新性和市场竞争力。IPScore 可以综合分析多个指标，如专利的技术创新性、市场覆盖范围、引用次数、法律保护程度等，通过综合考量这些指标，可以更全面地评估专利的价值。

专利的技术创新性评估指标包括专利所涉及的技术领域是否具有高度创新性，以及专利本身是否具有技术上的独特性和突破性。专利的市场覆盖范围指标，即专利在市场上的应用潜力和商业化可能性，包括专利的市场需求程度、市场规模、增长趋势等因素。专利的引用次数指标是评估其价值的重要指标之一，引用次数反映了专利被其他专利引用的频率，间接反映了其在技术领域中的影响力和重要性。专利的法律保护程度指标，即专利在法律上的有效性和范围，包括专利的有效性、地域覆盖范围、专利权人的权益等因素。

IPScore 的计算方法因不同的机构或研究者而异，但通常采用一定的加权或打分方式来综合考虑各个指标，并最终得出专利的 IPScore 值，帮助企业和研究机构更好地管理和优化其专利组合，指导技术创新和商业化决策。具有较高 IPScore 值的专利可能被视为重点发展对象，而具有较低值的专利则可能需要进一步优化或淘汰。通过对综合专利价值的考量，帮助企业和研究机构更加科学地评估和管理其专利资产。

2. 适用场景

①专利技术评估。可用于评估特定专利技术的创新性和价值，帮助确定专利技术

在市场上的竞争力和商业潜力。通过分析专利文本、技术细节和引用情况等信息，计算 IPScore 来评估专利的价值。

②技术创新分析。可用于分析特定技术领域的创新水平和发展趋势。通过对该领域内专利的 IPScore 进行统计和比较，可以了解技术创新的活跃程度和方向，为技术研发和投资决策提供参考。

③技术竞争情报。可用于分析竞争对手的专利组合和技术布局。通过比较不同公司或机构的专利 IPScore，可以了解其在特定技术领域的技术实力和竞争优势，为企业制定竞争策略提供参考。

④技术投资决策。可用于评估特定技术投资项目的潜在价值和风险。通过分析相关专利的 IPScore，可以评估该技术在市场上的商业前景和技术创新程度，为投资决策提供参考。

⑤知识产权管理。可用于评估企业的知识产权组合和价值。通过计算企业专利组合的平均 IPScore 或总体 IPScore，可以了解企业在技术创新方面的整体表现和竞争力，为知识产权管理和战略规划提供支持。

基于 IPScore 的专利价值评估法特别适用于评估专利技术的创新性和价值，以及分析技术创新的趋势和竞争情况。通过这种方法可以对技术进行全面、系统的评价，为企业的技术研发和战略决策提供支持。

7.2.7 关联树法

关联树法又称为相关树法、关系树法、目标树图等，是 20 世纪 60 年代初在决策树方法的基础上发展起来的一种定性预测方法。其基本思想是把预测对象分解为由不同层次组成的系统结构，运用决策理论，评估对象未来的客观发展，并选择为达到这一目标所需的项目或领域。迄今为止，决策领域有许多关联树模型，其中最著名的是 1963 年美国豪内威尔公司构建的 Pattern 模型。

关联树的顶端是提出的目标或拟解决的问题，顶端下分出若干枝干，分别列出目的、任务、途径等；每一只枝干下又分出若干分枝，分别列出方法、要素或工具。一般把树的顶端叫作总体目标或规划范畴，把枝干叫作子目标或子范畴，把最下面的分支叫作元素或单元。关联树法是根据技术系统的子系统或各级发展趋势的综合去预测技术系统的发展，其基本原理是：如果整体系统需要达到某一目标（特性参数）时，必定要求各子系统达到相应的目标。也就是说整体系统发展目标的实现由各子系统技术发展目标的实现所决定。由于制作关联树的目的不同，关联树有不同的组成方式。比较常见的组成方式有：系统结构关联树、备选方案关联树、拟解决的问题关联树、评估项目关联树等。

关联树法将目的、行为、现象之间的理论关系用树结构表示，能将复杂关系进行系统整理，将评估要素定量化，借助计算机进行数据处理，并可根据实际情况迅速修正结果。

运用关联树的主要步骤如下：

①建立关联树。确定一个总目标后，对有关因素进行分析、归纳、整理，按树分

枝把因素连接起来。

②建立准则和确定准则权数。准则权数是根据准则的重要性由专家经验判断确定的相对应准则的权数。

③建立有效权数。每一因素的准则重要性是不同的，要确定不同的有效权数，这种有效权数也是由专家主观确定的。

④计算相关数。各准则的项目不同，计算的相关数也不同，但必须符合所有项目之和等于1的要求。

⑤计算树顶相关数。它是用与该项有直接纵向关系的各级相关数连乘，可以反映所有因素对实现总体的重要程度。

运用此法时，建立简洁的目标是构成关联树的第一步。当确定了目标之后，一般接着应决定等级层次的个数。目标越大，层次个数就越多，关联树也就越复杂。然后，就可以依次按序画出关联树。实际上关联树是对一个复杂系统进行分解的技术。

7.2.8 时间型评估法

时间型评估法主要评估技术项目的投资回收能力，强调技术项目投资回收速度的经济效益指标，并以这类指标的分析评估为核心，形成了一组技术评估方法。这类评估方法以时间作为度量单位，反映投资回收的速度，主要方法有：静态投资回收期法、动态投资回收期法和差额投资回收期法。

1. 静态投资回收期法

静态投资回收期法又称投资返本期法或偿还年限法，是指在不考虑资金时间的情况下，利用投资回收期的长短评价投资方案优劣的一种决策分析方法。它是反映技术项目在财务方面投资回收能力的重要静态评价方法，可以用来考察技术项目投资赢利水平的经济效益。投资回收期一般以年为单位，回收期越短，其方案越有利。该方法可以用于不同投资方案之间进行比较，也可用于与目标投资回收期比较进行决策。

静态投资回收期法的优点是：方法简单，易于广泛采用，可在一定程度上反映方案的风险程度。一般投资回收期越短，说明投资方案的风险越小；反之，风险越大。其缺点是：不能反映资金的时间价值；也没有考虑回收期满后继续发生的净现值流量的变化情况，忽视了投资方案的获利能力。

2. 动态投资回收期法

动态投资回收期法是以动态投资回收期作为投资决策评价指标的一种方法，其特点是考虑了资金的时间价值因素及以后的投资期作为评估投资方案优劣的一种决策分析方法。动态投资回收期法考虑了货币的时间价值，能反映前后各期净现金流量高低不同的影响。与静态投资回收期法相比，动态投资回收期法的优点是考虑了现金流入和流出的时间因素。缺点是计算比较麻烦，同时在投资回收期不长和折现率不大的情况下，两种投资回收期差别不大。只有在静态投资期很长的情况下，才有必要进一步计算动态投资期。

3. 差额投资回收期法

差额投资回收期法是通过计算两个方案的差额投资回收期而进行方案比优的一种简便的静态评价方法，是指在不考虑资金的时间价值的条件下，用投资额大的方案比投资额小的方案所节约的经营成本，来回收其差额投资所需的期限。

差额投资回收期法主要用于对现有企业采用新技术或进行技术改造时的评估。应用差额投资回收期法评估投资方案时，一般认为，如果差额投资的回收期短于基准回收期，那么投资大的方案比较好。该法主要适用于产出相同，时间年限较短的项目。

差额投资回收期法的优点是简单易懂，能反映追加投资的回收期。其缺点是：a. 实际上没有考虑资金的时间价值因素，从而夸大了投资方案的投资回收速度；b. 没有考虑方案的寿命期，对不同寿命期的方案难以比较；c. 没有考虑差额投资回收期之后的收支情况。

7.2.9 非市场基准法

非市场基准法是一种重要的技术评估方法，能够为尚未投入市场或难以在市场中获得反馈的技术提供价值评估，为技术开发和投资提供决策支持。然而，在使用该方法时需要综合考虑各种因素，以准确评估技术的价值和潜力。

1. 基本原理

非市场基准法主要基于技术本身的特性和内在价值进行评估。它通过技术分析、专家评估、技术对比、未来应用预测和风险评估等步骤，来确定技术的创新性、前瞻性、可行性和商业化潜力。

2. 适用范围

非市场基准法适用于各种类型的技术价值评估，尤其适用于那些新兴技术或尚未成熟的技术或尚未实现商业化或尚未产生可观市场收益的技术。例如，对于新型能源、生物技术、人工智能等领域的技术，由于其市场尚未完全形成或市场数据不足，非市场基准法可以提供一种有效的评估方法，可以避免对市场数据的依赖，特别适用于那些尚未投入市场或市场数据有限的技术。它能够更加全面地评估技术的创新性、技术水平、应用前景和商业化潜力，为技术开发和投资决策提供更为全面的信息。

非市场基准法的评估步骤包括技术分析、专家评估、技术对比、未来应用预测和风险评估等步骤，对技术的各个方面进行综合评估。非市场基准法虽然能够克服市场数据不足的问题，但也存在一定的局限性。例如，专家评估可能存在主观性和偏见性，技术对比可能受限于已有技术的信息不足，未来应用预测可能存在不确定性等。

3. 应用场景

(1) 技术特征评估

技术特征评估基于技术本身的特征和属性来评估其价值，包括技术的创新性、技术水平、技术优势等方面的考量。

创新性高的技术通常具有较高的价值，因为其能够带来新的解决方案、改进现有产品或服务，甚至开创新的市场。评估技术创新性可以通过对技术的原创性、独特性、前瞻性等方面进行分析。

技术水平指的是技术的成熟度和先进程度。通常来说，技术水平越高，其应用范围和市场竞争力就越强。评估技术水平可以考虑技术的研发历程、技术成熟度等因素。

技术优势是指技术相对于其他同类技术的优越性和竞争优势，包括技术性能、成本效益、可靠性、可持续性等方面的优势。评估技术优势可以通过对技术的核心特点、功能、优点等进行分析。

技术的应用前景是评估其商业化潜力和市场价值的重要依据。技术应用前景好的技术通常具有较高的价值，因为它们有望在未来市场中获得更广泛的应用和更大的商业利益。评估技术应用前景可以考虑技术在未来市场中的需求、竞争态势、发展趋势等因素。

专利保护和知识产权的安全性对于技术价值至关重要。具有良好的专利保护和知识产权的技术通常更具有市场竞争力和商业化潜力。评估专利保护和知识产权可以考虑技术的专利数量、专利覆盖范围、专利地位等因素。

技术的市场需求和用户反馈是评估其商业化潜力的重要依据。通过分析市场对技术的需求程度和用户对技术的反馈意见，可以更好地了解技术在市场中的受欢迎程度和应用前景。

综合考虑以上因素对技术的价值进行全面评估，帮助决策者确定技术的商业化策略和发展方向。

（2）专家评估

专家可以根据其在相关领域的经验和知识，对技术进行综合评估，并给出相应的评估结果。

专家评估的独特之处在于专家通常拥有丰富的专业知识和经验，对相关领域的技术和行业有着深刻的理解。他们可能是该领域的从业者、研究人员或学者，对技术发展的趋势、挑战和机遇有着独到的见解。专家评估不仅局限于对技术本身的评估，还会考虑技术所处的行业环境、市场需求、竞争态势等因素。他们能够综合分析各种信息和数据，从多个角度全面评估技术的潜力和价值。专家评估具有客观性和中立性，不受特定利益的影响，以客观、公正的态度对技术进行评估。这样的评估结果更具有可信度和权威性，能够为决策者提供可靠的参考。

专家评估可以依托其所在机构的专业网络和资源，获取最新的技术信息和行业动态。提供定制化的建议和解决方案，根据具体情况为决策者提供针对性的意见。他们可以根据技术的特点和所处的环境，提出具体的改进措施或发展策略，帮助企业更好地实现技术创新和商业化。

评估专家需要保持不断学习和更新的态度。他们需要及时了解最新的技术进展和行业趋势，不断提升自己的专业水平和能力，以确保评估结果的准确性和有效性。

（3）技术对比分析

另一种非市场基准法是通过对比分析来确定技术的价值，可能包括将待评估的技术与已有的类似技术进行比较，从而确定其相对优势和劣势。

第一，需要确定待评估技术的比较对象，通常是同一领域或类似领域中的其他技术。这些比较对象可以是已有的产品、技术方案、专利技术等。

第二，建立比较指标和标准，这些指标可以包括技术性能、功能特点、成本效益、市场影响力等方面。通过明确比较指标，可以更加客观地对待评估技术进行比较分析。

第三，收集比较对象的相关数据，包括技术参数、市场表现、用户反馈等信息。这些数据可以通过市场调研、用户调查、专利数据库等渠道获取，确保评估的数据来源准确可靠。

第四，对比各项指标的数据，分析待评估技术与比较对象之间的差异和相似性。通过对比分析，可以确定待评估技术在各个方面的优势和劣势，以及与市场现状的匹配程度。

第五，根据对比分析的结果，识别待评估技术的优势和改进空间。如果待评估技术在某些方面具有明显优势，可以进一步加强和突出这些优势；如果存在改进空间，可以制定相应的改进措施，提升技术的竞争力和市场价值。

第六，综合考虑比较分析的结果、市场需求和公司战略目标等因素，作出相应的决策。如技术改进、产品定位、市场推广等方面的策略调整，以确保技术能够更好地满足市场需求并实现商业化。

通过技术对比分析，企业可以更清晰地了解自身技术的优势和劣势，及时调整战略方向，提升技术竞争力和市场地位。

（4）技术成本估算

非市场基准法还可以通过对技术研发和生产成本的估算来确定其价值。这种方法通常会考虑技术的成本效益比、投资回报率等因素。技术成本估算过程如下：

第一，确定技术研发和生产过程中涉及的各项成本，包括但不限于研发人员工资、设备购置费用、材料成本、生产线建设费用、知识产权费用等。这些成本项通常需要根据具体情况进行细化和分类。

第二，对各项成本进行估算，通常采用成本估算方法和工具，例如成本估算软件、专业人员经验等。估算过程需要考虑各项成本的具体金额和时间分配，以确保估算结果的准确性和可靠性。

第三，在确定技术成本后，需要进行成本效益分析，评估技术的投资回报率和成本效益比等指标。这可以通过比较技术投入和预期收益之间的关系来实现。如果技术的投资回报率高于预期，或者成本效益比较高，则说明技术具有较高的价值。

第四，在进行成本效益分析时，还需要考虑技术研发和生产过程中的风险因素，如技术不确定性、市场需求波动、竞争压力等。通过对风险的评估和管理，可以更准确地评估技术的成本效益和商业化潜力。

第五，根据成本效益分析的结果和风险评估的情况，制定相应的决策和策略，包括是否继续投入技术研发和生产、如何优化成本结构、如何调整商业化策略等方面的决策。通过技术成本估算，企业可以更清晰地了解技术研发和生产过程中的成本结构和投资回报情况，从而更好地制定商业化策略和管理技术转移项目。

(5) 技术潜在应用价值评估

非市场基准法还可以通过对技术在未来可能应用领域的前景和影响进行分析，评估技术的潜在应用价值来确定其价值。

一是对技术可能应用的市场需求进行分析，包括对当前市场的需求趋势、未来市场的增长潜力、竞争态势等方面的调研和分析。通过了解市场需求，可以确定技术在未来可能应用的领域和市场规模。

二是在确定潜在应用领域后，需要评估技术在这些领域的适用性和优势，包括对技术的性能特点、应用范围、竞争优势等方面的评估。通过与现有技术的对比，可以确定技术在特定领域中的优势和差异化特点。

三是对技术在潜在应用领域的市场前景进行分析，包括对市场规模、增长趋势、市场结构等方面的评估。通过了解市场前景，可以评估技术在未来可能获得的市场份额和商业机会。

四是评估技术在潜在应用领域中的影响力和推动力，包括技术对行业发展的推动作用、技术对社会和环境的影响、技术在解决现实问题和挑战方面的作用等方面的评估。通过评估技术的影响力，可以确定其在未来可能获得的社会和经济效益。

技术潜在应用价值评估能够更全面地评估技术的商业化潜力和价值，有助于更好地制定技术研发和商业化策略，提高技术投资的效益和回报。

7.3 技术评估模型

模型是技术评估服务的核心，它定义了评价的方法论和计算过程。常见的模型包括传统的数学模型（如线性回归、逻辑回归、决策树、层次分析等）及基于机器学习和人工智能的模型（如神经网络、支持向量机、随机森林等）。

在技术评价中，可以根据不同的评估目的和需求选择合适的模型。模型的选择应考虑评估的具体目标、数据的特点、可用的计算资源等因素。同时，模型的建立和优化需要深入的领域知识和专业技能。

数据是技术评估服务的基础，对于模型的训练和评估至关重要。优质的数据能够有效地提高评估的准确性和可靠性。在技术评估中，数据类型包括：技术指标、市场数据、用户行为数据、历史数据等。这些数据有不同的来源，包括公开数据集、企业内部数据、调研数据等。数据的质量和数量对评估结果有着直接的影响，因此需要对数据进行清洗、处理和分析，以确保数据的准确性和完整性。此外，随着技术评估服务的发展，越来越多的公司开始关注数据隐私和安全等问题，因此在使用数据时需要遵循相关的法律法规和隐私政策。

通常情况下，评估方案需要考虑评价目标、数据可行性、适用性和精度、实施成本、比较和综合性等几个因素。不同的评估目标需要不同的评价方案，例如评估技术的经济效益时，需要采用成本效益分析等方法；评估技术的环境效益时，需要采用生命周期评价等方法。评估方案应当根据可获得的数据和信息制定，确保评价结果具有客观性和可靠性。在制定评估方案时，需要考虑评价数据的可获得性和可靠性，避免过度依赖主观推测和假设。评价方案需要考虑技术的特点和实际情况，确保评价方法的适用性和精度，以减少评价结果的误差。制订方案需要权衡成本和收益，确保评价的效果最大化。另外，评价方案应当具有可比性，以便对不同技术方案进行比较；同时也应当具有综合性，以便对不同方面进行综合评价。在选择评估方案时，需要根据具体情况制订合适的方案，不断进行调整和优化，以确保评估结果的准确性和有效性。

7.3.1 层次分析模型

层次分析（analytic hierarchy process，AHP），又称为层次分析法或多层次权重解析方法，20 世纪 70 年代初期由美国著名运筹学家、匹兹堡大学的萨蒂（T. L. Saaty）教授首次提出。该方法是定量和定性分析相结合的多目标决策方法，能够有效地分析目标准则体系层次间的非序列关系，常用于对复杂问题进行定性和定量评估。有效地综合测度决策者的判断和比较。由于系统、简洁、实用，在社会、经济、管理等许多领域得到越来越广泛的应用。

1. AHP 的适用场景

AHP 适用于各种类型的技术评估，特别是涉及多个标准和多个决策因素的情况，为技术转移决策提供科学依据。AHP 评估模型适用的一些技术评估场景如下：

①新技术评价。当需要评估新技术的可行性、优劣势及适用性时，AHP 可以帮助分析各种技术方案的不同因素，如性能、成本、风险等，并进行综合评估和比较。

②产品设计评估。在产品设计阶段，AHP 可用于评估不同设计方案的各种属性和性能指标，如功能、可靠性、成本等，以确定最佳的设计方案。

③技术投资评估。在进行技术投资决策时，AHP 可以帮助评估各种投资项目的收益、风险和成本，并确定最具有潜在价值的投资项目。

④供应链管理评估。在供应链管理中，AHP 可用于评估不同供应商或合作伙伴的综合能力和表现，以确定最合适的合作伙伴。

⑤项目选择评估。在项目管理中，AHP 可以帮助评估不同项目方案的优劣势，以确定最优项目组合或选择。

在实际评估中，可以将模糊综合评估与 AHP 方法相结合评估专利的价值和重要性，如专利的技术创新性、市场竞争力、商业潜力等，帮助决策者更全面地理解和评估专利的价值。

2. AHP 的基本原理

AHP 是一种递阶层次结构模型，如图 7-1 所示。首先要把问题条理化、层次化，构造出能够反映系统内在联系的递阶层次结构模型。将具有共同属性的元素归并为一组，作为结构模型的一个层次。同一层次的元素既对下一层次元素起着制约作用，同时又受到上一层次元素的制约，构造了递阶层次结构模型。AHP 的层次结构既可以是序列型的，也可以是非序列型的，可将层次分为三种类型：最高层只包含一个元素，表示总目标层；中间层包含若干层元素，表示实现总目标所涉及的各子目标，称子目标层；最底层表示实现各决策目标的可行方案，称为方案层。

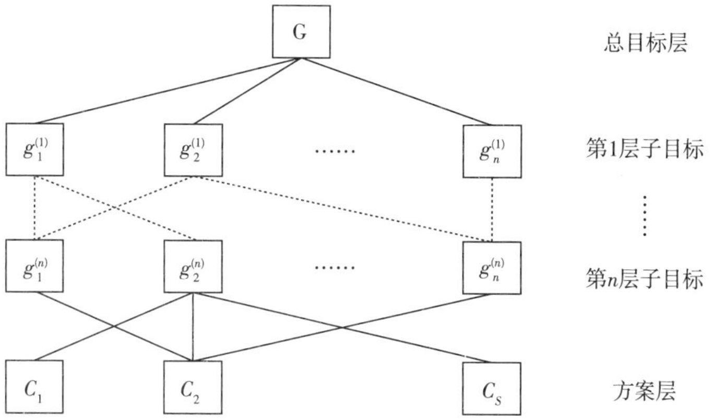

图 7-1 递阶层次结构模型

在实际操作中，模型的层次数由系统的复杂程度和决策的实际需要而定，不宜过多。每一层次元素一般不超过 9 个，过多的元素会给主观判断比较带来困难。构造一个合理而简洁的层次结构模型，是 AHP 方法的关键。

3. AHP 模型构建流程

（1）建立层次结构

首先确定评价对象，构建一个层次结构，将评估对象划分为不同的层次和子层次。层次结构包括目标层、准则层和备选方案层。目标层代表评估的总体目标，准则层代表评估的各个方面，备选方案层包含具体的评估选项。

建立层次结构是运用层次分析法（AHP）进行评估的重要步骤，将评估对象按照不同层次和子层次进行组织，以便进行权重计算和综合评估。一致性矩阵（也称为判断矩阵）是层次分析法（AHP）中的核心部分，用于表示决策者对不同元素相对重要性的判断。这个矩阵需要满足一定的数学条件，以确保决策过程的逻辑一致性。具体步骤为：

①确定评估目标（目标层）。明确评估的总体目标是什么。评估目标通常是需要作出决策或选择的问题或主题，例如评估购买一台新电脑的选择，那么评估目标可能是“选择最适合自己需求的电脑”。

②确定评估准则（准则层）。确定影响该目标实现的准则或因素。准则通常是评估目标的不同方面或要素。以购买电脑为例，准则可能包括性能、价格、品牌、外观等方面。

③确定备选方案（备选方案层）。即可以实现评估目标的不同选择或解决方案。

具体实施中，将上述目标、准则和备选方案按照层次结构进行组织，形成一个层次结构图，目标位于最顶层，准则位于第二层，备选方案位于最底层。通过连接线表示不同层次之间的关系。将准则和备选方案进一步分解为子准则和子备选方案，以便更全面地考虑评估问题的各个方面。为了确保建立的层次结构图具有完整性和一致性，所有的因素都应被考虑到，并且各层次之间的关系应清晰明确。

(2) 建立判断矩阵

判断矩阵是一个方阵，其中每个元素表示一个准则或备选方案相对于另一个的相对重要性。确定需要比较的元素（准则或备选方案），假设有 n 个元素。

构建一个 $n \times n$ 的矩阵 $\boldsymbol{A}$，其中 a_{ij} 表示第 i 个元素与第 j 个元素的相对重要性。

数值 a_{ij} 的取值通常为 1~9 的标度，其中：

- 1 表示两个元素同等重要。
- 3 表示第一个元素比第二个元素稍微重要。
- 5 表示第一个元素比第二个元素明显重要。
- 7 表示第一个元素比第二个元素非常重要。
- 9 表示第一个元素比第二个元素极其重要。
- 2、4、6、8 表示介于上述判断之间的中间值。

建立判断矩阵的具体步骤如下：

①确定要比较的两组元素，一组为准则层中的准则或因素，另一组为备选方案层中的备选方案。

②确定用于比较的标准或标度。通常使用 1~9 的标度，其中 1 表示相对重要性相同，9 表示一个元素明显优于另一个元素。

③根据确定的元素和比较标准，填写判断矩阵。矩阵的行和列分别代表要比较的两组元素，每个元素的值表示行元素相对于列元素的相对重要性。例如，如果行元素比列元素更重要，则填写大于 1 的值；如果行元素和列元素相对重要性相同，则填写 1；如果行元素比列元素不重要，则填写小于 1 的值的倒数。

④填写完判断矩阵，再进行一致性检验，以确保矩阵的一致性。一致性检验可通过计算一致性指标（CI）和随机一致性比率（CR）来完成。如果 CI 小于一定阈值，且 CR 小于 0.1，则认为判断矩阵是一致的。

⑤如果判断矩阵不一致，则需要对矩阵进行调整和完善，直到满足一致性要求为止。调整的方法包括重新考虑比较标准、重新填写矩阵中的值等。

重复以上步骤②~⑤：对于准则层和备选方案层中的每一对元素，重复上述步骤，构建相应的判断矩阵如表 7-1 所示，利用元素 A_1、A_2、A_3 构造关于准则 C_r 的判断矩阵。

表 7-1 构建判断矩阵

C_r	A_1	A_2	A_3
A_1	a_{11}	a_{12}	a_{13}
A_2	a_{21}	a_{22}	a_{23}
A_3	a_{31}	a_{32}	a_{33}

$$A=\begin{bmatrix}1 & 3 & 1/4\\ 1/3 & 1 & 5\\ 4 & 1/5 & 1\end{bmatrix}$$

定义 1：设 $A=(a_{ij})_{m\times m}$，$A>0$，如果满足下列两个条件：

① $a_{ij}=1$

② $a_{ij}=\dfrac{1}{a_{ij}}$

$i, j=1, 2, 3, \cdots, m$。

则称 A 为互反矩阵。

定义 2：设 $A=(a_{ij})_{m\times m}$，$A>0$，如果满足下列 3 个条件：

① $a_{ij}=1$

② $a_{ij}=\dfrac{1}{a_{ij}}$

③ $a_{ij}=\dfrac{a_{ik}}{a_{jk}}$

$i, j, k=1, 2, 3, \cdots, m$。

则称 A 为一致性矩阵。

定理 1：设 $A=(a_{ij})_{m\times m}$，$A>0$，则：

①A 有最大的正特征值 λ_{max}，并且 λ_{max} 是单根，其余特征值的模均小于 λ_{max}；

②A 的属于 λ_{max} 的特征向量 $X>0$。

定理 2：设 $A=(a_{ij})_{m\times m}$，$A>0$，A 是互反矩阵。

①若 λ_{max} 是 A 的最大特征值，则 $\lambda_{max}\geqslant m$；

②若 $\lambda_1, \lambda_2, \cdots, \lambda_m$ 是 A 的特征值，则 $\sum\limits_{\substack{i, j\\ i\neq j}}\lambda_i\cdot\lambda_j=0$；

③A 是一致性矩阵的充分必要条件是 $\lambda_{max}=m$。

设判断矩阵 A 的全部特征值为：$\lambda_1=\lambda_{max}$，λ_2，$\cdots$，λ_m。

由于 A 是互反矩阵，$a_{ij}=1$，$(i=1, 2, \cdots, m)$。由矩阵理论有：

$$\lambda_{max}+\lambda_2+\cdots+\lambda_m=\sum_{i=1}^{m}a_{ij}=m,\ \text{即}\left|\sum_{i=2}^{m}\lambda_i\right|=\lambda_{max}-m;$$

为达到满意一致性，除了 λ_{max}，其余特征值尽量接近于零。取：

$$\frac{\left|\sum\limits_{i=2}^{m}\lambda_i\right|}{m=1}=\frac{\lambda_{max}-m}{m=1}=CI,$$ 作为检验判断矩阵一致性指标。

CI 越大，偏离一致性越大。反之，偏离一致性越小。判断矩阵的阶数 m 越大，判断的主观因素造成的偏差越大，偏离一致性也就越大，反之，偏离一致性越小。当阶数 $m\leqslant 2$ 时，$CI=0$，判断矩阵具有完全一致性。因此，必须引入平均随机一致性指标 RI，随判断矩阵的阶数而变化，如表 7-2 所示。这些 RI 值是用随机方法构造判断矩阵，经过 500 次以上的重复计算，求出一致性指标，并加以平均而得到的。一致性指

标 CI 与同阶平均随机一致性指标 RI 的比较值称为一致性比率。

表 7-2 判断矩阵一致性指标

阶数	1	2	3	4	5	6	7	8
RI	0	0	0.52	0.89	1.12	1.26	1.36	1.41
阶数	9	10	11	12	13	14	15	
RI	1.46	1.49	1.52	1.54	1.56	1.58	1.59	

判断矩阵的建立直接影响层次分析模型（AHP）后续权重计算和综合评估的准确性和有效性。因此，在建立判断矩阵时需要谨慎考虑每一对元素之间的相对重要性，并确保矩阵的一致性。

在实际应用中，如果一致性检验不通过（$CR \geqslant 0.1$），需要对判断矩阵进行调整和重新评估，以确保决策过程的逻辑一致性。通过构建和检验一致性矩阵，可以确保层次分析法（AHP）中的比较和权重计算过程是合理和可靠的，从而为最终的决策提供坚实的基础。

（3）计算特征向量

如果判断矩阵是一致的，则可以通过计算特征向量来求得权重。特征向量是判断矩阵对应的最大特征值所对应的特征向量。通常使用数值方法（如特征值分解）或迭代法（如幂法）来计算特征向量。特征值分解用于计算矩阵的特征值和特征向量。对于判断矩阵 $\boldsymbol{A}$：

$$\boldsymbol{A}x = \lambda x$$

其中，x 是特征向量，λ 是对应的特征值。通过解这个方程组，可以得到判断矩阵 $\boldsymbol{A}$ 的特征值和特征向量。

幂法是一种迭代法，用于估计矩阵的最大特征值和对应的特征向量。该方法通常从一个初始向量开始，然后通过迭代计算矩阵的幂次方，并归一化结果，直到收敛为止。最终得到的归一化向量即为所求的特征向量。

计算得到特征向量后，通常需要对其进行归一化处理，以确保其元素之和为 1。这样可以得到各因素的相对权重，以便进行比较和分析。

最后，还需要对计算得到的特征向量进行一致性检验，以确保计算结果的合理性和稳定性。一致性检验通常通过计算特征向量的一致性指标（如一致性比率）来进行。

在计算过程中，需要注意选择合适的数值方法或迭代算法，并进行一致性检验，以确保计算结果的准确性和可靠性。

4. 综合评估

在综合评估阶段，需要将各层次的权重综合起来，以得到各个备选方案的综合得分。这个过程涉及将不同层次的权重乘以各自的评分，然后加总得到最终的综合得分。通常，可以使用两种方法来进行综合评估：

（1）加权和法

这种方法是将每个备选方案在每个层次的得分与对应层次的权重相乘，然后将这些乘积相加得到综合得分。具体步骤如下：

①对于每个备选方案，将其在每个层次的得分与对应层次的权重相乘。

②将每个备选方案在各层次上的乘积相加，得到该备选方案的综合得分。

③综合得分最高的备选方案被认为是最佳选择。

(2) 加权平均法

将每个备选方案在每个层次的得分乘以对应层次的权重，然后将这些乘积相加，最后除以层次数，得到加权平均得分。具体步骤如下：

①对于每个备选方案，将其在每个层次的得分与对应层次的权重相乘。

②将每个备选方案在各层次上的乘积相加，得到该备选方案的加权和。

③将加权和除以层次数，得到该备选方案的加权平均得分。

④加权平均得分最高的备选方案被认为是最佳选择。

这两种方法在计算综合得分时都考虑了各个层次的权重，但在计算方法上略有不同。选择哪种方法取决于具体的评估需求和偏好。最终，得分最高的备选方案被认为是最佳选择，因为它在各个层次上都得到了较高的评分，符合综合评估的要求。

5. 敏感性分析

在技术评估中，敏感性分析可以帮助评估模型对不确定性因素的稳健性，了解模型或方案在输入参数发生变化时对结果的影响程度，主要用于确定哪些参数可能需要更准确的估计或更多的关注，以减少不确定性并改进方案或模型的质量。

敏感性分析可通过多种方法来进行，包括参数扰动、一致性检验、单因素分析、多因素分析等。其中，参数扰动是最常用的方法之一，通过改变输入参数的数值，观察模型输出结果的变化情况来评估参数对结果的影响程度。

敏感性分析的一般步骤如下：

①首先确定要进行敏感性分析的输入参数，这些参数通常是模型或方案中的关键因素。

②确定每个输入参数的变化范围和变化方式，可以是绝对变化量或相对变化比例。

③使用选定的方法执行敏感性分析，对每个参数进行变化并观察结果的变化情况。

④解释分析结果。确定哪些参数对结果影响较大，哪些参数对结果影响较小，以及它们的影响程度。通常以图表或指标的形式呈现，常见的结果包括敏感性曲线、敏感度指标、影响排序等。通过分析结果，可以确定哪些参数对结果的影响最大，哪些参数相对较不敏感。

敏感性分析的结果可以指导决策者制定更有效的策略或方案。例如，如果某个参数对结果的影响较大，可能需要更多的资源或更精确的估计来减少不确定性；如果某个参数对结果的影响较小，可能需要更灵活地对其进行处理。敏感性分析是技术评估中的重要工具，可以帮助评估模型或方案对输入参数变化的响应情况，从而提高决策的科学性和准确性。

6. 结果解释与决策

在技术评估中，解释评估结果，并结合其他因素进行决策。根据评估结果，决策者可以作出最终的选择，并制订相应的实施计划，它们直接影响最终的决策结果和行动方案的制订。

①结果解释，包括对数据、分析方法和得出的结论进行解释和说明，通常需要以清晰、简明的方式呈现，确保决策者能够准确理解评估的结果。

②决策依据，技术评价的结果提供了决策的依据和参考，决策者可以根据评价结果来制订具体的行动计划或政策措施。评价结果通常包括各种指标和建议，决策者可以根据这些信息来权衡利弊、评估风险，从而作出明智的决策。

③决策制定，基于评估结果和解释，决策者可以制订具体的决策方案，包括制订技术发展计划、投资决策、市场推广策略等。决策的制定需要综合考虑评估结果、组织目标、资源投入等因素，以实现最优的决策效果。

④风险评估，在决策制定过程中，评估结果也需要用于评价决策的风险和不确定性。评估结果中可能包含的风险因素和不确定性，可以帮助决策者更好地理解决策的可能风险，并采取相应的措施进行管理和应对。

⑤监测与反馈，决策后，需要对实施效果进行监测和评估，以及时发现问题并采取调整措施。评估结果可以作为监测和反馈的基准，帮助决策者了解决策的实施情况，并根据实际情况进行调整和改进。

结果解释与决策直接影响决策的有效性和实施效果。决策者需要根据技术评估结果作出明智的决策，并不断监测和反馈，以实现组织的技术目标和战略目标。

7.3.2 BP 神经网络模型

BP 神经网络模型（back propagation neural network，BPNN）是一种基于人工神经网络的机器学习算法，常用于进行复杂的非线性映射和模式识别任务。

BP 神经网络模型可用于各种类型的技术评价，特别适用于处理大量数据和复杂关系的评估决策。通过训练神经网络模型，可以实现对技术数据的分析、预测和优化，为决策提供科学依据。帮助企业和机构更准确地评价专利的价值，优化知识产权管理和战略决策。

1. 在生产性技术服务中的应用

（1）预测和预测建模

BP 神经网络模型可用于对技术数据进行建模和预测，如市场趋势、产品性能、工艺参数等。通过训练神经网络模型，可以学习数据之间的复杂关系，并进行准确的建模和预测。

（2）故障诊断和预测维护

在工业领域，BP 神经网络模型可用于诊断设备故障和预测维护需求。通过分析设备传感器数据和操作历史，可训练神经网络模型来识别潜在的故障模式，并预测设备的维护需求。

（3）质量控制和过程优化

在生产和制造领域，BP 神经网络模型可用于质量控制和过程优化。通过监测生产过程的关键参数，训练神经网络模型来识别潜在的质量问题和优化机会，可改善产品质量和生产效率。

（4）图像识别和视觉检测

在图像处理和计算机视觉领域，BP 神经网络模型可用于图像识别和视觉检测任务。通过训练神经网络模型，可实现对图像中对象的识别和检测，如人脸识别、车牌识别等。

（5）数据分类和模式识别

BP 神经网络模型可用于对技术数据进行分类和模式识别。通过训练神经网络模型，可以将数据分为不同的类别，并识别数据中的潜在模式和规律。

2. 在专利价值评估中的应用

（1）特征提取与预测

专利价值评估通常涉及大量的技术指标和特征，如专利文本、引用情况、技术领域等。BP 神经网络模型可以通过训练学习，从这些特征中提取出有助于评估专利价值的关键信息，然后进行预测，评估专利的价值水平。

（2）数据挖掘与模式识别

专利数据往往具有复杂的结构和海量的信息，BP 神经网络模型可利用其强大的数据挖掘和模式识别能力，从中挖掘出潜在的规律和趋势，帮助评估专利的价值。

（3）预测专利商业化潜力

BP 神经网络模型可以利用已有的专利数据，结合市场信息和行业趋势，对专利的商业化潜力进行预测。通过建立预测模型帮助企业和投资者更好地评估专利的商业化前景，从而进行决策和投资。

（4）异常检测与风险评估

专利领域存在着大量的无效专利或低价值专利，这些专利可能会对企业的业务产生负面影响。BP 神经网络模型可通过识别和检测这些异常数据，帮助企业评估风险，并采取相应的措施来保护自身利益。

（5）个性化评价

由于专利的价值受到行业、技术领域和市场需求等因素的影响，因此需要根据具体情况进行个性化评价。BP 神经网络模型可以根据不同的情境和需求，灵活调整模型参数，实现个性化专利价值评估。

3. BP 算法

BP 算法作为一种智能信息处理系统，其功能的核心是算法。BP 神经网络是一种按误差反向传播（简称误差反传）训练的多层前馈网络，其算法称为 BP 算法，基本思想是梯度下降法，利用梯度搜索技术，以期使网络的实际输出值和期望输出值的误差均方差为最小。基本 BP 算法包括信号的前向传播和误差的反向传播两个过程。即计算误差输出时按从输入到输出的方向进行，而调整权值和阈值则从输出到输入的方向进行。

①前向传输。在 BP 神经网络中，输入数据通过网络中的每一层，逐层传播，直到达到输出层，这个过程称为前向传播。在前向传播过程，每个神经元接收来自上一层神经元的输入，并通过权重和偏置进行加权求和，然后将结果传递给激活函数进行激活，最终得到输出值。

②误差反向传播。在前向传播之后，计算输出层的误差，然后将误差反向传播到网络的每一层，以更新权重和偏置。误差反向传播的过程是通过计算每一层的误差梯度来实现的，然后根据梯度下降算法更新参数，以最小化误差。

③梯度下降。在误差反向传播过程，使用梯度下降算法来更新网络的参数，以使误差逐渐减小。梯度下降算法通过计算损失函数对参数的梯度，并沿着梯度的反方向更新参数，以找到损失函数的局部最小值。

④训练和优化。BP 神经网络模型的训练过程通常是通过反复迭代训练数据集来实现的。在每次迭代中，使用训练数据计算损失函数，并通过误差反向传播和梯度下降算法来更新参数。通过不断地优化网络参数，使得网络能够更好地拟合训练数据，从而提高模型的泛化能力。

⑤超参数调优。在训练过程，还需要对神经网络模型的超参数进行调优，以获得更好的性能。例如，学习率、隐藏层的节点数、激活函数的选择等都是需要调优的超参数。

4. BP 神经网络用于专利价值预测

BP 神经网络用于建模和预测专利的价值，激活函数决定了神经元的输出形式，进而影响网络的学习能力和性能。

(1) 常用的激活函数

①Sigmoid 函数。Logistic 函数被广泛应用于 BP 神经网络中，Sigmoid 函数将输入值映射到（0，1）之间，公式为：

$$f(x) = \frac{1}{1 + \mathrm{e}^{-z}}$$

适用于对专利价值进行二分类（高价值/低价值）的情况。例如，研究人员可以基于专利的技术特征和市场指标构建 BP 神经网络模型，使用 Sigmoid 函数输出专利的价值评分，从而判断专利是否具有商业化潜力。

②ReLU 函数。近年来，ReLU 函数在 BP 神经网络中的应用越来越广泛，它能够有效地解决梯度消失问题，并且具有快速的计算速度。ReLU 函数在输入大于 0 时输出等于输入值，否则输出为 0，公式为：

$$f(x) = \max(0, x)$$

ReLU 函数具有简单的形式和快速的计算速度，在实际应用中被广泛使用。它解决了 Sigmoid 函数的梯度消失问题，并且能够加速网络的收敛速度。但是，ReLU 函数存在一个问题即在负值区域输出为 0，可能导致神经元“死亡”。在专利技术评估中，ReLU 函数可以用于构建更深层次的神经网络模型，提高网络的学习能力和拟合效果。例如，研究人员可以基于专利的技术特征和市场数据构建多层 BP 神经网络模型，使用 ReLU 函数输出专利的价值得分，实现对专利价值的更精确预测。

③Leaky ReLU 函数。Leaky ReLU 函数是一种新型的神经网络激活函数，可以改善深度神经网络中的梯度消失问题，进而改善模型的准确性和精度。Leaky ReLU 函数是一种与 Sigmoid 函数及更常见的 ReLU 函数有关的激活函数，特点是可以支持负值输入，这在保持输出值非负的同时，可以降低梯度消失的可能性。

当输入的值大于或等于 0 时，Leaky ReLU 函数的输出结果与输入值相等，但当输入值小于 0 时，则输出值只是输入值的一个小部分。Leaky ReLU 函数可以使模型更容易收敛，从而改善模型的精度。

Leaky ReLU 函数可以降低模型的过拟合程度，提高模型的准确性和精度。它在现实应用中也可以取得很好的成果，为深度学习技术提供有效基础。

Leaky ReLU 函数可以进一步提高神经网络模型的稳定性和学习能力，使得模型能够更好地捕捉专利价值的特征和规律。

研究基于专利的技术特征（如专利分类、关键词、摘要等）和市场数据（如专利引用次数、专利诉讼情况等）构建 BP 神经网络模型，选择神经网络的激活函数，通过对专利组合进行训练和测试，最终得到了每个专利的价值得分。凭这些得分可更好地理解和管理其专利组合。

（2）评估过程

①确定目标。技术公司希望确定其专利组合中哪些专利具有较高的商业化潜力，以便优化技术创新和商业化策略。

②收集数据。研究人员收集了专利的技术特征和市场数据作为模型的输入。技术特征包括专利的分类、关键词、摘要等，市场数据则包括专利的引用次数、专利诉讼情况等。

③构建 BP 神经网络模型。研究人员选择了 BP 神经网络作为评估模型，并使用 Leaky ReLU 函数作为神经网络的激活函数。BP 神经网络具有良好的学习能力和拟合能力，适用于对复杂关系进行建模。

④模型训练和测试。使用收集的数据对 BP 神经网络模型进行训练和测试。在训练过程，模型通过不断调整参数，学习专利特征与商业化潜力之间的映射关系。在测试过程，模型对未知数据进行预测，得到每个专利的价值得分。

⑤专利价值得分。这些得分反映了专利的商业化潜力。

⑥应用和决策。根据专利的价值得分，对专利组合进行优化和管理。具有较高得分的专利被作为重点发展对象，企业可以加大投入并制定相应的商业化策略。而对于得分较低的专利，则可以考虑进行技术转让或采用其他处理方式，以优化专利组合的整体价值，并根据评估结果制定相应的战略，从而在技术创新和商业化方面取得更好的成效。

7.3.3 线性回归模型

线性回归模型是一种用于建立自变量与因变量之间线性关系的模型。

技术价值评估中，线性回归模型常用于分析技术指标与市场表现之间的关系，如技术投资与收益率之间的关系、技术特征与用户满意度之间的关系等。

线性回归模型主要体现在以下几个方面：

①技术投资与收益率之间的关系。技术投资是指企业为开发新技术、提高技术水平而进行的资金投入，而收益率则是评估这些投资的回报绩效优劣。

②技术投资的回报情况。使用线性回归模型可以分析技术投资与收益率之间的线性关系，通过建立投资金额与收益率之间的数学模型，评估技术投资对企业收益的影响程度。

③技术特征与用户满意度之间的关系。技术特征包括技术产品的性能、功能、易用性等方面的特点，而用户满意度则是用户对技术产品的整体评估。

④技术特征与用户满意度之间的线性关系。通过建立技术特征与用户满意度之间的数学模型，评估不同技术特征对用户满意度的影响程度。

⑤市场需求与技术产品销售量之间的关系。市场需求是指市场对技术产品的需求量和需求程度，而技术产品销售量则是技术产品在市场上的销售情况。通过建立市场需求与销售量之间的数学模型，评估市场需求对技术产品销售的影响程度。

实际应用中，通过收集相关数据并进行回归分析，可以得到线性回归模型的参数估计值，从而量化地评估技术指标与市场表现之间的关系。

7.3.4 逻辑回归模型

逻辑回归模型是一种用于建立自变量与因变量之间非线性关系的模型。逻辑回归模型常用于分析技术特征与二分类变量之间的关系，如技术应用是否受欢迎、技术产品是否具有市场竞争力等。

逻辑回归模型是一种用于解决分类问题的统计学习方法，尤其适用于二分类问题。与线性回归模型不同，逻辑回归模型的输出是一个概率值，表示某个样本属于某一类的概率。在实践中，通常将输出大于 0.5 的样本归为一类，小于 0.5 的样本归为另一类。

逻辑回归模型的基本形式如下：

$$P(Y=1 \mid X)=\frac{1}{1+\mathrm{e}^{-(WX+b)}}$$

其中，Y 是分类结果，X 是输入特征，W 是特征权重，b 是偏置项，e 是自然对数的底。这个模型使用了一个称为逻辑函数（也称为 Sigmoid 函数）的转换来将线性输出转换为概率输出。逻辑函数的定义如下：

$$\sigma(z)=\frac{1}{1+\mathrm{e}^{-z}}$$

逻辑回归模型的训练过程通常采用最大似然估计（maximum likelihood estimation, MLE）或梯度下降等方法，目标是最大化观测数据的似然函数，从而求得最优的模型参数。

逻辑回归模型在技术评估中的应用涉及以下多个方面：

①技术预测与分类。逻辑回归模型常用于预测技术的某些属性或特征，例如技术的成功与失败、产品的市场接受度等。通过收集相关数据并构建逻辑回归模型，可以根据技术的各项特征预测其可能的结果，并进行相应的分类。

②市场需求分析。技术评估需要了解市场对于某项技术的需求程度。逻辑回归模型可以通过分析市场数据和技术特征，预测市场对于该技术的接受程度，帮助评估技术的市场潜力和商业化前景。

③用户满意度评估。技术评估需了解用户对于技术的满意度，逻辑回归模型可以用于分析用户的反馈数据，预测用户满意度，并找出影响用户满意度的关键因素，从而指导技术的改进和优化。

④技术风险分析。逻辑回归模型也可以用于评估技术的风险。通过分析技术的各项特征和历史数据，预测技术可能面临的风险和挑战，帮助决策者制定相应的风险管理策略。

⑤市场定位与营销策略。逻辑回归模型帮助技术公司确定技术在市场上的定位和营销策略，通过分析市场数据和竞争资料，预测技术在不同市场细分领域的竞争力和市场份额，为制定有效的营销策略提供参考。

7.3.5　支持向量机模型

支持向量机模型是一种基于统计学习理论的监督学习模型，用于进行数据分类和回归分析。支持向量机模型可以用于分析技术特征与技术分类之间的关系，如技术产品是否属于某一类别、技术特征对市场表现的影响等。这些技术评估模型在实际应用中可以根据具体的评估目的和需求进行选择和调整，以提供更准确和可靠的评估结果。同时还可结合多种模型进行组合分析，获取更全面的评估信息。

1. 核心思想

支持向量机（support vector machine，SVM）是一种强大的监督学习算法，可用于分类和回归问题。其主要内容是找到一个最优的超平面来将不同类别的数据点分隔开。在二维空间，这个超平面就是一条直线；在更高维度的空间，这个超平面可以是一个曲面或超平面。SVM 的目标是找到一个最大间隔的超平面，使不同类别的数据点离超平面的距离最大化。

支持向量是离超平面最近的那些数据点决定了超平面的位置和方向。支持向量机的优化目标是最大化支持向量到超平面的距离。SVM 可以通过核函数来将数据从原始特征空间映射到更高维度的特征空间，原本线性不可分的数据变得线性可分。常用的核函数包括线性核函数、多项式核函数、高斯径向基函数（RBF）等。

SVM 的训练过程可以形式化为一个凸优化问题，通常采用拉格朗日乘子法来求解。通过最大化间隔，得到一个二次规划问题，通过求解二次规划问题得到最优的超平面参数和分类边界。通过引入软间隔来允许一定程度的分类错误。软间隔 SVM 相比于硬间隔 SVM 更加灵活，可以处理线性不可分的情况。

SVM 模型的一些关键参数需要调优，如正则化参数 C、核函数的参数等。通常可以使用交叉验证等方法来选择最优的参数组合以提高模型的性能。

SVM具有良好的泛化能力和分类性能，适用于处理线性和非线性可分的数据，广泛应用于分类、回归、异常检测等领域。

2. SVM模型在技术评估中的应用

SVM在技术评估中有着广泛的应用，主要体现在以下几个方面：

（1）分类

SVM可解决技术评估中的分类问题，例如根据一系列技术指标对技术进行分类，通过训练一个SVM模型将不同类型的技术进行有效分类，从而帮助决策者理解不同技术之间的差异和特点。技术评估中分类问题是指根据一系列技术指标或特征将技术划分为不同的类别。这种分类对于理解技术之间的差异和特点及为决策制定提供基础，解决技术评估中的分类问题在许多领域中得到应用。

技术评估首先要收集和准备数据，包括一系列技术指标或特征，这些指标可为技术的性能、特性、规格、用途等方面的数据，作为训练SVM模型的输入。

准备数据需要进行特征选择和提取，选择对分类有影响的重要特征，可通过专业知识、统计分析和特征工程等方法来实现，以确保SVM模型具有良好的分类性能。

（2）回归

SVM用于解决技术评估中的回归问题，例如预测某项技术的性能指标或市场价值。通过训练一个回归型的SVM模型，可以根据输入的技术特征来预测相应的输出值，从而为技术评估提供定量的分析结果。回归问题通常涉及预测连续型变量的值，预测技术的性能指标、市场价值等。回归处理流程如下：

选择合适的核函数和参数配置后，利用已标记的训练数据对回归型的SVM模型进行训练。训练过程中，SVM会学习技术特征与输出值之间的关系，并尝试找到最佳的回归函数，以对新的技术数据进行预测。

训练完成后，需要对SVM模型进行评估和调优，以确保其在未见过的数据上具有良好的泛化能力，可以使用交叉验证等方法来评估模型的性能，并根据需要调整模型的参数和配置。

训练好的回归型SVM模型可以用于对新的技术数据进行性能或价值的预测。通过将新的技术数据输入模型可以得到相应的连续型输出值，从而帮助决策者了解技术的预期性能或市场价值，并为技术评估提供定量的分析结果。

（3）特征确认

技术评估应用SVM进行特征选择，以确定最具有代表性和预测能力的技术指标。通过分析SVM模型的特征权重或支持向量，可以识别对于技术评估最为重要的特征，从而优化评估模型的设计和性能。

技术评估涉及大量的技术指标和参数，但并非所有指标都对最终结果具有同等重要性。特征选择可以帮助识别出对评估最为关键和重要的特征，从而减少模型的复杂性，提高评估的准确性和效率。

特征确认涉及分析模型的特征权重或支持向量。SVM 的训练过程支持向量对应决策边界附近的样本点，其存在可以反映对分类结果影响最大的特征。通过分析支持向量的分布情况和权重大小，可以确定哪些特征是最具有区分性和预测性的。特征确认方法是利用训练数据集训练一个 SVM 分类器或回归器。通过分析训练好的模型，得到各个特征在模型的权重或重要性分数。然后根据特征权重的大小进行排序，选择排名靠前的特征作为最终的评估指标，或者根据一定的阈值来进行特征选择。利用选取的特征重新训练 SVM 模型，并进行模型评估和验证，确保所选特征的有效性和性能。

7.3.6 技术成熟度评估模型

技术成熟度评估模型（technology readiness level，TRL）是一种常用的技术评估方法，旨在评估和描述技术的发展阶段和成熟度水平。这个模型最初由 NASA 开发用于评估航天器和航空技术的成熟度，后来被广泛应用于其他领域，包括工程、科技和商业领域。

TRL 模型将技术的发展阶段划分为 9 个等级，从最初的概念研究到最终的商业应用。每个等级都描述了技术的不同特征和成熟度水平，如表 7-3 所示。

表 7-3 技术成熟度评估等级

阶段	成熟度等级	成熟度描述
TRL 1	基础原理	在实验室环境中验证技术的基本原理
TRL 2	概念验证	在实验室环境中验证技术的概念和理论
TRL 3	技术验证	在实验室环境中验证技术的可行性，并进行初步的技术验证
TRL 4	子系统验证	在实验室环境中验证技术的子系统，并进行组件级验证
TRL 5	组件验证	在实验室环境中验证技术的完整性和功能
TRL 6	原型验证	在实验室环境中验证技术的原型，并进行实地测试
TRL 7	环境测试	在实地环境中测试和验证技术的性能和可靠性
TRL 8	系统测试	在实地环境中测试和验证技术的系统，并进行操作测试
TRL 9	实际应用	技术已经在实际环境中得到商业应用，并获得了证明

TRL 模型提供了一种标准化的方法来衡量和比较不同技术的发展进度，通过适用 TRL 模型评估技术的发展阶段，确定技术的成熟度水平，识别技术开发中的关键里程碑和风险因素。为决策者制定相应的技术开发和投资策略提供支持。

1. TRL 1 阶段

技术成熟度评估模型，TRL 1 阶段代表了技术开发的最早阶段，主要任务是验证技术的基本原理和概念的可行性，包括理论概念验证、实验室环境验证、概念研究及技术的可行性分析、应用研究、风险评价及技术可行性、市场需求、资源需求等的分析和评价，主要研究成果通常是学术论文、技术报告、专利申请等。

2. TRL 2 阶段

TRL 2 阶段代表了技术概念验证的阶段，主要任务是在实验室环境中验证技术的概念和理论的可行性，包括技术概念验证、实验室环境验证、概念证明、技术原理验证、风险评估等。

3. TRL 3 阶段

TRL 3 阶段代表了技术验证的阶段，主要任务是在实验室环境中对技术的可行性进行验证，并进行初步的技术验证，包括技术可行性验证、实验室环境验证、技术验证和测试、技术原型开发、技术验证计划（实验设计、测试方法、数据采集和分析等）、技术验证报告、风险评估和管理。通过实验和测试，研究人员可以获取更多的实验数据和结果，为技术的进一步开发提供重要参考。

4. TRL 4 阶段

TRL 4 阶段代表着子系统验证的阶段，主要任务是在实验室或模拟环境中对技术的子系统进行验证，并进行组件级的测试和验证，包括子系统验证、实验室及模拟环境测试、组件级验证、整体性能评估（功能、性能、可靠性、稳定性等）、验证结果分析（对验证结果进行统计分析、数据处理和解释，以确定技术的优缺点和改进方向）、技术验证报告、风险评估和管理（技术难点、资源限制、市场需求等方面的评估和管理）。

5. TRL 5 阶段

TRL 5 阶段代表着组件验证的阶段，需要在更加完整的实验室环境中验证技术的完整性和功能，包括组件集成和测试（各个子系统和组件的组装和集成，以构建出完整的技术系统）、实验室环境测试（测试设备、仪器和设施，模拟实际的操作场景）、功能性测试（对技术的各个功能模块进行测试和验证，以确保它们能够按照设计要求正常工作，并且能够满足用户的需求）、性能评估（速度、精度、稳定性、可靠性等）、集成测试、实验数据分析、技术验证报告（总结和记录技术的验证结果和分析）。

6. TRL 6 阶段

TRL 6 阶段代表着原型验证的阶段，主要任务是在实地环境中验证技术的原型，并进行全面的测试和评估，包括原型开发、实地测试、功能验证、性能测试（速度、精度、稳定性、可靠性等）、可靠性评估、用户反馈、技术验证报告。

7. TRL 7 阶段

TRL 7 阶段代表着环境测试的阶段，主要任务是在真实和实地的环境中测试和验证技术的性能和可靠性，包括环境模拟、性能验证、可靠性评估、适应性测试、安全性评估、用户反馈、技术验证报告，这个阶段的完成为技术的进一步开发、商业化和应用奠定了基础。

8. TRL 8 阶段

TRL 8 阶段代表着系统测试的阶段，主要任务是在实地环境中测试和验证技术系统的性能、功能和可靠性，包括系统集成（技术系统被集成到一个完整的系统中，包括将各个子系统、组件或模块进行组装和连接，系统的协调运行和互操作性验证）、系统部署、操作测试（对系统的各个功能、模块或组件进行测试，以验证其在实际操作中的性能、稳定性和可靠性）、性能评估（对技术系统的性能进行全面的评估，包括对系统的各个方面进行测试和分析，例如速度、精度、可靠性等，以确保系统满足预期的性能要求）、集成测试（测试系统的各个组件或模块之间的接口和互操作性，以确保系统的整体功能和性能达到预期的水平）、用户体验评估（对系统的用户界面、交互设计和操作流程进行测试和分析）、安全性测试（对系统可能存在的安全漏洞、风险和威胁进行识别、分析和评估）、系统测试报告（总结和记录测试过程和结果为技术系统的进一步改进、优化和应用提供参考）。

9. TRL 9 阶段

TRL 9 阶段代表着技术已经从实验室环境成功转移到商业化应用领域，并已经在市场上取得了商业成功。在这个阶段，技术需要持续改进和优化，以保持市场的竞争优势和领先地位，同时关注用户反馈和市场需求，不断提升技术的性能、功能和用户体验，为技术的长期发展和持续创新打下基础。

7.3.7 决策树模型

决策树模型是一种树状结构的分类模型，通过对数据集进行递归划分来构建一系列决策规则。决策树模型常用于分析技术特征对技术结果的影响，如技术开发成本预测、技术产品性能评估等。

决策树模型是一种常用的机器学习算法，用于进行分类和回归任务，通过构建一棵树状结构来表示特征之间的关系，并根据这些特征进行决策。

1. 结构和原理

决策树由节点和边组成，其中节点表示特征属性或者决策结果，边表示不同特征值之间的关系。决策树的构建是一个递归过程，对数据集进行分裂，选择最佳的特征来构建树的节点。分裂的目标是使子节点的样本尽可能属于同一类别（分类问题）或者具有相似的输出值（回归问题）。沿着树的路径从根节点到叶子节点，每个节点都代表一个特征条件，通过满足条件来进行决策。最终到达叶子节点时，即得到了最终的分类结果或回归值。

2. 分类和回归

决策树在分类问题中常用于将数据集划分为多个类别。通过特征分裂，不断地将数据集划分成子集，直到每个子集内的样本属于同一类别或达到预定的停止条件。决策树也可用于回归问题，即预测连续型变量的值。回归树每个叶子节点代表一个数值，而非类别标签，通过树的路径来预测目标变量的值。

3. 特征选择

①信息增益（ID3 算法）。基于信息论的概念，选择信息增益最大的特征进行分裂，即最大限度地减少不确定性的特征。

②基尼系数（CART 算法）。基于基尼系数选择最佳分裂特征，即选择基尼系数最小的特征进行分裂，可以看作在分类任务中的一种替代方法。

4. 决策树模型在技术评估中的应用

决策树模型技术评估具有广泛的应用，可以科学地评估和分析各种技术问题，为决策提供科学依据和支持，包括但不限于以下几个方面：

①新技术评估。决策树模型可以用于评估新技术的潜在市场和商业化前景。通过构建决策树，可以将技术的各项特征作为节点，根据这些特征来预测技术的商业化成功概率，帮助决策者制定投资和开发策略。

②技术优先级排序。多个技术选项中，决策树模型可以帮助评估和排序各项技术的优先级。通过分析各项技术的特征和指标，决策树帮助确定哪些技术具有较高的商业化潜力和市场需求，从而为决策者提供科学依据。

③技术风险评估。决策树模型可以用于评估技术项目的风险，包括技术开发风险、市场风险、法律风险等。构建决策树可以对不同风险因素进行量化和分析，帮助决策者了解技术项目可能面临的各种风险，并采取相应的应对措施。

④技术投资决策。决策树模型可以用于评估不同投资方案的可行性和收益率。构建决策树将投资方案的各项指标和特征作为节点，根据这些指标来预测投资方案的风险和收益，选择最佳的投资方案。

⑤产品研发优化。决策树模型可用于评估和优化产品研发过程中的技术方案和流程。构建决策树可分析不同的技术方案和流程对产品研发周期、成本和质量等方面的影响，帮助决策者选择最佳的研发方案和流程，提高产品研发效率和质量。

7.4 技术评估 AI 大模型

技术评估 AI 大模型是指利用人工智能（AI）技术构建的拥有超大规模参数、超强计算资源的机器学习系统，可用于评估技术的多方面价值。这些模型通常基于海量数据和复杂的算法，可通过自动仿真对技术进行全面的分析和评估。

7.4.1 技术价值评估的数据驱动

数据驱动是指技术评估 AI 大模型的设计和运行过程，以数据为核心，通过收集、处理和分析大规模数据来实现对技术的评估和分析。

数据驱动的技术评估模型首先要收集大量的数据，数据可有多个来源，包括技术特征数据、市场数据、用户反馈数据等。这些数据可能分布在不同的数据源和平台上，需要进行广泛的收集和有效整合。

收集到的数据通常不完整、不一致或含有噪声，需要进行数据处理和清洗，包括数据去重、缺失值填充、异常值处理等。

数据驱动的技术评估模型利用各种数据分析技术和方法挖掘数据中的信息和规律。技术价值的全面分析和评估涉及统计分析、机器学习、深度学习等多种 AI 技术。

数据分析从原始数据中提取有价值的特征和属性，通常包括技术的关键指标、市场的关键趋势、用户的关键需求等。

基于提取的特征和数据分析结果构建数据驱动的技术评估模型。这些模型采用各种技术和算法，例如回归分析、分类算法、神经网络等。

构建的模型需要进行验证和优化以保证准确性和可靠性，包括模型的验证、交叉验证、参数调优等提高模型性能和泛化能力的步骤。

数据驱动是技术评估 AI 大模型的核心特点，通过收集、处理和分析大规模数据，可为技术评估提供全面、准确和及时的信息支持。技术评估 AI 大模型的核心是利用技术特征数据、市场数据、用户反馈数据等超大规模的数字化数据储备，通过对这些数据的分析和挖掘，可为技术评估提供远超专业人才人力所及的信息资料。

7.4.2 技术特点和优势的多模态数据处理

技术评估 AI 大模型可以处理多模态数据，包括文本、图像、视频、声音等多种形式的数据，模型能够从不同的角度对技术进行评估，能深入理解技术的特点和优劣势。

处理多模态数据是技术评估 AI 大模型的重要能力之一，可为技术评估提供更全面、多角度的信息支持。

多模态数据需要将来自不同来源的数据进行集成与融合。不同数据格式、不同数据结构的统一处理，可确保数据的一致性和可用性。

多模态数据具有不同的特征表示方式，文本可以表示为词向量，图像可以表示为像素值，声音可以表示为频谱特征等，要对每种数据类型进行特征提取，并将其表示为统一的特征向量。

处理多模态数据需要设计相应的融合模型，可以是串行模型、并行模型或者是将不同模态数据进行交叉融合的模型。常见的融合方法包括多模态特征融合、多模态表示学习等。

融合后的数据显示，可以构建深度学习模型，训练过程需考虑如何有效地利用多模态数据的信息提高模型的性能和泛化能力，涉及模型的架构设计、参数调优等。

训练的多模态数据处理模型需要评估和解释，以验证其性能和有效性，包括模型的准确率、召回率、F1 值等指标的评价，以及对模型预测结果的解释和分析。

多模态数据处理在技术评价中的应用十分广泛，在智能驾驶领域，可以结合图像、雷达和声呐等多种数据进行交叉融合，实现对道路情况的全面感知和分析；在医疗诊断领域，可以结合医学影像、病历数据和生理信号等多种数据进行综合分析，辅助医生进行疾病诊断和治疗决策等。

多模态数据处理可以有效地处理和利用多种数据类型的信息，为技术评估提供更全面、准确的分析结果。

7.4.3 深度学习算法的数据特征分析

技术评估 AI 大模型采用深度学习算法进行数据分析和建模。这些算法可以自动学习数据的特征和规律，实现对技术的高效分析。深度学习算法是技术评估 AI 大模型的核心方法之一，处理复杂数据和建模能力强大。

深度学习算法的核心是神经网络模型。神经网络模型由多个神经元组成的多层结构，每一层都包含若干个神经元，前后层之间通过权重连接。常见的神经网络结构包括全连接神经网络、卷积神经网络（CNN）、循环神经网络（RNN）等。

深度学习算法通过层层堆叠的方式，逐渐学习数据中的抽象特征和表示。底层的神经网络层通常负责学习数据中的低级特征，如边缘、纹理等，而高层的神经网络层则负责学习数据的高级语义特征，如物体、场景等。

深度学习算法支持端到端的学习方式，即直接从原始数据输入到最终的输出结果，无须人工设计复杂的特征提取器。这种方式可以更好地利用数据，减少特征工程的成本，提高模型的泛化能力。

深度学习算法需要大规模的数据和计算资源进行训练。这些数据可以是结构化数据、文本数据、图像数据等，而计算资源则包括高性能的计算设备和并行计算框架，如 GPU 加速、分布式训练等。

为了克服数据稀缺和计算资源不足的问题，深度学习算法还支持迁移学习和预训练模型。通过大规模数据预训练模型，对特定任务进行微调，加速模型的收敛和提高模型的性能。

深度学习算法包括自然语言处理、计算机视觉、语音识别、推荐系统等多个领域，可用于文本分析、图像识别、时间序列预测等任务。

7.4.4 技术评估的多任务处理

技术评估 AI 大模型可以进行多任务学习，即同时处理多个相关任务，可以同时完成技术预测、市场分析、用户需求预测等多个任务，全面评估技术的价值和潜力。

多任务学习同时处理多个相关任务，应用优势如下：

①技术预测、市场分析和用户需求预测等任务之间存在着内在的联系，同时处理这些任务可以更好地挖掘数据中的相关信息。

②促进共享特征学习，即多个任务共享模型的部分参数或特征表示，可以减少模型的参数量，提高模型的泛化能力，并加速模型的训练过程。

③促进迁移学习，通过一个任务学习的知识和表示来提升其他任务的性能。通过在相关任务上训练，提高模型对技术特征和市场信息的理解。

④将多个相关任务整合到一个模型，减少了模型的复杂度和参数量，提高了模型的紧凑性和效率，可以轻松地管理和维护模型，降低模型的训练和推理成本。

7.4.5 技术评估 AI 大模型的持续训练和更新

技术评估 AI 大模型具有持续学习和更新的能力，随着时间和数据的积累不断提升自身的性能和准确度。

技术评估 AI 大模型具备适应新数据和环境变化的能力。通过持续学习和更新，模型可以适应新的数据分布和环境条件，保持模型的有效性和准确性。

技术评估领域的数据和知识在不断更新和演进，模型需要及时跟进和更新，帮助模型吸收新知识和数据。

持续学习和更新可以帮助模型不断地优化和提升自身的性能。通过不断与新数据训练和更新，模型可以发现新的特征和规律。

概念漂移和数据偏差是技术评估常见的挑战，可能导致模型性能下降。持续学习和更新可以帮助模型实现增量式学习，保持模型的稳健性和可靠性。

7.4.6 技术评估决策过程的可解释性和透明度

可解释性和透明度是指模型能够以清晰和可理解的方式解释其预测结果及决策过程的能力。技术评估涉及决策和推荐功能，模型的可解释性和透明度至关重要。

可解释性和透明度意味着模型的决策过程可以被追溯和理解，即使模型是复杂的神经网络或者深度学习模型，能够解释为何作出某个特定的决策，这是技术评估合理性和可信度的基础。

可解释性和透明度包括对模型特征的重要性进行解释。哪些技术特征对最终结果的影响最大，模型能够清晰地解释每个特征对于最终评估结果的贡献程度。

提高模型的可解释性和透明度，使用可视化和图解来展示模型的预测过程和决策规则。通过图表、图像、动画等形式，可以更直观地呈现模型的内部机制和决策过程，用户更容易理解和接受模型的预测结果。

许多可解释性工具和方法提高了模型的可解释性和透明度，例如局部解释方法（如 LIME、SHAP）解释单个预测结果的决策过程，全局解释方法（如特征重要性分析、决策树解释）解释整体模型的行为和规律。

为了增强模型的可解释性和透明度，可将用户纳入模型的评估过程。通过用户交互和参与，理解用户的需求和偏好，提高模型的可信度和可接受性。

7.4.7 技术孵化项目商业化潜力评估案例

某技术转移机构希望评估其技术孵化项目的市场适应性，以确定哪些项目具有较大的商业化潜力，能够进入市场并产生价值。他们构建了一个技术评估 AI 大模型，通过分析技术特征、市场数据、用户反馈等多种信息来预测技术的市场表现和商业化前景。

1. 数据收集与预处理

模型收集了大量的技术特征数据，包括技术的创新性、技术成熟度、市场规模等方面的数据。同时还收集了市场数据、竞争情报、用户调研等信息。然后对数据进行预处理，包括数据清洗、特征提取、标准化等，以备模型训练。

(1) 数据收集

①技术特征数据。这些数据涵盖了技术本身的特征和属性，如创新性、成熟度、关键指标等，可以通过专利文本、技术报告、研究论文等渠道获取。

②市场数据。这些数据包括市场规模、增长趋势、竞争格局等信息，可以从市场调研报告、行业分析报告、市场数据平台等渠道收集。

③竞争情报。这些数据用于了解竞争对手的技术布局、市场份额、产品特色等，可以通过竞争对手的专利、公司报告、新闻报道等渠道获得。

④用户调研。通过用户调研、问卷调查等方式收集用户对于技术的需求、偏好、反馈等信息，帮助评估技术在市场上的接受程度和影响力。

（2）数据预处理

①数据清洗。对收集到的数据进行清洗，包括处理缺失值、异常值和重复值等。这一步骤可以提高数据的质量和可靠性。

②特征提取。从原始数据中提取出有效特征，用于模型训练和分析。涉及对文本数据的分析、对图像数据的特征提取、对数值数据的变换等操作。

③数据标准化。对不同特征的数据进行标准化处理，使其具有相似的尺度和范围。助力模型更好地学习和理解数据。

④数据集划分。将数据集划分为训练集、验证集和测试集，用于模型训练、调优和评估，保证模型在未知数据上的泛化能力。

⑤特征工程。数据特征工程包括特征组合、特征选择、特征转换等操作，提高模型的性能和泛化能力。

⑥数据平衡。处理不平衡的数据分布，采用欠采样、过采样或者基于代价的方法等来平衡数据，避免模型对少数类别的过度拟合或者忽视。

（3）数据质量管理

在数据收集和预处理过程，重视数据质量的管理，包括对数据来源的可信度进行评估、对数据的完整性和准确性进行检查、对数据进行保护和隐私处理等。

2. 模型构建与训练

模型采用深度学习算法，如多层感知器（MLP）或循环神经网络（RNN）来建立预测模型。通过对技术特征和市场数据进行训练，模型能够学习技术与市场表现之间的复杂关系，并实施预测。

（1）模型选择

①深度学习算法。对于技术评估任务，常常选择深度学习算法，如多层感知器（MLP）或循环神经网络（RNN）。这些算法可以处理复杂的非线性关系。

②模型架构。根据任务的特点和数据的特征，选择合适的模型架构。对于序列数据或时间序列数据，可以选择 RNN 或者长短期记忆网络（LSTM）等模型。

（2）数据准备

①特征提取。从数据中提取有效特征，用于模型训练。涉及对技术特征和市场数据进行预处理和特征工程。

②数据划分。将数据集划分为训练集、验证集和测试集，用于模型的训练、调优和评估。通常采用 70%～80% 的数据作为训练集，10%～15% 的数据作为验证集，剩余的数据作为测试集。

（3）模型训练

①参数初始化。初始化模型的参数，可以采用随机初始化或者预训练的方式。

②损失函数。选择合适的损失函数来衡量模型预测结果与真实值之间的差异。对

于分类任务可以选择交叉熵损失函数，对于回归任务可以选择均方误差损失函数。

③优化算法。选择合适的优化算法来更新模型的参数，常见的优化算法包括梯度下降法、随机梯度下降法（SGD）、Adam 等。

④模型训练。将数据输入模型进行训练，通过反向传播算法不断更新模型的参数，模型能够逐步学习数据的特征和规律。

（4）模型评估

①验证集评估。训练过程使用验证集对模型进行评估，监控模型的性能和泛化能力。根据验证集上的性能指标，调整模型的超参数和结构。

②测试集评估。在模型训练完成后，使用测试集对模型进行最终评估，评估模型在未知数据上的泛化能力和预测性能。

3. 预测与评估

训练完成后，模型对新的技术孵化项目进行预测和评估。根据项目的技术特征和市场数据，模型可以预测其市场适应性、商业化潜力及可能的成功概率。同时，还可以对不同因素对项目成功的影响程度进行分析和评估。

（1）预测技术市场适应性和商业化潜力

①市场适应性预测。基于模型对技术特征和市场数据的学习，预测新技术在市场上的接受程度和适应性。通过分析市场趋势、竞争态势及用户需求，模型可以评价新技术是否能够满足市场需求并获得用户认可。

②商业化潜力预测。模型可以根据技术特征和市场数据，预测新技术在商业化方面的潜力，包括预测新技术在市场上的销售额、市场份额、利润等关键指标，从而帮助决策者了解技术的商业化前景和盈利能力。

（2）预测项目成功概率和风险

①成功概率预测。基于模型对技术特征和市场数据的分析，可以预测新技术项目的成功概率，包括评估项目在市场上的竞争优势、技术创新性、商业模式等方面的优势，从而预测项目成功的可能性。

②风险评估。模型可以对项目面临的风险进行评估。通过分析市场竞争、技术可行性、市场需求等因素，可以识别出项目可能面临的风险和挑战，为决策者提供风险管理和应对策略。

（3）因素影响程度和敏感性分析

①因素影响程度分析。模型可以分析不同因素对项目成功的影响程度。通过对技术特征和市场数据的权重分析，确定哪些因素对项目的影响最大，从而指导决策者在项目推进过程的重点关注和策略调整。

②敏感性分析。模型还可进行敏感性分析，评估不同因素变化对项目结果的影响程度。通过关键因素的变化和调整，可以评估项目结果的稳定性和可靠性，为决策提供全面的信息支持。

4. 实际应用与反馈

模型的预测结果可以帮助技术转移机构进行决策，包括是否投资某项技术、如何制定商业化策略等。模型还可以不断接收来自市场的反馈数据，根据市场变化调整预测模型，提高预测的准确性和可靠性。

（1）实际应用

①决策支持。模型的预测结果可以为技术转移机构提供重要的决策支持。基于模型预测的市场适应性、商业化潜力等指标，决策者可准确地评估技术的价值和潜力，从而制定合理的投资和商业化策略。

②资源优化。模型的预测结果可帮助技术转移机构优化资源配置。通过对技术项目的评估，决策者可合理地分配人力、资金和时间等资源，提高技术转移的效率和成功率。

③风险管理。模型的预测结果可以帮助技术转移机构进行风险管理。通过识别项目可能面临的风险和挑战，决策者可以及时采取措施降低风险，保护投资利益。

（2）反馈机制

①市场反馈。模型需要不断接收来自市场的反馈数据，包括市场变化、竞争动态、用户需求变更等信息。这些反馈数据可以用来验证模型的预测结果，发现模型的不足之处，并及时调整和优化。

②模型更新。基于市场反馈和实际运行情况，模型需要不断进行更新和优化。通过对模型的反馈机制，可以发现模型中存在的问题和改进空间，即时更新模型参数和算法。

③闭环系统。实际应用与反馈构成了一个闭环系统，不断循环迭代。通过持续的实际应用和反馈，模型可以不断优化和完善，逐步提高技术评估的效果和应用价值。

第八章

技术转移数字化平台

引　言

技术转移数字化平台是指通过数字化技术和平台化服务，促进技术转移过程效率的智能化系统。这样的平台为技术供应方和技术需求方提供了一个互联网化的交流和合作环境，以实现技术的传递和商业化。

数字化平台是通过数字技术和工具搭建起来的一个集成化的、在线的组织架构，用于连接各种用户、数据、应用程序和服务，实现多方互动和价值创造。

数字化平台在技术转移中的应用，贯穿科技研发、技术孵化、技术集成、新产品制造、技术商品化推广、高新技术产业化等技术转移全过程。数字化平台能够为产业链多方用户提供各种应用功能和服务，建立资源共有、共享、共赢的商业新模式。

以云计算、大数据、物联网、人工智能、区块链为热点的新一代信息技术进入跨界融合的应用期，推动着人类社会进入一个新的发展阶段。信息技术深度应用的不同场景不断引申出相应的新概念。从基础设施角度，有以互联网为核心主干，物联网等多种网络融合形成新型泛化的基础设施，并支撑规模化跨界应用服务模式为特征的"互联网+"概念；从计算模式角度，有以支持计算、存储、网络、数据、应用等资源的集约式管理和服务化使用为特征的云计算概念；从资源角度，有将数据作为新型战略资源并以数据的深度挖掘、应用共享为特征的大数据概念；从应用程度角度，有以人工智能技术为基础，支持感知、认知到决策为特征的智能化概念；从产业转型手段角度，有"硬件资源的虚拟化""管理任务的可编程"，实现海量异构数据深度"软件定义"为特征的数字化概念等。

8.1　数字经济与服务的平台化

数字经济与服务的平台化是指借助数字技术和互联网络，将传统的经济和服务模式转变为在线系统的交互和交易模式。这种平台化趋势波及数字经济时代的各产业领域。

数字经济是以数字化为特征的信息技术在农业、工业和服务业普遍应用的一种新型业态，它并不是与三大传统产业并列的第四产业，也不是替代传统产业进化而来的新兴产业分类。作为经济学概念的数字经济是区别于未应用数字化技术的产业领域形态，是指数字化信息技术渗透应用的产业经济及信息技术快速发展自身形成的新行业和新专业形态。

8.1.1 数字经济与服务平台化的优势机理

数字经济转型可类比在物理世界和数字世界之间构建一个跨越技术产品生命周期的闭环数据通路，确保在旧的系统基础上构建效率更高、成本更低、生态更为优化的新系统，其提供的产品和流程信息更为精确稳定。为达到这一目的，数字化平台作为数字经济形态的承载工具成为最佳选择。数字化平台既是技术与管理工具，又是一种新型的组织（虚拟）形式，其优势机理主要体现在以下几个方面：

1. 资源整合与对接

数字化平台能够集成多种应用程序、服务和数据源，实现多方互联。它通过提供统一的入口和接口，使不同的用户和系统能够方便地连接和交互。通过数字化平台，不同的经济和服务参与者，包括供应商、生产者、消费者和中间商，可以在同一个平台上集中展示和提供各自的资源，实现供需双方的连接和交互，促进了资源的整合和优化利用，提高了市场效率和资源利用率。

数字化平台为不同的经济和服务参与者提供交流和合作的机会，促进了创新和合作。供应商可以通过平台了解市场需求和用户反馈，改进和创新产品和服务。消费者也可以通过平台提出需求和反馈意见，推动供应商的改进和创新。

在传统的经济和服务模式中，资源的分散和信息的不对等会导致市场的不完全竞争和低效率。而通过数字平台，各类资源得以集中汇聚，供应商可以通过平台展示和推广自己的产品和服务，而消费者则可以在平台上查找并选择符合自己需求的资源。平台作为中介的角色，起到了促进资源整合和优化利用的作用。平台提供了统一的交易场所，将技术供应方和需求方及服务方集成互联。供应方使技术和服务直接面向潜在的需求方，而需求方可方便地查询、比较不同供应方的资源，平台化的资源整合和连接，增加了市场的竞争和选择空间，使交易更加高效，实现了供需双方的高效匹配。

在推动数字经济和服务的平台化过程，要关注平台的竞争和垄断问题、数据隐私和安全风险等，需要平衡各方的权益，制定合适的监管和政策措施，确保平台化的发展符合公平、公正和可持续的原则。

2. 大数据驱动的规模效应

实体经济以规模化生产获取规模效应并获取超额利润。人工管理的现代化企业其规模效应存在明确的边际临界点，计算技术、网络技术、人工智能技术的进步，使得规模效应的边际临界点发生颠覆性位移。数字化平台以数据的规模处理和智能决策支持为新型业态提供新型服务。新型服务以大数据技术收储、分析海量的数据，从中提取产业需求和增值价值，帮助 N 多方需求用户作出更科学的决策与商务合作选择。数字化平台能够集聚更广泛地域和跨行业的供应商和技术需求者，形成庞大的立体用户群体而非传统的上下游平行客户，贸易与合作会更加便捷和高效。平台的规模化的连锁反应能够吸引越来越多的参与者加入，进一步扩大产业市场规模。

规模效应从量变到质变，成为数字经济和服务平台化的重要优势。

数字经济与服务的平台化使得大量包括实体经济的供应商、生产商，乃至众多消费者和服务方聚集在同一个网络平台，形成了规模化的产业市场。

随着参与者数量的增加，平台可以实现资源的高效利用和不变成本的分摊。供应商可以通过规模化的生产和运营降低成本，而消费者则可以享受到更低的价格和更多的选择。

规模化的市场提供了更多的供应和需求选择，增加了供需的匹配机会。需求方可以在平台上找到更多符合自己需求的技术和服务，而供应方也能够检索到更多潜在的需求方。规模化的市场竞争更为充分，供应商通过平台便捷地了解市场需求动态和竞争信息，可以快速改进和创新技术和服务，推动多方参与者不断提升自己的竞争优势。

平台参与者数量的增加，带动平台吸引力和价值估值的增加。更多用户进入平台，用户之间的互动和交流增加，用户活跃度和参与度增加，提高了平台的流量价值和关注度，推动了平台的发展和壮大。用户之间分享和合作，增强了平台的用户体验，进一步提高了交易的成功率和交易规模。庞大的用户网络价值增强了平台的市场地位。

规模效应是数字经济和服务平台化的重要驱动力。通过规模化和网络化的平台，参与者可以享受到成本优势、供需匹配优势和创新竞争优势，推动数字经济和服务的快速发展和繁荣。

3. 信息透明与商业诚信

数字化平台提供了丰富的技术交易关联信息和评价机制，增强了产业市场的透明度和可信度。供需交易双方、中介服务方和增值关联方可以通过平台获得技术与服务的供求信息，对供求市场和技术商品进行比较和评估。数字化平台基于创新和生态系统，鼓励创新和合作，为开发者和合作伙伴提供开放的接口和工具，所有用户能够基于平台构建和交付创新的应用程序和服务，形成一个信息公开的生态系统。平台也提供了交易的安全保障制度和纠纷处理机制，增加了交易的信任度。

数字化平台的信息透明度高，平台提供经过实名认证的用户和技术信息，包括产品描述、规格标准、性能参数、比较价格等，使需求各方能够全面地了解和比较不同的技术与服务。买方可以通过平台浏览和筛选产品，获取关键信息并进行比较分析。这种信息透明度有助于需求方作出明智的购买决策，提高市场的效率。

平台提供详细的产品信息，包括产品特性、功能、规格等。交易各方可以根据信息规范，概括供需技术的性能和适用范围，便于选择适需对路的技术进入交易系统。

价格信息使买方能够对不同供方和不同技术方案的价值进行比较。需求方可以根据自己的需求和预算选择性价比最高的产品。

评价和反馈机制使买方可以了解其他用户对供应商和产品的评价和体验。这些评价和反馈对于买方作出决策具有参考价值，增加了市场的透明度。

通过提供安全保障和纠纷解决机制，增加了交易的可信度和信任感。

安全的支付和交付机制，保障买卖双方的权益。买方可以通过各种支付方式进行付款，而供应商可以确保收到款项后再进行交付。这种安全保障机制有助于消除交易中的不确定性和风险，提高交易的可信度。

提供纠纷解决机制，帮助买卖双方解决潜在的纠纷和争议。当出现问题或纠纷时，平台可以提供中立的调解和仲裁，保障买卖双方的权益，增加交易的可信度和稳定性。

数字化平台通常会建立供应商和买方的信誉和评级系统，根据其交易记录、用户评价及社会信用系统链接进行评级。这些评级和信誉信息可以帮助识别技术可靠和信誉良好的价值链各方，增加交易的可信度。

信息透明度和信任度是数字经济和服务平台化的核心要素之一。通过提供全面的信息和评价机制，促进了交易的顺利进行，并建立起可持续的商业生态共存关系。

4. 个性化定制服务

云计算与人工智能能够支持海量规模的个性化定制服务。数字化网络平台可以根据用户的需求和创意提供个性化和定制化的服务。通过数据分析和智能算法，数字化平台可以推荐符合用户需求的技术和服务，提供直观便捷的用户体验，以提升满意度增值多方用户应用服务。

①个性化服务首先是针对性直接推荐。平台可以通过分析用户的搜索记录、历史交易、浏览行为、业务兴趣等数据，利用智能算法进行个性化推荐。根据用户的偏好和需求，平台能够向用户展示最相关和有价值的产品和服务。这种个性化推荐有助于用户快速找到符合自己需求的技术商品，提高对接效率和满意度。如当用户搜索特定的技术产品时的即时推荐，利用用户的社交网络数据，如业务关系、评论和评价等，提供基于社交关系的个性化推荐等。

②根据个性需求的定制化服务。平台可以根据用户的特定需求，提供定制化的技术商品和服务。平台可以与供应商合作，根据用户的要求进行个性化定制和加工，满足用户特定的需求和配套要求。

定制化产品：平台可以提供定制化的技术产品，根据用户的要求进行设计和生产。用户可以根据自己的需求和特定的技术要求，定制符合自己需求的产品。

定制化服务：平台可以提供定制化的技术服务，根据用户的要求提供专门的服务。例如，用户可以要求定制化的技术咨询、培训或解决方案，以满足其特定的需求和业务要求。通过个性化和定制化服务，平台能够更好地满足用户的个性化需求，提供更有价值的服务体验，并加强用户对平台的忠诚度和依赖性。定制化的服务不仅增加了用户的满意度，还促进了平台的发展和商业增长。

5. 创新和创业机遇

数字经济和服务的平台化为创新和创业提供了线上机遇。创业者可以借助平台的网络技术和用户资源，将创新创业成果或服务推向市场，进行交互和验证，获取反馈和改进。数字化平台能够适应不断变化的需求和技术发展，具有可扩展性和灵活性，能够容纳更多的用户和服务，同时支持多种设备和操作系统。

①市场机会。数字经济和服务平台的发展为创新产品和服务的市场提供了更广阔的机遇。创业者可以通过平台接触到庞大的用户群体，将创新技术产品或服务推向市场，进行交互和验证。数字化平台提供了更多的曝光和销售渠道，使创新产品和服务能够更容易被用户发现和采用。

②资源整合。平台化模式为创业者提供了资源整合的机会。平台可以集聚供应商、投资者、专业人才等多方资源，创业者可以通过平台获得所需的资金、技术支持、市场推广等资源，降低创业成本和风险。平台还可以提供创业者所需的基础设施和技术支持，帮助他们快速启动和扩展业务。

③反馈和改进。平台化模式为创业者提供了与用户直接交互和获取反馈的机会。创业者可以通过平台与用户进行沟通和互动，了解用户需求和反馈，从而不断改进和优化自己的产品或服务。这种快速的反馈循环可以帮助创业者迅速适应市场需求，并提供更符合用户期望的解决方案。

④创新合作。平台化模式促进了创新合作和生态系统的建立。创业者可以与其他企业、供应商、开发者等合作，共同创造和推广创新解决方案。平台作为连接和协调的枢纽，为不同参与者提供合作机会，加速创新的发展和商业化过程。

数字经济和服务的平台化为创新和创业提供了更广阔的机会和支持，从而实现商业成功和成长。平台化模式为创业者降低了创业门槛和风险，创造了活跃的商业生态系统。

数字经济和服务的平台化也面临一些挑战和问题，包括平台竞争、数据隐私与安全、监管与合规等。平台提供者需要制定合适的商业模式，建立可持续的盈利模式，并与各利益相关方不断磨合与沟通。

数字经济和服务的平台化为经济和服务行业带来了新的发展机遇和方式。各类经济活动及相应服务转移到平台上进行在线交互、链接和交易，已经成为不可逆转的趋势，这种平台化模式在数字化时代得到了广泛的推广和应用，对经济增长方式和服务产业创新产生了深远的影响。

8.1.2　数字经济的资源要素

数字经济是以数字技术为基础，利用数据和信息主导生产、交流和交易的经济形态。数字经济凸显软性资源要素的重要性，相对于传统经济形态，数据与信息技术工具在推动经济发展和创新方面发挥着越来越重要的作用。

数据已被确立为传统经济三大生产要素（土地、资本、劳动力）之外的重要资源要素，数据、信息技术、专业人才、数据产权、金融资本成为数字经济新的资源要素。

1. 数据资源

数据是数字经济的核心资源要素。数字经济的快速发展产生了海量的数据，涵盖了各个领域和行业，包括用户行为数据、交易数据、社交媒体数据、传感器数据等。数据资源的重要性在于通过数据分析和挖掘揭示潜在的商业机会、用户需求和市场趋势，帮助企业作出决策和创新。数据的多样性使得分析和挖掘更加丰富和全面，帮助企业了解市场趋势、用户需求和产品性能。

数据作为新型生产要素，已快速融入生产、消费等各环节，深刻改变着人们的生产、生活方式，成为推动经济社会高质量发展的动力。在国家数据局会同16部门发布的《“数据要素×”三年行动计划（2024—2026年）》，选取工业制造、现代农业、商贸流通等行业和领域，推动发挥数据要素乘数效应，释放数据要素价值。

数据资源的真正价值在于其洞察分析应用潜力。通过对数据的分析和挖掘，企业可以揭示出隐藏的规律、趋势和关联性，利用其提供准确的决策依据和商业洞察。数据驱动的决策和创新有助于提高企业的竞争力和效率。

数据质量决定着数据资源的价值大小。高质量的数据能够提供准确、完整的信息，帮助企业作出可靠的决策。确保数据的准确性、完整性和可靠性对于数据资源的有效利用至关重要。

随着数据的广泛应用，数据隐私和安全成为重要的问题。保护用户数据的隐私和安全对于建立用户信任和维护企业声誉至关重要。因此，数字经济中的数据资源需要妥善管理和保护，遵守相关的隐私法规和安全标准。

数字经济时代，数据共享和合作变得越来越重要。通过共享数据，企业可以获得更全面和准确的信息，促进创新和合作。数据共享还可以帮助企业构建生态系统，形成合作关系，共同开发新的产品和服务。

有效利用数据资源需要具备数据分析和挖掘的能力。企业需要拥有数据科学家、分析师和专业的数据分析工具和技术，以从数据中提取有价值的信息，并将其转化为业务决策和创新的驱动力。

数据资源在数字经济中具有巨大的潜力和价值。通过充分利用数据资源，企业可以实现创新、提高效率、改善用户体验，并在竞争激烈的市场中取得优势。然而，有效地管理和利用数据资源也面临着隐私保护、安全性、合规性等挑战，需要制定相应的策略和措施，确保数据资源的有效利用和保护。

2. 信息技术资源

生产技术之外的信息技术等资源是数字经济的重要支撑，包括云计算、大数据分析、人工智能、物联网等数字技术，以及相关的软件、硬件和网络基础设施。这些技术资源提供了数字化生产、交流和交易所需的工具和平台，推动着数字经济的发展和创新。

技术资源的基础是具备稳定、高效的基础设施和技术平台，包括云计算、大数据存储处理、物联网和人工智能等平台技术，这些平台技术为企业和个人提供了强大的计算能力和数据处理能力。信息技术资源具体包括：

①硬件设备。信息技术资源的基础是各种硬件设备，如计算机、服务器、网络设备、传感器等。这些设备提供了数据存储、处理和传输的基础能力，支持企业进行各种技术操作和应用。

②软件工具和平台。信息技术资源还包括各种软件工具和平台，如操作系统、数据库管理系统、开发工具、分析工具等。这些工具和平台为企业提供了开发、部署、

管理和分析技术应用的能力。

③云计算和虚拟化技术。云计算和虚拟化技术为企业提供了灵活、可扩展的计算和存储资源。通过云计算平台，企业可以根据需求快速获取和释放计算资源，降低了硬件投资成本，并提供了更好的弹性和可靠性。

④大数据和数据分析技术。大数据和数据分析技术是数字化时代中的关键信息技术资源。通过大数据技术，企业可以收集、存储和处理大规模的数据，通过数据分析技术，可从数据中提取有价值的信息和分析启示，支持业务决策和创新。

⑤人工智能和机器学习技术。人工智能和机器学习技术为企业提供了自动化、智能化的技术能力。通过这些技术，企业可以实现自动化的任务处理、智能化的数据分析和预测，提高效率和决策的准确性。

⑥物联网和传感器技术。物联网和传感器技术使得物理设备和物体能够通过网络连接和互联，实现数据的采集、监测和控制。这些技术资源为企业提供了更全面、实时的数据来源，支持实时决策和智能化的业务操作。

⑦市场和社交媒体平台。信息技术资源还包括各种市场和社交媒体平台，如电子商务平台、社交媒体平台等。通过这些平台，企业可以实现在线销售、数字营销、品牌建设等，扩大市场覆盖和提升品牌形象。

信息技术资源的有效应用可以帮助企业提升生产力、创新能力和竞争力，实现数字化转型和可持续发展。企业需要合理规划和管理技术资源，确保其与业务战略和目标的一致性，不断跟进技术发展和变化，不断提升技术能力和创新能力。

3. 专业人才

专业人才在数字经济中扮演着重要的角色。数字经济需要具备相关技能和知识的人才，包括数据分析师、软件开发人员、数字营销专家等。这些专业人才不仅要在技术领域具备专业知识，还要具备创新能力和适应变化的能力，以应对快速发展的数字经济环境。

专业人才是数字经济中不可或缺的重要资源要素。数字经济下人才资源的需求如下：

（1）技术专业人才

数字经济的发展离不开技术专业人才的支持和推动。技术专业人才包括软件工程师、数据分析师、人工智能专家等，他们具备丰富的技术知识和技能，能够开发和应用各种数字技术，推动数字经济的创新和发展。

（2）数字化转型人才

随着数字化时代的到来，数字化转型人才能够理解数字技术的应用场景和商业模式，帮助企业进行数字化转型，并推动组织内部的变革和创新。

数字化转型人才在企业的数字化转型过程中起着关键作用，能够帮助企业把握数字化机遇，推动组织的创新和发展。具有数字化转型能力的专业人才应具备数字技术专业知识和能力、数据驱动决策能力。

数字化转型人才应具备广泛的数字技术知识，包括人工智能、大数据分析、云计算、物联网等领域的技术知识。他们应了解这些技术的原理、应用场景及最新发展动态，能够将其应用于实际业务中。

数字化转型人才应具备数据驱动决策的能力，通过数据分析和洞察，为企业提供准确的决策支持。他们应了解数据分析方法和工具，并能够将数据转化为有意义的见解和实践。

（3）数据分析人才

数字经济的核心在于数据的分析和应用。数据分析人才具备对大数据进行处理和挖掘的技能，能够从海量的数据中提取有价值的信息，为企业的决策提供支持和指导。数据分析人才应具备相应的基础知识与业务能力，具体如下所示：

①统计和数学基础，也是数据分析和建模的基础。

②数据处理和编程能力，能够从庞大的数据集中提取有用的信息与见解。

③数据挖掘和机器学习算法，了解这些算法的原理和应用场景，根据具体问题选择和应用适当的算法。

④数据可视化能力，良好的数据可视化能力能够向非技术人员传递数据分析结果。

⑤业务理解和解读能力，从数据中发现业务的关键驱动因素，并提供针对性的建议和决策支持。

⑥综合思维和问题解决能力，逻辑思维和批判性思维，对数据进行有效解读和推断。

⑦持续学习和更新能力，积极参与培训、学习和行业交流，保持对新工具、新技术和新方法的了解和应用。

（4）数字化技能科普人才

这种人才能够有效地运用数字工具和技术，具备基本的信息搜索、处理和管理能力。

①数字工具应用能力，进行文档处理和数据分析，能够使用移动应用进行移动办公和信息获取。

②数据分析与决策能力，了解常用的数据分析方法和工具，能够运用数据分析技术来支持判断和决策。

提供持续的培训和发展机会，重视专业人才的发展和培养是数字经济转型的捷径。

4. 数据产权

数据产权是数字经济中另一重要的资源形式。数据产权的内涵包括数据资源持有权、数据加工使用权、数据产品经营权。明确数据产权概念旨在推动数据要素高水平应用，推进数据要素协同优化、复用增效、融合创新，带动数据要素高质量供给、合规高效流通，培育新产业、新模式、新动能，充分实现数据要素的价值。

数据产权资源开发要探索建立数据产权制度，推动数据产权结构性分置和有序流通，结合数据要素特性强化高质量数据要素供给；在国家数据分类分级保护制度下，推进数据分类分级确权授权使用和市场化流通交易，健全数据要素权益保护制度。探索数据产权结构性分置制度。建立公共数据、企业数据、个人数据的分类分级确权授权制度。根据数据来源和数据生成特征，分别界定数据生产、流通、使用过程中各参与方享有的合法权利，推进非公共数据按市场化方式“共同使用、共享收益”。

从企业应用的角度，数据产权是企业过去的交易或流程形成的，由企业合法拥有或控制，且在未来预期能带来经济利益的以电子记录等方式入表的数据资产。作为资产，数据具有3项核心特征：资产应归属某主体所有或控制，即依托性，权属明确；资产能够产生既有的或预期的经济利益，且可计量；可交易。

作为一种资源，数据产权有非实体性、可加工性、衍生性和低成本复制性等特征。衍生性指同组数据可因不同场景用途被进行多层面多角度分析加工衍生出新的数据主体；低成本复制性指数据资产的成本主要在于前期的数据读取和研究开发阶段，之后的复制共享，边际成本趋于零。衍生与复制特征导致了数据产权管理中的产权权属确认和交易估值的两大难题。数据从产生到流转的过程可产生衍生数据及衍生数据主体，数据资产主体具有多重性；数据资产现阶段没有统一、普适的定价标准和交易规则，价值量化难度很大。

数据产权作为资源进行交易，相对于定价，确权的意义更大。

数据确权管理可根据数据主体进行分离确权，根据实际收益所得对数据进行分类确权，根据交易控制权限对数据进行分级确权。

根据数据主体的不同，将数据产权分离为原始数据、衍生数据和次生数据以确定主体权属，为平衡数据价值形成过程各参与者的权益奠定基础。根据收益归属性质将生产利益的数据分类为公有产权数据和私有产权数据，分别按公共品和私有品确权。分级管理是将数据分级为个人数据、企业数据、社会公益数据，分别按数据的实际合法管辖控制权确认产权。

5. 金融资本

数字经济的高新技术支撑需要巨额的资金支持，很多项目具有风险投资的性质，金融资本成为数字经济的重要资源。投资者和金融机构的融资支持为数字经济创新企业提供了发展和扩张的机会。金融科技的发展也为数字经济提供了创新的金融服务和解决方案。

金融资本提供了数字经济发展所需的投资和融资渠道。创新型数字经济企业通常需要大量的资金支持其研发、生产、推广和扩张活动。金融资本可以通过股权投资、风险投资、债务融资、无形资产证券化等方式为企业提供资金支持。

数字经济活动往往伴随着一定的风险，如市场风险、技术风险、安全风险等。金融资本提供了风险管理和保险服务，帮助企业减轻和分散风险。通过购买保险、进行风险评估和管理，企业可以降低潜在的损失，增强其经营的稳定性和可持续性。

数字经济中的交易需要相应的支付和结算。金融资本提供了支付和结算系统，为数字经济的交易提供便捷、安全和高效的支付和结算渠道。通过金融机构提供的支付和结算服务，数字经济参与者可以快速完成交易，保证了经济活动的顺利进行。

金融资本推动了数字经济中的金融创新和服务。金融科技的发展为数字经济带来了诸多创新的金融产品和服务，如移动支付、融资租赁、数字货币等。这些金融创新和服务为数字经济参与者提供了更便捷、更安全和更高效的金融工具和服务，促进了数字经济的发展和扩大。

金融科技为企业提供融资支持的典型案例如租赁资产的大行其道。在融资租赁中，租赁公司将资产购买并租给客户使用，客户按照协议支付租金，同时享有资产使用权。

融资租赁为企业提供了一种多样化的融资渠道。相比传统的贷款融资，融资租赁更注重资产的使用权，而非所有权。企业可以通过租赁资产获得所需的资金，而无须直接购买资产或提供其他抵押品。

融资租赁具有较高的灵活性和定制化特点。根据企业的需求，租赁公司可以根据资产种类、租赁期限和租金支付方式等，为企业提供灵活的租赁方案。这使得企业能够根据自身的经营需求，选择适合的租赁方式和条件。

融资租赁还包含资产管理和更新的服务。租赁公司通常负责资产的管理和维护，确保资产的正常运作和价值的保持。同时，租赁合同期满后，企业可以选择继续租赁、购买资产或更新为更先进的资产，以适应市场的变化和技术的进步。

数字经济的资源包括数据资源、技术资源、专业人才、数据产权和金融资本等要素。这些资源要素相互交织、相互支持，共同推动数字经济的发展和创新。在数字经济时代，有效地整合和利用这些资源要素将成为企业和经济实体获得竞争优势的重要因素。

8.1.3 数字化平台的运营

数字化平台是指基于信息技术和互联网构建的在线应用空间，用于承载技术供求双方及价值链利益关联多方的协同合作业务，促成各种产业运行和社交交互活动的虚拟形态。数字化平台的运营是指平台构建方为达到一定的利益目标而采取的管理策略和经营活动，主要包括市场构建、业务整合、开放拓展、数据驱动和互动互联等环节和流程的策划运作。

1. 市场构建

多边市场是数字化平台运营的基础空间。通过吸引众多的需求相关者参与其中，构建一个相互依托的生态系统。平台构建方通过提供场所（虚拟）和便捷的服务吸引参与者，这些参与者其主体是具有技术供给与需求的双方，以及众多为技术研发、集成、实验、试制、转让、交易、推广、落地直至产业化等全过程服务的机构，包括企业、高等院校、科研院所，甚至还包括终极的产品和服务消费者。

多方参与者构成多边市场，参与者在平台上交互合作形成了复杂的网络关系。

在多边市场各参与者之间存在相互依托的关系。平台构建方从初始的市场中介方角色发挥连接和协调作用，到规模化形成后会同时成为平台上的被服务方直接成为交易的参与方。技术供给与需求的主体及多方服务提供者都会变换角色，互为技术与服务的消费方。

交易和流量聚合：多边市场模式的平台通常会吸引大量的供应商和消费者，从而实现交易和流量的聚合。供应商可以通过平台获得更广泛的市场覆盖和曝光机会，而消费者则可以在平台上找到更多的产品选择和交易机会。这种聚合效应带来了规模经济和网络效应，提高了平台的竞争力和价值。

提供便利和增值服务：多边市场模式的平台通常会提供各种便利和增值服务，以吸引和留住参与者。电商平台提供方便的购物体验、安全的支付方式和快速的物流配送；共享经济平台提供便捷的共享服务、信任机制和争议解决机制。这些服务提升了用户体验和平台的吸引力。

收益来源多样化：多边市场的平台可以通过多个渠道获取收益。平台可以通过交易手续费、广告推广费、会员费、代理费等方式从供应商和消费者获取收入。平台还可以通过数据分析和用户洞察为供应商提供增值服务，如精准营销、用户行为分析等，从而获取额外的收益来源。

2. 业务整合

业务整合是指数字平台在特定行业或领域内提供全面服务的运营。平台提供方通过整合供应链、服务链和价值链上的参与者，提供一体化的解决方案。这种运营通常涉及多个环节与流程，包括成果化、产品化、商品化、产业化全过程的交易与服务。

业务整合的一体化服务可以满足用户多方面的需求，并提供更高效的服务。

协同效应：垂直整合模式中的平台提供商通过整合各个环节上的参与者，实现协同效应。不同环节的参与者之间可以更加紧密地合作和协调，优化资源配置和运作效率。例如在电商领域，平台可以与供应商合作进行产品定制和生产，确保产品质量和供应稳定性；同时，平台还可以与物流公司合作实现快速配送，提供完善的售后服务。这种协同效应可以提高整个供应链和服务链的效率和竞争力。

3. 开放拓展

开放拓展是数字平台通过开放接口和生态伙伴关系，将平台的功能和服务扩展到其他平台或应用程序中。平台提供商与其他企业合作，共享资源和技术，以实现更大规模的服务覆盖和用户增长。这种模式可以通过开放 API（应用程序接口）和开放数据来实现，从而促进创新和创业。

开放接口和生态伙伴关系。平台提供商通过开放接口，让其他企业能够与其平台进行集成和交互，共享数据和功能。通过与合作伙伴的合作，平台可以实现更大规模的服务覆盖和用户增长。

扩大服务覆盖和用户基础。通过平台拓展模式，扩大服务覆盖范围，可以吸引更多的用户和参与者，增加用户基础，进而促进平台的发展和增长。例如，社交媒体平台可以通过开放 API，让第三方应用程序集成其社交功能，从而吸引更多的用户和开发者。

刺激创新和创业。平台拓展模式为创新和创业提供了更广阔的机会。通过开放接口和数据共享，其他企业和开发者可以基于平台构建自己的应用程序或服务，实现增值创新。这种合作模式可以促进技术和业务的交叉融合，推动创新和创业的发展。

数据驱动决策。平台拓展模式通常涉及数据的共享和交互。通过开放数据，平台提供商可以获取更多的数据来源，并通过数据分析和洞察作出更准确的决策。这种数据驱动的决策可以帮助平台提供更优质的服务和个性化的体验，增强用户的黏性和满意度。

4. 数据驱动

数据驱动是指数字平台通过数据收集、分析和应用来优化运营和提供个性化服务。平台利用用户产生的数据，了解用户需求和行为，并基于数据洞察进行产品优化、营销推广和用户体验改进。通过数据驱动，平台可以更好地满足用户需求，提高用户忠诚度和平台价值。

数据驱动模式首先依赖数据的收集。平台通过各种方式收集用户的行为数据、偏好数据、交易数据等。这些数据可以来自用户的活动记录、社交媒体互动、购买行为等渠道。数据收集可以是实时的或周期性的，以获取全面和准确的用户数据。

收集到的数据需要进行深入的分析和挖掘，以获得有价值的线索和信息。数据分析可以通过统计分析、机器学习、数据挖掘等技术手段来实现。

数据驱动模式强调将数据转化为实际行动和决策的过程。基于数据的洞察，平台可以进行产品优化、营销策略调整、个性化推荐等方面的应用。例如，平台可以根据用户的购买历史和偏好推荐相关产品，或者通过数据分析改进产品的界面设计和功能设置。

持续优化和改进。数据驱动模式强调持续的优化和改进过程。通过数据的反馈和分析，平台可以不断优化产品和服务，满足用户的变化需求，适应市场的变化趋势。数据驱动模式具有迭代循环的特点，不断收集数据、分析数据、应用数据，从而实现持续的改进和增长。

5. 互动互联

互动互联是指数字化平台通过搭建社交功能和社区，促进用户之间的互动与合作。平台提供方鼓励用户分享需求、提供反馈、参与创新，以形成紧密的供应链关系。这种模式强调用户参与和共同创造价值，通过互动互联细化技术与服务需求，扩大技术与服务供给。

通过数值计算方法评价服务需求与服务能力的相关性，通过匹配函数找出适配的目标服务包，对服务组合与业务流程生产技术进行筛选组合。通过遗传算法对匹配出来的多个服务进行交叉、重组操作选择，找出最优的服务组合方案。在资源与需求对接过程中，与用户信息的交互服务是平台协同服务的关键。提供的交互信息共享与协同业务过程，管理系统对其提供支撑。用户参与业务服务的各个阶段，从设计阶段的信息沟通、获得任务清单，到执行阶段用户参与产品制造状态的监控和意见反馈，以及后期服务阶段的培训、维护与升级等，及时准确地提供用户所需的产品+服务的整体解决方案。

用户参与和合作。社群共建模式强调用户的参与和合作。平台提供方鼓励用户积极参与社群活动，分享自己的知识、经验和见解。用户之间可以互相帮助、协作解决问题，共同创造价值。用户的参与和合作不仅能够满足个人需求，还可以促进社群的成长和发展。

互动互联提供了一个知识共享和学习的平台。用户可通过该平台获取他人的专业知识、经验和创意。注册用户可以向其他用户咨询问题，寻求建议和发布意见。同时，用户也可以分享自己的知识和经验，为其他用户提供帮助和指导。这种知识共享和学习的过程促进了用户的成长和学习。

互动互联鼓励用户之间的共同创造和创新。用户可以共同参与课题研发、项目投资，共同解决转化转移问题，提出新的创意和建议。用户之间的合作和交流可以促进创新的产生和发展，为平台带来新的商业机会和竞争优势。

数字平台与运营模式的选择取决于市场需求、竞争环境和商业目标。不同的运营流程可以实现不同的商业价值和用户体验，为数字经济的发展提供了更多的可能性。

8.1.4 共有、共享、共赢的平台商业模式

共有、共享、共赢的平台商业模式是一种谋求互惠互利合作运营共同获利的体系方式，平台的参与者多方依托产业创新，共有价值链、共享资源和共赢增值。

共有、共享、共赢模式以价值规律平衡各方利益、管理共享资源、建立合规和信任机制，平台提供方通过有效的治理和合作机制，确保平台的可持续发展和共赢的谋求结果。

1. 价值共有

价值共有体现在平台的使用权由所有参与者共同拥有。所有参与方在价值链上都有适得其所的位置，即使是跨行业跨地界的新兴专业都有可能通过数字化平台在衍生的供应链上形成新的环节。数字化平台的无形资产比重远超有形资产且运营规模可无限放大，从每一个参与者都是一个运营中心的角度，平台的所有权日渐虚拟化，平台提供方、用户或利益相关者共同拥有平台的所有权或控制权，共同参与平台的决策和管理。共有模式强调平台的开放性和共治原则，鼓励各方参与管理、自我管理。

(1) 平台使用权共有

在共有模式下，平台的所有权随体量的不断增大越来越虚拟化，其估值与初始投资者的资产所有已是天壤之别而演化为全体参与者实质拥有。这些参与者可以是平台提供方、合作伙伴、用户或其他利益相关者。共有模式使得平台的所有权不仅局限于技术工具使用的组织，在云概念的架构中，公共的操作系统、规则标准、注册程序、定义等系列的软件共同构成平台的估价资产，平台的软资产远超服务器等硬件资产价值，绝非平台构建者独家所有。

(2) 共同参与管理

共有模式要求所有共有者共同参与平台的管理。每一个用户单元就是一个决策与管理中心，这意味着决策权和管理责任由众多参与者共同承担，通过规则协同和决策原则来推动平台的运营和发展。这种共同参与的方式依托市场法规和商业规则保障各方的利益，保障平台的公正和可存续。

(3) 开放性与共治

开放性意味着平台对于参与者的门槛较低，鼓励更多的利益相关者参与进来。共

治强调参与者之间的平等合作和共同管理，通过共同制定规则、协同决策和解决争议，确保平台的可持续性。

共有模式的优势让众多参与者共同分享平台的利益和责任。不同的利益相关者可以在平台中发挥各自的优势和专长，共同推动平台的发展。这种多元化的利益关系可以促进更广泛的参与和更好的合作效果。决策权和管理责任由众多参与者共同承担，可以减轻实体组织的压力和风险，各实体参与者之间是紧密型的供应链关系，在自主经营上是松散的合作关系。平台鼓励参与者各方之间的合作与协同创新但不分担各自的经营风险。

经典的开源操作系统，由全世界各地的开发者共同参与开发和维护。操作系统的代码是公开的，任何人都可以自由地查看、使用或修改。这种共有模式促进了开发者之间的合作和知识共享，操作系统才得以不断改进和快速发展。

2. 资源共享

共享是平台提供方与参与者之间共享资源。平台提供方通过开放接口、数据共享和资源共享，将平台的核心资源和服务提供给协作伙伴和用户共享，也通过平台的技术工具联通参与方的资源与服务供全体参与方选择共享。协作伙伴和用户可以共享平台提供的技术、数据、设施等资源，共同创造和提供更多的价值以共享，平台提供方、协作伙伴与用户之间共享技术与服务。

（1）核心资源共享

在共享模式下，平台提供方将其核心资源开放给合作伙伴和用户共享。这些资源包括技术平台、数据资产、基础设施、专业知识等。通过共享核心资源，平台提供方可以扩大资源的利用层面和影响力，协作伙伴和用户可以充分利用这些资源来创造价值。

共享核心资源和供应链价值是平台提供方与协作伙伴和用户之间的重要连接点和共同利益所在。

①技术平台共享。技术平台是数字化平台的运行支撑，包括软件系统、硬件设备、网络设施等。平台提供方通过共享技术平台，协作伙伴和用户利用平台的技术能力，避免了多方重复投资，降低了参与者进入高新技术领域的门槛。

②数据资产共享。重要资源是用户数据、交易数据、市场数据等。平台通过共享数据资产为需求各方精准配置对接，协作伙伴和用户利用数据资源获取机遇和价值。共享数据资产可以促进数据的整合和分析，提供更精准的个性化服务，优化业务决策。

③基础设施共享。基础设施是支持平台运营和服务提供的关键要素，包括交易平台、物流设施、支付系统等。共享基础设施可以降低参与者的成本和风险，提高技术转移的效率和安全性。

④专业知识共享。平台提供方开辟特定行业或领域的专业知识和经验通道，通过共享专业知识帮助合作伙伴和用户提升业务能力和竞争力。专业知识共享包括培训、咨询、指导等形式，以及利用群体优势帮助参与者提供问题解决方案、改进业务流程。

（2）创新成果共享

平台多方之间的互动和协作，初始的创新创意通过共享资源，激发平台多方的创造力，每一项成功的产品和服务都依赖上下游众多的环节共同完成，其收益会惠及每一个创新和服务的提供者。合作伙伴共同解决产业瓶颈问题和迎接竞争挑战。共同体验最新产业技术开发新产品或提供新服务，共享专业知识和技术，共享成果带来的效益。创新可以加速新技术和新服务的发展和推出。

（3）网格效应共享

资源共享模式建立在跨界的高端服务基础之上，强调开放性和协作。合作伙伴包括供应商、科技研发者、创业公司、研究机构、技术资产持有者等技术转移联盟的所有端点，不同地域空间的资源和不同地域空间的用户成为有机整体，共同完成各种需求任务。通过共享核心资源，合作伙伴可以充分利用平台提供的信息技术、业务数据和专业知识，快速对接供需。开放式创新可围绕创新产品，进行技术交流、资源整合和共同研发，直至共同推广形成新型产业。这种促进多方智慧和资源集聚的网格效应，能够快速推动创新速度和质量。

（4）生态系统共享

数字化平台是一个无人值守的生态虚拟系统。平台的构建方是生态系统的组织者和推动者，提供平台规则和制度，建立奖励机制和激励措施，鼓励各方共同创造和分享价值。所有的参与者都是平台生态系统的建设者和分享者。生态系统体现公平与合作，体现竞争创新氛围，有助于产业协同和优势互补。通过开放接口、开放数据和开放平台等方式，协作伙伴和用户能够吸引更多的机构参与创新。

资源共享模式通过共同获益的机制，让平台提供方与协作伙伴和用户形成紧密的合作关系，共同创造和分享价值。通过合作创新、用户增长、降低成本与风险、拓展市场和增加收益，资源共享模式实现了参与者之间的互利共赢，为整个生态系统带来持续发展和繁荣。

良好的资源共享机制能确保资源共享的公平性、安全性和可持续性，这是更多合作伙伴和用户参与和信任激励的基础。明确的共享规则和利益分配机制是参与者的权益保障。

3. 市场共赢

市场共赢是指平台所有参与者之间互惠互利，实现共同获益，形成新的服务业态，并带动高新产业的快速发展，以技术与服务优势开拓市场，实现共同的市场目标。资源共享模式下，提供增值服务是平台提供方的主要职责。数字化平台通过提供开放、公平的平台环境和商业机会，使参与者能够在平台上获得商业成功和经济回报。共同的增值服务，提升了合作伙伴和用户的业务绩效和供应链价值，同时也增强了平台的市场影响力和盈利能力。做大了产业，扩大了市场占有率，实现了平台、用户和产业的市场共赢。

（1）开放平台环境

面向市场、面向社会开放平台环境，为合作伙伴和用户提供公平的商业机会和资源共享的机制。平台提供方提供开放的接口和工具，使参与者能够利用平台的基础设施和资源，发展自己的业务和创新。平台提供方与参与者之间建立了公平的合作关系，共同分享商业机会。市场共赢不是一种单方面的行为，而是一种多方参与、共同创造的过程。市场共赢既是一种经营模式的选择，也是一种长远的战略决策实施。企业在保持自身核心竞争力的同时，通过策略性的联盟和协作，实现资源共享、优势互补、风险分散、市场共赢。互相满足符合价值规律的条件和规则标准。多个企业在推进某个行业标准的过程中，可以减少竞争，实现共同受益。通过优先合作关系，一个企业可能会得到另一个企业的优先考虑，从而扩大自己的市场或获得更好的交易条件。共赢的合作模式可以促进企业之间的互信和良好的关系，多方都会从市场得到实质性的利益。

开放平台环境意味着平台向所有参与者提供了公平的商业机会，为所有参与者提供平等的机会来展现和推广技术或服务。这种公平性促进了竞争和创新。

公平的商业机会建立起公平的协作关系。在开放平台环境中，平台通过公正的合作协议和保障条款，确保各方正常的经营权益。合作伙伴和用户参与经营活动，可以清晰地知晓履约流程和进展，不断体验合作的公平和诚信。诚信是长期合作的基础。市场共赢的精髓在于认识并尊重每个合作伙伴的独特价值，摒弃零和博弈的思维定式，转而拥抱开放的合作心态。这种心态的转变是实现真正合作的前提，用户在追求利益的同时，自身的经营行为能够惠及合作伙伴的需求和利益，能够扩展共同的目标市场从而实现业务的共同增长。

开放平台环境在共赢模式下鼓励公平竞争、资源共享和协作，为合作伙伴提供公平的商业机会和资源利用机制。开放平台环境促进了创新和增长，整体生态系统的可持续发展奠定了市场共赢的基础。

（2）协作关系

平台提供方与参与者之间的业务关联关系不是共同投资的合作伙伴关系而是产业链上的协作环节。平台提供方与用户之间互相依存、互相促进，共同支撑产业价值链，共享同心圆效应，共同追求利益最大化，共同实现市场的利益目标。多方合作伙伴相互促进，实现直接和间接的好处。一个龙头企业可能撑起一片产业链，其圆心在产品制造中辐射寻求其他企业的供应链，而这些企业也是该企业的潜在用户或合作伙伴。

互相依存。合作伙伴关系建立在互相依存的基础上。平台提供商依赖合作伙伴的专业知识、技术能力和资源来完善平台的功能和服务。合作伙伴则依赖平台提供商的开放平台环境和资源共享机制来扩大自己的业务和市场影响力。彼此的依存关系使得双方共同努力，实现共同利益。

互相促进。合作伙伴关系是一个相互促进的关系。平台提供商与合作伙伴之间通过共享核心资源、共同开发新产品或服务，以及共同解决问题和挑战，实现了协同合作和创新。合作伙伴的专业知识和技术能力可以为平台提供商带来创新和增长，而平台提供商的开放平台环境和资源共享机制则为合作伙伴提供了更广阔的发展空间。

优势互补。合作伙伴关系使各方能够发挥各自的优势，实现互补。平台提供方专注于平台的基础设施和核心功能的开发，而合作伙伴则提供特定的领域专业知识、技术能力或资源。双方能够共同利用各自的优势，为产业链提供全面、高质量的产品或服务。

协作关系是市场共赢模式的基石，建立了平台提供商与合作伙伴之间的互相依存、互相促进的关系，通过优势互补和协作创新实现共同的利益目标。这种合作伙伴关系对于共赢模式的成功和可持续发展至关重要。

(3) 共同的市场目标

市场共赢就是共赢市场，平台提供先进的网络信息技术和交易与服务的技术保障规则及多重监管协议，参与者以技术优势和独特服务共同追求市场最大化的目标。平台提供方通过持续改进平台的功能和服务，提高用户体验，吸引更多的合作伙伴和用户加入。合作伙伴和用户则通过充分利用平台提供的资源和市场机会，实现业务增长和盈利。

持续优化平台功能。平台以专业技能依托龙头产业做大做强，以综合跨界服务技能吸引众多的供应链用户，致力于用户体验和参与者需求的便捷与安全。

平台目标的实现不仅带来了平台提供方的既得利益，也把所有的参与者带入高新产业的前沿，享受到高新技术红利，获得投资回报和事业成功。多方共赢的格局将吸引更多的参与者利用数字化平台带动产业发展，进而推动数字经济的进步。

增值服务和附加价值。技术服务平台可以通过提供增值服务和附加价值来创造共赢机会。除了基本的技术支持和咨询，平台可以提供额外的服务，如培训课程、定制化解决方案、技术演示等。这些增值服务可以帮助用户更好地利用技术，提升业务效果和市场竞争力。

共有、共享、共赢的平台商业模式基于合作、互惠和共同获益，为平台提供方和众多参与者创造了广阔的商业机会和合作空间。这种模式适用于不同领域的数字化平台。

8.2　产业数字化协同创新

产业数字化协同创新是技术转移数字化平台的中枢功能，其重中之重是智能制造产业技术转移的全方位支持，促进制造业不同行业、不同部门之间的合作与创新，推动产业的数字化转型和智能制造技术的生产落地。

产业数字化协同创新的绩效方向是提升数字化能力，推动产业数字化转型升级，构建数字经济的生态系统。

产业数字化协同创新为平台提供一系列数字化工具和技术支持，平台助力企业提升数字化能力。数字化技术包括数据分析、人工智能、物联网等技术，企业只有应用数字化技术才能实现智能化制造和服务，实现相应的智能化运营管理。

产业数字化协同创新推动传统产业的数字化转型升级。数字化技术的普及应用，使传统产业可以实现智能化、自动化生产，新兴产业可自如接轨，体验颠覆性的生产效率和服务质量。

产业数字化协同创新平台为创新生态系统的构建奠定了基础，将彻底摒弃过气落后的生产方式。交叉融合和跨界合作的技术应用能够设计出全新的技术解决方案，创造出全新的消费产品。

8.2.1 制造智能技术与产业数字化

新一轮产业革命深入发展，国际创新体系、产业竞争格局、企业生产组织方式正在发生深刻变革。新一代信息技术与传统工业技术的融合创新，是新一代产业革命的技术基础。信息技术与制造、能源、材料、生物等技术加速交叉融合，智能控制、人机交互、分布式能源、智能材料、生物芯片、生物传感器等领域的交叉融合创新，不断催生孕育工业互联网和智能制造等新产品、新业态、新模式及新的竞争格局，爆发式发展的新一代信息技术，成为引领新一轮变革的主导力量。制造智能技术与产业数字化是在现代制造业深中肯綮的两个概念，可诠释制造业转型升级的全部内涵。

1. 制造智能技术

智能制造是基于网络信息技术贯穿设计、生产、管理、服务等制造活动各个环节的工业革命新版本管理体系。制造智能技术是指在制造业中应用人工智能、物联网、大数据分析、机器学习等先进技术，以实现生产过程的自动化、智能化、灵活化。智能制造是先进制造技术与新一代信息技术不断深化融合的产物，从精益制造、柔性制造、并行制造、敏捷制造、数字化制造、计算机集成制造、网络化制造、云制造、智能化制造等经历了长期演化过程。智能化制造的实用技术主要体现在以下方面：

①自动化生产。制造智能技术通过自动化系统和机器人来代替人工操作，提高生产效率，减少人为失误与误差。

②智能控制。借助传感器、数据分析和人工智能，制造智能技术能够实现生产设备的轻松管理或自动控制，并根据可能的偏差情况作出自行调整。

③预测性维护。制造智能技术可以通过实时监测设备状态，预判设备故障并提前采取维护措施，降低生产停机时间。

④灵活生产。制造智能技术可以实现生产线的灵活调整，快速切换不同产品生产，随市场需求变化。

⑤质量保障。借助数据分析和智能算法，制造智能技术可以对生产和服务过程进行实时监控，确保产品和服务质量在允许误差前提下的稳定性。

2. 产业数字化

产业数字化是以最新数字科技为主导，以数据为核心要素，对产业链上下游的各种信息数字化，进行全要素转型升级及流程再造，以实现高效、灵活、智能生产方式的过程。万物互联、数据驱动、软件定义、平台支撑、智能主导的数字经济发展特征凸显，产业数字化是我国实现制造强国的必然选择。产业数字化具体包括：

①数字化生产过程。产业数字化将生产过程中的各个环节数字化，包括设计、制造、供应链管理等，实现全流程数字化管理。

②数字化产品设计。产业数字化可以将产品设计过程数字化，包括虚拟仿真、数字样机等，加速产品研发和优化设计。

③数字化供应链。通过数字技术，实现供应链的实时监控、可视化管理，提高供应链的效率和灵活性。

④数字化制造。利用数字技术和智能制造技术，实现生产线的数字化管理和控制，提高生产效率和质量。

⑤数字化服务。产业数字化可以实现产品的远程监测、维护和服务，为用户提供守信的质保支持。

制造智能技术和产业数字化在不同层面上推动着制造业的变革。制造智能技术致力于生产与服务过程的智能化、自动化，而产业数字化则更注重将整个制造业的各个环节数字化，实现全流程的数字化管理和优化。应用与过程，一致的目标是两者的契合点，将会为制造业带来更大的效率提升、创新和产业优势。

智能技术和产业数字化是现代产业发展中相互关联且相互促进的要素组合。技术转移是将一种技术从一个领域、行业或地区转移到另一个领域、行业或地区的过程。

智能技术涵盖了人工智能、物联网、大数据分析等专业的最新成果，通过数据的收集、分析和应用来实现智能化决策和操作。技术转移可以促进智能技术的跨领域应用，从而创造更多的创新和价值。如将成功应用的智能算法或数据分析方法扩散到另一个或多个制造业领域并落地应用，这就是技术转移服务的成功绩效。

产业数字化将生产过程、供应链、产品消费等产业活动数字化，以实现更高效的生产和管理。技术转移服务为产业数字化提供技术支持和创新思路。将先进的数字化技术从一个行业引入另一个行业，最终实现加速产业整体数字化的进程。

智能技术是产业数字化的关键驱动力之一。智能技术可以帮助收集、分析和应用大量的数据，实现生产过程的实时监控、预测分析和智能化决策。

3. 技术转移推动产业数字化的作用

技术转移在制造智能技术引发的产业数字化转型中发挥着重要作用。智能制造技术的引入和应用可以极大地改变传统制造业的生产方式和商业模式，而技术转移可以加速这一转型过程，实现产业数字化的目标。

①快速引入智能创新技术。制造智能技术涵盖了诸多领域，如物联网、大数据分析、人工智能、机器学习等。高新技术往往由世界发达国家跨国集团研发，高新技术的持有者会按照技术寿命周期的不同阶段向不同经济水平的区域转让技术。一般企业难以单打独斗进行前沿技术的研发和应用。技术转移可以帮助企业尽可能在第一时间引入其他领域和地域的创新技术，从而加速数字化转型的升级周期。

②降低数字化转型的成本和风险。产业数字化事关政府的发展战略和产业规划，企业层面少数的技术应用既不能分享数字化的协同效应，又不能承担系统技术的应用成本。制造智能技术和产业数字化信息技术贵在其通用性、灵活性，弊在其研发和引进成本极其昂贵。技术转移的意义恰恰在于技术转让次数和使用权的可重复性。技术的通用性可减少落地应用的风险，产业整体需求的规模化应用可以大幅降低引进成本。

③产业升级过程的技术输出。制造智能技术和产业数字化的引入将淘汰大部分的传统产业技术，不同企业的技术水平参差不齐，被替代技术与设备可能是相对落后区域的需求技术，技术转移可以促进不同领域和区域新的合作，实现跨领域、跨地区数字化转型的同时，将次新技术、适用技术递次向梯级经济区域输出。

技术转移、智能技术和产业数字化相互交织、相互促进。技术转移可以为智能技术的跨领域、跨地域应用提供可能，智能技术则为产业数字化提供了关键技术支持，而产业数字化则加速了智能技术的应用和发展，共同推动着现代产业的创新、转型和高速发展。

8.2.2 基于云服务的工业互联网

基于云服务的工业互联网是一种将云计算和物联网技术应用于制造业的模式，旨在实现生产过程的智能化、数字化和高效化。这种模式将传感器、设备、生产线等物理资源与云计算平台连接，通过数据共享、分析和处理，实现生产过程的优化、监控和管理。工业互联网平台的核心功能如下：

1. 数据整合与共享

在工业互联网中，各类传感器和设备收集的数据被上传至云端，通过云计算平台进行集中存储和处理。这使得不同部门和环节的数据可以进行整合和共享，从而实现生产过程的全面掌控。

数据整合与共享在工业互联网中扮演着至关重要的角色，它将各种设备、系统和部门产生的数据整合在一起，实现数据的流通和共享。

数据采集和传输：工业互联网平台通过连接各种设备、传感器和生产线，实现实时数据的采集和传输。这些数据包括设备状态、生产参数、环境信息等。

在传统的工业生产中，不同的设备和系统之间存在信息孤岛，数据无法自由流通。数据整合与共享的作用如下：

一是能够将这些孤立的数据源连接起来，使得数据可以在统一的平台上汇聚，不再局限于某一个部门或系统。数据整合使得不同来源的数据可以综合分析。例如，生产线上的传感器数据、供应链数据和市场销售数据可以整合在一起，帮助企业更好地了解产品生命周期，作出更精准的决策。

二是提供了全局的数据视角，企业可以基于更全面的数据信息作出决策。从生产计划到供应链管理，都可以通过综合数据来优化流程和策略。不同部门之间的数据共享可以促进协同合作。例如，生产部门的数据可以与研发部门的数据相结合，促进新产品的开发和改进。

三是设备状态和生产过程可以进行实时监控，问题可以及早发现，帮助企业避免生产中断和质量问题。

四是为创新提供有力支持，企业可以基于大量数据分析结果进行新产品的设计和开发，提高创新成功率。

五是有助于降低成本，企业可以更好地利用资源，避免资源的浪费和重复投入。

六是因整合各个环节的数据，使企业能够更深入地了解客户需求和行为，从而提供更加个性化的产品和服务。

2. 实时监控与分析

云服务提供了实时数据分析和监控的能力，有助于及时发现异常情况，并采取措施进行干预，以确保运营的稳定性和质量。

工业互联网平台是将信息技术与工业生产深度融合的产物，通过连接设备、传感器、生产线及各个环节的数据，实现实时监控、数据分析和智能决策，从而提高生产效率、降低成本、优化资源配置，实现工业数字化转型。其中，实时监控与分析是工业互联网平台的核心功能之一。

①实时监控。是指对生产过程、设备状态等进行持续的、及时的数据采集和展示。通过在生产设备上部署传感器和监测装置，工业互联网平台可以实时地收集设备运行状态、温度、湿度、压力等各类数据。这些数据通过云计算平台进行传输和存储，使得相关人员可以随时通过终端设备（如电脑、手机等）进行远程监控。实时监控可以帮助企业及时发现问题，降低设备故障风险，确保生产过程的稳定和高效。

②实时分析。是在实时监控的基础上，管理者能够实时监测生产过程中的关键参数，能够实时访问历史数据，并对大量数据进行分析，对新采集的数据进行快速处理，以提取有价值的信息和异常信号。这涉及大数据技术、机器学习和人工智能等领域的应用。通过实时分析，实现故障预测与预防、生产优化、质量控制、即时决策及资源管理。

③故障预判与预防。借助数据分析，平台可以预判设备故障，能够警示提前进行运行维护，避免流程中断。

④生产优化。通过对生产数据的实时分析，平台可以优化生产流程，提高生产效率，降低成本。

⑤质量控制。实时分析可以帮助监测生产过程中的关键参数，确保产品质量稳定。

⑥即时决策。在生产过程中，平台可以提供实时的数据报告和智能分析结果，帮助管理层迅速作出决策。

3. 智能决策支持

基于云服务的工业互联网可以利用大数据和人工智能技术，对生产过程进行智能分析，为企业提供决策支持。通过预测性数据分析和挖掘，准确地预测市场需求、优化生产计划等。工业互联网平台集成了数据分析和人工智能技术，可以对实时数据进行快速分析和挖掘，发现数据展示的规律和趋势。智能决策支持基于数据分析，平台可以为企业提供智能决策支持，预测设备故障、优化生产流程等。

4. 远程监控与维护

制造企业可以通过云服务远程监控设备和生产线的运行状态，实现远程维护和操作，实时和可视化监控，及时发现并处置运行异常。此外，远程维护技术还可以减少因设备停机而带来的生产损失。

5. 灵活性与可扩展性

云服务模式允许制造企业根据实际需求进行资源的动态配置和扩展。不论是需要增加生产规模还是调整生产流程，云服务都能够提供灵活的解决方案。优化方案的最大意义在于效率与成本。

基于云服务的工业互联网模式可以降低企业的 IT 基础设施成本。由于数据存储和处理都在云端进行，企业无须投入大量资金购买和维护硬件设备。

制造业在数字化时代面临着诸多挑战和机遇，如供应链的复杂性、生产效率的提升、产品个性化等。智能制造解决方案是基于云服务的工业互联网的有效实践。优化方案将物联网技术与云计算和数据处理能力相结合，为制造业提供从设备连接到数据分析再到应用开发的一站式服务。企业可以通过物联网平台实现设备的连接和数据的上传，然后通过大数据和人工智能技术进行数据分析，最终实现运营过程的优化和管理。这种模式不仅帮助企业降低了 IT 成本，还提供了高效的流程监控和智能决策支持。

典型的工业互联网平台是通过数据整合与共享、人工智能等技术，帮助制造业企业实现数字化转型。平台运用大数据技术，处理海量数据，进行数据挖掘和分析，提取有价值的信息，利用人工智能算法，以数据预测扩产状况、市场需求等。平台将数据上传至云端，便于多个部门和地点的同步节奏，同时也支持实时监控和分析，实时监控供应链的各个环节。从初始资源的调度到产品消费，企业能够准确地进行供应链规划，避免供应链卡顿甚至断裂。根据订单和实际生产情况优化生产计划，提高生产效率，降低库存成本。

8.2.3 协同制造的软件支撑

1. 软件定义解析

“软件定义”是一个在计算机科学和信息技术领域中广泛应用的概念，通常用来描述通过软件控制、管理硬件资源与功能的方法。这个概念在多个领域有着重要意义，例如软件定义网络、软件定义存储、软件定义数据中心等。

软件定义的核心思想是将传统上由硬件实现的功能和控制层面转移到软件中。这意味着硬件资源（如网络设备、存储设备、服务器等）的配置、管理和控制不再是静态的，而是可以通过软件来动态地进行调整和配置。通过软件定义，管理人员可以更加灵活地对硬件资源进行配置，实现更高的自动化和灵活性。

①软件定义网络（SDN）。SDN 是一种网络架构，将网络控制从传统的分布式设备移动到一个中央控制器上，从而实现更灵活、可编程和可管理的网络。SDN 允许管理员通过软件来管理网络流量、配置路由等，而不需要对每个网络设备进行手动配置。

②软件定义存储（SDS）。SDS 是一种通过软件来管理存储资源的方法。存储功能通常由硬件设备提供，但 SDS 将存储管理功能抽象为一个软件层，使得存储资源可以更灵活地分配和管理。

③软件定义数据中心（SDDC）。SDDC 是一种将整个数据中心的管理和控制抽象为软件的方法，包括计算、存储、网络等各个方面的资源。SDDC 使数据中心的管理变得

更加灵活和自动化。

④软件定义边缘计算（SD-Edge）。边缘计算的兴起将计算和数据处理推向数据产生的源头，SD-Edge 允许在边缘设备上通过软件来配置和管理计算和存储资源，提高边缘计算的灵活性和效率。

⑤软件定义硬件（SDH）。在一定前提下，软件定义可以应用于硬件领域，如通过可编程的硬件来实现不同的功能，提高硬件资源的灵活性。

软件定义的关键优势是提供了更高的灵活性、可编程性和自动化水平。各种资源可以根据需求进行调整和配置，而无须进行大量的手动设置。这对于快速变化的业务需求和复杂的网络环境有着特别的意义。

2. 软件定义智能制造

软件定义智能制造是将软件定义的思想应用于制造业，以实现更灵活、可编程和智能化的制造过程。通过将制造资源、设备和流程抽象为软件层，使制造过程能够适应变化的需求。软件定义智能制造的详细论述如下：

①制造资源的虚拟化。软件定义智能制造将制造中的各种资源，如设备、机器、工具等，虚拟化为软件实体。这意味着制造资源的配置和控制不再依赖于硬件的物理特性，而是通过软件进行管理。这种虚拟化使得制造资源能够更灵活地进行配置、调整和重组，以适应不同产品的生产需求。

②设备的可编程性。在软件定义智能制造中，制造设备可以被视为可编程的实体。通过将设备的控制逻辑和操作过程抽象为软件代码，可以在生产过程中对设备进行重新编程和调整，从而实现不同产品的生产和工艺要求。

③生产流程的动态调整。软件定义智能制造允许生产流程的动态调整和优化。制造过程中的不同环节和步骤可以通过软件进行重新组合和调整，以适应订单量的变化或者产品类型的不同。

④实时数据分析和优化。在软件定义智能制造中，各种设备和资源都会产生大量的数据。这些数据可以被收集、分析和挖掘，实现实时的生产监控和优化。通过数据分析，制造过程中的问题和瓶颈可以被识别并且便于解决。

⑤自动化和智能化。软件定义智能制造将自动化和智能化推向更高水平。通过软件编程和数据分析，制造过程中的许多任务能够自动完成，而且还可以实现更高层的智能决策。

⑥产业协同和集成。软件定义智能制造促进了制造产业内不同企业和环节之间的协同和集成。不同的企业可以通过共享制造软件和数据，实现更紧密的合作和协调，从而提高整个产业的效率和竞争力。

⑦跨越物理和数字边界。软件定义智能制造打破了传统的物理和数字边界，将物理制造过程与数字化建模和控制相融合。制造过程更加精确、可控，同时也为虚拟制造和数字孪生等概念提供了支持。

软件定义智能制造是未来制造业发展的重要方向，通过将制造过程数字化和智能化，实现灵活、高效和智能的生产服务模式。

3. 工业制造软件

工业制造软件是一类专门为制造业设计和开发的软件，旨在实现制造过程的数字化、智能化和灵活化，其涵盖了从生产计划、设备控制、生产过程管理到数据分析等各个环节，为制造企业提供了一整套集成的解决方案。

①设计和建模软件。用于产品设计、工艺规划和数字孪生建模，允许制造企业在数字环境中创建产品和工艺模型，进行虚拟设计和优化，有助于提前预测制造过程中可能出现的问题，减少设计和生产周期。

②生产计划和调度软件。用于制订生产计划、资源分配和生产调度，能够根据市场需求、资源状况和订单优先级等因素，自动化地生成最优的生产计划，提高生产效率和资源利用率。

③设备控制和自动化软件。用于控制和管理制造设备，实现生产过程的自动化。通过连接设备和生产线，实现实时的监控、控制和调整，确保制造过程的高效与稳定。

④制造执行系统（MES）软件。MES 软件用于监控和管理生产过程中的实时数据，能够收集来自设备、工人和材料的数据，提供实时的生产信息和报告，帮助企业监控生产进度、质量和资源利用情况。

⑤数据分析和预测软件。用于对生产数据进行分析和挖掘，提供解析和预测，能够识别生产中的问题、瓶颈和改进机会，也能预测市场趋势和用户需求。

⑥虚拟仿真和培训软件。能够在数字环境中进行生产过程的虚拟仿真和培训，产业工人和操作者可以通过虚拟场景进行操作培训，提高生产操作的精确性和效率。

⑦故障诊断和维护软件。用于监测设备状态、诊断故障和进行维护管理，能够通过分析设备数据，提前预测可能出现的故障，从而实现计划性维护，降低停机时间。

⑧供应链协同软件。用于协调供应链中各个环节的合作和协同，能够实现材料采购、库存管理和物流运输的集成和优化，确保供应链的高效运转。

⑨远程监控和管理软件。允许企业实现远程的生产监控和管理，制造商能够通过移动设备远程监控设备状态、生产进度等信息，实现实时掌握制造状况。

⑩安全与隐私保护软件。在数字化环境中，数据安全和隐私保护变得尤为重要。这类软件用于保护制造数据的安全性和隐私，防止数据泄露和被不当侵入。

制造工业软件实现制造过程的数字化、智能化和灵活化，通过集成各类软件，为制造企业提供全面的解决方案，从而提高生产效率、质量和创新能力。这些软件将数字技术与制造深度融合，为制造业转型升级提供了强有力的支持。

4. 软件定义产品

软件定义产品是指产品中的核心功能和性能通过软件实现和配置，而不再依赖于硬件的特定设计。这种方法允许产品在部署后通过更新软件来改变其功能和性能，从而提高了灵活性、可定制性和可升级性。从初始的软硬不分到软件支撑硬件，再到以软件为主体，软硬件一体化的产品开发是软件定义产品新时代的一个新维度解决方案。

人机物融合，万物皆可互联，一切均可编程。软件主体作用提升，软件定义走出信息技术的范畴，从定义传统物理世界基础设施，到重新定义社会经济基础设施，内涵和外延均产生了新的发展，软件正在呈现“基础设施化”的趋势。一方面，软件自身是信息技术应用基础设施的重要构成，以平台方式为各类信息技术应用和服务提供基础性能力和运行支持；另一方面，软件正在“融入”支撑经济社会运行整体的“基础设施”，特别是互联网（物联网）的普及性应用，软件正在对传统物理世界基础设施和社会经济基础设施进行颠覆性重构，通过软件定义的方式替代硬件产品的功能和空间。

产品的复杂度大幅提升，智能化程度越来越高；产品的个性化定制需求在加大，产品的安全合规要求又越来越严格，日新月异的信息技术“应运”而生“软件定义产品”解决方案，软件成为产品的核心的构成部分。

传统产品的功能和性能通常是固定的，产品的改进或升级大多通过更换硬件来完成。而软件定义产品可以通过远程更新软件来改进功能和性能，无须改变硬件结构，大大降低了维护和升级的成本和复杂性。软件定义产品可以根据不同用户的需求和偏好进行定制，产品的功能被重新配置和调整，以适应不同的应用场景。这种灵活性可以最大限度满足不同用户的消费需求。软件定义产品，无须重新设计硬件，产品的开发和上市速度更快。产品开发人员通过软件即可进行快速的原型设计和测试，然后根据市场反馈进行迭代和改进。

8.3　技术转移服务平台的构建

技术转移服务平台主要服务于促进技术转移的利益共享和技术的商业化，推动创新技术与适用技术的落地应用。

技术转移服务平台可应用于各行各业的技术研发、熟化、推广的全方位扩散服务。企业的数字化、网络化、智能化发展，新一代智能制造的快速发展，使新型智能系统在效率、创新和洞察力等方面带来最具活力的价值。新型智能系统的智能制造将是技术转移服务平台的经典业态。

平台可为企业和研发机构共享先进制造领域的技术和经验，分享最新的研究成果、技术解决方案和最佳生产实践，促进技术的转移和传播。

8.3.1　数字化平台的柔性供应链

柔性结构是技术转移数字化平台的本质特征，柔性供应链是指对应于传统固化的刚性供给与需求关系。依据数字化平台形成的柔性供应链在技术转移服务中，建立的灵活的互为供给的多方供应体系，以满足平台用户需求的多样性和多变性。柔性供应链的设计旨在提供高效的资源配置和技术服务交付，以适应市场需求的快速变化和不确定性。

技术转移数字化平台的构建过程，也是基于数字技术的组织微粒化分解、聚合和裂变过程。这一过程将分散的技术转移机构、技术经理人、资源和服务能力等要素单元通过平台积聚起来，并使每单元的能力发挥到极致，成为新型技术市场商业社会的基本元素，激发个体的自我驱动力，通过个体自我价值实现，达到平台组织整体平衡，形成社会化的柔性供应链资源，成就云平台化的服务优势。

支持柔性供应链的数字化平台具有以下特征：

1. 多边关系协同

技术转移数字化平台能够造就广泛的产业合作渠道，包括技术供应商、开发者、服务提供商等。平台提供商与供应链中的各个参与方建立长期的合作伙伴关系，多方合作伙伴提供各种技术和专业知识，以满足平台所有关联用户的需求。柔性供应链的关键是建立良好的合作与协作关系，确保供应商能够及时响应和适应客户需求的变化。

平台以专业人才的创新动力为主要驱动力，是一种无边界的组织形态，平台可以最大化地释放个体的创新活力，逐步升维成更高层次的平台。通过与不同领域的合作伙伴合作，技术服务平台能够提供更全面、多元化的解决方案，满足用户的不同需求。

①为技术服务平台提供了敏捷性和灵活性。平台可以根据客户需求的变化和市场趋势调整合作伙伴和协作机构的组成和配置。当需求增加或变化时，平台可以迅速与合作伙伴合作，扩大资源和能力，满足客户需求。合作伙伴网络的灵活性使得技术服务平台能够更好地应对市场的变化和竞争压力。

②促进了协同创新和协作能力的发展。不同合作伙伴之间可以共同研发新技术、共享研究成果，并协同解决复杂的技术问题和挑战。这种协同创新和协作能力提高了技术服务平台的创新能力和解决问题的能力，为用户提供更具竞争力的解决方案。

③建立新型协作关系是柔性供应链的关键。技术服务平台与合作伙伴之间建立长期的合作关系，共同追求利益最大化和共同发展。这种长期合作关系建立了信任和稳定的合作基础，促进了知识和信息的共享，提升了合作伙伴网络的效率和协同能力。

合作伙伴网络在技术服务平台中具有重要作用，它为平台提供了多样化的技术和专业知识，促进了知识和技术的共享，增强了平台的敏捷性和灵活性，推动了协同创新和协作能力的发展，同时建立了公开透明的合作关系。

广泛的协作渠道形成稳定的供应链、先进的技术服务支持、全球范围的对接渠道和丰富的应用生态系统。线上的合作伙伴从柔性的供应链中获得了市场份额和收益增长。合作渠道的良好运作促进科技产业不断创新和推出高品质的产品，决定了其在科技行业的主导地位。

2. 共有共享理念

共有共享理念体现在价值认知、战略推广、文化思维和产业协同等方面。共有共享理念首先需要重新审视与竞争对手的关系，打破零和博弈的局限性，合纵利益各方在产业高端引领消费趋势，通过商业发展趋势的预测，化竞争为协同。战略推广是造就平台的影响力与黏合能力，在高维度辨识商业趋势，引领产业方向，在市场整合平台内部和外部资源以实现共有。共享首先是构建生态领导力，营造先利他后利己的使命感氛围，实现管理层、全体员工和所有合作方的融洽和谐。技术服务平台提供知识和技术的共享机会，供给与需求角色多变，通过分享他方的专业知识、技术资源和最佳实践，平台能够获得新的创意和创新。知识和技术的共享有助于平台不断改进和发展，提供更高质量的服务。

开创企业数字化的开放平台，输出平台价值观，对传统企业架构进行分解，实现战略平台化，组织微型化。以数字化连接的大流通，共创产业价值链稳定与增值才能实现最终的共赢。

3. 市场的应变能力

柔性供应链要求技术转移服务平台能够快速响应客户需求的变化。平台的市场应变能力源自快捷的技术开发和交付能力，以及强大的资源调配和项目管理能力。可以在最短的时间内提供需求解决方案，从而增强客户满意度，提升竞争力，并实现持续的业务增长。

快捷的技术开发。技术服务平台需要具备敏捷的产品开发能力，以快速推出新的功能和服务来满足用户的需求变化。系统化的开发方法可以帮助开发团队在较短的开发周期内迭代和发布技术成果，及时响应市场需求，快速调整技术规划和开发方向。

优秀的项目管理能力。技术服务平台需要具备优秀的项目管理能力，以确保各项任务按时完成并达到预期结果。平台提供有效的项目管理体系，包括项目规划、进度控制、风险管理等方面的工具手段。通过有效的项目管理，项目合作多方能够确保交付的解决方案符合质量标准和时间要求。

柔性协同提高了需求响应能力，能在最短的时间内兑付协议承诺。通过完善的技术服务和群体支持体系，每一环节都能获得及时的技术支持和服务。

4. 资源的弹性配置

柔性供应链具备弹性资源配置能力，适应市场需求的波动和变幻。技术转移服务平台需要有灵活的人力资源和技术资源管理机制，迅速准确调配资源，保证服务质量和履约效率。

与传统的组织体系不同，平台组织架构是扁平化、网络化、开放的无边界的生态系统。区域放大，日新月异的搜索手段为资源的弹性配置提供了更多选择。平台个体合作各方都是平台的资源整合单元，这些单元可以随时随地自由选择和组合平台上的多方合作。

①灵活的人力资源管理。技术转移服务平台人才数据库有详备的技术人才与管理人才专业分类、人力资源管理机制，需求波动或项目需求变化时迅速调配人才供需。这可以包括拥有一支灵活的员工队伍，包括全职员工、合同工、兼职人员或外包资源，以满足不同项目的需求。平台提供商还可以采用人力资源外包等方式，根据需求灵活地扩充或缩减人员规模，以适应需求的波动。

②充裕的资源选择空间。柔性供应链要求技术转移服务平台能够实现资源的协同，包括与合作伙伴建立紧密的合作关系，共享技术资源、专业知识和人力资源。平台可以根据需求的变化，调动各合作方的资源来满足客户需求，提高资源利用效率和灵活性。

③技术与服务的专业配置。技术服务平台具备配置技术与服务资源的专业能力，以满足不同行业、不同项目、不同用户的需求。通过云计算、虚拟化等技术手段，根据需求的变化快速调整和调度技术与服务资源。

④实时监控分析。柔性供应链需要实时监控分析的支持。技术转移服务平台能够

利用先进的数据分析技术，监控和分析需求的变化，预测资源需求的波动，即时采用相应的调整措施。

技术转移服务平台弹性资源配置，能够适应需求的波动和变化，保证服务质量和交付效率。平台可以根据实际需求灵活调整人力资源和技术资源的配置，合理利用内部和外部资源。这种灵活性和适应性可以增强平台的竞争力，为平台提供商带来商业机会和长期发展。

依据云计算弹性资源配置提供的基础设施和技术支持，供给方能够快速扩展或缩减其资源供给。通过弹性资源配置，需求方波动变化的需求能够得以有效保障。

5. 数据驱动的决策

柔性供应链基于准确的数据和信息进行决策，数字化平台衍生数字化领导力。数字化领导力颠覆了传统供给链的合作形式和组织结构。

传统供需合作大多是短链的双边合作，供需方选择的空间范围小，沟通手段局限性大，主要依靠人与人之间的“交际关系”维系合作关系，人际关系的延续形成了合作方长期固化的双方关系，缺乏竞争活力与技术创新。数据驱动的决策依据网络技术与计算手段匹配供需关系，靠规则、实力优化多方合作关系。

适应数字时代多变的消费者需求，企业在向柔性化平台组织转变，管理层逐步向以平行关系（平等）为主、纵向关系（权威）为辅的管理关系升维。数字化平台要求组织的管理者是价值实现的管理者。平台的数字化领导力将渗透到组织业务的各个环节。数字智能系统是平台化的战略资产，平台调取和配置市场资源的枢纽，为用户提供便捷服务，助其创造超额价值。平台的应用程序结构承载数字化业务运营管理系统，汇聚服务、产品和监理，进行应用和应用之间的连接、平台和平台之间的嵌套，业务功能的分解，运营数据的实时分析与资产绩效评估。技术服务平台收集和分析各种数据，包括市场需求、客户反馈、资源利用率等，作出准确的预测和决策。数据驱动的决策可以帮助平台实时调整供应链的配置和运作方式。

利用数据驱动的决策来优化其业务和服务，能够实现精确的预测和决策，数据驱动的决策能够保持不同领域的竞争优势。

技术服务平台的柔性供应链是为适应快速变化的市场需求而设计成型的，通过多边协作网络、需求响应能力、弹性资源配置、数据驱动的决策来实现。柔性供应链的形成能够提高技术转移服务平台的灵活性，满足客户的多样化需求，在竞争的技术市场占尽先机。

8.3.2 技术转移数字化平台的价值创造

技术转移数字化平台的价值创造在于提供一系列高端服务和创新机制，以支持企业和个人在技术领域的多边发展。平台的首要任务目标是精准匹配用户，通过技术商品、技术服务或社会非货币资源的交换为所有参与者创造价值。平台的生命力在于利用非直接拥有和控制的资源创造价值。

技术转移平台的角色包括网络的连接者、供需的匹配者、市场机制的设计者及众多的服务者。新一代信息技术驱动的技术转移服务平台，因其将数字技术与实体经济融合形成的服务体系，全方位的网络规模、全过程的产业服务、低成本的数据支持、高效率的工具手段，拓展了技术转移服务的全新业务领域。

技术转移数字化平台将围绕用户需求难以获取、技术成果难以评价、技术供需资源难以适配、技术市场信息难以采集、技术成果难以转化和专利技术实用性不足等问题，设计有效的解决方案。由平台连接起的技术转移服务生态系统中互动的人、机构和资源，知识的交易和新兴的商业模式，将成为数字经济价值创造的新引擎。

1. 网络规模的服务价值

技术转移数字化平台通过网络效应提供专业的技术支持和技术服务，帮助用户解决各种技术难题和挑战。平台提供技术手段低成本高效率地建设科技专家数据库、高新技术与适用技术数据库、技术供给数据库、技术需求数据库。以数字化支持的技术资源吸引越来越多的用户聚集于平台，由此开启规模化的全方位服务。

平台为海量的企业和研发机构提供项目对接的机会。通过平台的匹配和推荐机制，可以将具有相似技术需求和合作意愿的企业和研发机构连接起来，共同开展技术合作项目。这种合作可以促进技术的交叉融合和创新，加快智能制造技术的应用和商业化进程。

技术转移服务平台的首要目标是匹配用户（供需方），通过技术商品、技术服务或知识资产交易或其他资源的交换，为所有平台的参与者创造价值。平台利用数字技术和智能软件工具，为用户提供准确、迅速、便捷的服务，创造价值。

2. 网络渠道的服务价值

网络渠道一改传统价值链平行形态而构建立体交互的多边渠道，传统的技术转移服务是基于管道式的产、供、销的线性价值链。数字化平台立体式汇聚供需主体和服务商户，平台本身也加入其中，平台资源与其他平台进行链接和互动，形成了交易的价值矩阵，开发了价值创造的新源泉。在平台市场里，供应方的特性改变了，如借助基于数据的工具创造反馈回路，分享闲置资源和产能。平台的价值由用户共同创造，信息的传播从广泛传播向市场细分、“病毒式”传播、社会影响力变革，从推动式向拉动式转变；从市场营销信息的传统发布方式向利用社交媒体和大数据信息发布转变。

用户的多边链接丰富了资源渠道，业务从研发向专业的评价咨询、资金支持和市场推广等方向拓展。这些资源可以帮助企业和研发机构摆脱技术转移和商业化过程资源短板的约束。

3. 技术工具的应用价值

技术转移数字化平台的一个重要价值创造点是提供的技术工具资源，用户能够便捷地获取所需的技术资料、文档、样例代码等。这些工具资源能够帮助用户加快技术开发和实施的速度，满足用户在技术开发和实施过程中的需求。

①技术文档和知识库。技术服务平台通常提供全面的技术文档和知识库，涵盖产品规格、技术说明、用户手册、最佳实践等方面。这些文档和知识库为用户提供了详尽的技术信息，帮助他们了解和掌握所使用的技术和工具。用户可以通过查阅文档和

知识库快速解决问题，了解最佳实践，并更好地利用技术资源。

②示例代码和应用案例。技术转移服务平台通常提供的示例代码和应用案例，展示了如何使用特定技术进行开发和实施，帮助用户快速入门，理解技术的实际应用，提供参考和启发。用户能够基于示例代码进行定制和修改，加快开发进度，减少重复劳动，提高开发效率。

③开发工具和集成环境。技术服务平台通常提供各种开发工具和集成环境，以支持用户的技术开发和实施工作。这些工具可以包括集成开发环境（IDE）、调试器、模拟器、测试工具等。通过提供这些工具，用户能够便捷地进行编码、调试、测试和任务部署。

④技术支持和培训。技术服务平台通常提供专业的技术支持和培训服务，以帮助用户解决技术问题和提升技能。用户可以通过在线支持、邮件、电话等方式获取及时的技术支持，解决遇到的困难。同时，平台也会组织技术培训和研讨会，提供定期更新的培训内容，帮助用户深入了解和掌握技术知识。

4. 更多的市场和商机价值

技术转移数字化平台涉及大量的企业和用户数据，数据安全和隐私保护既是法律责任也是商业义务。平台建立健全的数据安全体系，保障企业和用户的数据安全和隐私。

数据安全和隐私保护在技术转移平台的价值创造中至关重要。由于平台涉及大量的企业和用户数据，包括技术资料、市场信息、用户行为等，保护这些数据的安全和隐私是保障平台可信度和企业信任的关键因素。

技术转移平台建立健全的数据安全体系，包括数据加密、防火墙、身份认证等措施，确保数据在传输和存储过程中不被非法获取或篡改。平台采用先进的数据安全技术，确保企业和用户数据的完整性和保密性。

技术转移平台采取严格措施防止数据泄露和滥用。严格的权限控制确保只有授权人员能够访问特定的数据。此外，平台还要监控数据的使用情况，及时发现和阻止异常行为。建立健全的数据安全和隐私保护措施，技术转移数字化平台能够提高用户对平台的信任度。

技术转移数字化平台汇集了最新的技术手段帮助用户提升绩效水平，为用户提供实时的数据报告、决策模拟和智能推荐，帮助企业作出科学的决策。

实时数据报告。实时收集和整合来自不同领域的数据，为企业提供准确的市场数据等。实时的数据报告可以帮助企业了解当前市场状况和趋势，及时调整战略和决策。

决策模拟。智能决策支持为企业提供决策模拟功能，通过模拟不同决策方案的结果和影响，帮助企业预测不同决策可能带来的结果，评估风险和机会，作出最佳决策。

智能推荐。基于数据分析和挖掘技术，为企业提供智能推荐，推荐适合企业需求的技术和解决方案，帮助企业高效地获取所需技术和资源，降低决策成本和风险。

智能决策支持还可以根据企业的个性化需求和偏好，为企业提供个性化的决策支持。不同企业在技术转移和创新方面有不同的需求和挑战，智能决策支持可以根据企业的特定情况，为其提供量身定制决策支持。

8.3.3　平台的商业智能生态

技术转移服务平台的商业智能生态是指在平台上建立的商业智能体系，以有效整合和利用各类数据资源，为企业提供智能化的决策支持和商业洞察。这个生态系统将涵盖数据采集、数据分析、智能决策等新的职能、新的业态特征和新的流程环节。

1. 点、线、面的连接与协同

技术转移服务平台的战略高度决定了其在点、线、面三维空间的"立体"定位。数字化时代平台需要完善多边平台各方利益最大化的相应机制。

点（个体）：平台上的个体，包括技术经理人、研发人员、自由创业者、兼职人员等，借助平台和机构提供的资源和能力，获得更好的个人发展机会而不需要承担风险。

线（机构）：平台上的微组织（各类机构），利用平台提供的各种基础服务、基础设施、数字化能力和平台价值观，以简捷的方式快速发展，整合点（个体）所带来的机会而不必负担巨大的重复建设成本。

面（平台）：提供平台基础设施、基础服务，输出平台价值观。机构可根据需求，随时调用个体的服务，进行内部资源整合，增加企业灵活性；平台孵化出其他平台构成"体"，众多的既各自独立又密切关联的"立体"聚集构成的生态系统就是未来的商业愿景。

2. 平台化组织与服务的聚合和扩散

数字时代的用户需求就是交易场景，用户的流动与场景切换构成柔性结构的软件定义服务功能的一种底层设施。围绕需求应用场景，平台化组织的聚合、服务的扩散及应用的裂变，让人们的视觉通过交易场景分析从空间、时间、事件回归到人、时间、文化。

组织聚合：平台将散落在各个机构的个体以某种业务、业务功能或某种任务聚合成新的团队，众多的小团队和微组织又可以聚集成平台化组织。

应用裂变：利用平台可迅速复制和大规模扩张的机制，以一个应用点为基础，成功突破了一个（或几个）点后，竞争性复制。一个成功的点复制出另一个点，两个点再进行复制，指数级类推，快速迭代与不断创新，很快实现高效的全覆盖。

服务扩散：通过数字技术进行大规模扩散，将个体智慧和思维融入数字技术中快速复制，通过平台的服务能力影响更多的组织与个体。

3. 平台化技术转移联盟的协作关系

数字化平台的价值是与个体和微组织协同知识创造和商业模式创新，以创新为驱动力的平台基本上采用了联盟式合作，平台联盟成为一种鼓励平台企业之间相互投资、服务互认、资源共享的营运模式，这种模式可为平台的各关联方创造巨大价值，也会对社会发展形成巨大影响。

联盟意味着彼此的承诺，平台与个体通过协议，把雇佣关系转变成互惠互利的联盟关系。技术转移服务云平台与技术经理人的联盟，可以通过开源平台实现产品和服务的快速迭代，建立全员共治的共创共赢关系。

以所有权为基础的企业关系转向以合作伙伴关系为基础的企业关系，是实体经济现代化的巨大变革，以合作伙伴关系为基础的企业关系转向是柔性供应链的突出体现。联盟意味着平等、互惠、共赢。企业间的竞争从早期的价格竞争、质量竞争过渡到以消费者接受度为本的服务竞争，昔日的竞争对手成为今日的非对抗性协作伙伴。

4. 技术的公益推广与普及

商业智能生态环境利于政府科技部门技术的商业及公益推广普及。通过技术转移数字化平台，政府各级科技管理部门可以把产业政策扶持的先进技术传播到更多地区的企业，推动整个产业的技术升级和转型。为政府提供技术普及的数据和信息，有助于制定更加有针对性的政策支持措施，共同推进技术的应用和项目的落地。

①先进技术扩散。技术转移数字化平台汇聚了来自不同领域的技术资源和创新成果，为企业提供了全面的技术资源和解决方案。先进技术可以传播到更多的企业，也能够帮助经济欠发达地区有需求的企业了解和掌握最新的技术动态。

②提供技术培训和支持。技术转移数字化平台能够提供在线技术培训和支持服务，帮助企业和从业人员掌握和应用新的技术。企业能够更好地理解技术的应用场景和优势，推动技术的普及和推广。

③降低技术门槛。技术转移数字化平台为所有企业提供了一个便捷的获取技术资源的途径，降低了技术咨询和技术应用的门槛。企业能够便捷地了解自己需要的技术或存有技术的市场状态，开发者可以节省开发新技术的时间和资源，需求者可以通过平台获取已有的解决方案和技术成果，加速技术的推广和应用。

④促进技术交流与合作。技术转移平台促进了技术交流与合作。企业和研究机构可以通过平台分享自己的技术和成果，与其他企业建立合作关系，共同推进技术的普及和应用。这种合作与交流机制有助于推动技术的迅速传播和应用。

⑤推动政策支持。转移平台可以为政府部门提供技术普及的数据和信息，有助于制定更加有针对性的政策支持措施。政府可以通过政策引导，鼓励更多的企业采用产业政策推广技术，推动新技术的普及和应用。

5. 商业智能生态的环境建设

商业智能生态的环境建设为企业提供市场洞察和未来发展预测。

通过对全球工业市场的数据分析，可以洞察不同工业领域的市场趋势。例如，随着工业自动化的不断推进，对工业机器人和自动化设备的需求逐渐增加，可以通过对市场需求和竞争对手情报的分析，预测未来工业自动化市场的发展趋势，为企业提供相应的解决方案和服务。

市场趋势洞察主要依赖技术转移平台上的数据分析和挖掘能力，主要包括以下过程：

①数据收集。通过其智能制造技术平台收集来自不同渠道的数据，包括市场调研数据、行业报告、竞争对手情报、客户反馈等。这些数据涵盖了全球工业市场的各个方面，包括行业趋势、技术发展、产品需求等。

②数据整合。将收集到的各类数据进行整合和清洗，确保数据的准确性和完整性，消除数据中的噪声和冗余信息，为后续的数据分析做好准备。

③数据分析和挖掘。利用数据分析和挖掘技术，对整合后的数据进行深入分析。通过运用各类分析算法和人工智能技术，可以发现数据中隐藏的规律和趋势。

④市场趋势预测。基于数据分析的结果预测市场的发展趋势。根据行业数据和技术趋势预测未来工业自动化市场的增长方向和发展重点。

⑤技术发展评估。还通过数据分析评估新兴技术的应用前景和商业价值，帮助决定是否将新技术纳入其产品和解决方案中，以满足市场需求。

⑥技术趋势分析。近年来各个高新技术领域都涌现出许多新的技术和系统创新。商业智能生态可以对这些新兴技术进行分析和挖掘，评估其应用前景和商业价值。例如，人工智能在工业机器人中的应用，可能会对生产效率和产品质量产生重要影响，可以通过技术趋势分析，为企业提供技术创新的指导和建议。

⑦用户行为预测。技术平台可以对客户的行为数据进行挖掘和分析，预测客户的需求和购买意向。例如，通过对客户历史订单和产品选择的分析，预测客户可能感兴趣的新产品和服务，有针对性地开展市场推广和销售活动。通过技术平台的商业智能生态，许多企业可以准确地把握市场趋势和技术发展动向，预测市场需求，调整产品策略和研发方向，优化生产和供应链管理，从而提高竞争力和市场份额。

⑧市场调整和优化。根据市场趋势的洞察，可以对自己的产品和服务进行调整和优化，确保产品和解决方案始终保持与市场需求的契合。

通过市场趋势洞察，可以更好地把握市场动态，预测未来的市场需求，调整产品策略和研发方向。

第九章

技术转移产学研联盟

引　言

技术转移产学研联盟是极具中国特色的知识资源与成果共享以推动技术扩散的科技组织形式，是以企业为主体的市场化技术经济活动载体。中国特色源自我国的高等院校和科研院所的科研体制，研发体系的管理层掌握了技术研发的决策权和科技资源配置权，高度行政化的科研体系与市场化的企业产品需求、长期的技术与经济“两张皮”矛盾一直得不到根本解决。科技资源的浪费和科技成果转化低效的改革压力间接变成技术转移产学研联盟生存与发展的推动力。产学研深度融合的核心在于科技成果的高效转化。有关部门提出“产学研用一体化”的概念，“用”的实质是消费市场，消费市场是企业的“需”，企业生产的产品只有符合社会的“用”才能形成企业和消费市场共同的需求。传统的科技管理体系下的研发课题经常是依据高新技术的前沿动向确定研发方向，而不是面向社会的“用”和企业生产（服务）的“需”提供研发成果。高等院校、科研院所和企业各自“埋头苦干”，累计千万项科研成果得不到应用。完善科技研发到成果转化的全链条创新体系，让更多科技成果转化为现实生产力，是产学研联盟研究的关键，也是促进产学研深度融合的有效手段，更是推动社会有效消费的意义所在。

9.1　技术转移产学研联盟的组织形式

技术转移产学研联盟组织形式是指联盟的产权及其生产（服务）系统的形态类型，是联盟财产构成、内部分工与外部协同关系的方式。任何组织形式的经营实体，都会谋求所有权和经营权的均衡统一，不同的组织形式对应不同的运营内涵。

9.1.1　产学研联盟的概念与内涵

产学研联盟的缘起是为了促进高等院校、科研院所与企业之间的合作与交流，借鉴国外的技术转移模式形成的一种由松散合作到紧密联合的新型企业组织，旨在推动技术创新和产业发展，促进人才培养与交流，进而推动经济增长和社会进步。

产学研活动的基础和导向在企业，宏观上有利于科技与经济的紧密结合，促进经济发展，提高产业竞争力，微观上有利于加快科技成果转化，形成企业与研发机构的良性联动，提升企业的综合实力。产学研联盟为企业与高等院校、科研院所构建了共享共赢的科技创新中心，为科技成果转化提供广阔的消化吸收平台。产学研之间由技术转让的桥梁合作关系转变为特定需求引导的研发、试制、集成、产品化的新商品开发共同体。研发机构能够大大提升科技项目成果化周期，企业的技术创新能力得以快速提升。高等院校和科技事业单位课题研发和人才培养，具有典型的开放性和社会公益性，有助于推动产学研合作下企业技术创新能力快速转化为生产力要素。

产学研联盟是由产业界、学术界和研究机构共同组成的协同组织，这种协同组织通常由专业技术相通的企业、高等院校和科研机构组成。

多样化的联盟组织形式在不断发展与完善中，产学研联盟经历过的合作方式主要有以下几种。

1. 非营利性技术联盟组织（协会、联合会等）

协会、联合会等联盟组织通常由行业、企业、专业类高校和研究机构共同设立，旨在共享资源、促进创新和推动技术转移。

①促进行业内交流合作。协会、联合会等作为产学研技术转移联盟资源的掌控方和协调者，应促进产学研多方的交流合作，组织课题攻关、学术研讨会、产业论坛等活动，为产业界、学术界和研究机构搭建交流合作平台；整合与配置资源促进科技成果的对接和转移，协调各方的要素优势，推动科研成果的行业推广和产业化市场应用。

②政策支持与引导。协会、联合会等作为行业的组织管理者，为产学研技术转移联盟运营制定政策及行业规范，参与政府部门的政策研究和立法工作，推动政府相关政策的支持和实施，为科技进步和行业发展营造良好的生态环境。

③服务支持与专业培训。协会、联合会等为产学研技术转移提供各种形式的服务支持和专业培训。专业培训包括继续教育、咨询服务、技术评估等资格与资质等学习培训，提升技术转移服务能力和水平，为产学研合作和科技扩散提供支持和保障。

2. 产学研联合实验室

产业界、学术界和研究机构合作建立的实验室或研究中心，共同进行研究和开发项目，实验室通常由成员共同出资建设和运营，旨在加速技术创新和成果转化。其作用主要体现在以下方面。

①产学研联合实验室作为一个科研平台，提供了优质的实验设备和科研条件，为产学研三方提供了良好的研究环境。通过整合产业界、学术界和研究机构的研发资源，共同开展前沿技术研究和创新。各方共享先进的实验设备和科研仪器，优质的实验条件和技术支持，可以降低研发成本，提高研究效率。这是科技成果转化和应用的源泉。

②产学研联合实验室也是人才培养和学术交流的重要场所。学生和研究人员在实验室参与科研项目，能够与产业界和学术界的专家学者进行直接交流与研讨，这是与课堂教学环节完全不一样的学习提升，对三方的参与者都是学习与提高的经历与机会。

产学研联合实验室可以直接进行技术评估和应用示范，为产业界提供技术解决方案和应用示范，同时也是技术成果可靠性和可应用性的实验验证和应用示范。产学研联合实验室可方便快捷地完成科研成果的知识产权确权和技术成果的产权归属。

3. 产学研合作项目

产学研合作项目攻关是产学研技术转移联盟的重要活动内容。不同领域的产业界、学术界和研究机构组成项目联盟，共同开展特定的研究项目或技术开发。合作项目可以有政府的产业政策支持、行业协会资助或社会基金的投资。特定技术难题联合攻关多为解决跨专业领域的技术瓶颈难题。

产学研合作项目方式是促进科技成果转化和技术转移应用的重要途径。通过产学研合作项目，学术界的科研成果得以与产业需求相结合，实现技术转移和应用。产业界能够借助学术界的技术优势和研究成果，加速产品研发和市场应用，促进技术共享和开放创新。参与方可共享技术资源和研发成果，加速创新过程，产业界可获取更多的前沿科研成果。

4. 技术转移中心

区别于国外大学中的技术转移办公室，国内的技术转移中心多设置于科学院和企业集团内部，致力于产学研之间的技术转移，提供技术转化、知识产权管理、萌芽技术孵化等服务。通常由政府倡导设立，与产业界建立合作关系，推动科技成果的转化转让。其作用主要体现在以下方面。

①技术转移信息服务。技术转移中心为产学研多方提供技术转移的中介服务，包括制定技术转移方案、解决技术转移过程中的知识产权等法律问题，为产学研合作提供专业的指导和支持，服务于产学研多方之间的技术转移。

②技术转移信息系统构建。技术转移中心大都建有技术转移信息管理系统，促进产学研多方之间的信息共享和合作交流。通过技术转移门户网站，可以发布技术需求和技术供给信息，加速技术转移的匹配和对接，提高技术转移的效率和成功率。规模较大的技术转移中心可建设跨区域和行业的技术转移公共服务平台。

③知识产权保护与运营。这是所有技术转移机构都会涉及的业务。技术成果和技术资产的知识产权保护与运营包括专利申请、专利战略制定、产权评估、技术涉密保护和合同管理等内容。

④技术转移项目管理。技术转移中心通常会负责单位内部技术转移项目的全程管理，包括项目立项、合作协议签订、资金管理、进度监控等工作；或受托主持产学研多方的合作，推动项目的顺利实施，协调保障技术转移项目完成预期的目标。

⑤技术转移政策落地。技术转移中心可以代表产学研技术转移联盟参与地方政府和行业科技管理部门的政策制定，推动相关政策的解读和落实。技术转移中心通常会受邀参与政府部门相关政策的研究和立法。

5. 产业技术研究院

由产业界、学术界和研究机构联合成立研究院，共同开展前沿技术研究和创新。这些研究院通常拥有先进的实验设备和研发团队，致力于专业科技创新和产业发展。

产业技术研究院是产业界、学术界和研究机构联合成立的研究机构，旨在共同开展前沿技术研究和创新，推动科技创新和产业发展。产业技术研究院通常拥有先进的实验设备和研发团队，能够集中优势资源，实现合作共赢。特点和优势体现为：

①跨界合作。研究院融合了产业界、学术界和研究机构的资源和专业知识，实现了跨界合作和资源共享。这种跨界合作可以促进不同领域的交叉融合，创造更具创新性和前瞻性的研究成果。

②前沿技术研究。研究院致力于开展前沿技术研究，关注科技领域的新兴趋势和发展方向。汇集各方的专业知识和研发实力可以探索和突破科技创新的边界篱障。

③人才培养和交流。研究院是人才培养和交流新的平台。学生和研究人员可以在这里接触到最新的科研成果和技术应用，与产业界的专业人士就具体项目问题进行面对面探讨交流，切身的体验能够快速提升创新意识和科研能力。

④推动产业发展。研究院的研究成果可以直接应用于产业界，推动产业的发展和升级。通过技术创新和知识转移，可以培育出更多的科技型企业和新兴产业技术。

6. 概念验证中心

概念验证中心是一个专门用于验证新想法、新技术或新产品概念可行性的实验性机构或部门。其主要目的是在投入大量资源之前，通过实验和测试来评估概念的可行性和市场潜力。

早期建设的概念验证中心定位于弥补大学研发成果与市场化成果之间的空白，由概念验证中心提供资金、顾问、创业培训，进行概念验证、产品市场定位和商业谋划，解决科技成果在产业化过程中的风险高、周期长、熟化慢、成本高等痛点。

概念验证中心是指依托高校、科研院所、新型研发机构和企业，聚集成果、人才、资本和市场等转化要素，为科技成果转化提供技术可行性研究、原型制造、性能测试、市场竞争分析、二次开发、中试熟化等验证服务，加速挖掘和释放基础研究成果价值的新型载体。

（1）概念验证的功能作用

概念验证的主要作用是帮助创新团队评估概念的可行性、降低风险、提供资源支持，并促进合作交流。概念验证中心是产学研联盟的形式之一，在促进创新和技术转移过程发挥前端作用。

概念验证中心的主要功能是对接创新资源端和市场应用端，具备征集遴选、验证熟化、资本对接等具体功能，包括了技术转移中心、新型研发机构、中试基地等机构具有的功能。概念验证中心是科技创新载体从科技孵化器到众创空间再到概念验证的由量变到质变的过程。创新载体的持续建设，在挖掘成果、对接资本等方面积累了经验，衍生出更高的需求，概念验证中心的建设有了精准定位，更加注重创新链前端的挖掘与培育，以创新主体视角参与源头创新环境建设，在成果研发能力、成果转化能力、推广转移服务能力等方面持续努力。

概念验证中心除了技术产品化验证，更加注重商品化验证。科研成果的某项创新技术即使获得专利，也不意味着能将其商业化。概念验证中心基于市场化逻辑，集聚包括上市公司在内的产业资源和风投基金等金融资源，通过创新资源优化配置，从商业的角度思考，用场景倒逼验证，打破课题在先惯性思维和技术创新路径依赖。与其他孵化载体相比，概念验证中心更关注早期科技成果的技术和商业可实现性。

2023 年 11 月，江苏省科技厅、教育厅和财政厅发布《江苏省概念验证中心建设工作指引（试行）》提出，重点针对高技术、高商业价值的成果，开展原理验证、产品与场景体系验证、原型制备与技术可行性验证、商业前景验证等概念验证服务及关联服务。检验形成显现其潜在商业价值的技术（产品、服务、系统）雏形。

概念验证中心推动创新生态系统的建设。中心联盟成员促进创新资源的整合和共享，激发创新活力。概念验证中心为创新团队提供必要的实验设施和技术支持，帮助其快速验证新概念和技术。联盟成员与概念验证中心的合作有助于构建更加完善的创新生态系统，推动科技创新和产业发展。

运行模式有 4 种：一是依托高校技术转移机构模式，这是国内外概念验证中心的典型运作模式，如清华工研院概念验证中心；二是依托新型研发机构模式，如浙江大学计算机创新技术研究院；三是依托企业法人模式，如浙大启真交叉学科创新创业实验室；四是依托社会资本模式，如高瓴资本推出“Aseed+”种子计划，评估概念可行性。概念验证中心通过实验和测试，评估新想法、新技术或新产品的可行性，包括技术可行性、市场需求、商业模式等方面的评估，以确定概念是否值得进一步投入资源和开发。

（2）概念验证过程

验证一种构思、概念或产品的可行性和潜在市场需求的过程，是进行概念验证的一般步骤。

明确定义目标和假设。明确定义想要验证的概念或想法，并列出相关的假设。这些假设可能涉及产品的目标用户、市场需求、竞争情况等方面。

制订验证计划。根据目标和假设，制订详细的验证计划，确定需要采取的行动和实施步骤，包括收集数据的方法和评估指标。

选择适当的验证方法。根据概念性质和目标，选择适合的验证方法，包括市场调研、用户调研、焦点小组讨论、原型测试、概念测试等。

收集和分析数据。实施验证计划，收集相关数据并进行分析，可能涉及向潜在用户提问、观察行为、评估反馈等。

评估结果。根据收集到的数据和分析结果，评估概念或产品的可行性和市场潜力。检查假设是否得到验证，是否需要调整想法或方法。

发现问题。通过在小规模实验中测试概念，可以尽早发现潜在的问题和挑战，减少在后续阶段的投入和损失。

调整和改进。根据评估结果调整概念或产品，进行必要的改进。

重复验证过程。根据调整和改进，重复以上验证过程，直到对概念或产品的可行性和市场需求有足够的信心。概念验证是一个逐步迭代的过程，需要不断收集反馈、调整和改进。

7. 产业技术创新战略联盟

产业技术创新战略联盟即产业、高校、科研机构相互配合，发挥各自优势，形成的研究、开发、生产一体化的科技实体。

产业技术创新战略联盟是以产业技术的发展需求和各方的共同利益为基础，形成的联合开发、优势互补、利益共享、风险共担的技术创新合作组织。它是实施国家技术创新工程的重要载体。产业技术创新战略联盟的构建和发展，是整合产业技术创新资源、引导创新要素向产业科技研发集聚的必然要求，是促进产业技术集成创新、提高产业技术创新能力的有效途径。早在20世纪90年代，联合国教科文组织的“大学、企业科技合作计划”就指出大学与企业的合作能够加快发展中国家的工业化进程。产业技术创新战略联盟是产学研联盟的主要组织形式。专业人才培养成为产学研联盟的最有效契合点，各参与方在产业链环节上各履社会分工、协同与集约化之职能，构建产业技术创新战略联盟。

产业技术创新战略联盟职能覆盖创新产业链前端的概念验证体系和产业规模化落地的技术转移体系，联通课题研发到产品技术开发、技术产品商品化开发再到技术商品产业化开发，完成的关键环节包括从创意到产品，从成果到产业即从实验室到市场的全过程。这是一种新的产学研合作组织形式，具有强大的生命力。产业技术创新战略联盟是以提升产业技术创新能力为目标，以具有法律约束力的契约为保障，由企业、高等院校、科研机构、用户等按照市场规律和经济法则组建的产学研用战略利益共同体。与项目层面上的产学研合作相比，这种产学研合作方式能够更有效地组织和配置联盟内各成员单位的优势资源，克服过去产学研合作存在的合作短期化、任务单一化等问题，具有战略性、稳定性和可持续性。产业技术创新联盟是与技术转移产学研联盟最为类同的一种产学研合作组织形式。钢铁、石化、汽车、煤炭等重点振兴产业和新能源、生物、信息等新兴产业，都已建立了由优势部门组成的产业技术创新战略联盟。

9.1.2 产学研联盟的职能价值

产学研联盟是共享共建的技术创新平台，作为虚拟联盟，主要发挥链接作用，通过建立服务平台，吸引活跃的主体，例如来自企业、高校、服务机构的各类技术经纪人、技术经理人、技术持有人、技术需求代理人等。作为松散联盟，为提高成员间的业务黏性，需要强化产业链利益驱动作用，吸引企业、高校和科研院所的积极参与，参与课题攻关、人才培养、联合招投标、相互参股等专业技术业务，实现多方互惠互利。作为实体联盟，产学研用多方直接盘活科技研发资源和存量的科技成果资源，以规模化、高新化、产业化为战略目标，建立数字经济时代治理结构的综合实体，直接向企业输送专业对口的定向培养人才，直接向社会提供适销对路的科技产品和高端服务。

1. 产学研联盟的职能基础

产学研合作的需求。产业、学术界和研究机构之间的紧密合作变得越来越重要。

产业需要创新和技术支持以保持支柱价值链活力，学术界和研究机构具有丰富的研究资源和技术知识，建立产学研联盟有助于促进经营实体与学术机构之间的资源整合，共同推动技术创新和产业技术的梯度更迭。

缩短技术转移周期。产学研联盟的发展趋势是建立紧密型实体经济组织，将学术界和研究机构的科研成果研发与转化对接实际的商业应用。产业界面临的许多问题需要跨学科的解决方案，通过学术界和产业的专业化集聚，形成价值链的完整配套体系。科研成果可以更快地得到实践验证，产业技术加速商品化进程。产学研联盟既是生产与服务组织，又是专业化技术平台，直接组织产业技术的熟化落地。

疏解软件资源的流动捷径。产业技术资源的软件化趋向包括技术人才、无形资产、硬件设备的智能化替代等作用越来越大，技术转移活动中技术服务人员的贡献比重越来越大。产学研联盟能够打破传统行政体制对科技人员的流动制约，促进知识产权的跨部门转移，开通了人才与知识随技术项目捆绑流动的捷径。不同区域的专家和研究人员也可以随新的产学研经济体项目招聘的加入以补齐价值链短板。同时，产学研联盟也为在校学生和研究人员提供了更多的实习和就业机会，促进了产业界和学术界之间的人才流动，助力国家技术转移体系建设。

产学研联盟的作用，在于融合产业链、创新链和价值链实质性创新，打通技术商品研发、生产、流通、消费通道。以市场倒逼的动力，激励行业的标杆企业联合研发机构如研究院所和高校，服务机构如创新中心、检验检测认证机构等共同促进产业聚集；产学研联盟的作用发挥需要多方努力，技术转移主体解决适用技术的梯级转移、落地运营；政府营造良好的生态环境，解决法律规范和政策配套问题；服务机构解决人才、信息、交易的专业服务问题。

产学研联盟的作用发挥，需要研发机构和服务机构能够深层次介入企业，在实体经济组织基础上开展不同层面的长期运营，在企业战略规划、技术经营诊断、企业转型升级层面共享知识资源。技术转移从业人员是产学研联盟的重要知识资源，不仅仅是帮助解决企业需求咨询问题，也不是简单的推销科技成果和转让专利，而是从产业化的高度推进“三链”融合。

“三链”融合首先从科技研发源头上树立标准化意识。研发立项要面向市场定位标准，学习领先企业，改善研发及管理方法，将研发成果依企业标准和行业标准的要求标准化，以引领科技产业创新，加快商品化进程。

构建技术转移新格局。技术转移产学研联盟作用的发挥要打破传统技术转让在科技成果转化条线上的中介局限，明确研发的目的性，技术转移价值链分别向前向后延伸，发挥一体化作用，解决技术引进与输出的高质量应用和成本效率问题。

社会责任与公益使命。联盟作为营利性组织在履行企业职能的同时，通过调动极具公益性质的高校和科研院所的智力资源，以人才培养、科技成果输出等形式间接地履行着社会责任和公益使命，推动着科技创新和社会进步。通过产学研技术转移联盟，为社会提供更多的科技创新成果和产业链解决方案，促进经济可持续发展，提升社会民生福祉。

2. 产学研联盟的专业职能

产学研联盟通过合作项目、资源共享、人才培养、技术转移和商业化等运作方式开展合作运营。

交流与合作项目。成员之间通过共同筹资或申请项目资助，开展合作研究项目或技术开发项目。这些项目可以涉及基础研究、应用研究、技术转移等方面，旨在解决具体的科技难题，推动科技成果的转化和应用。联盟成员定期举办会议、研讨会或交流活动，分享科研成果、技术进展和市场信息。

资源共享。成员之间共享他方的研究设施、实验室设备、技术平台等资源，提高科研效率和研发水平。资源共享可以通过协议或合作协议加以规范，确保资源的有效利用和共享。

人才培养。产学研合作过去主要集中在科技领域，现在已扩展到联合培养人才，特别是企业急需的创新创业型复合人才。产学研联合培养高层次创新人才，主要是高校为企业定向培养专业技术或管理人才，共同建设企业博士后科研工作站。企业博士后科研工作站通常设在企业，由大学的教授和企业的高级工程师共同指导。进站的博士后一般须结合企业的技术创新需要进行选题，研究工作有很强的针对性。这种联合培养方式由于突出企业主体和市场导向，并且能直接服务企业，我国已有数百家大企业建立了企业博士后科研工作站。

常规的人才培养通常是政府与高校的合作，政府结合当地产业情况，与高校在教学内容、课程体系设置、师资培训、实践基地建设等方面展开全方位合作，共同培养实践型人才；企业与高校的合作，由企业邀请高校在企业内建设大学生实践实习基地，提供生产实验条件及研发经费，共同开展新产品、新技术的研究；实力较强的在企业内组成联合体，对国家和地方重点工程项目、重大科技项目和高技术产品联合攻关与开发。联盟成员可以共同开展科研项目、举办学术会议或研讨会、提供实习机会等。

技术转移和商业化。联盟成员可以通过合作开展技术转移和商业化活动，将科技成果转化为实际产品或服务，推动产学研合作的深度和广度。这包括技术转让、专利许可、创业孵化等方式。

3. 产学研用一体化

技术转移产学研联盟的意义在于企业需求与潜在市场、创新源头、金融资本的结合，聚集研发、生产和服务资源，融入产业结构调整和数字化转型，创造被消费市场和投融资市场认可的技术商品价值。

产学研联盟的深化发展被称作产学研用一体化，其运行示意图如图 9-1 所示。

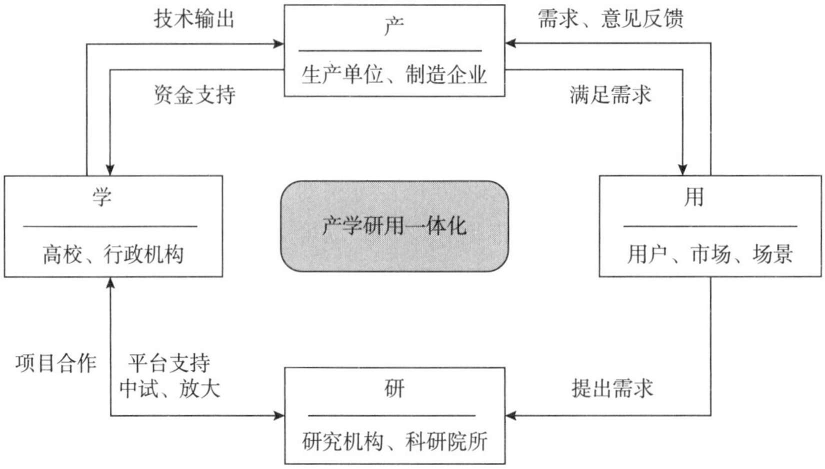

图 9-1　产学研用一体化示意图

9.1.3　产学研联盟的法定关系

《国家中长期科学和技术发展规划纲要》将“产学研结合创新”明确为“建设中国特色国家创新体系”的重要组成部分和突破口。产学研联盟的主体为企业、高等院校和科研院所，实质是企业、高等院校和科研机构为追求技术应用利益最大化而组建的经营共同体。没有法定约束关系的技术经济合作业务，跨界的技术研发委托及单个项目的研发与生产合作，不属于产学研联盟运作的范畴。

根据产权实质不同，产学研联盟的法定关系有契约型产学研联盟与法人型产学研联盟之分。

1. 契约型产学研联盟

契约型产学研联盟是指产业或行业内相关企业、高等院校、科研院所在关系平等、自愿互利基础上缔结产业技术联盟，在契约的规范下进行研究合作、开发和生产（服务）。该联盟基于协议设立，是一种介于行政与市场之间、企业之间业务联结的中间组织形态。联盟成员间的责任、权利、利益和分配方式主要是通过协议确定，而未必需要依照在形成联盟过程中的资本和劳动投入界定。若联盟各方组建的契约型合作组织具备非法人团体的要件即具备独立民事主体资格，若没有组建一定的合作组织或组建的合作组织不具备非法人团体的要件，则不具备独立民事主体资格。

契约型产学研联盟的基本职能包括：通过正式或非正式的交流，发掘潜在合作机会；联盟成员共同讨论和调研，在研发和制定标准等方面采取合作；联盟内成员企业之间开展有偿或无偿的信息数据、仪器和技术等资源的分享；为保证联盟的稳定和发展进行各方面的协调。

契约型产学研联盟具有以下特点：

①合作功能是整合及协调产业资源和社会资源，加快行业科技成果产品化和推动行业整体快速发展。

②松散型技术合作，其合作关系主要依靠契约，没有产权关系约束，契约联盟的

合作关系随契约的约定起始与终结。

③属于半内部化合作，技术合作创新各方不存在产权纽带和法人治理结构，由一个松散式的联盟管理机构实施组织与管理职能，利益各方以协议或合同结成权责利共同体。

2. 法人型产学研联盟

法人型产学研联盟是指由产业联盟中的多家企业、高等院校、科研院所共担风险、共享收益建立独立的团体法人或建立新的公司，合作各方以各自的优势资源投入法人实体中。这是大趋势下与产业集聚区建设同步发展的新型科技研发与生产（服务）高新技术企业。与契约型产学研联盟形式相比，法人型产学研联盟的职能、权利、义务、组织机构、运作机制及管理模式等方面有更为明确的定位。其职能类似于跨国集团公司中的研发企业或股份制的高新技术企业，是紧密型科技企业联合体。

法人型产学研联盟有社会团体法人型产学研联盟和公司法人型产学研联盟，这两种类型联盟都具备独立民事主体资格。

法人型产学研联盟有助于将各方分散的资源有效整合，通过联盟各方技术、资金等资源的合理配置，实现产业升级，提升各方的市场竞争力，并且能限制联盟成员之间可能的无序竞争，还有助于通过成员互助开拓新的市场。它具有以下特点：

①联盟功能是整合及协调产业资源和社会资源，加快科技成果产业化和推动产业整体快速发展。

②紧密型技术合作，凭借产权纽带关系，将合作各方的利益、目标捆绑在一起，合作关系稳定而持久，组织紧密度较高。

③属于内部化运作，从产权角度将产学研合作创新活动纳入组织内部进行。

依据牵头主导的主体不同来划分，包括以下几种形式：政府政策引导和搭建平台、行业企业主导多方合作共建平台、以高校为基地吸引企业合作搭建平台。

9.1.4 产学研联盟的运作类别

某些大型企业集团和科研院所自身就是产学研一体化运作。

1. 产业联盟

产业联盟（industry alliance）由来自不同国家和地区的产业界企业组成，基于联盟各方的市场优势，寻求新的标准或定位。企业间资源的整合和技术协作推动了产业的技术创新和技术转移。仅依靠市场机制难以快速形成新型产业链，产业链联盟则可以通过合作较快地促进产业链的演进与形成，实现由地域范围联盟向网络化的产业链联盟转变。产业联盟的初衷多为分担风险、降低成本。业务运作使企业间的技术资源双向或多向流动，成就了技术转移的结果。在产业分工越来越细的情况下，全球产业结构呈现产业的全球布局和产业集群的集中，单个企业欲立足市场就必须在产业链上有合适的位置。

2. 学术联盟

这类联盟由来自不同国家和地区的高等教育机构、研究机构和学术组织组成，旨在促进国际的学术交流与合作，推动科学研究和学术发展。例如，欧洲大学协会（European University Association）是一个由欧洲高等教育机构组成的学术联盟。

3. 技术联盟

这类联盟由来自不同国家和地区的科技企业、研究机构和创新组织组成，旨在促进国际的技术创新和科研合作，推动科技成果的转移和应用。例如，5G产业联盟（5G Industry Alliance）是一个由全球通信企业和研究机构组成的技术联盟。

4. 概念验证联盟

这类联盟是一个由产业界、学术界和研究机构组成的联盟，旨在共同开展概念验证项目，评估新技术、新产品或新服务的可行性和市场潜力。该联盟的成员通常包括创新型企业、高等教育机构、科研院所、投资机构等，联盟成员通过合作共享资源、经验和知识，推动概念验证的开展。例如，共享资源和经验、评估新技术和产品、提供专业指导、降低风险和成本、推动创新和产业发展等方式，为概念验证项目的开展提供了重要的支持和保障，促进了创新成果的转化和应用，并为潜在的商业化项目提供支持和指导。

5. 跨国研发联盟

这类联盟由来自不同国家和地区的企业和研究机构组成，旨在共同开展跨国研发项目，推动技术创新和产品开发。例如，全球创新联盟（Global Innovation Alliance）是一个由跨国公司和科研机构组成的跨国研发联盟。

6. 产学研合作联盟

这类联盟由来自产业界、学术界和研究机构的组织和机构组成，旨在促进产学研三方之间的合作与交流，推动科技创新和技术转移。例如，国际产学研技术转移联盟（International Industry-University-Research Technology Transfer Alliance）是一个由全球产学研机构组成的产学研合作联盟。

产学研联盟的形式和运作各不相同，其目标是通过产学研合作与交流，实现自身的科技创新和价值交换，众多机构的绩效目标与宏观战略目标趋向一致。

9.2 产学研联盟的一体化机制

以产品（服务）项目为纽带的产学研一体化实体，开创了技术转移新的组织形式和运营模式，新型实体需要新的运行机制。

技术转移产学研联盟由多方组织和机构组成，保障机制是保障联盟顺利运行的基础，由于存在体制机制不完善、技术供应与需求信息不对称、成果转化重引进轻输出等一系列问题，需要制定涉及各项合作的框架。基于业务内容和环节实施的各项合作机制，如利益分配机制、风险分担机制、分工协作机制、组织协调机制、激励约束机制、退出选择机制等，主要包括：构建多主体创新联动协同保障机制，强化产学研用融合发展政策支撑。产学研用各方是相对独立的创新主体，各主体间的发展目标、技术积累、运作方式、运行机制等存在差异，难免会产生产学研用合作匹配度低、利益分配比例不协调等问题，适当的动力推动机制和支撑保障机制至关重要。

9.2.1 治理结构机制

产学研联盟作为新型经济组织，管理机构设置、业务运营及部门之间的结构关系与运行方式，与治理结构基本规律密切关联的有管理机制和利益协同机制。

1. 形成产学研创新组织的管理机制

共同建立平台实体，建立合乎现代高新企业治理结构的规章制度。设置产学研管理机构，各职能部门首先要明确权责利关系，确认各自权责利界限，制定管理层促进产学研一体化业绩考核新的办法，严格落实责任制。政府和管理职能部门要完备产学研年度管理考核，引导高校和科研机构建立鼓励成果转化和产学研合作的内部评价考核体系。完善有利于产学研一体化的激励机制，改革科技成果评价和奖励机制。解决以往科研课题结题的任务指标与时限弊端，把科研课题的应用去向和转让时限纳入结题考核。杜绝脱离市场的应用性课题审批，以技术导向和产业化导向改革科技成果的评价制度，建立面向市场、面向企业的科技人才评价体系。

2. 形成产学研一体化利益协同机制

产学研各方利益协调至关重要，即保证联盟参与各方根本利益的一致性，须完善风险分担和利益分配机制。完善的利益链接是推动产学研用一体化融合的有效手段。要形成产学研联盟的风险分担和利益分配机制，建立产学研风险共担的责任制度，建立有利于产学研多方深度融合的利益共享和利益分配机制。要完善成果转化、无形资产收益科学评价体系。政策层面继续向高校和科研院所倾斜，进一步放宽对高校院所使用、处置和转化自有科技成果的政策管理限制。探索实施科技成果转化风险规避制度，技术转移合规合法、各尽其责，各获其利。

企业、高校和科研机构共同投资建设的园区、实验室、技术中心、创新平台等是产学研联盟建设的基础，打造联盟载体，各方投入的资源应经过第三方评估机构的科学评估，为深度融合提供物质基础。产学研深度一体化需要培养具备创新精神和实践能力的人才，机制要有利于人才在产业间的多向流动，既有激励人才流入的利益导向，也有方便流出的正常权益保障。鼓励企业、高校和科研机构加强人才交流与培养，能够与企业双向交流与互动。三方互派研究人员、开设联合课程，可以按市场社会平均劳动时间计算费用及支付报酬，以有效提供产学研人才保障为运作依据。进一步提升对科技成果主要完成人和成果转化主要贡献人员的奖励份额，要强化更具灵活性和可持续性方式的服务保障。鼓励科研人员携带科技成果或者有效专利创办科技型中小企业，设立研发和人才保障基金，突破传统的项目开发形式，提供科研支持和资金支撑，如成立作为联盟经营盈利分配以外的内部奖励资金和风险抵冲基金，鼓励企业与高校、科研机构共同开发预期潜力大、风险相对高的研发项目；鼓励利用人工智能等高新技术，建立产学研网络云平台，对实现的技术突破与突出绩效应有预先制定的分配规章等。

9.2.2 绩效考核评价机制

产学研一体化考核评价机制主要针对从研发成果到商品入市不同阶段绩效的考核评价，绩效考核评价机制要有利于联盟整体的利益最大化。考核评价机制的导向作用，源自完善的评价指标体系，科学的评价方式。建立产学研一体化的绩效考核评价机制要针对应用技术研究、公益性研究、基础研究的不同性质建立区别分类评价指标体系。产学研联盟内部剥离基础性研究的绩效考核，把基础性研究纳入任务类项目考核评价。把技术转移绩效对产业化的影响纳入大权重比评价指标，实行发明专利等成果转化应用与论文发表指标区别对待、技术转让成交额与纵向课题验收指标区别对待，根据产业型、技术型、学术型等不同的联盟类别设计确定指标权重。建立科技成果转化、技术转移应用服务从业人员的职称评审序列，以权责匹配的合理体制稳定科技研发人员和企业技术管理人员在产学研用联盟的职业化地位。深入推进科研评价机制改革。建立全面的评价体系，针对科技成果转化的不同环节和阶段，建立不同的评价标准；完善延后评价标准，对科技成果在转化、生产及进入市场后进行重点评价；注重对科技成果的外部评估和监督，引进规范专业的第三方咨询评价机构，强化科技成果价值的市场评估要素。重审科研成果转化中技术经纪人、技术经理人的职称评审要求，至少在经济实体组织大幅度改革以学术论文、基础性研发课题、纵向项目为主的评价体系，将技术创新、技术成果转化、产业技术转移等作为绩效考核的主要依据。产学研合作创新要进一步建立保护知识产权、规范合作的法规政策体系，消除合作障碍。

9.2.3 分工协同机制

分工协同是现代工业的基本特征，是产业配套要求的必然机制。

1. 杜绝大而全垄断机制的形成

一项技术成果形成新产品、新工艺进入市场，需经过成千上万个技术节点和包括材料、零部件等系列配套环节。众多企业形成产业的配套供给链，复杂技术的简约化操作是产品迅速占领市场的前提条件。过往大量的科技成果得不到应用，除了与市场脱节的主要原因，另一个重要原因是单项技术难以形成产业配套能力，企业即使引进该项成果亦不能满足产业化的规模要求。推进产学研一体化，解决企业主体、市场主导、政府扶持、平台建设、内生动力等核心问题，需要健全分工协同机制，实现产学研联盟主体的深度融合与协同。世界技术巨头公司如微软、英特尔等一大批跨国集团，既是技术的输出方，也是技术的引进方，其年技术输出和技术输入总量相当，各以 10 亿美元计。美国企业在用的全部发明专利，约 50% 是国外的专利输入，欧洲企业在用专利的 75% 源自国外，这意味着美国过半的产业技术、欧洲 2/3 的产业技术，是国外技术转移的贡献。在分工协同机制作用下，跨国公司通过知识产权转让许可、专利的交叉许可，取得产业关键技术的使用权，这是产业联盟分工协作的最好例证。我国企业关键技术和知识产权总量已超过美国领先于世界。但在输入比重 50% 的前提下，输出技术微乎其微，关键技术仍受制于人，分工协同机制的重要性可见一斑。中国在技术转移价值链上的流动特征是技术设备的引进和知识人才的输出，产学研联盟也许是改变这一现象的契机。

2. 分工协同的利益机制

分工协同的重心是技术与产业对接，以利益机制推动产学研联盟的主体合作。

现代科技革命和产业的相应调整，需要生产企业、服务团队、科研团队全球化的共同推动，需要不同区域的企业、高校、科研院所在开放的市场中分工协同。产学研联盟各方作为技术转移的活动主体，产学研多方的分工合作，从差异竞争到优势共享，技术资本、知识资产、资金设备、市场用户等各类科技资源在流动中重新组合。利益机制是新的组合实体的黏合剂，作用于外部环境的被动适应和内部生产力要素的主动适应。利益机制的实质是产学研联盟各方需求的平衡机理，包括利益共享和风险共担，消解分工偏差，保障协同各方的合法利益。

9.2.4　多元投融资保障机制

产学研一体化多元投融资保障机制。建立财政投入为引导、企业投资为主体、金融资本和民间资本投融资长期化的多元投资体系，保障机制是科研成果转化和产学研深度融合的运行前提。要创新融资模式，鼓励产业投资基金、创业投资、天使投资、知识产权证券化等各种科技金融创新，为科技成果转化与技术转移提供中长期资金储备。推动企业更替应用高利润率的新技术，不断提高研究开发费用占销售收入的比例，不断扩展劳动者薪酬水平的提升空间，增强企业自身“造血”功能，让企业利润成为产学研用经济实体扩大再生产的投入主体；完善产学研用科技协同战略投资退出机制，保障社会投融资资本按规定退出投资项目的权益。

健全投融资机制能够保证投资主体的多元化，逐步形成风险投资、引进外资、租赁融资和无形资产产权抵押为补充的多元参与的投融资市场；完善风险投资政策支持，理顺风险投资中科技成果风险转化的回报监管。

完善产学研多元化投融资机制。政府要落实增加科技投入的各项规定，安排专项资金支持企业创新能力建设的引导投入，引导投融资方向和投入效益，突出重点、滚动发展。企业、高等院校、科研院所对产学研联盟的技术投资要分明性质和选择优势。激发企业增加产学研联盟硬件资源与资金投入的积极性，推动企业技术开发经费逐年递增，良性循环，真正做到以企业为主体。高等院校与科研院所以软件资源和科技成果投入为主，发挥知识资本优势。产学研联盟外部的金融支持，以银行金融信贷为主体，信托、租赁、风投、交叉许可、证券化等并重，拓宽融资渠道，鼓励和引导社会资本参与产学研联盟的技术开发与产业化应用。

9.2.5　产学研一体化机制的理念导向

发达国家尤其是新技术革命遥遥领先的部分欧美国家，科技政策法规把产学研用联盟一体化作为技术转移的重要推动内容。联合国教科文组织倡导的“产学研结合计划”为促进世界各国，特别是发展中国家的产学研联合起到重要作用。在体制、机制创新过程，解决产学研联盟的运营短板和深层次战略融合等问题，首先要解决理念的更新问题。

1. 战略高度理念

产学研联盟的战略高度是致力于国情条件制衡下的宏观效益与微观业绩的相辅相成。技术转移的概念源自国外，西方小政府大市场的行政作为在产学研技术转移的政策主导上完全是另外一种情形，政府多方面培育和积累优势要素，发挥市场优化配置创新资源的基础性作用，不仅有政策法规的完备制定，还有资金、信贷、税收等多方面的支持与引导。

我国产学研一体化进入技术转移的国家战略规划，是政府产业政策重要的规划内容和推进举措。除产业内部结构失衡、技术转型配套不足等问题外，国民经济“十四五”规划背景还面临社会消费不足、就业不充分等社会矛盾。产学研一体化发展要体现产业规划目标要求，探索符合中国实际国情的产学研一体化运营模式。

产学研联盟技术转移的动力源自两方面，一是政府调控的外部需求拉动，二是参与各方内在利益契约驱动，需求是引导，利益是驱动。面对生产性消费供应失衡、生活必需品巨大的消费潜力市场，产学研联盟重在整合国内外科技要素资源，以三方的优势叠加提供有效供给。

2. 技术人才第一生产力的理念

技术人才包括科技研发人员和技术经营者，与其他行业的劳动者和管理者比较，是前沿推进与供给保障的关系。推进产学研联盟，必须以技术人才为本。产学研联盟的实质是研究型人才和实用型人才的优势互补。完善人才培养机制就是围绕产业链需求培养技术型与应用型人才，鼓励大学和科研机构从企业招聘教师和科研人员，减少直接从学校录用没有技术研发和没有技术经营资历的师资之比重。要求企业骨干科技人员到大学和科研机构实施继续教育，激励大学、科研机构研究人员与企业技术人员的双向交流。

3. 错位竞争理念

产学研一体化是在市场经济条件下的高科技、大产业运营，引导支持技术要素有效有序流动，实现各方的共享共赢。随着市场、技术人才资源、人工智能、新能源技术等要素的差异化竞争，产学研用联盟的技术引领能力已成为一个国家和地区经济可持续活跃的核心实力。在国内消费不足、国外全球化割裂的时期，要稳定经济增速，切不可盲目强调竞争。要以优势要素推进发展，避免同类竞争，尤其要避免不计成本、牺牲生态代价的主动竞争。产学研一体化是大开放、大合作，要扬长补短，技术互惠，资源共享，以市场为导向，以品牌和资源吸引国内外的研发机构、优秀人才或项目，以特长技术和优质服务加入产业链龙头序列位置，远离恶性竞争，在技术转移中实现共赢。

4. 产业落地理念

推进产学研一体化的终极目标是科技成果市场应用，新兴产业高新化、特色产业精细化、优势产业规模化。转变重成果轻转化的传统意识，确立科技成果产业落地理念，以市场的规模需求加快科技成果向产业化方向推进，协同创新、集聚辐射、持续开发，跨境扩散。抢占高新技术产业价值链高端和基础产业技术链高端，实现高新技术成果产业化落地的终极意义。

5. 跨界服务理念

数字化与人工智能等技术的引领，使专业化概念发生了质的变化。应用操作的通用化是所有产品和服务的整体趋向，技术的专业化越分越细，细分后的流程相对趋于简单化，智能设计的技术集成相对而言也由复杂化趋向简单化，例如 40 多万个零部件的光刻机的智能设计与制造，相对于传统制造业模式，不是复杂了而是简便了，尽管它的体系结构确实很复杂。跨界服务的理念变复杂问题为简单化，绝大多数的研发机构无须去研发整体的先进设备，只研发万分之一的部件创新技术，成为产业链上的环节便可奠定无竞争的供应链地位。一定程度的细分化专业技术就是通用技术，跨界服务以创新技术消灭同类竞争。产学研联盟改变了僵化的“自力更生”“小而精”“大而全”的垄断偏执意识，以联合创新、各具特色提高产业技术水平，以高新技术产业化促进自主创新。我国产学研一体化虽然呈现多样化发展态势，但实质合作的规模较小，松散合作又过于分散，还停留在“课题”与“项目”合作层面，缺乏紧密型的战略合作。产业链布局要求切入供应链的跨界服务，联盟成员根据自身的技术与资本条件选择不同技术梯度的产业链位置，研发空白技术，引进先进技术，转让成熟技术，淘汰无利技术。立足经济社会前沿技术需求，产业链上中下游拓展跨界、跨地域的多形式运营，实现多元主体之间“零距离”的相互依赖，同舟共济的联合与协作，形成战略层面上的产学研联盟格局。

9.3　产学研联盟的协同模式

技术转移产学研联盟的特征优势和功利存在差异，参与联盟的约束条件也不同，联盟内部企业、高等院校和科研院所，由于自身的资源、需求不同，会选择不同的产学研协同模式。促成产学研一体化与市场需求直接联动。

推动创新供给与市场需求直接联动，企业、高等院校、科研院所等创新主体的联合推动，产学研协同模式不断深化，人才联合培养模式、产业技术联盟模式、协作研发与成果转让模式、第三方实体共建模式等在不断完善中。协同是一个复杂系统中的若干子系统通过协调、合作或同步的联合作用及集体行为，使得整个系统运转有序，产生超过子系统单独作用之和的效果。产学研协同的理论基础有埃茨科瓦茨的三螺旋模型，用于解释大学、产业、政府间的复杂关系，三者共同作用下创新的螺旋式上升促进了知识的产生、应用和创新，并最终实现应用价值。

产学研的概念在几十年的发展中不断演化更迭，以美国硅谷为蓝本，北京的中关村科技园作为推进高等院校和科研院所科技创新成果转化的试验区，见证了中国产学研联盟的发展历程。国外的科技资源主要分布于大学和企业，美国硅谷是以大学为依托，以高新技术的中小公司群为基础，融科学、技术、生产为一体的科技园区。起始则是典型的斯坦福大学科技园产学研联盟模式，包括加州大学伯克利分校等具有雄厚科研力量的世界知名大学的逐步融入，校企联盟的科技园区培育壮大了谷歌、脸书、英特尔、苹果公司、英伟达等世界级跨国企业。北京中关村地区是我国科教智力和人才资源最为密集的区域，有北京大学、中国人民大学、清华大学、北京航空航天大学等高等院校40余所，中国科学院、中国工程院所属的国家（市）科研院所200多家。中关村科技园遍布各行各业的产业联盟多以产学研一体化形式存在。深圳高新技术产业开发区、“中国电子第一街”华强北商业区参照硅谷所在地的旧金山湾区，依托科研教育机构包括清华-伯克利深圳学院、南方科技大学、香港中文大学（深圳）、深圳大学、深圳先进技术研究院、国家超级计算深圳中心等，产学研联盟成就了包括华为、腾讯、大疆等一大批高新科技企业的快速崛起。

国内发达地区产学研合作的主要模式按照主导组织的类型可以分为政府主导（推动）、高校和科研院所主导、企业主导的协同创新模式。

9.3.1 政府主导型产学研协同模式

中国特色的产学研协同模式的特色主要是政府的主导作用，作为产学研一体化活动载体的高新区、科技示范区等，不仅在法规、政策、财政资金等方面对产学研机构负有支持职责，甚至很多园区都有行政区划编制，自身就是一定层级序列的政府组织，直接管理产学研联盟实体。因而，在学术理论界一直有“政产学研联盟”的提法。为了发挥市场规律的作用，推进产学研发展的高层设计，又提出了“产学研用”的概念，意在强调产学研联盟活动的市场应用和用户作用。

一些发达国家则是“小政府、大服务”产学研运营模式。根据实际国情创新资源、制度体系等，在产学研用合作实践中不断探索，形成了各具特色、行之有效的产学研用一体化模式。硅谷的斯坦福大学率先建立了知识价值利益分配的规则，推动政府颁布拜杜法案，使硅谷成为信息技术原始创新的策源地，实现了人才、知识、技术和商业创意的自由循环流动。筑波科学城（高科技工业园）的成功经验曾名噪一时，日本政府所属的40多家研究机构6万余名研究人员迁入筑波，连同筑波大学等科技力量推动，形成传统产业向高新产业转换的新兴基地。

北京作为中国科教创新资源最密集的城市，万人发明专利拥有量218件，居全国第一。2022年全市认定登记技术合同95061项，成交额达7947.5亿元。中关村示范区是中国最大的政府主导型科技园区，集聚了各个行业与专业的产学研联盟落地。2022年，拥有高新技术企业24671家，其中国家级高新企业16378家。

“政府主导型”产学研协同模式多以科技园区（高新区）内的高科技企业为基础吸引全国知名高校和科研院所入驻园区。不同的科技园区侧重点有所区分，有的强化多元主体参与、战略规划清晰、目标是应用性创新；有的强化高校与企业之间的专业合作，以科研和教育为主，合作制度化、规范化，以促进研究为核心。产学研用一体化促成了契约合作、技术协作、入股创业等内容丰富且形式多样的产学研协同模式。政府主导的产学研用联盟旨在解决科技、经济发展中的重大问题和关键问题的大规模的联合行动。综合考虑自身区位特征、创新要素基础、产业结构等实际情况。除采取比较普遍的项目纽带模式（高校院所直接服务企业），政府主导多以产业发展中的突出问题为导向，以制约产业发展的共性技术难题为牵引，建立多层次产学研模式。如大力发展新型研发机构，在优势产业领域与政府共建实体研发机构；构建产学研用战略联盟，实现全方位、高层次、网络化的协同创新等。其特征是由政府搭台，财政出资、引资，多渠道筹集资金，以设立科技开发基金的方式对产学研联合体进行投资，提供初始经费，主要支持高风险、高投入且符合当地经济和社会发展需求及产业结构合理的公益型或尖端科研型的项目。政府主导型协同模式能够兼顾协同创新基础设施和软环境建设，引导地方高校联合科研机构和产业部门，围绕地方经济、政治、科技、社会、文化发展重大问题进行的区域性产学研协同创新；通过科技园区构建科技成果转化的生态，融通创新链、产业链、资金链，形成知识价值创造的集聚效应。

政府主导的产学研联盟还能够通过政策杠杆撬动新型工业化战略。走新型工业化道路，是立足我国实际、顺应国内外发展趋势的科学决策。新型工业化实现跨越式发展，最有效的途径就是推进产学研用实施新型工业化战略，有效配置科技资源，激发科技机构的科技创新活力，提升企业产品创新的能力。

9.3.2 高校（科研院所）主导型产学研协同模式

高校（科研院所）主导型产学研协同模式是大学或科研院所自办生产（服务）企业，或在自主实体的对外扩张，在其直接组织和调控下实行科技课题的成果化及后续的产品化、商品化，如北大的方正、清华的紫光、中科院的联想。

技术输出合同的市场份额，高校主体约占 10%，企业及研发机构占据了大多数比例，高校技术输出在产学研用模式中仍处于分离阶段。我国高校研究与实践长期脱节，诸多先进研究成果多用于学术指标考核，而非产业市场应用。即使课题组在技术雏形上有所突破，科研项目产业化周期长，需经过验证、小试、中试等熟化阶段，还需工业化复杂的配套生产，人财物资金成本高昂。现实困境造成了跨学科应用型研发技术人才短缺，也堵塞了科技成果与市场对接渠道，理论成果转化为实际应用的路径终成岔口，各路平行，少有交叉。

高校和科研院所既是科技成果的创造者，又是科学技术转化为产品并形成产业化的创造者。

1. 共同建立研发平台

主要形式是由企业与高等院校或科研院所根据企业技术创新的需要，共同建立实验室、工程研究中心或研究院。侧重应用基础研究的研发平台，主要建在高等院校；侧重产品技术开发的研发平台，主要建在企业。这种产学研合作模式的主要优点是能够通过科技资源特别是大型仪器试验装备和科技创新人才的共享，降低技术创新的成本，近年来这种模式越来越受到企业和高校的青睐，如中国铝业股份有限公司投资 1 亿元在中南大学建立中国铝业联合实验室。

自建以市场需求为导向的产业技术研发生产体系。新一轮科技革命和产业变革突飞猛进，科技更新迭代加速，对大数据、云计算、人工智能、区块链等前沿技术进行攻关和孵化。围绕核心技术市场应用，推动研发与需求精准匹配，支持建立以市场需求、成果转化为导向的科研项目立项与科研任务管理体系，从源头上提升创新资源利用效率。共建研发模式的特征是以高校和科研院所为主体，以科技活动及其成果为主导，构建除基础研究外的应用研究、开发研究、中试、产品化直接到形成产业并占有市场的全部流程。高校和科研院所主导的协同模式又称为学研主导或者联合开发模式，是学研两方在地位平等基础上，为实现共同的目标联合起来，建立研究实体或者形成战略联盟，共同参与研发和经营管理，风险和收益共担，利用各自优势分工协作进行研究和创新活动。产学研联盟大多自身就是企业，发展壮大后会有社会企业的加盟。

2. 联合培养技术和技术经营人才

产学研合作过去主要集中在科技研发领域，现在已扩展到联合培养人才，特别是企业急需的技术经营复合型人才。产学研联合培养高层次创新人才，主要有高校为企业定向培养专业技术或管理人才、企业博士后科研工作站两种形式。企业博士后科研工作站通常设在企业，由大学的教授和企业的高级工程师共同指导。进站的博士后结合企业的技术创新需要进行选题，研究工作有很强的针对性。这种联合培养方式由于突出企业主体和市场导向，并且能直接服务于企业，深受企业欢迎。全国已有数百家大企业建立了企业博士后科研工作站。

世界上第一个高科技园区——斯坦福工业园（现今的“硅谷”）就是高校主导型的产学研模式范例，在规模扩大后业务范围和区域面积已突破一所大学所能管辖的极限，而逐渐形成政府主导型科技园区。中国台湾新竹科技园就是以中国台湾工研院作为主导的技术孵化平台逐步壮大形成了产业集群。该科技园在建立之初便选择了集成电路产业，而台湾积体电路股份有限公司（简称台积电）作为园区集成电路产业的核心龙头企业，该科技园围绕台积电集聚形成了涵盖上游设计、中游芯片制造、下游封装及测试的完整产业链，集成电路产业占园区总产值 70% 以上。该科技园已成为全球最大的电子信息技术制造中心之一。

3. 创新建设新型研发机构

产业链和创新链同步协同，有效整合高校智力资源、政府政策资源、社会资本资源的创新联盟主体，新型研发机构具备优化产业空间、技术布局，延伸创新链条，打破旧有组织边界，推动科技和经济融合的特质，有明晰的新型研发机构定位。

9.3.3 企业主导型产学研协同模式

企业主导型产学研协同模式是由企业来组织科技成果转化与市场应用的产业活动。要推进产学研用一体化，支持龙头企业整合科研院所、高等院校力量，建立创新联合体。科学技术转化为生产力的过程，由企业担当主角，实质是企业的应用研究、开发研究、产品的商业化和新产品市场营销等全过程，高等院校与科研院所在企业的技术生产和服务中只是作为参与者发挥创造价值的作用。企业主导型协同模式的特征是企业作为科技的研发者同时也是科技成果转化为生产力的实施者，世界大型跨国公司大多既是科技研发的主体又是生产（服务）的主体。

企业主导型产学研协同模式是企业为一定的目的，比如提升自身技术水平、实现利润最大化目标或者仅仅为解决某个技术难题，通过联合、委托开发等方式，吸引高等院校或者科研院所参与企业研发过程，形成半松散半紧密型联盟而非新创企业实体。建立以企业为主体的产学研协同模式，能够帮助企业提升创新能力和水平，其研发活动的时间、内容、形式和合作幅度由企业决定并承担相关费用。

以企业为主体的产学研协同模式，不是以企业是否是技术开发力量的主体来界定，而是依据企业的三位一体来认定，即企业是研发项目的主体，是研发项目经费投入的主体，是研发成果应用的主体。要强化企业在产学研协同中的主体地位，支持行业龙头企业牵头组建联盟创新体，让企业真正成为应用技术研发的主体。企业也可以不作为应用技术的研发主体在产学研协同中发挥主导作用，关键是企业要从技术的源头参与研究开发，而不是被动地到技术市场寻找现成的技术成果，高校和科研院所也必须深入企业和市场，有的放矢地申报或承接委托课题项目。

相比高等院校和科研机构把握前沿核心技术的优势，久经历练的行业领军企业和产业龙头企业在参与国内外市场竞争中，有着直接的技术需求体验。企业主导产业的打造与核心优势的培育，需要高等院校、科研院所提供智力及技术支撑。高等院校、科研院所技术链、创新链的延长，离不开企业通过中试、量产等来验证和推广。企业产业链、价值链的扩展和延伸，需要高等院校、科研院所对技术的持续性改进、完善。技术关联型和产业关联型产业集群的共生，源于技术创新联盟的协同与产业价值链的良性互动。企业主导即由龙头企业牵头、高校院所支撑、各创新主体相互协同，前端研发供给和终端市场需求直接联动，这是提高产学研联盟协同效率、盘活研发机构资源的快捷路径。

9.3.4　产学研联合体协同运营

产学研联合体协同模式是在保持高等院校、科研院所和企业各自拥有原来体制的前提下，为实现科技成果转化，利用各自的科技要素占有优势，分工协作共同完成技术创新过程的运营形式，这种模式趋向体现的功能互补的优势，将成为技术转移，尤其是高新技术创新领域技术转移的主流模式。

国外科技园区管理是小政府、大市场形式，这种制度设计也被国内专业管理者所认可。国内科技园区的管理体制形式多样，有政府派出机构模式、园区管理机构模式与行政区划一体化的模式，也有政府多部门共同管理的形式。科技园区在体制上行政区划明晰，部门职责明确，目标责任容易落地，决策快、资源配置灵活。同时能够建立市场化手段配置资源的公司化平台，在招商、产业服务、股权投资等方向支持园区的产业化。营造公平、公正、公开的市场环境，更多地运用市场化手段，完善创新要素配置，优化创新环境，形成“小政府、大服务”体制机制。

1. 内部运营

产学研合作成员之间通过共同筹资或申请项目资助，开展合作研究项目或技术开发项目的密切合作，开展运营。

确定合作项目的主题和目标。产学研合作成员需要共同确定合作项目的研究主题和目标，可以根据成员的研究方向、市场需求和科技发展趋势来确定，确保项目的科学性和实用性。

制订项目方案和计划。在确定项目主题和目标后，合作成员需要制订详细的项目方案和计划，包括确定项目的研究内容、工作任务、时间节点、预算等，以确保项目能够按计划进行并达到预期的成果。

筹集项目资金。合作成员可以通过共同筹资或申请项目资助来获取项目所需的资金。共同筹资可以通过各成员单位自行投入资金的方式实现，也可以通过设立专门的项目基金或合作资金池来集中资金。另外，合作成员还可以向政府、行业协会、基金会等机构申请项目资助，获取项目所需的研究经费。

签订合作协议。在资金筹集完成后，合作成员需要签订合作协议，明确各方的权利和义务、项目的管理机制和决策程序、知识产权的归属和分享方式等。合作协议可以规定项目的具体实施方案、成员的责任分工和贡献度，确保项目能够有序进行。

开展项目实施。在签订合作协议后，合作成员开始正式开展项目实施。根据项目方案和计划，各成员单位分工合作，开展研究工作、数据收集、实验测试等活动，以达到项目的预期目标和成果。

监督和评估项目进展。在项目实施过程中，合作成员需要定期对项目的进展进行监督和评估，包括定期召开项目组会议、提交进度报告、评估项目成果等，及时发现和解决项目中的问题和困难，确保项目能够按计划进行并达到预期的效果。

总结和归档项目成果。项目实施结束后，合作成员需要对项目的成果进行总结和归档，包括撰写项目报告、发表研究论文、申请专利等，将项目成果转化为可持续的科研成果和技术创新，推动知识产权的转移和应用。

2. 联合开展科技攻关

这是一种以项目为纽带的产学研合作方式，主要包括产学研联合承接国家重大科研项目，研发资金主要来源于政府投入和企业配套；围绕企业遇到的重大技术难题组织产学研联合攻关，研发资金通常由企业筹措。“十一五”以来，我国由产学研联合承担的政府科研项目的比例明显增加。例如，国家科技发展中长期规划确定的16个重大科技专项，绝大多数以产学研合作的形式推进；国家科技支撑计划首批立项项目中，90%为产学研合作项目，其中企业牵头的占1/3。

产业技术创新战略联盟是一种新的产学研合作组织形式，具有强大的生命力，以提升产业技术创新能力为目标，以具有法律约束力的契约为保障，由企业、高等院校、科研机构、用户等按照市场经济法则组建的产学研用战略利益共同体。与项目层面上的产学研合作相比，产学研战略联盟能够更有效地组织和配置联盟内各成员单位的优势资源，更具战略性、长期性、稳定性，避免了松散型产学研合作短期化、任务单一化等问题。产业技术创新联盟作为一种新的产学研合作组织形式发展较快。我国钢铁、石化、汽车、煤炭等重点振兴产业和新能源、生物、信息等新兴产业，均已建立了由优势单位组成的产业技术创新战略联盟。

3. **创办高新技术企业形成科技园区**

主要形式是高等学校或科研院所输出技术和技术人员、企业出资金，共同创办高新技术企业，共同推动科技成果的产业化。专业学科性公司是其中的一种形式，特征是依托高校学科优势，通过科技成果作价入股和吸引社会资本投入，建立股份制高新技术企业。新建企业通常拥有自主知识产权等核心技术，具有良好的成长性。为发挥各自的优势，专业学科性公司通常由企业家担任董事长或总经理，由大学教授担任技术总监或总工程师。产学研合作创办科技企业的集聚则形成科技园区。至 2021 年，我国建成 141 个国家大学科技园，至 2023 年 11 月，国家高新技术产业开发区数量达 178 家，依托 66 家国家高新区建设了 23 家国家自主创新示范区。中关村新一代信息技术、武汉东湖光电子、张江集成电路产业的规模，分别占到了全国的 17%、50% 和 35%。支撑建设了 38 个国家先进制造业集群，集聚了 1/3 的高新技术企业、2/3 的科创板上市企业。

4. **共同建设创新载体**

由高等院校和科研院所与区县共同建设产业园，从与单个企业的项目合作，到高等院校或科研院所与一个地区乃至一个省的全面合作，是产学研联盟由点向面扩展的重要标志，标志着产学研联盟已成为区域创新体系建设的重要组成部分。例如，苏州市各区县与全国重点高校及中科院各研究所共同创办新兴技术产业园区。常州市坚持“经科教联动、产学研结合、校所企共赢”，走出了主要依靠创新驱动发展产业经济的新路。由教育部、科技部、广东省人民政府共同组织实施的高等院校与广东企业产学研合作工程取得重要进展，已经有 100 多家著名高等院校进驻广东，带动珠江三角洲成为国内经济最活跃的地区。

9.4 产学研联盟的业务创新

共同推进新领域科技成果转化，致力于产业区域规划的高质量发展，产学研联盟一体化融合，开辟了协同创新业务新渠道。产学研联盟优势明显，高校和科研院所目的性明确的创新成果和关键技术突破，让企业有了透明便捷的最佳技术应用选择。新的业务创新领域包括市场需求导向下的科研协同攻关、产业链价值节点激励下的科技平台共建、满足社会需求的服务人才培养等。

9.4.1 产学研联盟的发展趋势

中国特色产学研联盟经历了从“产学研结合”到“产学研联合”，再到“产学研用融合”的不同发展阶段。技术转移产学研联盟遍布各行各业，规模日盛，业务也呈现多元化。

1. **向长期稳定的紧密型一体化方向发展**

从以往的契约型业务合作向共建研发机构、共建产学研经济实体、共建技术研发基金或奖励基金等多种形式的共建实体模式发展，更多地建立起长期、稳定和紧密的合作关系。长期紧密型合作模式有利于促进参与主体建立共同的利益目标，开展长期的深度研发合作，有利于加快企业技术的更新换代，保持技术的应用优势。

2. 向市场机制主导方向发展

产学研联盟业务引入市场机制，实现研发驱动利益的市场导向，有利于产学研经营正确的战略方向定位，有利于调用高等院校、科研院所和企业闲置的科技资源，新增有效资源，转让边际效率递减的在用资源。按照市场经济的规律，将市场需求的企业承载与高等院校、科研院所的研发动向紧密结合，提升产学研业务的规模和绩效，更有利于扭转低端产品产能过剩、高端产品供给短缺的不协调现象。

3. 凸显企业技术主体地位

新型科技类经济实体的出现与发展，显示了中国多年来特有体制下的技术中心的位移，应用型技术的研发中心本应在市场中的企业前沿，应用型技术中心的错位，导致中国技术转移半个世纪的“引进—淘汰—再引进—再淘汰”的死胡同循环。企业尤其是集团公司重点企业没有成为技术创新的主体，科技力量重复、分散，整体运行效率低下。高等院校和科研院所基础研究与应用研究主次模糊，难以为企业提供技术支撑。产学研一体化企业类经济实体的快速发展，明确了企业在技术研发、应用中的中心地位，企业真正成为技术的投资者和技术的经营者。行业龙头企业就是专业技术的引领者，需求导向，促进产业链价值的深度融合，在技术决策、研发投入、课题组织实施等各个环节，都能体现企业的技术主体地位和市场导向作用。引进先进技术并不等于引进创新能力，技术引进的目的不仅是引进先进工具，而是消化吸收后的技术再开发，在大量利用国外技术资源的同时，应同步提升技术输入企业的自主创新能力。产学研联盟责任分工明确，利益分配透明。

4. 向产业技术价值链战略联盟方向发展

围绕产业技术价值链构建企业、高校和科研院所的战略联盟，产业链各主体紧密融合，从整体上提升了产业领先优势，实现了各主体的优势互补，联盟由企业技术主体形成产业市场主体。这种技术产品市场主体包含以下几种形式：一是在传统产业领域内以构建产业技术价值链为目标的战略联盟，以重大技术项目落地推动产学研一体化，优化整合大学科技园、科技企业孵化器、众创空间等各类平台载体的功能，加速技术转移服务要素聚集；二是跨行业、跨领域集成的产业创新技术联盟，打造科技创新联盟共同体；三是围绕产业新兴技术及标准的研发与应用的产业技术服务联盟。

5. 从成果转让方式到技术转移路径

随着科技发展速度加快，产品在市场上更新换代的节奏也越来越快，企业转化一个成果，生产一年后，第二年可能就被淘汰了，或至少需要改型升级。所以，产学研合作必须转变方式，从成果转让上升到技术转移。

企业不能等到高等院校、科研院所研发完成再去谈合作，应该在初期就介入高等院校、科研院所的开发，从中培养人才，然后连人带成果和技术一起转移。技术转移的目的不限于某一项新产品，应更看重增强企业创新能力和可持续发展能力，为此产学研合作应从面向某一产品的项目合作发展到高等院校、研究院所与企业建立面向长远的联合研发中心，或者在政府支持下建立面向区域创新的行业技术服务平台，这是值得提倡的产学研合作模式。

6. “产学研用”的拓展

建立以企业为主体、市场为导向的产学研联盟体系，其中的市场为导向就是应用导向。提出技术创新概念的经济学家熊彼特认为技术创新是新技术的首次商业应用。“用”是技术创新的初始也是结局。任何一项新的技术，只有通过应用才能不断完善与成熟；任何一项科技成果，也只有应用才能转化为现实生产力，才能创造社会财富。用户是技术创新使用价值的消费者，同时也是产业价值链的利益创造者，用户间接参与产学研联盟的价值创造。生产和服务企业不是最终产品的消费者，但在市场体验中与经销商、与用户有共同利益的关联点，市场需求创造价值链的共同利益。产学研走向产学研用，是强调“应用”和“用户”在技术转移过程的作用。“产学研结合”走向“产学研用”是对中国特色产学研联盟市场意义的重新认识，突出了产学研联盟产业合作成果的应用过程和用户消费，“用”主要指“应用”和“用户”。“用”能够减少技术创新的盲目性，缩短新产品从研究开发到进入市场的周期，从而有效降低技术转移的成本和风险。产学研用紧密结合是推动技术进步和产业升级的有效途径。

9.4.2 产学研联盟的管理创新

技术转移产学研联盟是围绕科技成果转化、技术转移服务开展的一系列业务，传统业务包括科技成果研发转化、技术人才流动、创新载体建设、决策咨询服务、国际技术贸易与技术服务等内容。

对于实体型的技术转移产学研联盟，地方政府通过设立相关补助计划，来推动相关业务创新。例如设立产学研联盟重点科技攻关计划、科技成果转化及中试基地奖励性后补助计划、鼓励科技型中小企业自发组建联盟给予研发经费补助、从各级科技专项资金提供联盟运行经费支持。推动产学研技术转移联盟集中各成员力量，围绕产业发展的战略需求承担国家重大科技项目，集成产学研各方力量建设国家和省级重点实验室、技术转移中心或新型研发机构等各类科技创新平台。

新型组织的业务创新包括：

1. 业务前置

建立科技成果转化前期的科研成果概念验证体系，包括加快技术转移专业平台和公共信息服务平台建设，建立产学研用多方用户的对接机制。充分发挥公共服务平台公益职能，满足技术转移全过程业务需求，向全社会开放大型科技仪器、设备和公共实验室，为各种研发提供设计、检测、测试等专业技术服务。厘清基础科学研究与应用技术研究的主体区分，概念验证、技术集成环节要重视基础研究成果与可市场化成果之间的灰色空间，关注度前置，支持度后移，扩大技术转移服务机构概念验证活动范围，鼓励高等院校、科研院所设立概念验证中心（实验室）。

2. 科技管理公共职能的转变

世界主要发达国家的政府对产学研一体化都有很高的支持力度，区别只是在于政府干预程度不同。政府干预程度大，即谓“政产学研”模式；干预程度较低的地区通常有跨国公司的企业集群可支撑产业经济。政府通过制定政策法规改善技术转移生态环境，通过技术转移办公室提供相关服务，通过税收、补贴经济扶持手段等帮助区域内的企业、高等院校、研究机构及中介机构建立技术转移体系。随着新技术的突飞猛进，科技对政治经济的巨大影响力，使得政府改变了对知识产权的传统认知，科技经费的拨款方式在改变，投入规模在不断扩大。科技管理部门公共职能的转变、科技政策实施的组织力度，将直接影响产学研用一体化的深度与广度。高新技术的发展趋势决定政府管理部门职能转变方向，相应的管理部门制定科技发展规划，设计产业发展战略目标，加大对初创产学研联盟的支持力度，制定适合企业发展的科技发展战略和计划，为产学研联盟提供推动力，激励产学研各方的积极性、主动性。

中国的农业技术推广体系极具特色，农业农村管理部门实施自上而下的举国推广制度，由最早主要依附供销社的农业技术推广系统，到农业农村管理部门所辖各种专业公司经营的农机、种子、畜牧等农业技术推广站，其中产学研一体化最为成功的是各类种业，涉及水稻、玉米、小麦、种畜、花卉、果业等。我国农业产学研用一体化潜力巨大，管理部门职能转变任务非常艰巨。农业补贴是全世界各国的惯常制度，农业技术转移如何在传统的农业技术推广举国体制的基础上有所创新突破，是技术转移理论研究的重大课题，既不能减弱政府财政支持力度，又要依靠价值规律发挥最大的市场效益，还要兼顾新农村建设和自然生态保护的社会效益，将是中国特色技术转移内容的最大业务创新。管理体制改革为引领，技术创新为手段，质量效益为目标，是促进农业科技成果产业化、构建现代农业产业体系的最佳实践。

3. 技术转移服务业提质升级

小到产学研内部的技术转移专职服务机构，大到技术转移服务行业的产学研联盟，首先是培育一个高层次、全方位、结构科学的服务体系，通过市场化中介服务机构为产学研一体化活动提供相匹配的服务支撑，高端的服务体系是企业为主体产学研联盟的基础保障。

4. 完备的风险投资市场建设

产学研用一体化意味着大规模制造能力和产业配套能力的形成，意味着巨额研发和创新投入的消耗，风险产业资本投资的参与，能够推动科技成果转化为生产力的周期大大缩短。产学研联盟的技术与经济融合业务具有不确定风险和不对称信息盲点，与银行信贷资金的安全性、流动性、效益性原则有着天然的矛盾。周期长、投资大、风险高的项目有其高收益的预期，风险投资就成为产学研用项目发育壮大重要的融资条件，产学研用项目依赖创业风险投资和资本市场帮助，按创业风险投资的模式得以发展。政府给予产学研联盟和风险投资机构在财政税收、金融信贷等方面优惠政策，刺激风险投资业的发展，推动产学研用一体化，与风险投资业共同壮大。风险投资基金是产学研用风险投资的主要形式，风险投资基金运作成功概率越大越能带动联盟与风投互利共赢的良性循环。

5. “用”的补缺

其中“用”的缺位是产生一系列问题的一个重要原因。具体来讲，就是市场要素、需求信息缺失，造成产出的科技成果与市场、用户需求脱节。“用”是技术创新的出发点和落脚点，研发的技术、产品如果不能在市场应用，技术创新也就失去了意义。解决“用”缺位的关键在于完善市场导向机制，充分发挥市场对技术研发方向、路线选择、各类创新要素配置的导向作用。因此，推进产学研用一体化必须建立以“用”为导向的创新要素融合新机制，进一步明确产学研用合作的工作重点和着力方向，拓展新技术、新产品市场应用空间，充分发挥市场在配置科技创新资源中的决定性作用。

6. 业务后延

运维产业链和价值链、创新链，优化“众创空间+孵化器+加速器+产业园区”上下游衔接的孵化熟化平台。升级大数据云平台降低产学研各方信息获取难度和成本，构建面向全社会的产学研信息收集和发布公共服务智能平台，扩张产学研用深度融合后的项目评价数据库，为企业、高等院校和科研院所长期合作提供技术咨询、检索、申请、评估、审批、交易、投融资等一体化功能服务。

9.4.3 产业集聚区的联盟生态

产学研联盟是产业链的重要组成环节。党的二十大报告提出：推动战略性新兴产业融合集群发展，构建新一代信息技术、人工智能、生物技术、新能源、新材料、高端装备、绿色环保技术等一批新的增长引擎。京津冀、长三角、珠三角、粤港澳是开发较早的产业集群示范区域，灿烂的生命绽放不取决于其自身的顽强，而在于土壤养育之沃腴。土壤是生态的根基，生态环境是决定产学研联盟能否壮大的前提条件。优化科技研发到成果转化的全链条联盟体系，必须构建产学研用融合发展的良好生态。

产学研联盟引领的产业集聚极具中国特色。产业链相同或相近的企业在特定地理区域的高度集中、产学研资源要素在规划空间的不断汇聚，成就了区内企业的相互依存、互助合作和辐射吸引。产业集聚有利于降低运营成本，提高劳动生产率，有利于提升企业竞争力，集聚区内配套企业之间的无障碍关联，产生“整体大于局部之和”的协同效应和规模效益。

技术转移产学研联盟引领的产业集聚，重要的生态环境要素是市场秩序、价值链关联和平台支撑。

1. 法律法规体系规范的市场秩序

产学研联盟从小到大，由简到繁，在其发展的各个阶段，都制定有相关的法律法规予以管理。制定配套的法律法规，保障产学研合作的进一步升级，法律法规体系在不断完善中。先后颁布的《中华人民共和国专利法》《中华人民共和国商标法》《中华人民共和国著作权法》《产学研合作协议知识产权相关条款制定指引（试行）》（部分已归集于民法典）等法律法规，体现了对产学研联盟的支持和对知识产权的保护。

相应法律法规调动了学校、产业和企业的积极性，为产学研各方的合作和发展构筑了良好的生态环境。

我国适用于产学研联盟现有相关政策法规，如《中华人民共和国促进科技成果转化法》《关于促进科技成果转化的若干规定》《中华人民共和国民法典》等，少有专门针对性实施细则，缺乏可执行性。产学研联盟完善的法律法规体系要求政府应针对产学研发展的现状不断制定和修订切实可行的配套规则，并加大普法宣传和法制监督。良好的市场秩序环境、有力的司法保障，其作用大于管理水平的影响。政府管理部门在区域产业集聚中扮演服务者、仲裁者角色，目的是为产业集聚提供安全的就业环境、创业环境和市场交易环境。政府要依法履行部门管理职能，构建守责尽责、失责追责的责任制度，为产业集聚创造公平、公正、公开的法治环境。但凡没有布局调整因素影响而产业衰落的地域，大多是管理者官本位意识强烈、法制懈怠、政治素质低下等生态因素造成的，产业集聚是多方因素共同作用的结果。

资源是产业集聚的吸引力，人才集聚是产业集聚的前提条件，成本优势是产业集聚的可持续动力。产业集聚形成和发展的过程，市场因素是决定性的，但政府管理者在生态建设方面的作用是不可替代的。

2. 价值链关联

产业集聚是指产业链相互关联的企业根据自身发展需求在优势空间特定区位的产业化过程。产学研用一体化产业集群是产业集聚的动态成效，是由具有共性或互补性而相互联系的企业依托相关的功能服务平台在空间上的集聚，并形成强劲、持续竞争优势的经济群落。

产业价值链集群作为高新技术载体的最有效组织形态，在新质生产力要素配置、优化产业生态环境等方面发挥着重要作用。产学研联盟推动的产业集聚形成的产业价值链集群是区域经济战略目标的重要支撑，是市场经济体制下工业化发展到一定阶段的必然选择。

生态优化环境中的产业集群，最突出的特征是“关联”。产业集聚不是孤立的厂区，而是各有联系的系统作业区，是相互融合的创新服务区。产业集聚不是简单的企业集中，而是产业链上下游生产与服务的配套链接。产业集聚区内企业是否互有关联，是与传统工业园区、经济开发区的本质区别。产业集聚实现生产力的集中布局，资源的集约利用，污染物的集中治理，废弃物的综合利用。产业集聚要体现发展方式的转变，实现集约化发展。

3. 健全的平台支撑

中国经济正在转变发展方式，优化经济结构，转换增长动力。综合性的新型经济体的出现，传统的管理体制和落后的管理手段离日新月异的新技术应用渐行渐远，以高新技术为支撑的各类平台成为新型经济组织的知识化管理系统。公共服务体系在整合创新资源、提升创新能力方面发挥着极其重要的作用，完善的公共服务体系，是推动产业集聚可持续发展的基础条件。融资服务平台、技术创新平台、中介服务平台和物流服务平台，在促进产业集聚过程的技术外溢、资源共享的同时，发挥公共服务体系在整合创新要素、提高创新能力方面的作用。

构建多层次的融资服务平台：为产业集聚提供多样化的金融支持，可借鉴发达国家的经验，吸引项目基金、匹配基金、种子基金、风险基金、青年基金等不同类型的基金进入平台。

构建以科技中介机构为主体的产业链大数据信息服务体系平台：按照“组织网络化、功能社会化、服务产业化”的原则从根本上解决产业集聚区公共服务滞后、服务体系滞后等问题。配套扶持为产学研服务的各类科技中介机构，切实解决企业集群信息不对称和科技资源共享难等问题。

构建物流服务平台：为集聚区企业提供高效的物流服务、成熟的物业管理服务。

构建人才培训交流服务平台：促进人才的自由流动和优化配置。发挥人才在产学研用融合中的核心要素功能，以全球化的人才开放战略，在需求端，以人才供给引导科研成果供给与转化无缝对接；在供给端，面向需求推动科研成果由实验室走向集聚区大市场，提供高质量科研成果供给。

产学研用的业务创新，是获取联盟动力的主要途径之一，其核心是实现高校、研发机构、企业、用户主体之间的对接与互动。产业集聚区生态是打破产学研用合作壁垒的基础条件。

9.4.4　产学研联盟运营及中国特色

近年来，我国产学研合作呈现层次不断提高、形式不断创新等新特征，合作的趋向更加市场化，合作的路径更加多样化。比较有代表性的产学研合作模式主要包括：共同建立研发平台、联合培养创新人才、校地合作、构建产业技术创新战略联盟等。

中国产学研联盟现状及竞争格局，经过几年的发展，已经形成了一定的规模。大多数行业的市场现状良好，市场分工更加细化，竞争格局也在不断变化。

市场环境的不断变化，使得企业之间竞争加剧。经过多年的发展，中国的市场竞争已经趋于成熟，企业间在产品技术、品牌建设、价格策略等方面的竞争日趋激烈，行业竞争格局也发生了很大的变化。

企业之间的合作也在不断加强。在产学研合作方面，企业和科研院校之间的合作日趋紧密，形成了一种新型的合作关系。通过产学研合作，企业和科研院校可以在技术创新、市场营销、生产管理等方面进行有效的合作，为企业提供了更多的发展机会。

市场调研在线网发布的《2024—2030 年中国产学研合作行业市场运营态势及发展趋向研判报告》指出，中国产学研合作行业的市场现状及竞争格局正在不断变化，竞争日趋激烈，企业之间的合作也在不断加强，为企业提供了更多的发展机会。

产学研联盟的中国特色主要表现在以下几个方面。

1. 政府支持和引导

中国政府高度重视产学研合作，积极出台相关政策和措施，支持和引导产学研联盟的发展。例如，政府通过设立专项基金、出台税收优惠政策、建立科技创新平台等方式，鼓励产业界、学术界和研究机构共同开展技术创新和产业升级。

2. 产学研深度融合

中国的产学研联盟更注重产学研深度融合，通过建立产业界、学术界和研究机构之间的紧密合作关系，促进科技成果的转移和应用。例如，企业可以与高等院校、科研院所合作开展联合研发项目，共同解决产业发展中的技术难题。

3. 技术转移和商业化

中国的产学研联盟更注重技术转移和商业化，着眼于将科技成果转化为实际产品或服务，推动产学研合作成果的商业化和市场应用。政府和产学研联盟通常会设立技术转移中心或孵化器，为科技成果的转移和商业化提供支持和服务。

4. 行业协会参与

中国的产学研联盟通常会邀请行业协会或行业组织参与其中，促进产业界与学术界、研究机构之间的合作与交流。行业协会可以提供行业信息和市场需求，引导科研方向和项目开展，推动产学研合作的深度和广度。

5. 校地合作

由高等院校或科研院所和单个企业的项目合作，到高等院校或科研院所与一个地区乃至一个省的全面合作，是产学研合作由点向面扩展的重要标志，标志着产学研合作已成为区域创新体系建设的重要组成部分。例如，常州市多年来坚持“经科教联动、产学研结合、校所企共赢”，已经走出了一条主要依靠创新驱动发展社会经济的新路。由教育部、科技部、广东省人民政府共同组织实施的高等院校与广东企业产学研合作工程取得重要进展，已经有100多家著名高等院校进驻广东，进入珠江三角洲这个国内经济最活跃的地区，不仅提升了广东企业的技术创新能力和竞争力，而且促进了高等院校自身的学科建设与发展。

6. 共同建立研发平台

主要形式是由企业与高等学校或科研院所根据企业技术创新的需要，共同建立实验室、工程研究中心或研究院。一般来说，侧重应用基础研究的研发平台，主要建在高等院校；侧重产品技术开发的研发平台，主要建在企业。这种产学研合作模式的主要优点是，能够通过科技资源特别是大型仪器试验装备和科技创新人才的共享，降低技术创新的成本。这种模式近年来越来越受到企业和高校的青睐，以有色金属行业为例，1997年中国铝业股份有限公司曾投资1亿元在中南大学建立中国铝业联合实验室。

7. 国际合作与交流

中国的产学研联盟更加开放，不断参与国际合作与交流。中国政府鼓励产学研联盟与国际合作伙伴开展科技创新和产业合作，推动科技成果的国际化和市场化。产学研联盟也积极参与国际学术会议、展览会等活动，加强与国际同行的交流与合作。

参考文献

[1] 王兴棠. 产业链下游企业转型升级影响因素研究——基于不同最终产品市场的视角 [J]. 中国管理科学，2021，29 (03)：71-79.

[2] 郭丽峰. 加快研发服务业发展的思考——以中关村科技园区为例 [J]. 科技进步与对策，2010，27 (15)：67-70.

[3] 涂颖清，杨林. 从竞争到协作产业链演化的驱动因素分析 [J]. 经济纵横，2010 (04)：15-18.

[4] 岳中刚. 战略性新兴产业技术链与产业链协同发展研究 [J]. 科学学与科学技术管理，2014，35 (02)：154-161.

[5] 张国胜. 技术变革、范式转换与战略性新兴产业发展：一个演化经济学视角的研究 [J]. 产业经济研究，2012 (06)：26-32.

[6] 李建伟. 知识产权证券化：理论分析与应用研究 [J]. 知识产权，2006 (01)：33-39.

[7] 谭文俊，陈菊红，史童. 知识产权证券化发展现状及可行性研究 [J]. 生产力研究，2017 (07)：43-45，75，161.

[8] 邵永同，王常柏. 科技型中小企业知识产权证券化中的资产组合构建 [J]. 科技管理研究，2014，34 (03)：157-160.

[9] 李凌. 知识产权证券化中资产池的构建研究 [J]. 经营管理，2013 (21)：23.

[10] 黄光辉，徐筱箐. 知识产权证券化中资产池的构建策略研究——以风险控制为中心 [J]. 经济问题，2011 (02)：63-67.

[11] 杨延超. 知识产权资本化 [M]. 北京：法律出版社，2008.

[12] 冯庆斌. 创新群落研究动态及研究展望 [J]. 中国科技论坛，2006 (05)：18-21，60.

[13] 苏景军，梁涛，等. 构建产业链，推进高科技产业化发展 [J]. 科学学研究，2006 (S1)：83-87.

[14] 刘友金，刘莉君. 基于混沌理论的集群式创新网络演化过程研究 [J]. 科学学研究，2008，26 (01)：185-190.

[15] 王彦林，王莉. 新发展格局下“专精特新”企业创新能力提升的困境与出路 [J]. 当代经济管理，2023，45 (09)：21-27.

[16] 董津津．企业创新能力冗余与价值创造关系研究［D］．西安：西北大学，2021.
[17] 刘晓涵．SW公司产业链、创新链、价值链融合度评价及其经济后果研究［D］．北京：中国矿业大学，2022.
[18] 王晓．国际产业转移的影响分析［J］．中国金融，2020（04）：67-69.
[19] 王晓红，郭霞．新冠疫情后我国产业链外移及产业链竞争力研究——以集成电路产业链为例［J］．国际贸易，2020（11）：18-27.
[20] 朱鹏举，王振国．基于供需匹配视角下的美国大学科研成果转化创新模式：概念验证中心研究［J］．河北大学学报（哲学社会科学版），2021，46（04）：107-115.
[21] 张九庆，张玉华，张涛．美国概念验证中心促进成果转化的实践及其启示［J］．全球科技经济瞭望，2019，34（04）：38-45.
[22] 刘志彪，吴福象．"一带一路"倡议下全球价值链的双重嵌入［J］．中国社会科学，2018（08）：17-32.
[23] 郭晴．"双循环"新发展格局的现实逻辑与实现路径［J］．求索，2020（06）：100-107.
[24] 黄琼，李娜娜．制造业全球价值链地位攀升影响因素分析——基于发达国家与发展中国家的比较［J］．华东经济管理，2019，33（01）：100-106.
[25] 管婧婧，夏明．技术转移服务机构的信息能力、知识服务与客户共同生产［J］．科技与经济，2020，33（06）：46-50.
[26] 施晓丽，林晓健．产业转移对区域创新的影响分析——基于中国制造业的实证研究［J］．河北学刊，2021，41（04）：155-163.
[27] 吴冰，刘仲英，赵林度．供应链协同的知识转移研究［J］．情报杂志，2008（01）：15-17，20.
[28] 邓卫华，易明．基于知识链的企业知识转移与创新研究［J］．科技进步与对策，2008（11）：194-197.
[29] 唐婷．产学合作中知识转移的研究［J］．现代商业，2008（36）：169-171.
[30] 严小兵．产学研合作中知识转移模式分类及比较［J］．决策与信息（财经观察），2008（06）：122.
[31] 简兆权，陈键宏，简欣欣．研发服务业成因、演化及影响因素分析［J］．科技管理研究，2012，32（07）：99-103.
[32] 杨正洪，郭良越，刘玮．人工智能与大数据技术导论［M］．北京：清华大学出版社，2018.
[33] 张晓凌，陈彦．技术经纪人培训教程（修订版）［M］．北京：知识产权出版社，2023.
[34] 张晓凌，庄韦．技术经理人培训教程［M］．南京：江苏凤凰科技出版社，2022.
[35] 北京市科学技术委员会．技术转移服务人员能力规范：DB11/T 1788—2020［S］．北京：北京市市场监督管理局，2020.

后 记

理论是实践认知的升华，及之而后知，履之而后艰。

本书应专业教学之需终于刊行，与其说本书是笔者艰辛努力的研究成果，更应说是业内从业者孜孜不倦的实践结晶。随着技术转移价值链的扩展，服务业务为教学研究提出了问题和解答素材，专业实践是理论研究的源泉，技术转移理论体系基于实践经验有了构建和完善的基础。

感谢业界同行在技术转移价值创造中的共同努力，感谢成书过程中相关机构和学员所给予的各种帮助。实践是检验理论科学性的主要依据，实践中的产业新形态和服务新模式也为理论创新提供了空间。技术转移管理理论与服务在其中发挥着重要作用，提供了对产业问题的分析、诠释、预测的架构和方法，能够帮助读者更好地认识技术转移服务的本质和规律，深入理解技术贸易和技术服务的动因和机制，从而更准确地把握高新技术的研发趋势和技术市场的发展前景，为社会发展提供科学的指导。实践可以验证理论的适用性和有效性，进而推动学科的设立和发展。

本书作为技术转移服务从业人员培训系列教材中的主干课程教材，得到了国家技术转移人才培养（江苏）基地、北大科技园北领技术转移学院、国家技术转移人才培养（北京）基地、国家技术转移人才培养（江西）基地、西安技术市场协会、国家技术转移人才培养（广东）基地、国家技术转移人才培养（陕西）基地、国家技术转移人才培养（广西）基地、国家技术转移人才培养（西南）基地、中国科学技术协会、中国航空工业集团、中国兵器工业集团、中国轻工集团、中国核工业集团等相关专业机构的大力支持。本书撰写参考了大量业内同行的研究成果和学术观点，在此表示深切的谢意。对侯方达、曾明珠、毛勇刚、邵延军同志在多方面提供的帮助也一并致谢。

附录：北京大学绿色经济高级研修班开班致辞

绿色低碳是国民经济高质量发展的战略要求，也是技术转移从业人员尤其是技术经理人专业服务的新课题。绿色低碳发展是方向，绿色是理念，低碳是路径，相应的技术研究开发、转化转移、推广普及助推共同富裕目标的实现。

世界的能源消耗结构中约23%是电力，77%是燃料，创新技术助力能源转型必须提前跟进产业政策，提供技术转移服务措施，比如碳定价、碳市场机制研究。许多国家已完善了可再生能源拍卖机制，以共同推进气候目标的落实。中国有全球规模最大的碳市场，可以有效刺激可再生能源的使用。中国政府承诺以全球最短时间实现从碳达峰到碳中和的跨越。技术经理人务必珍重碳达峰、碳中和规划布局的历史机遇，提升碳达峰、碳中和实施的经济效益和社会效益。从资源科学利用源头，以产业结构调整契机，构建绿色低碳的生产体系、生活体系、消费体系、流通体系。研讨绿色低碳产业的发展路径，奠定数字经济、高新产业的绿色制造基础。绿色生产需要绿色消费倒逼，绿色消费重构绿色生活。绿色生活源于颠覆性创新理念。

绿色低碳是全产业生产领域和全方位生活领域的可持续发展战略，以能源生产与消费革命为标识的绿色能源体系优化任重道远。能源市场需要更多的清洁技术，如太阳能、风能、电池储能、绿色氢能和更多的碳捕获技术。2021 年高技术制造业增加值占规模以上工业增加值比重达到 15.1%；非化石能源消费比重增加到 16.6% 左右，新能源汽车位居第一的生产和销售规模全球瞩目。另一方面，如中国钢产量在 10 亿吨规模高位水平已经连续 26 年保持世界第一，能耗、品种等绩效指标却不堪列示。

过往几十年粗放式规模化的高速发展模式，因内需内卷和外需壁垒正在削弱可持续增长的内在基础与外部条件。绿色低碳强调经济发展与生态文明的综合平衡，内涵是质量的提升与发展的可持续。绿色经济蕴藏着巨大的发展潜力与经济价值，低碳路径将引导新的消费需求，引发新的技术革命和管理创新。绿色低碳不限于新能源开发、节能减排技术推广、资源循环利用、环保设备与材料的应用等领域。高效益材料技术亦属绿色低碳范畴，绿色发展必须攻克技术瓶颈，转化转移绿色高新技术、推广普及绿色适用，探索适合行业、地域、企业的绿色发展特色。

此届高研班，高起点、高水平，来自全国各地的业界翘楚担负理论研讨、专业践行的责任，将在绿色产业引领中发挥应有的作用。预祝高研班旗开得胜、圆满成功。

赋小诗一首与来自业界的才俊同学们共勉！

《贺高研班开课》

事工器利在锋端，

理辩通灵道沈研。

四海才贤开素论，

未名湖泮杏花坛。

2024 年 10 月